国际经济与贸易专业立体化精品教材

U0365882

国 际 结 算
(第二版)

高露华　鹿永华　编　著

清华大学出版社
北 京

内 容 简 介

"国际结算"是高等院校财经类专业的一门主要的专业课程。本书以国际银行间通行的国际惯例为准则，结合近年来相关国际结算惯例及规则的修改与制定，以及我国对外贸易形势变化的新要求，根据国际结算的专业性特点，在介绍银行间国际关系、国际结算中的票据、结算方式、业务流程及融资等的基础上，将企业贸易结算与银行国际业务有机地结合起来，系统地编排章节内容。全书分为导论、国际结算中的票据、汇付、托收、信用证基础知识、信用证业务、银行保函、备用信用证、国际保理、福费廷、国际非贸易结算，共 11 章，各章之间既相对独立，又彼此统一，每一结算方式独成一章，从贸易到结算方式选择、从结算业务过程到资金融通等，业务环节紧密衔接，方便读者学习和更好地掌握有关专业知识。

本书既适合高等院校财经类专业和培训部门用作教材，也可供外贸企业和银行国际业务的相关人员学习、阅读和参考。

图书在版编目(CIP)数据

国际结算/高露华，鹿永华编著. —2 版. —北京：清华大学出版社，2021.4 (2025.1重印)

国际经济与贸易专业立体化精品教材

ISBN 978-7-302-56823-0

Ⅰ. ①国…　Ⅱ. ①高…　②鹿…　Ⅲ. ①国际结算—高等学校—教材　Ⅳ. ①F830.73

中国版本图书馆 CIP 数据核字(2020)第 217409 号

责任编辑：孙晓红
封面设计：李　坤
责任校对：周剑云
责任印制：丛怀宇
出版发行：清华大学出版社
　　　网　　址：https://www.tup.com.cn，https://www.wqxuetang.com
　　　地　　址：北京清华大学学研大厦 A 座　　　邮　　编：100084
　　　社 总 机：010-83470000　　　邮　　购：010-62786544
　　　投稿与读者服务：010-62776969，c-service@tup.tsinghua.edu.cn
　　　质量反馈：010-62772015，zhiliang@tup.tsinghua.edu.cn
　　　课件下载：https://www.tup.com.cn，010-62791865
印 装 者：三河市铭诚印务有限公司
经　　销：全国新华书店
开　　本：185mm×260mm　　　印　张：22　　　字　数：532 千字
版　　次：2014 年 3 月第 1 版　　2021 年 5 月第 2 版　　印　次：2025 年 1 月第 3 次印刷
定　　价：68.00 元

产品编号：074895-01

第二版前言

本书第一版自 2014 年 3 月出版发行至今,已印刷了 6 次。本次再版,仍延续了第一版国际支付体系、国际结算工具、国际结算方式、国际非贸易结算的基本框架,根据贸易流程和银行业务流程讲解专业知识点。这次再版不仅仅是修句勘误,更是根据国际国内经济形势新要求、国际惯例新要求、我国对外贸易发展新要求、银行拓展国际业务新要求进行的补充、调整与完善。

虽然近年来逆全球化暗潮涌动,但经济全球化是不可逆的大趋势。同时,中国经济发展进入了新时期,深化改革开放,推动经济高质量发展,实施创新驱动发展战略,重视供给侧改革,做大做强实体经济,成为中国经济发展的主旋律。这一切都昭示出了解国际经济知识的重要性,突出了学习国际结算的意义。习近平总书记为研究国际金融、国际结算指明了目标:"要深化对国际国内金融形势的认识,正确把握金融本质,深化金融供给侧结构性改革""要深化对金融本质和规律的认识,立足中国实际,走出中国特色金融发展之路""深化金融改革开放,增强金融服务实体经济能力"。

国际结算要遵循经济规律、顺应时代发展、合乎国际规则。本书在第一版的基础上,与国际贸易与金融发展趋势同步,介绍了人民币国际化的最新发展,补充了银行国际业务的最新内容,精练了 SWIFT 的知识讲解,增补了国际惯例的最新成果。在章节结构上,第十一章增加了新知识:个人外汇买卖业务。

秉持金融要为实体经济服务的宗旨,本书根据外贸企业开拓海外市场以及金融业开展国际业务的需要,丰富了国际保理、福费廷等国际贸易融资基础知识,使得学科知识更加完善且贴近实务要求。

青岛农业大学管理学院鹿永华教授参加了本书的编写工作,我们在此欢迎各位同行、专家学者、金融贸易工作者提供更多的建议,以使本书能为中国外贸事业、为企业走向国际市场、为中国国际结算业务的发展有所助益。由于编者水平所限,书中难免有不妥甚至错误、疏漏之处,敬请读者惠予雅正。本书参考了国内各银行以及国家外汇管理局、SWIFT、国际商会、中国贸促会等机构的官方网站发布的资料,特表示真挚的谢意;同时也参考了许多国内外专家与同行的研究成果与教学资料,虽然书后列举了参考文献,但亦恐有遗漏,特请谅解。

编 者

第一版前言

在经济全球化的趋势下，国家(或地区)之间政治、经济与文化交流活动更加密切，国家间各种债权债务关系也日益增多，这必将更加活跃国际货币收支调拨活动，进一步提高国际结算在世界经济发展中的地位。

随着科学技术的进步，国际结算业务也发生了许多变化，贸易创新、金融创新等为国际结算增添了新的内容。为适应国际结算内容的变化，近年来，国际商会(ICC)对涉及国际贸易与金融活动的主要国际经贸惯例进行了修订或制定，如重新修订并颁布的《跟单信用证统一惯例》(UCP600) 及《〈跟单信用证统一惯例〉电子交单补充规则》(eUCP1.1)、《跟单信用证项下银行间偿付统一规则》(URR725)、《国际标准银行实务》(ISBP745)、《见索即付保函统一规则》(URDG758)、《2010 年国际贸易术语解释通则》，以及最新制定并于 2013 年 1 月开始推广应用的《福费廷统一规则》(URF)等。另外，其他一些组织也对国际结算领域的部分规则作了修订，如国际保理商联合会(FCI)新修订的《国际保理业务通用规则》(GRIF)、环球银行金融电信协会(SWIFT)新颁布的报文标准指南等。这些惯例或规则的变化，要求国际结算业务也必须保持同步变化。

随着综合国力的增强和国际贸易地位的提升，我国对外贸易形势也发生了重大变化，如大宗商品的进口稳步攀升、高科技产品的出口日益增多、对外投资的规模不断扩大、对外投资的水平不断提高等。这些变化反映在对外结算领域，表现为在传统结算方式应用规模不断扩大的同时，以担保为主要内容的银行保函和备用信用证业务及以融资为特征的国际保理和包买票据业务的应用越来越广泛。同时，随着人民币国际化步伐的加快，人民币开始成为我国跨境贸易结算的重要货币。另外，为推进贸易便利化，国家外汇管理局自 2012 年 8 月以来对进出口外汇管理制度进行了全面改革，我国经常项目下的收付汇管理办法发生了重大变化。

基于上述变化，我们编写了本书，以期既能适应高等院校财经类专业"国际结算"教学的需要，又能满足外贸企业和银行国际业务的实际需要。本书分为十一章：第一章主要介绍了国际结算的基础知识，包括国际结算的内容、发展过程及趋势、银行间国际关系及国际清算与支付系统等；第二章介绍了国际结算的工具，即票据；第三至六章分别讲解了汇付、托收、信用证、银行保函等结算方式，包括各种方式的基础知识以及在进出口贸易中的结算流程与业务要点；第七章银行保函与第八章备用信用证，重点介绍了这两种银行信用性质的担保方式在国际经贸活动中的作用、应用范围及业务要求；第九、十章介绍了集结算、担保与融资等多功能于一体的两种结算方式，即国际保理与包买票据；第十一章简单介绍了国际非贸易结算的方式及业务过程。

除新颖性外，本书还具有以下特点。

一是突出实用性与可操作性。国际结算工具和方式，如票据、信用证、国际保理、福费廷等都具有很强的理论性，但实践中更追求实务性。因此在编写本书的过程中，按照"浅而不露，深而不邃"的原则，在兼顾基本理论或原理的同时，注重于实务，对票据的流通、结算业务的程序与要点、遵循的国际惯例等进行了较详尽的介绍，目的是让读者能够明白国际结算业务的基本操作知识，为掌握和提高业务技能夯实基础。

二是考虑到各相关学科的知识交叉，突出专业性。国际结算涉及诸如货币银行学、国际贸易实务、国际贸易单证、国际商法等相关学科的课程内容，为避免授课内容重叠，强化国际结算课程的相对独立性，本书主要是围绕国际结算的专业性特点进行编撰，省略了贸易实务等课程中讲授的单证制作等内容，也借此鼓励学生课后阅读相关课程书籍，融会贯通国际经贸知识。

三是将企业的贸易结算与银行的国际业务融合为一体。企业重视国际结算，目的是选择适宜的收付方式以保证款、货安全，以及获得银行融资；银行重视国际结算，目的是顺利完成国际业务，包括资金的国际收付和提供贸易融资，以获得稳定的中间业务和资产业务收益。因此，本书根据银行国际结算服务方式的变化，将企业贸易结算与银行国际业务有机地结合起来，在结算方式的内容安排上，按结算方式、结算业务过程、资金融通等程序步骤依次进行讲解，业务环节紧密相扣，以使读者能系统地掌握每一种结算方式中企业与银行各自的职责及业务要点。

在本书的编写过程中，参考了许多国内外专家与同行的研究成果与教学资料，以及诸多国际经贸惯例，虽然书后列举了参考文献，但亦恐有遗漏，特请谅解；同时访问了中国银行、中国农业银行、中国建设银行等国内多家银行及 SWIFT 的官方网站，以印证专业知识和获得业务资料，并将其中相关知识引用到本书中；也得到了清华大学出版社、青岛农业大学、青岛农业大学海都学院等单位的大力支持。在此特表示真挚谢意！

国际结算业务的发展日新月异，新的国际惯例和规则会提出新的要求。本书只是提供了当前形势下国际结算的基本内容，学习过程中还应当根据新变化补充新内容，接受新事物。限于自身水平，书中难免存在疏漏和不妥甚至错误之处，敬请读者谅解并能惠予雅正。

编　者

目　　录

第一章 导 论

 学习要点

通过本章的学习，应在了解国际结算的内容、特点与研究对象、发展历史及趋势等知识的基础上，初步掌握国际结算业务中涉及的相关惯例及规则，明确银行在国际结算活动中的重要性及国际银行往来关系，认识国际清算与支付体系的内容、类型与应用，以及跨境贸易人民币清算与结算。

引导案例

老孙是山东半岛一家肉制品加工企业的老板，2012 年 10 月二连浩特一家贸易公司派人前来联系，想帮助老孙把产品打进蒙古市场。老孙从未做过出口生意，向别人咨询才知道做外贸有一套不同于国内贸易的规则。但他有三个问题想不明白：一是企业做贸易为何必须与银行打交道；二是与蒙古国做贸易为何能用美元；三是出口货款是如何回到自己公司账上的。

其实不止这三个问题，只要是涉及货币的国际收付活动中所存在的疑问，都能够从国际结算这门课程里找到答案。

第一节 国际结算概述

世界各国或各地区的对外活动，如国际贸易、资本输出与输入、国际合作、国际旅游以及侨汇等，都会在国际上产生各种债权债务关系，这些债权债务关系主要是通过货币的跨国界收付进行清偿的。这种在国家或地区之间通过采取一定的方式，运用一定的金融工具，利用一定的渠道进行货币收付，以清偿因国际经济、政治与文化交流活动而产生的债权债务关系的经济活动，就是国际结算(International Settlement)。

一、国际结算的分类

引起货币跨国收付的原因有很多，所以国际结算的范围和内容很广泛。根据国际结算业务发生的原因，国际结算可以分为国际贸易结算和国际非贸易结算两大类。

(一)国际贸易结算

国际贸易结算(International Trade Settlement)是建立在商品跨国界交易的基础上，发生的原因是国与国之间的商品贸易活动。虽然从目前来看这类结算在国际结算总量中所占的比重较小，但因其对一国乃至全世界经济发展有着重要意义，因而成为构成国际结算最基本的内容，在国际结算中居于主导地位。根据贸易方式的不同，国际贸易结算包括以下几方面。

1. 有形贸易结算

按照广义的商品范畴划分，国际贸易从总体上可以分为有形贸易(Tangible Goods Trade)和无形贸易(Intangible Goods Trade)。前者用于交换的商品主要是以实物形态表现的各种实物性商品；后者是指买卖一切不具备物质形态的商品的交换活动，用于交换的商品既包括与有形贸易的发生有关的如金融、保险等各种服务，又包括与有形贸易无关的各种技术、情报资料和劳务或服务等的有偿转移。有形贸易是国际经济活动中极为重要的组成部分，是引发国际债权债务关系以及货币跨国界收付的主要经济行为。有形贸易结算是国际贸易结算中最主要的内容。

2. 协定贸易结算

协定贸易(Agreement Trade)是指两国政府之间或民间团体之间，在平等互利、进出口平衡的基础上，以签订贸易协定的方式而进行的贸易。根据协定规定两国之中任何一方的进口或出口，皆由双方政府在指定银行设立清算账户，出口商品则借记对方账户，进口商品则贷记对方账户。协定贸易的开展，主要是为了促进国与国之间的双边贸易，但这类结算只用于双边协定项下的债务支付，不涉及现汇的收付，因要通过银行办理记账结算，所以也称为记账贸易结算。

3. 国际经济合作所引发的有形贸易结算

国际生产、技术和劳务合作也会引发实物性商品的进出口交易。如企业的跨国经营和国际直接投资活动中的一些资本性货物的进出口，加工贸易中原料或半成品的进口与成品的出口，以及技术贸易中的设备、对外承包工程中的有形资产等都属于有形货物的贸易活动。这类交易除了涉及清偿债权债务关系活动外，还经常涉及国际融资项目。

 **延伸阅读 1-1**

清算与国际清算

"清算"(Clearing)是由"结算"(Settlement)一词演变而来，虽也属于结算的范畴，但又不同于一般的结算。

在金融活动中，清算是银行间资金划拨的专用名词，是不同银行之间清偿债权债务关系的一种行为或业务，是指银行间对因为资金的代收、代付或上划、下划等而产生的债权债务关系所引起的债权债务，计算应收应付差额的过程，或称为算账和轧差。清偿的办法是代表资金的银行票据交换与款项汇划。

国际清算中的清算也有指不同国家的银行间清偿债权债务关系行为的含义，但国际清算是由国家参与对外贸易而产生的国家间债权债务关系所引起的，清偿的办法是通过清算账户定期进行结算和处理余额，如代表一定价值的商品的进出口，而不是单独的资金转移。清算银行在国际清算中只是各国政府间贸易的一个业务机构。国际清算分为双边清算与多边清算，一般是根据各国政府间缔结的清算或支付协定互相抵偿债权债务，其目的是维持缔约国的进出口收支平衡。

(二)国际非贸易结算

国际非贸易结算简称非贸易结算(International Non-trade Settlement)，即由国际商品贸易以外的经济、政治与文化交往活动而发生的国际货币收付。它包括以下几方面。

1. 无形贸易结算

无形贸易结算是国际非贸易结算的主体内容，即由无形贸易活动引发的货币跨国界收付，属于广义上的国际贸易结算范畴。

服务贸易是国际非贸易结算最主要的构成部分。世界贸易组织列出了服务行业的十几个部门，即商业、通信、建筑、销售、教育、环境、金融、卫生、旅游、娱乐、运输、其他，这些部门的劳务活动的收入与支出是无形贸易结算的主要内容。另外，国际非贸易结算还包括国际资本信贷和国际投资等活动所产生的利息、股息、利润收支等，以及知识产权交易和其他劳务服务等所发生的货币收支活动。

2. 金融交易类结算

金融交易类结算即国际上买卖各种金融资产而产生的债权债务关系及其清偿活动。这类交易主要包括外汇、证券、股票等金融工具(Financial Instruments)的交易，以及在此基础上派生出来的期权、期货等衍生金融工具(Derivative Financial Instruments)的交易。

3. 银行提供的以信用担保为主体内容的一系列服务与结算

在国际结算中，银行通过开立保函或备用信用证为当事人提供信用担保(Credit Guarantee)服务，以消除商业信用风险，促进国际经贸的发展。

4. 其他非贸易结算

其他非贸易结算包括侨民汇款、国际赠予及援助或捐助、出国留学等。

国际非贸易结算的发展状况，在一定程度上可以反映出一国对外开放的广度和深度。自 20 世纪 80 年代以来，非贸易结算发展速度很快，且项目众多，在许多国家国际收支中所占的比重呈直线上升趋势，甚至超过了贸易收支额；但其方式简单，不及贸易结算方式复杂多样，在一国国际收支中的意义和地位也难以与贸易结算相媲美。

二、国际结算的特点

(一)国际结算与国内结算的差异

国际结算与国内结算都是以信用为基础的，在业务方式、内容和范围上有很多相同之处，但从一个国家的角度来讲，国际结算是一种超出国界的货币收付活动，即对外结算，它与国内结算必然存在许多差异。

1. 范围上的差异

这是两者之间最直观、最本质的不同，也因而形成并决定着其他的差异。从理论上讲，国际结算可以发生在世界上任何国家或地区之间，当事人可以在两个甚至更多个国家或地区。这就决定了即使同一类银行业务，其国内业务和对外业务的要求或者遵守的规则会有很大差别。

2. 业务复杂程度的差异

国内结算基本上使用本国货币，结算方式也主要是汇票(或支票)与现金。而国际结算却比这要复杂得多，主要表现在：使用的货币，有计价货币、支付货币，可能是买方所在国家的货币，也可能是卖方所在国家的货币，还可能是第三国家的货币；在货款收付过程中，通常会有不同的货币兑换(即汇率)的问题；多使用国际上习惯的各种支付方式，如信用证、汇付、托收等；由于距离及风险方面的原因，往往需要复杂的款项收付保证手续；使用的文字或语言多非本国语，有些符号或代码还需采用国际通用的符号或代码；等等。所以对国际结算的业务素质要求也相对较高。

3. 风险的差异

国际结算的风险种类之多及严重性远远超过了国内结算。

(1) 政治风险。国内结算顺利进行的前提条件之一是国内政局稳定，但这一条件相对于国际结算来说是远远不够的。国际结算既要求当事人的所在国家政局稳定，又要求彼此间的政治关系状态良好。这就是国际结算的主要风险之一：政治风险。它不仅影响到当事人债权、债务关系的顺利清偿与否，还会进一步影响到国际金融市场上各种货币汇价的变化，从而涉及各国进行交易的当事人的实际收益。

(2) 汇率风险。每个国家都根据国内的具体情况规定本国的货币制度，这也是国内结算必须遵守的根本制度。由于各国货币制度存在着差异，在国际结算中，当事人要花费精力去研究、选择和使用货币及结算方式。同时，各种货币之间的汇价在国际金融市场上会经常发生变化，而这种变化又会对债权清偿的实际数量产生影响。这就是国际贸易与结算中的汇率风险。

(3) 其他风险。如债务人的信用风险、银行的信用风险、银行业务处理中的技术风险等。

4. 法律障碍的差异

办理国内结算，应遵循有关政策与法律。但由于不同国家对结算业务的有关要求或解释不同，因而会给国际结算形成障碍。虽然按照惯例国际结算不受某一国立法机关的约束，并且在仲裁、法律诉讼或某些业务处理规则方面有国际通用标准，但各国本着国家或民族利益而规定的外汇管理办法、进出入关境或国境政策、票据法等法规，以及对外结算制度等，仍给国际货币收付设置了各种障碍。

了解国际结算与国内结算上述几方面的差异，目的是要认识到国际结算具有业务复杂、困难多、风险大的特点，认识到对国际结算业务进行困难与风险分析的重要性。

(二)必须遵循国际通行的规则与惯例

国际结算涉及多边关系，各国对贸易与结算的规定不尽相同，做法各有习惯，不利于国际交流的顺利进行。因此，为规范国际结算业务，促进国际经贸发展，一些国际组织、行业公会或商会制定了有关国际结算的公约与规则。在国际经贸交流中，这些公约与规则得到不断修正和完善，最终被国际商贸界、银行界、司法界等广泛承认和采纳，成为各国银行处理国际业务时共同遵守的方针与准则。这些通行的规则与惯例，被称为银行间国际业务"国际公约"与"国际惯例"。

(三)国际结算能够导致一国一定时期的国际收支在量上发生变化

国际收支平衡表是反映一定时期一国同外国的全部经济往来的收支流量表，对一个国家与其他国家在交流过程中所发生的贸易、非贸易、资本往来以及储备资产的实际动态所作的系统记录。国际收支平衡表的统计内容构成了国际结算的内容，国际结算反映的是一种国际上的债权债务清偿和资金转移行为，资金国际转移的结果最终都会通过国家的国际收支平衡表反映出来。国家为了维护国际收支平衡，会通过各种制度和办法进行调控，从而影响到本国的对外结算。

(四)商业银行是国际结算和国际融资的中心

国际结算是以银行为中介机构的，所有贸易与非贸易项下的结算活动必须通过银行进行。从银行的角度来看，国际结算业务属于银行的中间业务，结算方法主要是以银行为中介的转账结算；同时银行又是国际信贷中心，在国际信贷活动中既为资本的国际流动提供服务，也主动通过融资获得国际经贸发展利益，因此国际结算业务又发展成为银行的资产业务。国际贸易、国际结算与国际融资三者的有机结合，反过来也促进了银行业务的进一步国际化。

(五)单据工作在国际结算中有着重要的意义

在当代国际贸易中，单据代表货物和物权，单据的转移意味着货物和物权的转移，这就是货物单据化，亦即"卖方凭单交货，买方凭单付款"。 因此在一定条件下，单据可以买卖、抵押、转让和流通，从而成为一种证券。银行介入国际贸易并提供结算、担保和资金融通服务的前提是"货物单据化"，即在银行的国际业务中，银行处理的是单据，而不是货物；银行只管单据，而不过问货物；单据可以成为质押，以获得银行的通融资金。这就对单据的种类、制作和审核等工作提出了更高的要求，无论是进出口企业结算货款，还是银行处理国际业务，都必须高度重视单据工作。

三、国际结算的研究对象

国际结算的研究对象主要是实现国际结算的方法以及作为媒介的各种结算信用工具的作用原理及运用，具体包括以下几方面的内容。

(一)国际贸易结算

鉴于国际贸易结算在国际结算中的理论上的特殊地位，以及国际贸易结算在实际应用中几乎包括了国际结算所有的技术与理论知识，而且较其他业务更复杂、应用范围更广，所以国际贸易结算是国际结算的主要研究内容。一些院校通常把国际结算与国际贸易结算作为同一门课程。

(二)国际结算工具

国际结算工具即国际结算中的支付手段,包括现金与非现金。现代国际结算主要是非现金结算,主要支付工具是各种票据或支付凭证,包括汇票、本票、支票。票据的使用极大地提高了国际结算的效率与安全,票据的特征、票据行为和票据流通等构成了国际结算的重点研究对象。

(三)国际结算方式

国际结算方式即以一定的条件实现货币跨国收付的方法,如汇款、托收、信用证以及保理、担保等。这些传统及新兴结算方式的发展与应用,主要取决于国际经贸活动的内容,它们以不同的方法和条件转移了国际上债权人、债务人的账面资产,也成为国际结算的又一重点研究对象。

(四)国际结算中的单据

货物单据化是当代国际贸易的基本特征之一,在银行参与国际贸易结算历史上有着里程碑的意义。单据对于国际贸易中债权债务的清偿具有关键作用,也通常是银行提供融资的基本要求,对单据的处理是银行国际业务的重要工作。因此,国际结算中涉及的各类单据,如金融单据、商业单据(商业发票、提单、保险单等),以及它们的制作及审核,也是国际结算的研究对象。

(五)国际贸易融资

国际贸易融资是银行为外贸企业开展国际贸易业务,围绕国际贸易结算的各个环节所发生的资金融通活动。国际贸易的迅猛发展,推动了企业国际贸易融资需求的上升;企业开拓海外市场、开展跨国投资并购活动,更迫切地需要银行提供国际融资。因此,作为促进进出口贸易活动的一种金融支持手段,诸如进口押汇、出口押汇等各种进出口贸易融资方式,也是国际结算的研究对象。

(六)以银行为中心的支付体系

支付体系(Payment System)是指以票据交换为中心,联结多边银行进行结算与清算的有机整体。国际结算利用国际银行体系实现跨国货币收付,因此,一个运行良好的支付体系,是完成国际结算的重要条件。国际支付体系(International Payment System)是一国金融基础设施的重要组成部分。目前,著名的支付系统有美国的纽约银行同业自动清算系统(CHIPS)、英国的伦敦银行同业自动清算系统(CHAPS)等。怎样通过最科学、最安全、最有效的银行支付体系,进行国际资金的划拨清算,从而实现快速、安全、高效的资金国际转移,是国际结算研究的一个重要课题。

另外,有关国际结算的国际惯例和公约等,也是国际结算的研究对象。

值得一提的是,从银行的角度看,国际结算是银行的一项国际业务,涉及银行间资金的国际转账与划拨、各种单据的处理与交接、信用担保、短期或中长期贸易融资等金融服务业务;但从进出口企业的角度看,国际结算就是对外贸易款项的收付过程,涉及支付工具及结算方式的选择与运用、银行及银行服务的选择与运用等。因此，银行如何为对外贸易结算提供准确、安全、及时的服务，也是国际结算研究的主要内容。

第二节 国际结算的产生与发展

国际结算属于经济范畴，有着自身的形成与发展历史，也是世界经济史的重要内容。

一、国际结算与国际贸易的关系

国际结算是伴随着国际贸易的产生而出现的，国际贸易是国际结算产生与发展的主要依据。在世界经济发展史上，国际贸易的每一次迅猛发展，都会给国际结算增添新内容、带来新增长。国际结算方式的逐步复杂，也正是国际贸易从单纯货物贸易向多种贸易形式发展的结果：国际贸易中有关货物品质、数量的各种相关证明文件的逐步齐全，以国际贸易为核心的相关行业的分化独立，以及提单、保险单的问世等，奠定了凭单付款结算的基础，使银行等金融机构成为货款国际转移的中介；进出口商对规避风险及便利贸易等的新需求，催生了托收、信用证、保函等各种支付方式，丰富了银行的国际业务内容。随着信息技术在国际贸易中的运用，无纸化贸易的发展也使传统的国际结算方式发生了深刻的变化，电子单据开始代替纸质单据。

国际结算的发展水平对国际贸易的发展有着极大的促进作用。国际结算从现金结算到票据结算的发展过程，促进了国际贸易从买卖双方货款两清的现货交易方式向有银行介入的非现货交易方式转变。国际结算的业务技术水平与速度直接影响到国际贸易的扩大与效益，以银行为中心的现代电子转账划拨支付体系极大地推动了当今国际贸易的发展。

因此，国际结算与国际贸易之间始终存在着紧密联系、相互依存、相互促进的不可分割的统一关系。从两者的关系可以看出，国际贸易结算是国际结算中最传统、最基本的形式。虽然自 1980 年以来全球无贸易背景的金融交易量迅速增加，且远超国际贸易结算规模，但从国际结算这门学科以及其对世界经济的意义来看，占绝对重要性地位的仍是国际贸易结算。

二、国际结算的产生与发展

人类历史进入奴隶社会时期后，国际贸易就产生了，同时也产生了国际结算。随着社会生产与国际分工的发展，国际货物交换日益发达，国际贸易结算的方法和内容也从低级到高级、从简单到复杂，不断地变化和进步。

(一)从现金结算到非现金结算

最初期的国际结算业务是采用现金结算(Cash Settlement)，即通过输送贵金属(如黄金、白银或金属铸币)的办法来清偿国家之间的债权债务关系。这种办法费用高、风险大，不利于国际交往。公元 11 世纪，国际贸易较发达的地中海沿岸的商人开始使用"单据"(兑换证书)来替代现金；16—17 世纪，欧洲大陆已广泛使用由这种"单据"发展起来的票据，国际结算真正有了信用性。票据的产生和推广使国际结算进入了非现金结算(Non-cash Settlement)时期，以不附带货运单据的汇票结算方式开始在国际商品交易中出现并流行开来。

(二)从凭货付款到凭单付款

18 世纪，在资本主义社会化大生产的推动下，国际贸易有了更大的发展，为国际贸易提供服务的航运业、金融业、保险业等逐渐成为独立的行业部门。提单、保险单等的相继问世及定型，使货物单据化的概念已被普遍认同和接受，海运提单已由一般性的货物收据发展成可以背书转让的物权凭证，保险单也成为可以转让的单据。单据的转移意味着货物和物权的转移，从而使商品买卖可以通过单据买卖来实现，卖方提交单据代表提交了货物，买方付款赎单代表取得了货物。到 19 世纪末 20 世纪初，凭单付款的结算方式已相当完善，国际贸易发展成为一种单据贸易。

(三)从买卖双方直接结算到通过银行结算

18 世纪 60 年代，资本主义国家工业革命的完成，使近代银行业发生了深刻变化，原来高利贷性质的封建银行转变为担任信用和支付中介的资本主义银行。由于提单、保险单等成为可以转让的凭证和单据，这对于银行来说是一种相当安全的资产业务，银行在开展国内存、放款业务的同时，开始介入国际借贷和国际结算业务。至 19 世纪末 20 世纪初，银行信用迅速加入到国际贸易结算中来，国际结算从商人间的直接结算转变为通过银行中介的间接结算，银行成为沟通国际结算的枢纽，成为国际债权债务的清算中心。

(四)从简单结算方式到复杂结算方式

由于银行信用较商业信用有更多的优越性，银行的保证与信贷作用在国际贸易中得到充分发挥和利用。银行的国际业务开始从传统的汇款、托收等收付款功能，向提供银行信用的信用方式转化，跟单信用证、保函、备用信用证开始广泛应用，国际结算日益与贸易融资相结合。从进出口结算到进出口押汇，从汇款、托收、信用证到国际保理和福费廷，逐渐形成了当今以贸易结算与融资相结合为特征的、以银行为中枢的国际结算体系。

另外，自 20 世纪 90 年代以来，随着计算机技术和通信技术在银行业务处理领域的应用，传统的人工处理纸张与票据的国际结算方式开始转向电子化和网络化，并在 21 世纪得到迅速发展。因此，当今国际结算是以银行为中介、以票据为工具、以单据处理为中心业务、支付与融资相结合、业务渠道电子化和网络化的非现金结算体系。

三、国际结算制度

国际结算制度(International Settlement System)又称国际结算体系，是指各国根据本国的外汇管理要求制定的对外结算的总制度，包括结算方式、结算方法、结算工具及结算业务的操作程序等。这种制度与每一笔具体的结算业务所采用的具体结算方式是不同的概念，它是每一笔具体业务必须遵守的准则。国际结算制度的形成比国际结算产生晚得多，是在世界市场、国际贸易、国际运输和保险及国际货币体系都有较大发展之后才开始出现并发展起来的。实行何种国际结算制度，取决于各国经济的发展水平及国际政治经济形势。从世界经济的发展过程来看，国际结算制度经历了三种不同的类型。

(一)自由的、多边的国际结算制度

这种制度形成于资本主义自由竞争阶段。实行自由的、多边的国际结算制度必须以外汇可以自由买卖为前提，而外汇自由买卖又必须以货币稳定为条件。19 世纪正处于自由贸易鼎盛时期，许多国家确立了金本位的货币制度，国际收支基本平衡，汇率能保持稳定，黄金可以自由输出输入，国际上正常的支付与结算均以黄金作为结算的最后支付手段。推行自由的、多边的国际结算制度有利于国际贸易的发展。其主要内容包括以下几个方面。

(1) 外汇自由买卖。需要(或持有)外汇者，均可在国际市场上自由购买(或售出)外汇，没有人为的限制或障碍。

(2) 资本在国际上的自由流动。资本可以在资本主义国家间自由流动，资本的输入输出是通过自由买卖外汇来实现的。

(3) 黄金的自由输出输入。如果需要输出输入黄金，用现金结算方式进行国际结算，可以自由地输送黄金。

(4) 黄金和外汇自由市场的存在。资本主义国家的商业银行和外汇市场均可以自由地经营外汇业务，其汇价是在外汇市场上根据外汇的供求状况自发形成的。在金本位制度下，汇价波动局限在黄金输送点的范围，因而基本保持稳定，成为自由多边结算制度的基础。

(5) 多边结算制度的存在。在黄金与外汇自由买卖的条件下，国际上的多边债权债务可以最大限度地集中到几个金融中心相互抵销，这可以节约费用和资金占用，减轻风险，尤其是简化了多边国际债权债务关系的结算。

外汇自由与多边结算紧密联系、相互结合，形成了资本主义国家以非现金结算为主要方法的结算机制。英国是当时的世界多边贸易、多边支付体系的中心，伦敦成为国际金融中心。这个体系为所有国际贸易参加国提供购买货物的支付手段，也使得国家之间债权债务的清偿，利息、红利的支付能够在伦敦顺利完成。第一次世界大战后，资本主义经济和政治陷入全面危机，外汇自由被外汇管制所代替，黄金和资本的自由输出输入受到限制；20 世纪 30 年代空前规模的经济危机，又从根本上打乱了资本主义世界的经济秩序，货币制度陷入混乱，导致市场竞争日趋激化。于是，自由的、多边的国际结算制度为管制的、双边的国际结算制度所代替。

(二)管制的、双边的国际结算制度

管制的、双边的国际结算制度出现于 20 世纪 30 年代金本位制崩溃后，是资本主义经济危机加深、贸易保护主义盛行的产物。这种制度包括两个层次的内容。

一是外汇管制，或称外汇管理，即国家通过法令对外汇的收、存、兑进行有目的的管理。其主要内容是限制甚至禁止外汇自由买卖、管制资本的输出输入，实行复汇率制等。其目的在于限制进口、鼓励出口，保证国际收支平衡。

二是双边结算，即由两国政府间签订支付协定，开立清算账户，用集中抵销的办法清

偿彼此间的债权债务关系。其主要内容包括清算机构、清算账户、清算范围、清算货币、信用摆动额及清算账户差额的处理等。在这种制度下，甲国对乙国的债权只能用来偿还甲国对乙国的债务，而不能用此债权来抵偿甲国对任何第三国的债务。

由于这种制度是排他性的，必然会影响缔约国与其他国家的贸易往来，因此不利于世界经济一体化与国际贸易的发展，也成为第二次世界大战之前西方各国贸易保护的工具。"二战"结束后的 20 多年间，发展中国家加强外汇管制，实行双边结算，目的是缓解国家外汇短缺的困难，节省黄金及外汇储备的使用。

(三)多元的、混合型的国际结算制度

20 世纪 50 年代后期，世界政治经济格局发生了重大变化。西欧各国与日本等由于经济得到了恢复和发展，国际收支有所改善，于是开始放松外汇管制，相继恢复多边结算。从 1960 年开始，日本与当时的联邦德国率先宣布货币自由兑换，英国也在 1979 年撤销了残存的一些外汇管制条例。20 世纪 60 年代后期由于经济危机与金融货币危机的影响，双边结算措施又略有加强，但对经常性收支项目则有所减少。为实现经济独立和平衡国际收支，一些发展中国家则一直实行比较严格的外汇管制(包括国际收支的全部项目)和双边结算制度。因此，多元化、混合型成为"二战"后国际结算制度的重要特征。这种国际结算制度的主要特点如下。

(1) 外汇自由兑换与程度不同的外汇管制并存，而以外汇自由兑换为主。

(2) 自由的、全球性的多边结算制度，区域性的和集团性的多边结算制度与发展中国家之间管制的双边结算制度并存，以全球的和区域性的多边结算为主。

随着经济全球化的迅速发展，国际贸易结算制度将向着多元化和自由化的多边结算制度方向发展。

四、国际结算的发展现状与趋势

20 世纪 80 年代以来，随着新技术革命的兴起，尤其是 EDI 应用到国际经贸领域以来，国际贸易的规模不断扩大，世界各国银行的国际业务量急剧增长，业务技术水平也得到进一步的提高。

1. 结算手段日趋电子化

随着高科技的日益发展和在实践中的广泛应用，国际结算手段逐步趋向电子化。目前西方国家的大银行基本上都实现了电子计算机化，建立了结算自动转账系统，使结算过程更加准确、迅速、安全。环球银行金融电信系统(SWIFT)是国际结算电子化的一个典范，它作为一个世界各银行间的通信网，每周 7 天、每天 24 小时连续运转，具有自动储存信息、自动加押或核押、以密码处理电文、自动将文件分类等多项功能。同时，交易场所和交易手段的网络化发展，使得网上银行成为国际结算新的载体，电子货币、票据、单据和电子资金转账成为新的支付工具。

延伸阅读 1-2

电子交易平台 BOLERO

BOLERO 网由 TT Club(Through Transport Club，联运保赔协会)与 SWIFT 于 1998 年 4 月合资创立，是一个开放、中立、高度安全、合法的，以互联网为基础，以核心信息平台为主构架的电子管理系统，支持国际贸易流程的各参与方传输、交换电子单据与数据。使用者签署协议成为成员后，可以通过互联网交换单据、核查数据，完成贸易过程；通过权利注册申请后，允许使用者在线转让货物所有权。

以电子信用证项下交单为例：BOLERO 提供的电子信用证方式起始于承运人通过核心电讯平台按发货人的要求签发的一份电子提单，BOLERO 权利注册系统将信用证项下的所有信息(包括电子提单、电子保险单、电子商检证书等)捆绑到一起(以下称为捆绑提单)，并根据指示确定提单的持有人。捆绑提单信息的流转是通过当前捆绑提单持有人向权利注册系统发出指定另一提单持有人的指令来进行，发货人指定银行为提单持有人时，银行应完成信用证项下垫付货款责任，银行再指定买方为提单持有人时，买方应完成付款赎单责任。当最后收货人成为捆绑提单的持有人时，将捆绑提单通过电子手段交回给承运人或承运人指定的其他人，并要求提货。

BOLERO 标志着国际贸易与金融行业实现了新的突破，通过 BOLERO 平台完成电子交单，简化了客户的贸易金融程序，不但加快了各方的交易时间，还改进了银行的风控机制。许多金融机构和企业注册了 BOLERO 电子交单系统；中国国际电子商务网在 2005 年推出了 BOLERO 电子信用证通知系统，为我国出口商从金融机构接收信用证通知提供了更快速、更有效的方式；中国银行是中国第一个开展完全电子交单业务的银行，2013 年注册 BOLERO 系统，并于同年 8 月 27 日与苏格兰皇家银行通过 BOLERO 平台成功地完成了首次电子交单。

2. 单据标准化

单据标准化有利于减少制单和审单的时间、人力和费用，有利于计算机自动化处理，加快国际结算的速度。欧洲的单据标准化组织认为采用标准格式制单至少可以把制单、审单的时间减少到原来的三分之一。目前欧洲国家的海运提单几乎全部采用了标准格式，虽然其他国家尚不普遍，但已成为一种发展趋势。国际结算单据化、单据标准化目前仍处于不断发展中。

3. 国际结算速度日趋加快

电子计算机、电传、传真、互联网及其他新技术手段的普遍使用，尤其是邮件快递处理快邮，使世界上任何一个大城市之间的桌至桌(Office to Office)的邮件传递时间缩短了一半，使每一笔具体结算业务所需的时间减少为原来的几十分之一。

4. 国际结算服务方式发生变化

有关配套服务和货款结算、汇兑、咨询等业务连成一体，并不断推出新的服务企业和服务项目，如快邮、出口押汇以及外汇远期买卖、期货、期权、调期等，为客户提供"一条龙"服务。同时，受到电子商务的拉动，具有方便、快捷、高效、经济优势的电子支付发展迅猛。电子支付是指单位、个人直接或授权他人通过电子终端发出支付指令，实现货币支付与资金转移的行为。电子支付的类型按照电子支付指令发起的方式分为网上支付、电话支付、移动支付(也称手机支付)、销售点终端交易、自动柜员机交易和其他电子支付。

5. 结算方式日趋多元化、混合化

汇款、托收、信用证是传统的国际贸易结算方式。随着经济贸易与金融全球化的迅速发展，国际市场发生了重大变化，已由卖方市场转变为买方市场，竞争日益激烈，竞争手段不断增加，对国际结算方式也产生了新的要求，结算方式混合化、多元化成为新的发展趋势。

第三节　国际结算中的银行及银行间关系

当今国际结算是以银行为中心进行的，因此，围绕一项国际商品交易合同，参与结算的当事人除了交易各方(主要是买方与卖方)外，还有银行等金融机构。

一、银行在国际结算中的作用

(一)国际汇兑

国际汇兑是银行的基本业务，对保证国际贸易的顺利进行有着重要意义。银行通过提供多种结算业务，如汇付、托收、信用证等，可以帮助进出口商迅速、安全、准确地完成收付汇活动，解决进出口商直接结算的困难。当今银行的国际业务发展迅速，银行拥有效率高、安全性强的银行网络与资金转移网络，使国际结算能够不受时间和地点的限制；同时银行集中了大量的债权债务关系，可以最大限度地加以抵销，从而缩短了结算的路径，节省了结算的时间及费用。随着高新技术特别是计算机技术和通信技术在银行业务处理的应用，银行的国际资金结算业务将会更加安全、经济、方便、迅速。

(二)提供信用保证

银行资金雄厚、资信优良，银行信用也优于商业信用。银行参与进出口商的债权债务清偿活动，通过开立信用证、银行保函、备用信用证等，以银行信用代替商业信用，或通过保理、包买单据(福费廷)等受让商务交往中应收账款或债权，将商业信用转化为银行信用，可以为国际贸易结算提供更加安全可靠的信用保障。

(三)提供贸易融资

在国际结算中，银行可以针对不同的结算方式提供多种形式的贸易融资，为进出口商或加工贸易企业等解决资金问题。目前银行提供的贸易融资方式更加多样，融资手段更加灵活，既有如出口票据贴现、出口单据质押贷款、打包贷款、进口押汇、出口押汇、信托

收据、保证等短期融资业务，也有福费廷等长期融资业务。

(四)减少外汇风险

银行国际结算业务的速度和技术水平与进出口外汇风险控制有着密切关系，银行高效率的国际结算业务能够极大地缩短收、付汇时间，从而减少外汇风险。同时银行推出的各种提前结汇和付汇的融资产品，如出口票据贴现、进出口押汇、海外代付、保理和福费廷等，也都间接地帮助进出口商规避外汇风险。

(五)提供其他增值服务

除提供传统的汇兑、融资等服务外，随着国际贸易与金融市场形势的变化，银行不断地进行金融产品和服务的创新，推出了各种新型增值服务业务，如向客户提供贸易与外汇专家咨询、贸易对象资信咨询、海外代付、国际贸易账户管理等金融服务品种等，极大地密切了银行业务与进出口贸易之间的关系，丰富了银行国际业务的内容。

另外，由于银行间国际结算业务的处理是遵循有关国际惯例进行的，合理化和规范化的业务活动，有助于减少和避免国际贸易纠纷，保证进出口贸易的顺利进行。

延伸阅读 1-3

进口代付

进口代付或称进口海外代付，是指根据进口商的申请，银行与进口商签订进口代付协议，在进口商承担融资费用并出具信托收据的前提下，由境内银行指示境外银行(代付行，一般为其海外代理行或分行)代进口商支付款项给出口商，待代付到期日，再由进口商向境内银行支付本息以及其他费用，境内银行则向代付行支付本息的一种短期融资方式。海外代付可应用于信用证、进口代收、汇付等对外付款中。

延伸阅读 1-4

银行付款责任

银行付款责任(Bank Payment Obligation, BPO)是由 SWIFT 组织研发并推出的一种新型的贸易金融工具，是指付款银行(买方银行)在 TSU 等电子平台中，向收款银行(卖方银行)做出的独立、不可撤销的即期或延期付款责任承诺。

TSU(Trade Services Utilities)系统是 SWIFT 针对赊销贸易日益发展成为国际贸易支付方式主流的变化趋势以及供应链管理和融资需求的发展趋势专门设计开发的。该系统通过集中化数据处理和工作流引擎，对订单、运输单据和发票等单据信息进行集中化匹配处理，在整个过程中向贸易双方银行提供情况报告，不仅有利于银行掌握进出口各个环节的信息，也为进出口企业的贸易融资提供了便利。中国银行于 2007 年 12 月率先在中国开通基于 SWIFTNet TSU 的全新服务，为企业客户提供赊销供应链融资服务，如订单融资和商业发票贴现服务以及其他服务。

为规范 BPO 业务管理，国际商会制定了《银行付款责任统一规则》(Uniform Rules

for Bank Payment Obligations, URBPO),并于 2013 年 7 月 1 日正式颁布实施,为 BPO 业务的市场推广提供了权威的规则依据。URBPO 将 BPO 业务严格定义为银行间的权利义务关系,是买方银行对卖方银行的付款责任;买方银行及卖方银行的职能是接受并代替买方及卖方向系统平台提交数据,职责定位于数据的传输方,银行不对数据及单据负责。

二、国际结算中的往来银行

银行的国际结算业务是建立在与国外银行合作的基础上的。银行开展国际结算业务,必须有海外分支机构或代理行等往来银行的合作,否则其国际业务就无法顺利进行。往来银行是指与某一银行(本行)共同完成国际结算业务的其他银行。各国的银行在国际结算中相互合作,组成了一个服务于国际金融业的全球银行间网络。

根据其他银行与本行的关系,可将往来银行分为以下两种类型。

(一)本行的分支机构

经营外汇和国际结算业务的银行在国内外一般都设有分支机构,通常有以下几种形式。

1. 代表处及代理处

代表处(Representative Office)是银行设立的非营业性机构。代表处不能经营真正的银行业务,其主要职能是代表总行(Head Office, HO)洽谈联络业务,探询新的业务前景,寻找新的赢利机会,为总行提供当地信息资源,或为建立分行做准备。

代理处(Agency Office)是银行设立的能够转移资金和发放贷款,但不能在东道国吸收当地存款的金融机构。代理处是总行的一个组成部分,是一个介于代表处和分行之间的金融机构,不具备法人资格,其资金来源于总行或者从东道国银行同业市场拆入。

2. 联行

联行(Sister Bank)是指银行根据业务发展的需要,在国内外设置的分行、支行。根据设立地点的不同,联行可分为国内联行(Domestic Sister Bank)和国外联行(Overseas Sister Bank)。总行与分行、支行之间,分行与支行之间及其相互间都是联行关系。

分行(Branch)是银行设立的营业性机构,一般可以经营完全的银行业务,但不能经营非银行业务。分行不是独立的法律实体,没有独立的法人地位,无论在法律上还是在业务上,都是母行的有机组成部分;其业务范围及经营政策要与总行保持完全一致,并且分行的业务活动限制以总行的资本、资产及负债为基础来衡量;总行对分行的活动负有完全的责任。分行的业务活动同时受到总行所在国与东道国双方的法律及规章的制约。

支行(Subbranch)是分行下设的营业机构,地位类似于分行,只是层次比分行低,直接属分行管辖。

联行之间因发生国内外结算业务,相互代收、代付或内部资金调拨而引起的资金账务往来称为联行往来(Interbank Transactions)。总行在国外开立了账户,分行、支行办理国际结算时即可通过国内联行与总行办理资金的划拨;异地办理国际结算需要在国内异地划拨资金时,也可通过国内联行在分行、支行之间办理。

3. 子银行

子银行或称附属银行(Subsidiary Bank)，是银行设立的间接营业机构，是在东道国登记注册而成立的公司性质的金融机构。子银行在法律上是一个完全独立的公司法人，对自身的债务仅以其注册资本为限负有限责任。子银行是属总行拥有的合法注册公司，其股权的全部或大部分为总行所控制。子银行的经营范围较广，通常能从事东道国国内银行所能经营的全部银行业务活动，在某些情况下，还能经营东道国银行不能经营的某些银行业务。子银行除可经营银行业务外，还可经营非银行业务，如证券、投资、信托、保险等业务。

4. 联营银行

联营银行(Affiliate Bank)也是银行按东道国法律注册的公司性质的独立银行。联营银行的法律地位、性质和经营特点同子银行类似，区别在于母行仅占有联营银行的部分股权(50%以下)，其余股权为东道国所有，或由几家外国投资者共有。也就是说，联营银行是两国或多国投资者合资共建，或外国投资者通过购买当地银行的部分股权而形成的，投资者仅占有其部分股权，不一定有控制权。

5. 银团银行

银团银行(Consortium Bank)通常是由两个以上不同国籍的跨国银行按照东道国的法律共同投资注册而组成的公司性质的合营银行。与其他形式的银行相比，银团银行具有以下特点。

(1) 银团银行的任何一个投资者所持有的股份都不超过 50%。组成银团银行的母行大多是世界著名的跨国银行，但银团银行有自己的名称和特殊功能，它既接受母行委托的业务，也开展自己的经营活动。

(2) 银团银行的注册地多为一些国际金融中心或离岸金融中心。

(3) 银团银行经营的业务大多是单个银行不能或不愿经营的成本高、风险大、专业技术性强、规模和难度较大的业务，如银团贷款(也称为辛迪加贷款，Syndicated Loan)、承销公司证券、安排国际上的企业并购等。

(4) 银团银行的业务对象主要是各国政府和跨国公司。

上述几种形式的分支机构，对总行来说，海外分(支)行布局及业务能力对其国际结算业务的开展意义重大。

(二)代理行

中国银行、中国工商银行、中国农业银行及交通银行等都是我国可以开展国际业务的金融机构，它们在许多国家或地区设立了分支机构，如中国银行在伦敦、卢森堡、新加坡、中国香港、纽约等设立的分行。但办理国际业务，除了在国外设置分支机构外，银行还需要外国银行的业务合作与支持，要根据业务及业务发展的需要，与外国银行建立代理行关系。

代理行(Correspondent Bank/Correspondents)是两个拥有代理关系的银行的互称，是指通过与其他国家银行签订代理协议，相互代理对方的一些业务，相互为对方提供服务的银行。对其中一家银行来说，国外代理行不附属于本行，在具体的国际结算业务中，两者属于委托代理关系。我国将代理承做与我国某银行之间的国际结算业务，并已建立代理业务关系的外国银行，称为我国某银行的国外代理行。

建立国外代理行，意味着拥有了众多帮助本行办理国际结算业务的国外金融机构，形成了本行的国际业务网络，对提高银行业务效率有着重要意义；同时，代理行了解当地市场，提供服务方便，而且与设立分行相比还具有市场进入成本少、无须进行员工培训及设施投资等优点，再加上一些国家对外资银行进入设立各种壁垒，所以各国银行都十分注重建设国外代理行网络。因此，银行国外代理行的数量多少也成为衡量其国际业务能力的主要指标之一。

三、代理行关系的建立

代理行关系一般由双方银行的总行直接建立，分行、支行不能独立对外建立代理行关系。

(一)建立代理行的原则与方式

1. 建立原则

从事外汇及国际结算业务的银行，必须根据有关的原则与具体情况有选择地与外国银行建立代理行关系。我国银行应服从我国外交活动与对外经贸活动的需要，贯彻独立自主、平等互利的原则，结合国外银行的业务水平，按照国际金融业务的一般惯例与国外银行建立代理关系及处理有关往来业务。具体来讲要注意以下几方面。

(1) 服从国家的外交政策。代理行关系的建立是国际金融领域内的外事活动，根据我国政策，凡属国家政策不准往来的国家或地区的银行，或资本来自这些国家或地区的银行都不能建立代理行关系。

(2) 考虑国家风险。要从有无外汇短缺、债务危机、战争、政局是否稳定以及自身对风险的掌控能力等方面考虑代理行的国家风险。

(3) 考虑国外银行的业务水平。为保证银行国际业务的顺利进行，要对对方银行的历史、所有制体系、资本总额、资信情况、发展战略、管理体制与经营管理质量、决策作风、服务质量等方面进行分析和评估。

(4) 平等互利。要在平等互利的基础上与对方建立相互直接委托的业务关系，通过制定适当的合作方针、政策、合作交往范围、授信规模等，控制风险，保证双方之间安全、稳妥地开展业务。

拓展阅读

中国农业银行代理行的业务范围及代理行的选择标准

2. 建立方式

我国各商业银行建立国外代理行，一般由总行统一建立，未经总行同意，各分行不得擅自与境外银行总行及其分行建立代理关系。

总行按照尽量满足业务需要、严格控制国家风险和银行风险、国家和地区适当分布等原则，有选择性地和境外银行联系、洽谈，签订协议或互换确认函后，寄送控制文件，并约定各方建立代理关系的总、分行名单，在签收对方控制文件并收到对方签收我方控制文件的回复后，代理行关系即告成立，两家银行指定的分支机构就可以直接进行业务往来。以后各行的印鉴、密押等如有变化，则由有变化的银行(总行或分行)直寄至与它有业务往来的国外代理行。

也可以由分行因业务需要向总行提出建立代理行关系的建议，然后由总行出面与国外银行商谈、签订协议，再通知国内分行。有时国外银行会主动向我国总行或分行提出建立代理行的要求，由总行做必要的考察后，按上述方式处理。

(二)建立代理行的步骤

建立代理行关系的传统方法，是由双方银行签订代理协议，规定相互往来的具体行址、互相委托办理业务的范围、收费标准、头寸划拨办法以及互相开立账户等，手续较为烦琐，如果代理的业务内容有所变化，还需要双方换函确证。现在建立代理行关系的办法较为简单，大致经过以下三个步骤。

首先，开展资信调查。主要是通过多方渠道考察对方银行的资信，以及了解所在国的有关政策、法规、市场信息等。需要掌握的信息主要包括：该行的行名、注册国家、注册地点、建立时间、合并情况；该行所在国的政治、经济状况，外汇管制及其他法规限制情况；该行股权归属、股权性质、经营方向、业务特长；该行近几年的资本(核心资本、附属资本)、资产、利润、信用评级及其他经营情况；该行在本国的分支机构设置情况、国外分支机构的设置情况；该行在世界和本国银行中按资本、资产、利润、信用评级等排位的名次情况；该行的通信地址、电话、传真、电传、SWIFT 代码等资料；以及其他有关情况。

其次，签订代理行协议(Correspondent Arrangement; Agency Arrangement, AA)。代理行协议分为单方委托协议(One Side AA)和相互委托协议(Reciprocal AA)，后者的两家银行互为代理行。代理行协议大多是相互委托协议。代理行协议通常由一方起草，双方协商，都同意后由双方银行负责人签署签章后才开始生效。代理行协议的内容一般包括签约的双方银行的名称；互相代理业务的双方银行分支机构(简称协议行)；双方交换控制文件及密押的使用方式；代理业务所使用的货币；代理国际结算业务的种类，如汇款、托收、信用证；双方指定的主要偿付银行名单；开立账户和给予融资便利的安排；协议的修改；双方授权签字人员的签字和本协议生效日期；等等。

最后，双方交换并确认控制文件(Control Document)。在签收对方控制文件并收到对方签收控制文件的回复后，代理行关系即告成立。

(三)控制文件

控制文件包括密押和/或 SWIFT 密押、印鉴或签字样本与费率表。

密押(Test Key)也称电传密押，是银行间事先约定的在业务交往中确认对方电报或电传指令真实性的押码，即确认发电人身份真实性的专用押码。密押具有很高的机密性，由发送电文的银行在电文前加注。在代理行关系的建立中，可以由一方银行将密押寄给对方共同使用(共用我押或共用他押)，也可互换密押，或者各自使用各自的密押(各用各押)。

SWIFT 密押(SWIFT Authentication Key)是独立于电传密押之外，在代理行之间交换的，仅供双方在收发 SWIFT 电讯时使用的密押。SWIFT 密押对全部电文，包括所有的字母、数字和符号进行加押，准确程度远超电传密押。

印鉴(Specimen Signatures)或签字样本(Book of Authorized Signatures)是银行有权人印章或授权签字的样本，用来确认通过邮寄所收到的信函、票据、凭证等的真实性。代理行印鉴由总行互换，包括总行及所属建立了代理关系的分行的有权签字人的签字示样。

费率表(Schedule of Terms and Conditions)是银行承办各项业务的收费标准，交换的目的是使对方明了委托办理业务的收费情况。一方银行委托业务，按被委托银行收费标准收费，即：对方银行委托我方银行办理业务，则按照我方银行费率表收取费用；我方银行委托国外银行办理业务，则按对方银行费率表收费。双方也可换函约定相互减少或全部免收费用。

(四)代理行的种类

按是否有往来账户关系，代理行可分为账户行(Depository Bank)和非账户行(Non-depository Correspondent)两种。

1. 账户行

账户行是账户代理行(Depository Correspondent)的简称，是指代理行之间单方或双方相互在对方银行开立了账户的银行，或者说为被代理行开设代理行所在国货币或第三国货币存款账户的银行，即为对方的账户行。由于开立的账户通常为对方所在国的本币账户，所以也被称为外汇账户。账户行是在代理行关系的基础上为解决双方在结算过程中的款项收付而建立的特殊关系，因此账户行必然是代理行，但代理行并不一定是账户行。

在我国，国内分行要求对外开立账户的，一般应报经总行审批。选择建立账户行，一般应选择业务往来多、资金实力雄厚、支付能力强、经营作风好、信誉卓著、服务有保证、地理位置优越、无政治风险以及世界主要货币国家的国际性大银行，此外还要根据业务量大小及客户分布、自身业务规模及账户成本、是否有利于自身现在或者将来的业务发展以及双方之间是否存在司法纠纷等条件决定是否开立账户。中国银行开立的外汇账户有一个突出的特点：其账户使用的货币是账户行所在地可自由兑换、自由调拨的货币，账户行所在地是各种货币的结算中心，如英镑账户开在伦敦、美元账户开在纽约、瑞士法郎账户开在苏黎世等，并且这种账户由总行集中对外开户，由各分支行共同使用。

账户行可以是单方开立账户和双方互开账户：单方开立账户是指一方银行在对方银行开立的对方国家货币账户或第三国货币账户，如中国银行在美国纽约的花旗银行开立的美元账户；双方互开账户是指代理双方相互在对方国家开立对方国家的货币账户，如中国银行在美国纽约花旗银行开立的美元账户，花旗银行在北京中国银行开立的人民币账户。根据开立的性质不同，账户可为往户账和来户账。

(1) 往户账(Nostro A/C)简称往账，是指国内银行在国外代理行开立的账户。我国的国际结算货币主要是美元，而美元的清算中心在美国纽约，为方便结算，我国银行在纽约的许多大银行都开立了美元账户。出口货款的收回采取请账户行"贷记我账"(Credit our a/c with you)，进口货款的支付请账户行"借记我账"(Debit our a/c with you)的方式。

(2) 来户账(Vostro A/C)简称来账，是指外国银行在我国国内银行开立的账户，如其他国家银行在我国开立的外汇人民币账户。

账户行之间委办各项国际业务所涉及的货币收付行为，通常表现为银行账户上余额相应的增加与减少。增加金额叫作"贷记"(To Credit)，减少金额叫作"借记"(To Debit)。如果甲行委托乙行收取款项，乙行给甲行去电"已贷记你行账"(We have credited your a/c with us)，表明乙行在甲行的账户上增加了一笔金额，甲行从乙行收到了相应的金额。如果乙行对甲行说"请借记我行账"(Please debit our a/c with you)，表明甲行在乙行的账户上减掉一笔金额。

2. 非账户行

非账户行是指除建立账户行关系以外的其他代理银行，或者说是没有为被代理行建立专门账户行关系的代理行。非账户行之间的货币代理收付需要通过第三家银行办理，时间和费用的耗费比账户行要多。

四、往来银行的选择

联行与代理行、账户行与非账户行都可办理国际结算的有关业务，但对银行的影响是不同的。在办理结算和外汇业务，选择国外银行做往来银行时，如对外汇款选择国外的汇入款项银行，通常按以下顺序确定。

首先选择海外联行。联行是最优选择，主要是因为本行与联行是一个不可分割的整体，利益共享，风险共担，而且让海外联行承担业务，既可以帮助其增加收入，还可以帮助其进一步开拓市场。

其次选择账户行。账户行是次优选择，是因为与联行相比账户行是代理关系，在没有联行的地区只得依靠代理行来完成相关业务。但在代理关系中账户行与本行的关系更密切，彼此之间的业务委托十分方便，只要通过账务往来即可完成。账户行在国际结算中具有相当重要的地位。在同一城市或地区有多个账户行的情况下，要选择资信最佳的银行办理业务。

最后的选择是非账户行。在没有联行和账户行的少数地区，要开展业务只能委托非账户行的代理行。但是资金收付不太方便，需要通过其他银行办理，手续烦琐，所需时间也较长。

五、SWIFT——环球银行金融电信协会

环球银行金融电信协会(Society for Worldwide Interbank Financial Telecommunication, SWIFT)是一个国际银行业间非营利性的合作组织，由北美和西欧 15 个国家的 239 家银行发起，成立于 1973 年 5 月，总部设在比利时的布鲁塞尔，1977 年 9 月正式启用，董事会为最高权力机构。SWIFT 的目标是"为全体成员的共同利益服务，为了确保安全准确地完成对私有的、保密的、专利的金融电文的通信、传输以及路由等行为，研究、创造一

切必要的方法，并且将其付诸使用和操作"。SWIFT 运营着世界级的金融电文网络，提供金融行业安全报文传输服务与相关接口软件，为外币清算、国际结算、外币资金、证券保险以及进出口企业等国际金融业务提供快捷、准确、优良的服务，目前被世界上 200 多个国家和地区 11 000 多家金融机构信赖并使用，成为全世界金融机构与其往来银行的主要通信通道。

中国银行于 1983 年加入 SWIFT，是中国第一家 SWIFT 会员银行；1985 年中国银行开通使用该系统，成为我国与国际金融标准接轨的里程碑。随后，中国工商银行、中国农业银行、中国建设银行等国有商业银行及上海和深圳的证券交易所，以及其他所有能够办理国际银行业务的股份制商业银行、外侨资银行、地方性银行等都加入了 SWIFT 并开通了 SWIFT 网络。

(一)SWIFT 用户与 SWIFT 代码

1. SWIFT 用户

SWIFT 的用户包括三种类型，即会员、子会员或子用户、普通用户。

会员(Members)持有协会的股份，可享受所有的 SWIFT 服务，且拥有选举权。我国的大多数专业银行都是其成员。

子用户(Sub)能够全权访问整个系统，但是不持有股份和拥有选举权。SWIFT 用户中超过 90%的用户是子用户。

普通用户或称参与者(Participants)，能够受限访问系统，只享有与其业务有关的服务，但没有任何所有权。普通用户主要是来自证券行业的证券中介、投资管理公司、基金管理公司等机构。

2. SWIFT 银行识别代码

每家申请加入 SWIFT 的银行都必须事先按照 SWIFT 的原则，制定出本行的 SWIFT 地址代码(SWIFT Code)，经 SWIFT 批准后生效，这就是各成员银行特定的 SWIFT 银行识别代码(Bank Identifier Code, BIC)。

BIC 是由计算机可以自动判读的 8 位或 11 位英文字母或阿拉伯数字组成，用于在 SWIFT 电文中明确区分金融交易中的不同金融机构。BIC 可以拆分为银行代码、国家代码、地区代码和分行代码四部分。

银行代码(Bank Code)由四位英文字母组成，每家银行只有一个银行代码，由其自定，通常是该行的行名字头缩写，适用于其所有的分支机构。

国家代码(Country Code)由两位英文字母组成，用以区分用户所在的国家或地理区域。

地区代码(Location Code)由 0、1 以外的两位数字或两位字母组成，用以区分位于所在国家的地理位置。

分行代码(Branch Code)由三位字母或数字组成，用来区分一个国家里的某一分行、组织或部门。

如 BKCHCNBJ300 为中国银行上海市分行的 BIC。其中，BKCH 为中国银行的银行代码，CN 为中国银行的国家代码，BJ 为中国银行的地区代码，300 为中国银行上海市分行的代码。

对没有加入 SWIFT 的银行，SWIFT 按此编码规则编制了一种在电文中代替输入其银行全称的代码。所有此类代码均在最后三位加上"BIC"三个字母，以区别于会员银行的 SWIFT 地址代码。

业务中如需要查询某家银行的 SWIFT 地址代码(SWIFT Code)，除直接向该银行的工作人员询问或通过官方网站查询外，还可通过 SWIFT 的官方网站查询。

(二)SWIFT 报文

1. SWIFT 报文的特点

SWIFT 报文(SWIFT Message)是 SWIFT 用户利用 SWIFT 网络(报文传送平台命名：SWIFTNet)传输业务指令或信息的电文。SWIFT 利用尖端的通信系统为其用户提供费用低廉、安全性较高、速度更快的信息数据和文件传输服务以及同业间的头寸划拨。SWIFT 网络每周 7 天、每天 24 小时连续运转，每日信息量逾万份，任何用户都可以在任何时间收发电文，电文传递只需要几分钟就能完成；而且费用较低，同样多的内容，SWIFT 的费用只有电传(Telex)费用的 18%左右和电报(Cable)费用的 2.5%左右。除传递速度快、费用低等特点外，SWIFT 还具有自动储存信息、自动加押或核押、以密码处理电文、自动将文件进行分类等功能。

对于 SWIFT 电文或报文，SWIFT 有着统一的要求和格式，其电文标准格式已经成为国际银行间数据交换的标准语言。

2. SWIFT 报文的类型

SWIFT 通过 SWIFTNet 提供四项相互补充的、都可以实现无缝直通式处理的报文传送服务：FIN、InterAct、FileAct 和 WebAccess。每项服务都有其独特的优势，可以满足不同客户对报文传送的不同需求。FIN 是 SWIFT 最早建立的服务，实现了传统 SWIFT MT 标准格式报文的交换，这些标准涵盖广泛的商业领域，并得到金融业的广泛使用和认可；InterAct 实现了 MX 报文类型交换，MX 报文是 1999 年 SWIFT 基于 XML 语言(Extensible Markup Language)开发的新报文标准，并根据 ISO 20022 《金融服务金融业通用报文方案》报文标准开发，分为查询查复(Exception & Investigation)、贸易服务(Trade Services Utility)、企业服务(SWIFT for Corporate)、批量汇款(Bulk Payment)等 12 类报文，很多 MX 报文类型已被纳入 ISO 20022 标准定义并发布；FileAct 实现了文件传输，通常用于传输大批量报文(如批量支付文件、大型报告或大量操作数据)；通过 WebAccess，SWIFTNet 用户可以使用标准 Internet 技术和协议安全地浏览 SWIFTNet 上可用的金融网站。

3. SWIFT MT 标准格式报文

MT(Message Type) 标准是 SWIFT 基于 FIN 开发的报文标准，用于跨国支付、现金管理、贸易融资和财资管理，也是银行业务中应用最多的报文，每年 SWIFT 都会根据国际结算业务发展需要对 MT 标准的种类和内容进行调整，以确保该标准与时俱进，满足不断变化的市场需求。

根据银行的实际运作，MT 格式报文共有 10 类：第 1 类客户汇款与支票(Customer

Payments & Checks)；第 2 类金融机构间头寸调拨(Financial Institution Transfers)；第 3 类资金市场交易(Treasury Markets-Foreign Exchange, Money Markets and Derivatives)；第 4 类托收与光票(Collection & Cash Letters)；第 5 类证券(Securities Markets)；第 6 类贵金属(Treasury Market-Precious Metals)；第 7 类跟单信用证和保函(Documentary Credits and Guarantees)；第 8 类旅行支票(Traveler's Checks)；第 9 类现金管理与账务(Cash Management & Customer Status)；第 0 类 SWIFT 系统电报。除上述 10 类报文外，SWIFT 电文还有一个第 N 类公共报文组(Common Group Messages)，可以与其他任何类别报文套用。

MT 报文类别代码由 3 位数构成，MTn××：n 表示类别(Category)，从 1 到 9 到 0，共 10 个类别，为普通报文，若用 N 则表示为公共报文；第二位数字表示群组(Group)，每一类别包含若干群组；第三位数字表示类型(Type)，每一群组包含若干类型。如：MT1×× 表示客户汇款与支票类，MT10× 表示客户汇款与支票类客户汇款组(Group of Customer Transfer)，MT103 表示客户汇款格式(Customer Transfer)。MT1××～MT9×× 类报文都属于用户报文，用于 SWIFT 会员用户之间相互发送和接收的报文，也是 SWIFT 报文最核心和最复杂的内容；MT0×× 类报文属于系统报文，用于 SWIFT 系统反馈信息给 SWIFT 用户的报文，如 MT008 表示系统请求取消、MT009 表示系统请求退出、MT081 表示用户当日浏览记录、MT094 表示广播信息等。

一份 SWIFT 电文由报头(Header Block)、正文(Text Block)、报尾(Trailer Block)三个区段组成，分为五个子区段。报头由三个子区段组成：基本报头(Basic Header Block)用以提供电文的基本资料，显示内容为发出报文的发报人(Sender)的基本信息或收到报文的收报人(Receiver)的基本信息；应用报头(Application Header Block)用以提供电文本身的基本资料，显示内容为输入报文的电文种类、收报人、报文传送等级等信息或输出报文的电文种类、发报人、发报时间、收报时间、等级等信息；用户报头(User Header Block)可对报文设定参考值，仅限于输入报文时指定，且该参考值在收报人所收报文及相关系统报文上出现。正文显示相关域或项目的标识符或代号(Tag)、含义 (Field Name)及条款等，域标识符以 "：" 开头及结束，如 ":20:"，后面所跟的内容 "ABCD123" 表示该笔业务的参考号。报尾用以控制电文、说明特殊情况或提供特殊资料。

4. SWIFT MT 报文的表示方式

(1) 报文格式表示方式。SWIFT 报文格式很规范，见表 1-1。每份 SWIFT 报文由一些项目(Field)组成，如 MT700 的各个项目中，50：Applicant(开证申请人)就是一个项目，50 是项目的代号(Tag)，不同的代号表示不同的含义。项目可以用两位数字表示，也可以用两位数字加上字母后缀表示，如果是小写字母，则在某一份报文中必须由某个规定的大写字母替换，如 51a：Applicant Bank(开证申请人的银行)。每个项目还规定了一定的格式(Content/Options)，即由多少字母、数字或字符组成，如 n 表示数字、a 表示字母、Q 表示数字或字母、*表示行数、×表示 SWIFT 允许的任意一个字符(包括 10 个数字、26 个字母、有关标点符号、换行、回车、空格等)等。如 4*35× 表示填入内容最多四行且每行最多 35 个字符，2n 表示最多填入两位数字，2!n 表示必须是两位数字，[/34×]表示"/"后最多跟 34 个字符且"[ ]"表示属于可选项。各种电文都必须按照这种格式表示。电文中，一些项目是必选项目(Mandatory Field)，一些项目是可选项目(Optional Field)。必选项目是必须要具备的，如 MT701 中的项目 27；可选项目是另外增加的项目，并不一定每份电文都有，如 MT701 中的项目 45B。

表 1-1　MT701 跟单信用证的开立(MT 701 Issue of a Documentary Credit)

M/O	Tag	Field Name	Content/Options
M	27	Sequence of Total	1!n/!n
M	20	Documentary Credit Number	16×
O	45B	Description of Goods and/or Services	100*65×
O	46B	Documents Required	100*65×
O	47B	Additional Conditions	100*65×

(2) 日期表示方式。SWIFT 电文的日期表示为 YYMMDD(年月日)。如 2012 年 5 月 12 日，表示为 120512；2012 年 12 月 9 日，表示为 121209。

(3) 数字表示方式。在 SWIFT 电文中，数字不使用分隔号，小数点用逗号"，"表示。如：1 152 386 表示为 1152386；1 152 386.36 表示为 1152386,36；0.36 表示为 0,36；4/5 表示为 0,8；5% 表示为 5 PERCENT。

(4) 货币表示方式。采用现行的 ISO 三字符货币代码，如美元为 USD，港元为 HKD，英镑为 GBP，人民币元为 CNY 等。

(三)SWIFT 密押

SWIFT 密押(SWIFT Authentication Key)比电传密押具有可靠性强、保密性高和自动化等优点。其密押是两组各由字母 A~F 和数字 0~9 随机产生的字符串组成。交换 SWIFT 密押的银行之间可以各用各押，也可共用你押或共用我押。双方在各自的 SWIFT 密押文件中输入约定的押值，并互发测试电报予以证实，此后双方的收发电文将由 SWIFT 密押文件自动审核。SWIFT 密押对全部文件包括所有字母、数字和符号进行加押，其准确程度远远超过电传密押。按照 SWIFT 守则规定，代理行之间的 SWIFT 密押每半年更换一次。SWIFT 报文第 1 类到第 8 类均为加押类电报，第 9 类和第 0 类则不须加押。

第四节　国际银行间清算与支付系统

国际支付系统(Payment System)或称清算系统(Clearing System)，是一种由提供支付清算服务的中介机构和实现支付指令传送及资金清算的专业技术手段共同组成，用以实现国际债权债务清偿及资金转移的金融安排。国际支付系统的任务就是快速、有序、安全地实现货币所有权在经济活动参与者之间的转移。一切货币的收付最终必须在该货币的清算中心进行结算，联系各国货币清算中心的跨国支付体系对国际结算的顺利完成有着突出作用。

一、支付系统的内容与类型

(一)构成要素与银行转账原则

构成一个支付系统，至少要具备五个最基本的要素，即付款人、付款人的开户行、票据交换所、收款人与收款人的开户行。银行转账遵循的原则是，任何款项收付，总是先借后贷；票据是转移资金的重要工具，是存款账户的支付凭证；同一银行实行支票内部转账，不同银行之间实行支票交换转账。至于是否要通过票据交换所，主要看支付的货币及收、付银行之间的往来关系。

票据交换所(Clearing House)是指由金融机构为交换票据而设立的一种组织，是银行同业交换票据和清算轧差的场所。票据交换所最早是由银行间共同协议设置，把参与票据清算的各家银行集中起来，由它们自行分别办理票据交换和结清应收应付款。随着中央银行制度的建立和发展，票据交换所现已成为中央银行领导下的一个票据清算机构。国际支付系统对票据交换及付款人等有严格的要求，如外币票据不能进入本币票据交换所；跨国流动的票据，其出票人和收款人可以是全球任何地方的个人或企业，但是票据的付款人或担当付款人必须是所付货币清算中心的银行。因此各国银行一般将外币存款账户开设在该种外币的发行和清算中心，以便顺利地完成跨国货币收付。

(二)支付系统的类型

支付系统无论在一国国内还是在国际社会中都发挥着重要的枢纽作用，是一国金融基础建设的核心。在银行同业之间，支付系统进行支付指令的发送与接收、对账与确认、收付数额的统计轧差、金额或净额的清算和结算，以便顺利地实现金融机构之间的资金调拨和支付。支付系统可以按不同标准进行分类。

1. 按经营者身份的不同分类

(1) 由中央银行拥有并经营的支付系统。由国家中央银行如美国联邦储备系统(Federal Reserve System, Fed)、日本银行、中国人民银行等，根据国家赋予的职能，直接拥有、经营并负责监管本国的支付系统，通过积极参与支付清算来干预和影响社会整体支付清算活动。

(2) 由私营清算机构拥有并经营的支付系统。如美国纽约清算所(NYCHA)的 CHIPS 系统、英国支付清算服务协会(APACS)的 CHAPS 系统、日本全国银行协会(JBA)的全银系统(Zengin System)等。虽然本国央行一般不直接参与这类清算系统的运行，但都给予授权或支持，并采取各种措施予以监督和管理，且各系统的资金最终要通过央行账户进行清算。

(3) 由各商业银行拥有并经营的支付系统。各银行为处理本系统内分支机构之间的资金汇兑与清算而建立的行内支付系统，如中国银行等商业银行开通的行内电子资金汇兑系统。

2. 按支付系统服务范围的不同分类

(1) 境内支付系统。其主要负责处理本国境内债权债务清偿活动引发的本币资金支付与清算活动。

(2) 国际支付系统。其主要负责处理国际债权债务清偿活动引发的资金支付与清算活动。由于国际贸易结算中经常使用美元、欧元和英镑等可兑换货币，因此著名的国际支付与清算系统主要在纽约、伦敦等国际金融中心。国际支付系统是本节要介绍的主要内容。

3. 按支付系统业务种类的不同分类

(1) 大额支付系统(HVPS)。大额支付系统是大额实时支付系统(High Value Payment System)的简称，是一国支付系统的主干线，是以电子方式实时处理同城和异地跨行之间及行内的，每笔金额在规定起点以上的大额贷记支付业务和紧急的小额贷记支付业务的资金转账系统。大额支付系统主要处理各银行之间及行内往来、企业以及金融市场交易、跨国交易等债权债务清偿和资金转移活动，支付指令实行逐笔实时发送、全额清算资金。国家间的国际支付系统(如欧元区的泛欧实时全额自动清算系统)及中央银行经营的支付系统多属于这种。

(2) 小额支付系统(BEPS)。小额支付系统是小额批量支付系统(Bulk Electronic Payment System)的简称，是一国支付系统的主要业务子系统，是以电子方式实时批量处理异地、同城纸凭证截留的借记支付业务和每笔金额在规定起点以下的小额贷记支付业务的零售支付系统。该系统支持诸如现金、银行卡及其他卡类、票据等多种支付工具的使用，满足社会多样化的支付清算需求，旨在为社会提供低成本、大业务量的支付清算服务，支付指令批量或即时发送，轧差净额清算资金，且一般由各国的银行系统、私营清算机构等经营。

二、美元清算系统

美元清算系统主要有 FEDWIRE 和 CHIPS。

(一)美联储资金电划系统

联邦资金转账系统(Federal Reserve Wire Transfer System, FEDWIRE)即美联储资金电划系统，是由美国联邦储备委员会开发与维护的美国境内美元电子转账系统。该系统自1914 年 11 月开始运行，1970 年开始建立自动化电子通信系统，其重要任务之一就是为美国银行系统创建统一的境内美元的支付清算设施。该系统目前主要用于纽约州之外的美国境内银行间隔夜拆借、银行间结算业务、公司之间付款以及证券交易结算等，并为 CHIPS 提供最终资金清算。

FEDWIRE 是一个实时的、全额的、贷记的资金转账系统，用于遍及美国 12 个储备区的 1 万多家成员银行之间的资金转账，实时处理美国国内大额资金的划拨业务，逐笔清算资金。所谓贷记转账系统，即由付款者发出结算指示。

FEDWIRE 的成员主要包括联邦储备成员银行、在联储设有存款账户的金融机构和美国境内的外国银行。在联邦储备银行开设账户的银行可以直接利用该系统发送支付和接受指令，即发送机构(付款者方)授权联邦储备银行将一定金额借记其在联邦储备银行的账户，接受机构(收款方)授权联邦储备银行贷记其在联邦储备银行的账户。

(二)银行同业自动清算系统

纽约银行同业自动清算系统(Clearing House Interbank Payment System, CHIPS)是由纽约清算所(New York Clearing House Association, NYCHA)拥有并运行的，由 100 多家银行参加组成的实时大额电子支付系统，于 1970 年 4 月成立，服务于美国国内和国际市场，主要进行跨国美元交易的清算。CHIPS 只有支付功能，它在 FEDWIRE 建立了一个特别清算账户，利用该账户完成当日美元收付结算。CHIPS 是当前最重要的国际美元支付系统，为国际美元交易支付提供了安全、可靠、高效的系统支持，世界美元交易总额的 95%都是通过它进行结算或清算的，对维护美元的国际货币地位和国际资本流动的效率及安全有着重要意义。

参加 CHIPS 的银行必须向纽约清算所申请，经批准接受后方成为 CHIPS 的会员。CHIPS 有位于纽约地区的 140 多家会员银行，其中 2/3 是分布在 40 多个国家的外国银行。参加 CHIPS 的会员有两类：一类是清算用户，主要是纽约清算所的会员银行，在纽约联邦储备银行设有储备账户，能在每个营业日末直接使用该系统实现资金清算；另一类是非清算用户，绝大部分是外国银行在美国的分行或代理机构，不能直接利用该系统进行清算，必须通过某个清算用户作为代理行实现资金清算。每个 CHIPS 会员银行都有一个美国银行公会号码(American Bankers Association Number)，即 ABA 号码，作为参加 CHIPS 清算时的代号；每个 CHIPS 会员银行的客户在该行开立的账户，都由清算所发给通用认证号码(Universal Identification Number)，即 UID 号码，作为收款人或收款行的代号。

凡通过 CHIPS 支付和收款的双方必须都是 CHIPS 的会员银行，才能通过 CHIPS 直接清算。CHIPS 是一个贷记清算系统，通过 CHIPS 的每笔收付均由付款一方开始进行，即由付款一方的 CHIPS 会员银行主动通过其 CHIPS 终端机发出付款指示，注明账户行 ABA 号码和收款行 UID 号码，经 CHIPS 计算机中心传递给另一家 CHIPS 会员银行，收在其客户的账户上。收款行不能通过其 CHIPS 终端机直接向付款行索款，但可以拍发索款电报或电传，注明 ABA 与 UID 号码和最终受益人名称，要求付款行通过 CHIPS 付款。我国银行在替客户向国外进行美元索汇时，都要求注明自己账户在 CHIPS 的 ABA 号码(如 CHIPS ABA：0008)和 UID 号码(如 CHIPS UID：298375)，以及账户行地址(如 Citibank N.A., New York)等。

三、英镑清算系统

英国的伦敦银行同业自动清算系统(Clearing House Automated Payments System, CHAPS)，于 1984 年在伦敦建立，是银行间大额英镑即日电子支付系统。CHAPS 是由英国的 11 家清算银行与英格兰银行合作，共 12 家银行集中进行票据交换，提供收付和清算服务。

CHAPS 不仅是英国伦敦同城的清算中心，也是世界英镑的清算中心，其突出特点是双重清算体制，即所有的商业银行(非清算银行)都通过其往来的清算银行进行清算，为初级清算；由国家银行和清算银行之间进行的集中清算，为终级清算。因此，所有的商业银行都必须在清算银行开立账户，在初级清算时轧算差额，再由各清算银行在英格兰银行开立账户，以此进行终级清算和轧算差额。

自 1999 年 1 月 4 日，CHAPS 分成 CHAPS 欧元和 CHAPS 英镑，共有会员银行 21 家，并与泛欧清算系统(TARGET)联网，以方便英国国内与境外交易者之间的大额欧元支付。

四、欧元跨国清算系统

欧元清算系统主要有 EAF、TARGET 和 EURO1 三大清算系统。

(一)EAF 清算系统

欧洲法兰克福清算系统(Euro Access Frankfurt National Clearing System)简称 EAF 系统，设在德国法兰克福，原是一个由德国中央银行即德国联邦银行拥有并负责经营的德国马克清算系统，欧元启用后转为以欧元为清算货币。EAF 系统融实时清算和净额清算为一体，具有对流动资金需求低、信贷风险和系统风险低的特点，清算过程分为双边清算和多边清算两个阶段。由于 EAF 系统清算行准入限制严格、参与银行少，清算效率与 TARGET 系统有一定差距，其业务量在整个欧元清算中占比较低。

(二)泛欧实时全额自动清算系统

泛欧实时全额自动清算系统(Trans-European Automated Real-time Gross Settlement Express Transfer System)简称 TARGET 系统或泛欧清算系统，于 1999 年 1 月 1 日正式启用，位于德国法兰克福欧洲中央银行总部，隶属于欧洲中央银行，是欧元区各国央行之间的一个交易结算机制。该系统连接欧盟成员国的中央银行大额实时清算系统和欧洲中央银行的支付系统，并借助 SWIFT 网络组成欧元跨国清算系统，用于为欧洲各国央行提供大额交易或者交易净头寸贷记转账的实时清算服务。

TARGET 系统是欧洲金融基础设施的重要环节，参与该系统的银行多达 5300 多家，对金融稳定的作用至关重要，非欧元区国家的银行只要在欧盟各国中央银行开有账户即可申请成为 TARGET 清算银行。2007 年 11 月，欧洲推出新一代 TARGET2 系统，将小额交易的清算服务也纳入该体系，以提高交易效率，降低欧元区内的交易成本。TARGET2 系统成为最主要的欧元跨境清算系统。

(三)EURO1 清算系统

EURO1 系统由一个民间的银行间清算组织——欧洲银行协会(European Bank Association, EBA)设立并运营。欧洲银行协会成立于 1985 年，总部设在法国巴黎。根据其组织章程规定，凡是在欧共体国家设有总部或分支机构的商业银行均可申请成为 EBA 的成员银行；获得成员行资格两年后，在符合 EBA 清算规则的基础上，可进一步申请成为其清算银行。

在欧元启用前，该系统称为 EBA 系统，是欧洲货币单位(ECU)的净额清算系统，欧元启用后转换为欧元跨国净额清算系统。EURO1 系统的参加行均为国际性大银行，最终清算通过欧洲中央银行进行，所有清算行账户均不允许出现透支。该系统虽然风险低、系统稳定性和安全性高，但清算时间较长。

五、日元清算系统

日本的银行间支付结算体系主要由四个系统组成：一是用于对提交到同城票据交换所的汇票和支票进行清算的汇票和支票清算系统(BCCS)，二是用于日本国内跨行转账清算的全银数据通信系统(Zengin System)，三是用于外汇交易中的日元清算的外汇日元清算系统(FXYCS)，四是主要用于包括民间运营清算系统产生的净债务在内的银行间债务清算的日本银行金融网络系统(BOJ-NET)。前三个清算系统由民间机构运营，第四个系统由中央银行——日本银行负责运营。日元跨境清算主要通过 FXYCS 及 BOJ-NET 实现。

FXYCS 由东京银行家协会于 1980 年建立，主要负责日元外汇交易的清算；1983 年其电子信息系统由日本银行托管，并连接到 BOJ-NET。

BOJ-NET 简称日银网络，于 1988 年 10 月开始运行，是一个用于包括日本银行在内的，各金融机构间的电子大额资金转账的联机系统，在日元支付结算体系中处于核心地位。该系统由两个子系统组成：一个是用于资金转账的 BOJ-NET，采用全额结算(RTGS)模式；另一个是用于日本国债(JGB)交易结算的 BOJ-NET JGB 服务系统。日银网络的参与者包括银行、证券交易所、证券公司和代办短期贷款的经纪人以及在日本的外国银行和证券公司。金融机构要想成为日银网络资金转账服务的直接使用者，必须在日本银行开设账户。

国际上其他较为著名的清算系统还有瑞士法郎的瑞士跨行清算系统(SIC)、港元的中国香港结算所自动转账系统(CHATS)、澳大利亚元的储备银行信息与结算系统(RITS)以及由大额转账系统(LVTS)和自动清算结算系统(ACSS)共同构成的加拿大跨境清算结算系统等。

拓展阅读

日本全国银行协会

六、跨境贸易人民币清算

随着我国跨境人民币业务规模的不断扩大，人民币逐步用于汇付、托收、信用证、担保等国际货物结算与融资业务以及其他经常项目下跨境结算业务，人民币已成为中国第二大跨境支付货币和全球第四大支付货币。目前，人民币跨境清算呈多种清算模式并存，除通过清算行模式和代理行模式等外，还可通过人民币跨境支付系统(CIPS)完成。

(一)清算行模式和代理行模式

1. 参与跨境贸易人民币清算业务的银行

所有参与跨境人民币结算与清算的境内、境外商业银行可分为以下四类。

(1) 境外参加银行。境外参加银行主要是指为境外客户(公司或金融机构)提供跨境贸易人民币结算或融资服务的境外银行。境外参加银行可以是外国金融机构，也可以是中资银行的海外分支机构，需要在境内代理行或境外清算行开立人民币清算账户。境外参加银行可以在不同境内代理银行开立的人民币同业往来账户之间进行资金汇划，也可以在境内代理行开立的同业往来账户与境外人民币清算行开立的人民币账户之间进行资金汇划。

(2) 境内结算银行。境内结算银行又称境内参加行，主要是指为境内、境外企业办理跨境贸易人民币结算、担保或融资服务，具备国际结算业务能力的我国境内商业银行。境内参加行每日日末将人民币跨境收支信息、进出口日期或报关单号和人民币贸易融资等信息报送中国人民银行人民币跨境收付信息管理系统(RCPMIS)。

(3) 境内代理银行。境内代理银行主要是指与境外参加行签订人民币代理结算清算协议，开立人民币同业往来账户的境内参加行。代理协议中通常约定双方的权利义务、账户开立的条件、账户变更撤销的处理手续、信息报送授权等内容。境内代理银行可以通过中国人民银行的"中国现代化支付系统"(CNAPS)，代理境内、境外参加行办理人民币跨境清算业务。

境内代理银行根据中国人民银行的规定，可以为境外参加行开立人民币同业往来账户、提供铺底资金兑换、在限额内购售人民币和拆借人民币以满足人民币结算需要、提供人民币账户融资以满足账户的临时性流动性需求等服务，每日日末要向 RCPMIS 报送同业往来账户的收支和余额、拆借及人民币购售业务等情况。

境内代理银行也可以充当境内结算银行的角色，为境内客户提供跨境人民币结算和融资业务。

(4) 境外清算银行。境外清算银行是指经境外当地金融管理当局认可并由中国人民银行授权的进行境外人民币清算业务的境外商业银行。境外清算银行与境外参加银行签订人民币代理结算清算协议，为其开立人民币同业往来账户，并按协议为其办理人民币拆借和代理境外参加银行进行跨境人民币收付清算。境外清算银行可以与中国人民银行"中国现代化支付系统"(CNAPS)相连接，按照中国人民银行的有关规定从境内银行间外汇市场、银行间同业拆借市场兑换人民币和拆借资金，每日日终将当日拆借发生额、余额等情况报送 RCPMIS。

境外清算银行也可充当境外参加行的角色，为境外客户提供跨境人民币结算或融资服务。

拓展阅读

跨境人民币收付信息管理系统

2. 跨境贸易人民币清算模式

跨境贸易人民币结算可以通过境内代理行代理境外参加银行，或通过境外清算行进行人民币资金的跨境结算和清算，还可以通过境外机构境内人民币 NRA 账户(Non-Resident Account，境外机构境内账户或称境内非居民账户，是境内银行为境外机构开立的外汇账户，简称 NRA 账户)进行清算。

(1) 代理行清算模式。境外参加行接受当地机构的人民币结算申请后，可以按代理清算协议，委托境内代理行为其提供人民币资金清算服务。从目前来看，代理行清算模式主要是指中资银行境内银行和海外联行、代理银行之间进行的人民币清算业务，即中资银行的海外分支机构、作为其海外代理行的外资银行等(统称为境外参加行)在境内中资银行开立人民币清算账户，通过 SWIFT 进行的人民币资金的跨境结算和清算。其清算流程如

图 1-1 和图 1-2 所示。

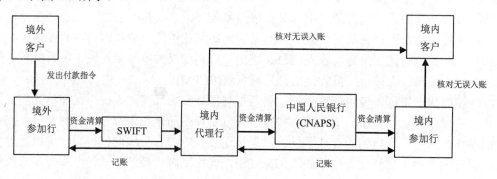

图 1-1 代理行清算模式：汇入汇款流程

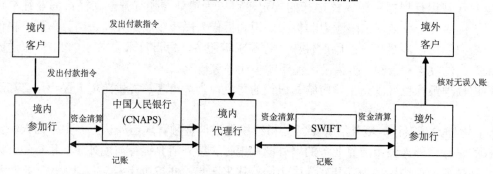

图 1-2 代理行清算模式：汇出汇款流程

(2) 清算行模式。参与跨境贸易人民币结算的境外企业可以向境外参加行或直接向境外清算行提出人民币结算申请，并由清算行最终完成结算业务。清算行模式的主要特点是人民币资金在境外清算行和境内结算行间的转移是通过 CNAPS 系统完成的，其流程以港澳清算行为例加以说明。

最初的跨境人民币结算清算行模式是面向在我国香港和澳门地区的清算行开立了人民币同业清算账户的境外参加行及境外参加行的客户的，即港澳清算行模式，主要是指在中资银行境内银行和港澳地区境外分支行之间进行的清算业务，即港澳地区以及内地以外的其他地区的银行(境外参加行)，在中资银行香港/澳门的分支行开立人民币清算账户，通过中国人民银行大额支付系统(CNAPS)进行人民币资金的跨境结算和清算。其清算流程如图 1-3 和图 1-4 所示。

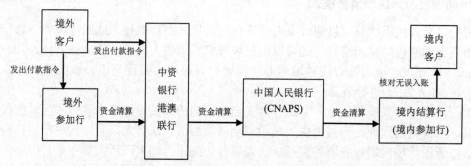

图 1-3 港澳清算行模式：汇入汇款流程

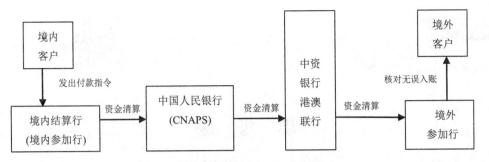

图 1-4 港澳清算行模式：汇出汇款流程

(3) 人民币 NRA 账户模式。经中国人民银行当地分支机构核准，境外企业可申请在境内银行开立非居民银行人民币结算账户，直接通过境内银行清算系统或中国人民银行跨行支付系统进行人民币资金的跨境清算和结算。这一清算模式的主要特点是银行间的人民币清算完全处于境内，清算环节少，手续简便。如境内客户与境外客户在同一家境内结算银行开户，则在该行系统内转账即可完成清算。

(二)人民币跨境支付系统

随着我国人民币资本项目的开放，人民币国际化步伐进一步加快，对支付结算等金融基础设施的要求也越来越高。为满足人民币跨境使用的需求，进一步整合现有人民币跨境支付结算的渠道和资源，提高人民币跨境支付结算的效率，2012 年 4 月，中国人民银行宣布组织开发独立的人民币跨境支付系统(Cross-border Interbank Payment System, CIPS)。CIPS 的建设目标是保证安全、稳定、高效，支持各个方面人民币跨境使用的需求，包括人民币跨境贸易和投资的清算、境内金融市场的跨境货币资金清算以及人民币与其他币种的同步收付业务。CIPS 由跨境银行间支付清算有限责任公司(CIPS Co., Ltd.，简称跨境清算公司)负责运营，该公司于 2015 年 7 月 31 日在上海市黄浦区正式注册成立，接受人民银行的监督和指导，全面负责 CIPS 的系统运营维护、参与者服务、业务拓展等方面的工作，为境内外金融机构提供人民币跨境支付清算服务、数据处理服务、信息技术服务以及经人民银行批准的其他相关业务及服务。

CIPS 分两期建设：一期主要采用实时全额结算方式，为跨境贸易、跨境投融资和其他跨境人民币业务提供清算、结算服务；二期采用更加节约流动性的混合结算方式，提高人民币跨境和离岸资金的清算、结算效率。CIPS 的建成运行是我国金融市场基础设施建设的里程碑事件，标志着人民币国内支付和国际支付统筹兼顾的现代化支付体系建设取得重要进展。

按照《人民币跨境支付系统业务操作指引》规定，CIPS 参与者分为直接参与者和间接参与者两类，并为每个参与者分配系统行号作为其在系统中的唯一标识。直接参与者在CIPS 开立账户，可以通过 CIPS 直接发送和接收业务，间接参与者通过直接参与者间接获得 CIPS 提供的服务。

截至 2019 年 9 月底，CIPS 共有 31 家境内外直接参与者，868 家境内外间接参与者，累计处理业务超过 400 万笔，金额超过 70 万亿元。随着 CIPS 的成熟发展， CIPS 将逐渐取代其他渠道成为跨境人民币清算的主导系统。

中国现代化支付系统

思 考 题

一、名词解释

国际结算、支付体系、国际结算制度、代理行、账户行、SWIFT Code、国际支付系统、票据交换所

二、简答题

1. 简述国际结算的特点。

2. 国际结算的研究内容有哪些？

3. 单据工作在国际结算中有何重要意义？

4. 银行在国际结算中的作用有哪些？

5. 为什么要建立往来银行关系？往来银行分为哪些类型？在国际业务中如何选择往来银行？

6. 代理行有哪几种类型？如何建立代理行关系？

7. 什么是 SWIFT 报文？它有何特点？

8. 国际支付系统的构成要素及银行间的转账原则有哪些？

9. 目前跨境贸易人民币清算模式有哪几种？

10. 列举国际结算遵循的国际贸易惯例与规则。

三、分析题

为遏制伊朗的核计划，促使伊朗停止正在进行的核武项目，自 2012 年至 2013 年 7 月，美国先后 9 次宣布对伊朗实施单方面制裁，涉及经济、金融等领域。2012 年 6 月，《美国国防授权法案》生效，禁止美国银行与全世界和伊朗央行做交易的任何金融机构有金融往来；除得到豁免的国家外，任何国家与伊朗继续进行石油交易的金融机构将受到美国的金融制裁。美国希望通过切断任何同伊朗中央银行有商业往来的外国公司同美国金融系统的联系来对伊朗石油业进行制裁。

分析：美国为何会借此法案达到制裁目的？

第二章 国际结算中的票据

 学习要点

通过本章的学习，在掌握票据的概念、特征、关系人及其权利与义务的基础上，了解票据的功能、票据立法以及票据行为的含义与特征，掌握汇票的定义、要式、关系人及其权利与义务，了解汇票的种类，通晓各种汇票行为的做法及要求。

引导案例

国内某机械设备制造公司向非洲某国出口设备，与进口商达成 6 个月远期信用证合同，同时为满足资金需求又与当地中国银行分行签署了融资协议。出口商按合同规定发运货物后，根据信用证要求缮制汇票，连同信用证要求的其他单据交给中国银行分行。中国银行分行将单据寄至信用证开证银行，开证银行审核单据无误后向中国银行分行发出承兑电，确认到期付款责任。中国银行分行随后为出口商贴现汇票，提供融资。汇票到期日开证银行将货款拨付给中国银行分行。

票据是国际结算的重要工具。在该案例中，使用的票据是国际结算中最常见的汇票，同时涉及了出票、提示、承兑、贴现、付款等票据行为，体现了票据的支付与融资功能。

第一节 票据概述

当今国际结算主要是用票据来清偿国际债权债务关系。

一、票据的含义

票据(Bills)是经济和金融活动中具有流通性与转让性的一种债权债务凭证，有广义和狭义之分。广义的票据泛指一般的商业所有权凭证(如提单、发票等)、经济生活中各种反映权利和义务的书面凭证(如股票、债券等)以及作为流通货币的纸币；狭义的票据仅指以支付一定金额款项为目的，具有一定格式和条款的书面凭证与有价证券，亦即《票据法》中规定的票据。

作为一种结算工具，票据是指狭义的票据，即票据是一种由出票人签名于一定格式的凭证上，无条件地约定自己或指定其他人，以支付一定金额为目的的有价证券，或称为资金单据、金融单据等。票据可以代替现金进行流通，但它本身并非是一种货币，不具有法定货币的强制通用效力，只是一种可以流通与转让的债权凭证，性质上属于"债"的范畴。

在现代国际结算中，票据是国际通用的结算工具与信用工具。但由于目前国际票据法尚未实施，所以各国有关法律对票据的定义及其内容、种类的规定不一致。美国的《统一商法典》对票据的界定着眼于票据的格式与流通性，认为票据"是指符合下列条件的文件：①由出票人签名；②含有支付一定金额的无条件承诺和委托……③见票即付或于一定时期付款；④付给指定人或持票人"，包括汇票、本票、支票及存款证。英国、法国、日本与德国等国的票据法中只对汇票与本票作了规定，对支票单独立法。《中国香港票据条例》认为票据仅指汇票。鉴于此，虽然目前国际结算理论上有"票据"，但在实践中应直接使用汇票、本票、支票等不同的术语，以免产生异议。

二、票据的特点与功能

票据是商品经济与信用制度产生和发展的产物，既是一种履行支付职能与流通职能的"商业货币"，又是一种反映债权债务关系行为的信用工具。与现金结算相比，使用票据进行结算可以减少风险，降低贸易成本费用，缩短结算时间，减少资金占用。因此，自国际结算中出现票据之后，极大地促进了国际经贸的发展。

(一)票据的特点

1. 票据是一种金钱证券与设权证券

票据表示一定价值量的货币，是一种以金钱为给付标的物的证券。当票据做成后经过交付，就设立了对一定价值量货币的要求权。这是票据可以流通与使用的基础。

2. 票据的流通转让性

流通转让性是票据最基本的特点，它决定了票据可以成为一种结算工具。票据要以一定的金额货币表示债权或财产权，并且通过交付票据或经过背书就可以自由转让流通，而无须经过债务人的同意。票据的流通转让，并不改变其持有人享有票据文义载明的权利，这是票据与其他书面凭证，如股票、提单等转让的重要区别。股票、提单的转让，受让人(Transferee)的权利一般不可能优于或等于让与人(Transferor)。

拓展阅读

票据转让流通的方式

3. 票据的无因性

票据的无因性是指票据以出票人签名和自己或第三者支付款项而完成，不过问"因"——产生票据权利义务关系的原因。也就是说，谁持有票据，谁就是占有该票据权利的债权人，可以不明示其取得票据的原因，有权向有关债务人要求支付票据表示的金额。票据的债务人对善意持票人承担票据文义中约定的义务，只要票据记载合格(法定要式)，就必须无条件支付票款，而持票人不必证明其取得票据的原因。由此可见，票据重在"要式"而非"要因"，只要其书面形式要件符合一定的规范，付款载明是无条件的，票据就可以正常流通、转让。

4. 票据的要式性

票据的要式性是指票据只有具备了某些必要的条件和形式(简称要式或法定要式),才能发生票据的效力。票据要式要符合法律的规定,不得与票据法规相抵触。票据要式的作用与目的是减少票据纠纷。不具备要式的票据、违反要式的票据以及要式不完善的票据,一般被认为是无效票据、记载失效或票据的效力受到影响。

5. 票据的文义性

票据的文义性是指票据上所创设的权利与义务,是根据票据上所记载的文字内容来确定的,而不能根据票据文义以外的事项来确定。在票据上签字或盖章的人,要对票据的文义负责。

6. 票据的提示性

票据上的债权人或持票人在要求债务人或付款人履行票据义务(承兑或付款)时,必须向后者提示票据,否则债务人就没有承兑或付款的义务(但债务人也没有提示后必须承担承兑或付款的义务)。票据法规定了票据提示期限的要求,超过期限,债务人该票据项下的义务即被解除。

7. 票据的返还性与可追索性

票据的持票人在取得票款后,应当把签收的票据交还给付款人,即票据不能无期限地流通,票据的返还意味着其支付工具使命的完成。如果正当持票人向付款人或承兑人提示票据,而遭到拒绝,为维护其票据权利,有权通过法定程序向票据的债务人行使追索权,要求得到票据权利。

综上,可以将票据的特点归纳为:票据是一种"债权证券、金钱证券、设权证券、流通证券、无因证券、要式证券、文义证券、提示证券与返还证券"。

(二)票据的功能

票据具有以下五个方面的功能。

1. 汇兑功能

这是票据的传统功能。在票据产生的初期,它是异地转移资金的专门工具。票据可以解决异地现金支付在空间上的障碍,是一种货币资金的无形运输。在国际结算中,其表现为一国货币所具有的购买外国货币的能力。

2. 支付功能

这是票据的基本功能。票据的支付功能可以等同于货币现金,可以作为一种支付工具用以清偿债权债务关系,并且可以进一步简化支付手续,缩短结算时间。

3. 信用功能

这是票据的核心功能,是由票据关系形成的。票据可以解决债务人现金支付在时间上的障碍,票据当事人可以凭借自己的信誉,将未来才能获得的金钱作为现在的金钱来使用，既可以推迟款项的支付(远期)，也可以按约定付款(即期)，还可以进行融资活动(贴现)。

4. 流通功能

票据是可以转让流通的信用工具，经过背书可以在市场上进行广泛地流通、转让、再转让，节约了现金的使用，减少了资金的积压，扩大了流通手段。

5. 抵销债务功能

使用票据可以抵销当事人之间的债务。

三、票据的关系人及其权利和义务

票据的基本关系人有三个，即出票人(Drawer)、付款人(Payer)与收款人(Payee)。票据进入流通领域后，又会派生出其他关系人，如背书人(Endorser)、承兑人(Acceptor)与持票人(Holder)等，另外还会有参加承兑人(Acceptor for Honor)、保证人(Guarantor)、参加付款人(Drawee for Honor)与预备付款人(Referee in case of need)、担当付款人(Person designated as payer/ paying Agent)等特定关系人。每一个关系人都有各自的权利与义务。

(一)票据的基本关系人

1. 出票人

出票人是指开立票据并交付给他人的人。票据开出后，出票人对收款人或正当持票人承担当票据提示时，付款人一定付款或承兑的保证责任。在即期付款票据未付款之前，或远期票据未承兑之前，出票人是票据的主债务人，届时票据遭到拒付，持票人进行追索时，出票人应负偿还票款责任。

2. 付款人

付款人也称受票人(Drawee)，是指根据出票人的命令支付票款的人。付款人对票据承担付款义务，但并不承担票据到期后必须付款的责任，即收款人与持票人没有强迫付款人到期付款的权力，其原因是防止出票人滥发票据。但远期票据一经付款人承兑，则意味着付款人已成为承兑人，并成为该票据的主债务人，承担到期付款的责任，必须于票据到期日见票付款。

3. 收款人

收款人也称受款人，是指收取票款的人，即票据的主债权人。收款人有权向付款人要求付款，遭到拒付时也有权向出票人追索票款，即追索权。收款人也可以将票据背书后进行转让，成为背书人，并承担票据付款人应负的付款或承兑的责任。如果持票人被拒付，并向背书人追索时，收款人应偿付票款，再向出票人索偿。

(二)票据的其他关系人

票据的其他关系人是在票据流通转让过程中派生出来的。

1. 背书人与被背书人

背书人是指以转移票据权利为目的，在票据背面或粘单上签字或盖章后，将票据转让给他人的人。由于票据可以多次转让，因此背书人可以有多个。通常，收款人是第一背书人，依次连续背书转让是第二背书人、第三背书人……被背书人(Endorsee)就是票据的受让人，同样可以经过背书，成为背书人。对被背书人来讲，所有背书人及原出票人都是其前手(Prior Endorser)；对背书人而言，所有其以下被背书人皆是其后手(Subsequent Endorser)。

背书人要承担两项保证责任：一是须对包括被背书人在内的所有后手保证该汇票必将得到承兑或付款；二是须保证在他以前曾在该汇票上签名的一切前手的签字的真实性和背书的连续性。背书的连续性是指在票据转让中，转让汇票的背书人与受让汇票的被背书人在汇票上的签章依次前后衔接。

在票据流通转让的过程中，前手对后手承担票据的付款人付款或承兑的责任，届时发生拒付，持票人可依次向其前手或向其任何前手行使追索权。

2. 承兑人

承兑人是指接受出票人的付款委托或命令，同意承担支付票款的责任，并以文字记载于票据上的人。承兑人承兑票据后，成为票据的主债务人，必须保证对其所承兑的文义付款，而不能以出票人不存在、出票人的签字是伪造的、出票人没有签发票据的能力或授权等为借口拒绝付款。

3. 持票人

持票人是指持有票据的人。持票人可以是票据上的收款人，也可以是被背书人，主要是指最后持票向付款人或其他关系人要求付款的票据持有者。持票人有二次请求权：一次是向票据的主债务人及其保证人等请求付款权；一次是若遭拒付，再向票据的次债务人(如出票人)行使追索权。持票人取得票款后，应将票据交给付款人。

4. 正当持票人

正当持票人(Holder in due course)也称善意持票人(Bona fide holder)，是指票据的合法持有人，即持票人已善意地付过全部金额的对价，取得的是一张表面手续完整、合格又未过期，未发现曾被拒付(或退票)，也未发现其前手在权利方面有任何缺陷的票据。所谓对票据的所有权有缺陷，是指以欺诈、胁迫、暴力、恐吓或背信等不正当手段取得的对票据的所有权。

正当持票人是相对于一般持票人而言的。正当持票人也属于一般持票人，但其权利优于其他当事人(一般持票人和付过对价的持票人)，具体表现在正当持票人的权利优于前手，并且可不受票据当事人之间债务纠纷的影响，即能获得十足的票面金额。

5. 付过对价的持票人

付过对价的持票人(Holder for value)是指取得票据时付出一定对价的人。这里的对价是指不论货币、商品还是服务交易，凡能构成契约行为的，都属于有价值的对价，包括过去由于商品或服务交易所引起的债权债务。

付过对价的持票人有两种：一种是他本人付过对价的，但所付对价不一定与票据金额完全相等。例如，甲银行受某公司委托代收 10 万美元的汇票，并为此先垫付 5 万美元，则甲银行对该汇票就有 5 万美元的留置权，也是付过对价的持票人。另一种是他本人没有付过对价，但是过去的持票人确曾付过对价。例如，甲赠与乙一张票据，甲在获得票据时曾付过对价，则甲与乙都是付过对价的持票人。

付过对价的持票人的权利与正当持票人相比有以下特点。

一是票据遭退票后，正当持票人可向其任何前手进行追索；而付过对价的持票人只能向收受对价的当事人追索，而不能向任何前手追索。

二是正当持票人的权利可优于其直接前手；而付过对价的持票人的权利不能优于其直接前手，并且如其前手持票人对票据权利有缺陷，他也受该缺陷的制约。

(三)票据的特定当事人

1. 参加承兑人

参加承兑人是指参加承兑行为的第三人，属于非票据债务人。参加承兑是一种当票据遭到拒绝承兑或无法获得承兑时，该票据债务人以外的第三人在得到持票人的同意后，参加承兑此票据的票据行为。参加承兑的目的是为了维护某一特定债务人的利益，使持票人不能立即行使因拒绝承兑而产生的追索权。各国票据法对参加承兑行为都有具体规定。

持票人对参加承兑人有付款请求权，票据到期后遭到拒付，参加承兑人同样要承担向持票人支付票款的责任。参加承兑人向持票人支付票款后，对被参加承兑人及其前手享有追索权。

2. 保证人

保证人是指票据债务人以外的第三人即非票据债务人，对出票人、背书人、承兑人或参加承兑人做出保证行为的人。保证人为票据债务提供保证，与被保证人承担同样的责任与义务，持票人对保证人有付款请求权。在被保证人不能履行票据的付款责任时，以自己的金钱履行票据付款义务的保证人对被保证人及其前手享有追索权。

保证人应当依据《票据法》的规定，在票据或者其粘单上记载保证事项。保证人为出票人、付款人、承兑人保证的，应当在票据的正面记载保证事项；保证人为背书人保证的，应当在票据的背面或者其粘单上记载保证事项。

3. 参加付款人

参加付款人也是票据债务人以外的第三人，在票据遭到付款人或承兑人拒付且已作成拒绝证书的情况下，参加履行付款义务。其目的是为了保证票据与出票人的信用，防止持票人行使追索权。

参加付款人包括预备付款人和其他人。预备付款人是指出票人或背书人在票据上指定的在付款地的第三人，当票据遭到拒付时，持票人可向预备付款人请求付款。其他人也可以在票据遭到付款人拒付时，代出票人、背书人等对持票人付款。参加付款人向持票人支付票款后，取得持票人的一切权利，对票据承兑人或被参加付款人及其前手享有追索权。

4. 担当付款人

出票人为了收付款方便，根据与付款人的约定，在票据上载明付款人后又说明将由第三人执行付款，执行付款的第三人就是担当付款人，即付款人的代理人。如果票据上并未载明担当付款人，也可由付款人在承兑时予以明确。在这一条件下，持票人的承兑提示应向付款人做出，付款提示应向担当付款人做出。担当付款人只是指定的付款人，并非票据的债务人。

四、票据行为

(一)票据行为的概念

从票据的流通程序来看，主要有出票、背书、提示、承兑、参加承兑、保证、保付、付款、退票、追索、贴现等票据行为。广义的票据行为是指票据权利与义务关系的发生、变更或消失所必要的法律行为，包括出票、背书、承兑、保证、参加承兑、付款、参加付款、划线、保付、追索等行为在内。狭义的票据行为专指以设立票据债务为目的的行为，只包括出票、背书、承兑、保证、参加承兑等，不包括解除票据债务的付款、参加付款、追索等。

通常讲的票据行为是指以成立票据上一定权利与义务关系为目的而做的必要形式的法律行为，这种行为可以发生票据的债务效力，即狭义的票据行为，包括出票、背书、承兑(含提示)与参加承兑、保证等票据行为。这些行为可以分为两大类：一类是主行为或基本票据行为，即出票行为；另一类是从行为或附属票据行为，即在票据设立后产生的其他行为。上述行为并非所有票据所共有，如背书为汇票、本票、支票所共有，承兑与参加承兑等仅为汇票所有。

(二)票据行为的特征

票据行为属于民事行为，具有民事行为的一般特点。做出票据行为的人，必须是具有民事行为能力的人。与一般的民事行为相比，票据行为还有以下特性。

(1) 要式性。即票据行为是一种书面行为，必须依照法律规定的形式(如必须有行为人的签名)，依照法定的条件、程序、方式和内容进行才能发生效力。

(2) 独立性。即同一票据上的每一种票据行为各自独立承担票据上的责任并发生法律效力。

(3) 文义性。即票据行为必须完全依据票据上所记载的文义承担其票据责任，离开了票据所记载的内容，票据当事人不再具有其他权利义务。

(4) 牵连性。即各种独立的票据行为，依法相互牵连，基本票据行为无效，则随附票据行为也随之失效；票据发生拒付或拒绝承兑，各行为人对票据责任应负连带责任。

(三)票据行为简介

由于在随后的内容中还要详细地介绍有关票据的票据行为，这里主要结合票据行为的特征做简单介绍。

(1) 出票。出票即票据的签发，是出票人依照有关规定及票据的要件(或要式)，以及与付款人的约定开出票据，并交付给收款人的行为。出票是各项票据行为的开端，并由此产生了票据的权利与义务，属于基本票据行为。

(2) 背书。背书即以票据权利转让或授予他人为目的的书面行为，属于附属票据行为。背书须在票据的背面或背面的粘单上有所记载。票据可以经过多次背书，多次转让。

(3) 承兑。承兑是汇票独有的票据附属行为，但它是确定票据权利与义务关系的一个重要程序。承兑的前提是持票人提示票据，并要求承兑。

(4) 保证。保证是指票据保证人对出票、背书、承兑等票据行为所发生的债务予以保证的附属票据行为。保证须以书面形式做出，在票据上或粘单上载明保证文句、被保证人的名称、做出保证日期以及保证人的名称与地址等，并有保证人的签名。票据保证制度在欧洲大陆法系如《日内瓦统一法》中有严格的实施规则与要求，但英美法系中无此类规定。

(5) 付款。付款是票据到期时，持票人提示票据主债务人(付款人或承兑人)支付票款的经济行为。由于这种行为无须在票据上做出表示，因此不应属于票据行为。但根据国际惯例，如果债权人要求债务人约期偿付票款，则付款也属于一种票据行为。

(6) 退票。退票是指债务人拒绝确认票据所载明的义务(承兑)或拒绝履行票据到期付款的义务。根据国际惯例，持票人遭到退票时，应将该事实通知其前手或出票人。

(7) 追索。追索是法律赋予遭到退票的持票人的一种权利，一种向其前手要求偿清票款、利息及费用的票据权利。追索的对象可以是背书人，也可以是出票人、承兑人或票据的其他债务人。按照国际惯例，持票人行使追索权，应在规定的时效内及时提交拒绝证书作为证明。

(8) 参加。参加制度是票据法上的一种特殊制度，是票据债务人以外的第三人介入票据关系，目的是为了维护某一特定债务人的利益，使持票人不能立即行使因拒付而产生的追索权。支票没有参加，本票只有参加付款，汇票有参加承兑与参加付款。

(9) 贴现。贴现是银行融通资金的一种业务，是持票人将未到期的票据向银行通融资金，银行按贴现率扣除自贴现日至票据到期日的利息(贴息)后，将票面余额支付给持票人的一种票据转让行为。贴现实际上是持票人和贴现机构之间的一种票据买卖关系。

延伸阅读 2-1

票据的贴现

贴现可以分为三种：贴现(Discount)、转贴现(Transfer Discount)和再贴现(Rediscount)。贴现是指客户(持票人)将没有到期的票据卖给贴现银行，以便提前取得现款。票据到期后，贴现银行再凭票向债务人索取票款，或未到期时办理再贴现或转贴现。再贴现是中央银行的一种信用业务，是中央银行为执行货币政策而运用的一种货币政策工具，是指贴现银行持未到期的已贴现汇票向中央银行的贴现，通过转让汇票取得中央银行再贷款的行为。转贴现一般是商业银行间相互拆借资金的一种方式，是指银行以贴现购得的没有到期的票据向其他商业银行所做的票据转让。票据贴现是融通短期资金和银行短期放款的一种主要形式，目前在国际贸易结算中应用很广。

五、票据法

(一)票据法的概念

票据法是规定票据的种类、形式、内容以及各当事人之间权利与义务关系的法律规范的总称。随着票据在国际结算中的广泛使用，关于票据的各种规范逐渐形成。17 世纪，票据立法进入成文法时代；1882 年英国制定了《1882 年汇票法》，因其包含支票与本票，习惯上称为英国《票据法》；以后西方各国陆续制定了票据法规。

广义的票据法是指涉及票据关系调整的各种法律规范，既包括专门的票据法律、法规，也包括其他法律、法规中有关票据的规范。一般意义上的票据法是指狭义的票据法，即专门的票据法规范。

(二)票据法的法系

现代票据法发源于欧洲。由于国情不同，各国的票据法在立法体例与内容上存在差异，因而形成许多不同的票据法律系统(简称票据法系)，英美法系与大陆法系是其中有代表性的两大票据法系。

1. 英美法系

英美法系的主要特点是注重票据的流通与信用功能，把票据关系与票据的原因关系严格区别开来，注重保护正当持票人的权益，其主要基础是英国于 1882 年制定的《票据法》。属于英美法系的国家主要有英国、美国、加拿大、印度、澳大利亚与新西兰等国。

英国《1882 年票据法》(Bills of Exchange Act, 1882)制定于 1882 年 8 月 18 日，是英国和英联邦各国票据法中最具影响力的一部成文法例。该法是根据历史习惯做法、特别法以及许多判例制定的，1957 年 7 月又另行制定了《支票法》。英国《票据法》概括了汇票、支票和本票的基本规则。英国票据法的适用性较强，与大陆法系各国的票据法相比具有形式简单、手续简便等特点，从法律上保护和发挥了票据的流通、信用和支付工具的作用，并适当保护了银行权益，提高了银行的工作效率。

1896 年以前，美国各州基本上沿用英国票据法。1896 年，美国律师公会在习惯法和判例的基础上，主持起草了《统一流通证券法》(Uniform Negotiable Instruments Law)，供各州采用，对各州的票据法实践起到了重要的影响作用。1952 年制定、1962 年修改的《美国统一商法典》(Uniform Commercial Code, UCC)，对原流通证券法作了系统修改，将票据法列为法典中的第三章"商业票据"。美国的票据法对汇票、本票、支票和存单作了详细的规定，在英美法系国家的票据法中也具有一定的代表性和影响力。

2. 大陆法系

西欧大陆法系，又称日内瓦统一票据法系。1930 年 6 月，国际联盟在日内瓦召开了有法国、德国等欧洲大陆为主的 31 个国家参加的第一次国际票据法统一会议，通过了《统一汇票本票法公约》(Convention on the Unification of the Law Relating to Bills of Exchange and Promissory Notes)；1931 年 3 月，国际联盟在日内瓦召开的有 37 个国家参加的第二次国际票据法统一会议,通过了《统一支票法公约》(Convention Providing a Uniform Law of Cheques)。上述公约于 1934 年 1 月 1 日生效,合称为《日内瓦统一票据法》或《日内瓦统一法》,成为大陆法系的象征。但大陆法系的内部也不统一,又分成了德国法系与法国法系两个派别。

德国法系亦称日耳曼法系,其基础是德国于 1871 年颁布的票据法与 1908 年颁布的支票法。德国法系的特点与英美法系相似,只是对票据的格式要求更严格,强调票据是一种文义、无因证券。属于德国法系的国家主要有瑞典、丹麦、瑞士、挪威、奥地利、葡萄牙、西班牙、比利时、意大利与日本等国。

法国法系亦称拉丁法系,其基础是法国 1807 年《商法典》中的"票据法"一章与 1865 年的支票法。法国法系的主要特点是特别强调票据的资金关系,而较少考虑以票据作为流通工具与信用工具,没有把票据关系与票据的原因关系严格区分开来。由于法国的票据法历史最悠久,欧洲大陆各国早期的票据法大都仿效之而制定,但目前许多国家如比利时、西班牙、意大利等已转向德国法系。

(三)国际统一票据法规的立法活动

由于国际上在票据法上存在分歧,对票据的国际性流通十分不利,因此从 19 世纪末开始,产生了统一票据法的客观需要与倡议。《日内瓦统一法》是影响面较大的国际票据法规,但由于英、美等国不采用,而导致其未能成为国际公认的统一票据法。自 1971 年起,联合国国际贸易法律委员会起草了新的统一票据法草案,经过多次讨论,于 1973 年制定了《联合国国际汇票与国际本票公约草案》与《联合国国际支票公约草案》,试图调和两大法系,使之统一成一个公约。经过十多年的讨论与修改,两个草案于 1986 年提交联合国国际贸易法律委员会审议,至 1988 年 12 月 9 日获得联合国第 43 届全体大会通过,分别定名为《联合国国际汇票与国际本票公约》(Convention on International Bill of Exchange and International Promissory Note of the United Nations)、《联合国国际支票公约》(Convention on International Cheques of the United Nations),但因签署国未达到法定数量,目前尚未成为正式的国际公约。

(四)中国的票据立法

我国正式颁布票据法是在 1929 年 10 月,共有 139 条,基本属于德国法系。中华人民共和国成立后,旧票据法被废除,长期以来有关票据立法的内容只是一些关于支票使用方面的基本规定。改革开放以来,随着商业信用与票据业务的发展,票据立法被提到议事日程上来,并多次召开有关票据立法的研讨会议。1988 年 12 月,中国人民银行颁布了《银行结算办法》,重申了票据的支付手段功能,恢复了票据的信用功能和流通功能。1990 年,中国人民银行起草了《中华人民共和国票据法草案》,1995 年 5 月 10 日第八届全国人民代表大会常务委员会第十三次会议通过了《中华人民共和国票据法》。

1996 年 1 月 1 日起正式施行的《中华人民共和国票据法》,是借鉴国外经验并结合我国实际制定出来的,采取了三票合一的形式,将汇票、本票和支票集中于一部法规中加以规范统一,该法共 7 章 111 条。2004 年 8 月 28 日,经第十届全国人民代表大会常务委员会第十一次会议通过,对该法进行了修正并重新公布,新的《票据法》共 7 章 110 条。

延伸阅读2-2

《中华人民共和国票据法》第五章"涉外票据的法律适用"

第九十四条 涉外票据的法律适用，依照本章的规定确定。

前款所称涉外票据，是指出票、背书、承兑、保证、付款等行为中，既有发生在中华人民共和国境内又有发生在中华人民共和国境外的票据。

第九十五条 中华人民共和国缔结或者参加的国际条约同本法有不同规定的，适用国际条约的规定。但是，中华人民共和国声明保留的条款除外。

本法和中华人民共和国缔结或者参加的国际条约没有规定的，可以适用国际惯例。

第九十六条 票据债务人的民事行为能力，适用其本国法律。

票据债务人的民事行为能力，依照其本国法律为无民事行为能力或者为限制民事行为能力而依照行为地法律为完全民事行为能力的，适用行为地法律。

第九十七条 汇票、本票出票时的记载事项，适用出票地法律。

支票出票时的记载事项，适用出票地法律，经当事人协议，也可以适用付款地法律。

第九十八条 票据的背书、承兑、付款和保证行为，适用行为地法律。

第九十九条 票据追索权的行使期限，适用出票地法律。

第一百条 票据的提示期限、有关拒绝证明的方式、出具拒绝证明的期限，适用付款地法律。

第一百零一条 票据丧失时，失票人请求保全票据权利的程序，适用付款地法律。

第二节 汇 票

汇票是在国际结算中应用最多的一种票据，所包含的内容和功能最为全面，在各类票据中最具典型意义。

一、汇票的定义与种类

汇票(Bill of Exchange)是一个人向另一个人签发的，要求对方在见票时或在指定的或可以确定的将来时间，向某人或其指定的人或持票人无条件支付一定金额的书面命令。这一汇票定义与英国《票据法》中的规定基本相同。

汇票

《日内瓦统一法》是从汇票的要式来对汇票进行定义的，即汇票需包含：①"汇票"字样；②无条件支付一定金额的命令；③付款人；④付款期限；⑤付款地点；⑥收款人；⑦出票日期与地点；⑧出票人签字。

《中华人民共和国票据法》第十九条将汇票定义为：汇票是出票人签发的，委托付款人在见票时或者在指定日期无条件支付确定的金额给收款人或者持票人的票据。

汇票可以从不同的角度进行分类。

(一)按出票人的身份不同划分

1. 银行汇票

银行汇票(Banker's Draft)即由银行开出的汇票，其受票人(付款人)通常也是银行。

2. 商业汇票

商业汇票(Commercial Draft)即由个人或公司或企业开出的汇票。其受票人可以是个人或公司或企业，也可以是银行。

(二)按是否随附货运单据划分

1. 光票

光票(Clean Bill)是指不附带货运单据的汇票，其流通全凭票面信用。银行汇票多是光票，不附单据。商业光票仅限于收付运费、保险费、利息等小额款项。

2. 跟单汇票

跟单汇票(Documentary Bill)是指附有提单等货运单据的汇票。这类汇票除有当事人的信用保证外，还有物资保证——货运单据所代表的物品价值，因此对单据的要求很高。商业汇票大多属于跟单汇票，国际贸易结算中也大多采用跟单汇票。

(三)按付款时间划分

1. 即期汇票

即期汇票(Sight Draft or Demand Draft)是指付款人见票时立即将票面金额支付给指定受益人的汇票。这类汇票票面上一般注明"见票即付"(Pay at sight)字样，故又称见票即付汇票。

2. 远期汇票

远期汇票(Time Bill or Usance Bill)是指付款人在一指定的日期或将来的一个可确定日期付款的汇票。"将来的一个可确定日期"的确定方法主要有以下五种。

(1) 见票后若干天付款(at…days after sight)。即记载于见票后一定期间付款，如见票后 30 天、60 天等，也称为注期汇票。

(2) 出票日后若干天付款(at…days after date of draft)。即记载于出票日后一定期间付款的，也称为计期汇票。

(3) 提单签发日后若干天付款(at…days after date of bill of lading)。

(4) 货物到达后若干天付款(at…days after date of arrival of goods)。

(5) 指定日期或固定日期付款(Fixed date)。即记载一定的日期为到期日、于到期日付款的，也称为定期或板期汇票。

(四)按承兑人身份划分

1. 商业承兑汇票

商业承兑汇票(Commercial Acceptance Draft)是指由企业或个人承兑的远期汇票。这类汇票是建立在商业信用的基础上，流通转让的条件较差，不易流通或流通时难以被接受。

2. 银行承兑汇票

银行承兑汇票(Banker's Acceptance Draft)是指由银行承兑的远期汇票。这类汇票是建立在银行信用的基础上，易于在市场上流通、转让与贴现。

承兑汇票均属于远期汇票。

(五)其他的几种汇票

除上述四种常见的汇票划分方法外，还有其他几种分类方法。如按汇票金额是否限额(限定汇票的支取金额)，汇票分为限额汇票与不限额汇票；按汇票是否加计利息，分为带息(或附息)汇票与无息(或不带息)汇票；按汇票使用货币的不同，可分为本币汇票(票面金额为本国货币)与外币汇票(票面金额为外国货币)；按汇票流通地范围的不同，分为国内汇票与国外(或国际)汇票等。另外，根据载体的不同，汇票还可以分为纸质汇票和电子汇票。

一张汇票往往可以同时具备上述几个特征，如一张商业汇票，可以是即期跟单汇票，也可以是远期跟单的银行承兑汇票等。

 延伸阅读 2-3

电子商业汇票系统

电子商业汇票系统(Electronic Commercial Draft System, ECDS)是由中国人民银行批准建立的，依托网络和计算机技术，接收、登记、转发电子商业汇票数据电文，提供与电子商业汇票货币给付、资金清算行为相关服务并提供纸质商业汇票登记查询和商业汇票公开报价服务的综合性业务处理平台。该系统于 2009 年 10 月 28 日建成并投入运行，标志着我国票据市场迈入电子化时代。

电子汇票是由出票人以数据电文形式制作，委托付款人在指定日期无条件支付确定金额给收款人或者持票人的票据。与纸质商业汇票相比，电子商业汇票的突出特点是以数据电文形式签发、流转，并以电子签名取代实体签章。

二、汇票的必要项目

汇票的必要项目(Requirements)是指依据有关国家票据法的规定，必须记载在汇票上的内容，或称为汇票的要式、法定记载项目。必要项目齐全与合格是汇票成立的前提。各国票据法都对汇票的必要项目及如何记载有详细的规定，但彼此并不太一致，一般来说有以下九个项目。

(一)"汇票"的字样及编号

标明"汇票"(Bill of Exchange)字样的目的在于明确票据的性质，以区别于其他结算工具。我国《票据法》和《日内瓦统一法》要求汇票上必须标明"汇票"字样或使用同义词语(如 Draft、Exchange 等)；日本要求除正文中写有"汇票"外(如 Draft for USD 20 000)，标题上也须注明"汇票"字样。英国和美国的票据法则不要求必须标明此类字样。

对于汇票编号(Number of Exchange；Draft No.)，各国票据法无明确规定。但出票人出于业务需要，通常都会主动或根据相关要求标注汇票编号。

(二)无条件的支付命令

汇票是一种支付的委托，而不是承诺，是一种支付命令，并且必须是一种无条件的支付命令(Unconditional order to pay)，表现为必须用英文的祈使句开头，但不排斥礼貌用语。例如"付给某人 2000 美元"(Pay USD 2000 to ××)。如果规定收款人必须完成某种行为或承担某种义务后，付款人才给予付款(如 Pay to×× providing…)，或者用"虚拟句"(如 Would you…)表示，则这种有条件的、请求付款的证券就不是汇票。

(三)一定金额的货币

汇票是一种金钱证券，所以必须标有确定的"一定金额的金钱"(Certain in Money)，即有确定的货币名称和金额，如"USD 2000"。但对于涉及的利息、汇率、分期付款等问题，各国票据法的规定不太一致。

(1) 英国《票据法》规定，在票据上载有利息条款、分期付款条款或汇率条款，都不影响汇票金额的确定性。但如果这些条款中的利率或汇率并不确定，如"GBP 50 000 plus interest"，则属于金额不确定，因而汇票无效。如果"GBP 50 000 plus interest at 6% P.A."，则汇票有效，因为注明了利率，起算日从出票日起，以付款日为终止日。

(2) 《日内瓦统一法》规定，对于见票即付及见票后定期付款的可以允许载入利息条款；如是其他付款期限的汇票，不能带有利息，否则视为无记载，但汇票本身有效。对于汇率条款，即使未载明适用何地汇率的，也可以有效，因为按业务常规，以付款地的通行汇率支付。《日内瓦统一法》不允许分期付款。

(3) 《国际汇票与国际本票公约》认为，类似伦敦同业拆放利率(London Interbank Offered Rate，LIBOR)这种向大众公布的可变利率，也可用作票据利率，因为各方当事人都会据此计算出相同的结果。

此外，还应注意金额的大写(Amount in words)与小写(Amount in figures)问题。汇票金额的大小写应该一致(如果汇票上要求分别用大小写表示金额)。但如果出现了不一致，各国票据法的规定不一致，英国《票据法》与《日内瓦统一法》认为应以大写为准，而我国《票据法》则认为票据无效。

(四)付款人

付款人(Drawee)的姓名或名称，以及详细地址必须在汇票上明确，以便持票人能找到并办理有关汇票业务。汇票的付款人一般是一个，也可以载明一个以上的付款人。后一种情况下，任何一个付款人都承担支付全部金额的责任，而不能仅负责部分金额；其中一个付款人付款完毕后，其余付款人均同时不再承担付款责任。

付款人也可以是出票人自己，称为对己汇票。英国《票据法》规定，若付款人是出票人自己或杜撰的，则持票人有权选择该票据是作汇票处理还是作本票处理。

(五)收款人

收款人(Payee)或称受款人，也就是汇票的债权人，业务中称这一记载为"抬头"。收款人的名称应在汇票中有所标明，但各国票据法对如何标明汇票抬头的规定不同。

英国《票据法》认为汇票的抬头可以有以下几种写法。

(1) 限制性抬头(Restrictive Order)。如汇票上注明"仅付给××"(Pay ×× only)"、"付给××，不得转让"(Pay ×× not transferable)等。这种带有限制转让字样的汇票，不能通过背书转让。

(2) 指示性抬头(Demonstrative Order)。如汇票上注明"付给××或其指定人"(Pay ×× or Order/Pay to the order of ××)。如果注明"付给××"(Pay××)且汇票其他地方无"not transferable"字样，也属于指示性抬头，或称为记名抬头。这种汇票经过背书后可以转让。

(3) 持票人或来人抬头(Pay to Bearer)。即汇票上不注明收款人的姓名，只写"付给来人"(Pay Bearer)或"付给××或来人"(Pay to ×× or Bearer)字样，亦称无记名式汇票。这种汇票无须背书即可转让。

对上述三种汇票抬头的写法，德国、法国、意大利和瑞士等大陆法系国家的票据法以及《日内瓦统一法》等都有不同的看法。它们不承认无记名式汇票，认为收款人是票据的绝对必要项目，必须注明。

(六)出票日期与地点

大多数欧洲大陆国家以及《日内瓦统一法》认为汇票的出票日期与地点是汇票的法定记载项目，必须注明。但英美法系国家则认为出票日期与地点并非汇票的必须记载项目，即使汇票上没有填写出票日期，也属于有效，任何合法的持票人都可以补填上自己认为准确的日期，仍可照常受款或承兑；若汇票上未注明出票地点，则以出票人的营业住所或居住地为出票地点。

(1) 出票日期(Date of Issue)。出票日期对于出票后定期付款的汇票具有确定付款日期的作用，对于即期汇票则起着决定汇票有效期的作用。另外，出票日期还决定着出票人的行为效力，如果出票人出票时已宣告破产或被清理，则该汇票不能成立。

(2) 出票地点(Place of Issue)。出票地点对国际汇票有着重要意义，关系到汇票的适用法律问题，即有关汇票的形式及有效性问题一般以出票地的法律为准。出票地点可以不在汇票上注明，此时以出票人名称后的地址作为出票地点。

我国《票据法》未将出票地点列为必要项目，但规定：汇票上未记载出票地的，出票人的营业场所、住所或者经常居住地为出票地。

(七)付款期限

付款期限(Tenor)又称汇票到期日(Maturity)，即汇票金额支付的日期。

1. 付款期限的约定办法

付款期限的约定办法主要有以下五种。

(1) 见票即付或即期付款(Pay at sight or on demand)。持票人提示汇票的日期即为到期日。若汇票未明确表示付款期限，则视为见票即付。

(2) 定日或指定日期付款(Pay at a fixed date)。定日也称为"板期"，即标明确切的付款日期，如"6月30日付款"(On June 30 fixed pay to)。这种汇票须由持票人提示承兑，以便明确承兑人的付款责任。

(3) 见票(承兑)后定期付款(Pay at a fixed period after sight)。这种汇票须由持票人提示承兑，以便明确承兑人的付款责任，以及确定付款到期日。

(4) 出票日后定期付款(Pay at a fixed period after date)。这种汇票须由持票人提示承兑，以便明确承兑人的付款责任。

(5) 提单日/装运日/说明日期后定期付款(Pay at a fixed period after B/L date/shipment date/stated date)。这种汇票须由持票人提示承兑，以便明确承兑人的付款责任。

2. 到期日的算法

定期付款的期限，较多使用若干日(如30日、45日、60日或90日)或若干月。至于起算点，出票后定期付款则从出票日起算，见票后定期付款则从承兑日起算。各国票据法对到期日的算法有如下规定。

(1) 见票日/出票日/说明日以后若干天付款(at...days after sight/date/stated date)的，不包括所述日期，即从该日的第二日起算，俗称"算尾不算头"。

(2) 见票/出票日/说明日以后若干月付款(at...month(s) after sight/date/stated date)的，到期日为应该付款之月的相应日期。注意：月为日历月；半月以15日计；月初为1日，月中为15日，月末为该月最后一日；先算整月，再算半月；如果到期日没有相应日期，则以该月最后一日为到期日。

(3) 到期日如为公休或假日，则顺延至下一个营业日。

有些国家如法国、荷兰，规定汇票必须载明到期日，否则汇票无效。但英国、美国、日本等和我国的《票据法》认为，到期日并非汇票的必要项目，若汇票上未载明到期日，则作见票即付处理。

(八)付款地点

付款地点(Place of Payment)是指持票人提示汇票请求付款的地点。付款地点十分重要，根据国际司法的"行为地原则"，在付款地发生的承兑与付款等行为、到期日的计算方法都适用付款地法律。对于汇票上是否应载明付款地点，不同国家法律的规定也不同。

(1) 英国《票据法》认为，汇票上不一定必须载明付款地点，无论付款人在何处，只要持票人能找到他，就可以提示汇票要求付款。

(2) 德国《票据法》认为，如果在付款人之后载明地址，汇票也属有效；若既未载明付款人地址，又未记载付款地点，则汇票无效。

(3) 我国的《票据法》认为，汇票上未记载付款地的，付款人的营业场所、住所或者经常居住地为付款地。

因此，可以认为，若汇票上未载明付款地点，可以以付款人后面的地址作为付款地点。

(九)出票人签字

出票人签字(Signature of the Drawer)是汇票成立的一个必要条件，各国票据法都承认这一点，但签字却并非各国公认的唯一确认债务的方法。《国际汇票与国际本票公约》认为，签字、摹本以及其他出票当地可以采用的认证方式(如我国的盖章)都可以。另外，也可以由经授权的人签字，但应在签字前面加上文字说明。

上述几个项目或称为必要项目，有些国家视之为汇票的法定要件，缺一不可；也有的国家如英美法系认为其中某些项目并非绝对必要。相对来说，大陆法系对汇票要式的要求较严格，英美法系较灵活。在实际业务中，应注意对方国家有关的法律要求，若不了解对方

汇票的必要项目

国家票据法的规定，可谨慎从事，项目全一些。我国《票据法》规定汇票必须记载下列事项，未记载规定事项之一的，汇票无效：表明"汇票"的字样；无条件支付的委托；确定的金额；付款人名称；收款人名称；出票日期；出票人签章。

三、汇票的任意记载项目

根据票据法的规定，汇票上可作一些"任意记载"。

(一)特定当事人条款

这主要是为维护汇票的信用以及出票人的信用，在汇票上指定担当付款人、预备付款人、参加付款人以及保证人等条款。

(二)废弃条款

在国际结算中，需要向国外寄出文件，为防止遗失或因故迟延，出票人通常会同时签发同一内容的两张汇票，分别付邮，即成套汇票(a set of bill)。为防止同一效力的各联汇票发生重复付款，所以在各联汇票上注明"Second(First) of the same tenor and date being unpaid"(付一不付二/付二不付一)，这就是废弃条款，即一联生效支付，其他各联自动失效。

(三)汇率与利率条款

该条款是出票人在汇票上载明按特定货币支付办法支付汇票金额时适用的汇率，或加付利息时适用的利率。

(四)免于追索条款

英美法系中,允许出票人在票面上记载当发生拒绝承兑或拒绝付款时,不负偿还义务的表示,即免除担保承兑或付款条款,也称免于追索(Without Recourse)条款。背书人也可在其签名之上作同样记载,以免除被背书人对他行使追索权。

这一条款不适用于《日内瓦统一法》,出票人的"免于追索"记载被视为无记载。

(五)免作拒绝证书条款

这一条款表示若持票人遭到拒绝承兑或拒绝付款时,免于作成拒绝证书而请求前手偿还。

(六)必须提示承兑条款

若汇票上载有"必须提示承兑"(Presentment for Acceptance Required)字样,表示持票人必须作承兑提示。如果汇票上还注明"必须在某日前(或后)提示承兑",则必须在规定日期内提示承兑。

除上述各项外,还有提示期限、指定日期前不得提示承兑、免作拒付通知、有关信用证(信用证项下的汇票)条款等的记载。

四、汇票的流通使用

即期汇票的流通使用一般只经过出票、提示、付款即可。远期汇票的使用则要经过出票、背书、提示、承兑、付款、拒付、追索、参加承兑与参加付款、担当付款、保证等程序。这里以远期汇票为重点,简单分析一下汇票的流通使用。

(一)出票

出票(Issue)是汇票进入流通的第一个环节,出票人(Drawer)通过出票,开始他的债务清偿活动,即设立债权。出票包括制作汇票与交付。

(1) 制作汇票,并在汇票上签字。制作汇票时应按有关国家的票据法规定填写汇票的各类项目。这一行为使出票人成了汇票的主债务人,除非汇票上注明免于追索条款,倘若汇票被拒付,出票人有责任自己清偿债务。如果出票人是受委托而签字,则应在签名或签章前做出说明,如在委托人或单位前注明"For"或"On behalf of" 或"For and on behalf of" 或"Per pro."字样,并在个人签字后面写上职务名称,如:

> For D Co., Qingdao
>
> Li Ming Manager

(2) 交付,即出票人将汇票交给收款人。收款人收到汇票,成为持票人,拥有了债权,可以按票面文义享受权利,也可将这些权利转让出去。当然,若汇票的内容与收款人的愿望不一致,收款人也可以退票——将汇票退给出票人。

(二)背书

背书(Endorsement/Indorsement)即汇票的收款人或持票人在汇票的背后或粘单上签上

自己的名称或再加上受让人的名称，并将汇票交与受让人的行为。背书使汇票的收款权利发生了转移，原收款人或持票人成为背书人，成为受让人的"前手"；受让人是被背书人，成为背书人的"后手"。需要注意，只有指示性抬头写法的汇票才可以经过背书进行转让。

1. 一般背书的种类

(1) 记名背书(Special Endorsement)。记名背书亦称特别背书、正式背书或完全背书，背书时，背书人先作被背书人的记载，再签上自己的名称。如

被背书人：Pay to the order of B Co., London

背 书 人：For A Co., Beijing

(Signature)

(Date)

(2) 空白背书(Endorsement in Blank)。空白背书亦称无记名背书或略式背书，背书人只签自己的名称，而不记载被背书人的名称即将汇票转让。我国《票据法》禁止采取空白背书。

(3) 限制背书(Restrictive Endorsement)。限制背书主要是不可再转让背书，即背书人在背书时载明"仅付给××(被背书人)"等。如

Pay to B Co., London only

Pay to B Co., London not negotiable

被背书人：Pay to B Co., London not transferable

Pay to B Co., London not to order

Pay to H Bank for account of B Co., London

背 书 人：For A Co., Beijing

(Signature)

(Date)

英国《票据法》认为，此类背书的被背书人没有再转让汇票的权利；《日内瓦统一法》则认为此类背书仍可由被背书人再转让，但原背书人只对直接后手负责，对其他后手概不负责。

2. 背书种类的转化

上述背书方式在汇票流通中可以进行转化，见表2-1。

表 2-1　背书的种类及转化

被背书人	Pay to B Co., London	Pay to C Co., New York		Pay to E Co., London only
背书人	For A Co., Beijing (Signature) 2018.11.21	For B Co., London (Signature) 2018.11.26	For C Co., New York (Signature) 2018.12.10	For D Co., New York (Signature) 2018.12.20
背书种类	记名背书	记名背书	空白背书	限制背书

3. 背书的效力

(1) 背书人的责任。背书人对其所有后手承担以下责任：①担保汇票到期被承兑与付款；②向后手保证前手签名的真实性；③向后手保证汇票的有效性。如果背书人所持有的是空白背书，若将空白背书直接加上受让人的名称再转让汇票，则该持票人因没有在汇票上留下签名，就不必对后手承担责任，也就没有被追索的可能了。

(2) 被背书人的权利。被背书人获得汇票，标志着他获得了汇票文义规定的权利，这种权利包括付款请求权和追索权。并且因其拥有前手，所以其债权有众多的担保，即使汇票的主债务人拒付，也可向其前手追索。

(3) 回头背书。如果 A 将汇票通过背书让给了 B，B 背书后让给了 C，C 背书后又让给了 D，D 背书后又让给了 E，最后 E 背书后又让给了 C，那么这称为回头背书，即汇票上的债务人又成为被背书人。这类被背书人失去对其原来后手(新前手)的追索权，而只能对其原来前手行使追索权。对 C 来说，A、B 均系其前手，D、E 均系其后手。但当汇票由 E 转让给 C 时，则 C 不得对 D、E 追索，只能对 B、A 行使追索权。

4. 有附加记载的背书

背书中也可以加列有关内容，如加预备付款人背书、免除责任背书、免作拒绝证书背书、免作拒付通知背书、附有承兑提示要求的背书等，这些属于有附加记载的背书。一些有附加记载的背书会成为持票人行使汇票权利的限制条件，主要包括以下内容。

(1) 有条件背书。即要求被背书人满足某一条件方可行使汇票权利。如 "Pay to the order of B Bank on delivery of B/L No. ××"。

(2) 部分背书。背书人只转让部分票据金额给被背书人，如 "Pay to A Co., for the amount of 50%"。

(3) 分割金额背书。即将汇票金额部分付给多个被背书人，如 "Pay to A Co., and B Co., for the amount of 50% separately"。

我国《票据法》规定，部分背书和分割背书是无效的，无论是背书行为还是背书内容均无效。

(4) 委托收款背书。委托收款背书是指持票人以行使票据上的权利为目的，而授予被背书人以代理权的背书。在这种背书中背书人就是原持票人，被背书人则是代理人。在委托收款背书中，记载有 "委托收款" 字样，如 "Pay to B Bank for collection"。在托收方式中会涉及这种背书。

(5) 质押背书。质押背书又称设质(on mortgage)背书、质权背书，是指持票人以设定质权提供债务担保为目的进行的背书。质押背书确立的是一种担保关系，即背书人(原持票人)与被背书人之间是一种质押关系，而不是一种票据权利的转让与被转让关系。质押背书中，背书人实际上是出质人，被背书人是质权人。因此质押背书成立后，即背书人作成背书并交付，背书人仍然是票据权利人，被背书人并不因此而取得票据权利。但是，被背书人取得质权人地位后，在背书人不履行其债务的情况下，可以行使票据权利，并从票据金额中按担保债权的数额优先得到偿还。根据我国《票据法》的规定及有关解释，质押背书也必须依照法定的形式作成背书并交付，质押时应当以背书记载 "质押" 字样或记载质押文句表明质押的意思，如 "为担保" "为设质" 等；以汇票设定质押时，出质人在汇票上只记载了"质押"字样而未在票据上签章的，或者出质人未在汇票或粘单上记载"质押"字样而另行签订质押合同、质押条款的，不构成票据质押；贷款人恶意或者有重大过失从事票据质押贷款的，质押行为无效；被背书人依法实现其质权时，可以行使汇票权利，包括付款请求权和追索权以及为实现这些权利而进行的一切行为，如提示票据、请求付款、受领票款、请求作成拒绝证明、进行诉讼等；如果背书人后手再背书转让或者质押的，原背书人对后手的被背书人不承担票据责任，但不影响出票人、承兑人以及原背书人之前手的票据责任。

(三)提示

提示(Presentment or Presentation)是指持票人向付款人出示汇票并要求承兑或付款的行为。提示是持票人要求汇票权利的行为，付款人看到汇票称之为见票(Sight)。

1. 提示的种类

(1) 提示承兑(Presentment for Acceptance)。若属于远期汇票，持票人应先向付款人提示汇票并要求承兑。见票即付的汇票无须提示承兑。

(2) 提示付款(Presentment for Payment)。即期汇票或已到期的远期汇票，持票人要求付款人付款，应作提示付款。

2. 有效提示的要求

一项提示必须根据汇票上的规定方可有效，通常须遵循以下四个要求。

(1) 向指定的付款人提示。

(2) 在规定的有效期限内提示。汇票必须在规定的到期日内(且是营业日的营业时间内)向付款人作承兑或付款提示。《日内瓦统一法》认为，即期汇票应从出票日起算 1 年内提示付款，见票后定期汇票应从出票日起算 1 年内(算尾不算头)提示承兑，远期汇票(已承兑)应在到期日或其后的两个营业日内提示付款。英国《票据法》认为，即期汇票的提示付款与见票后定期汇票的提示承兑应在"合理时间"(Reasonable Time)内，远期汇票(已承兑)应在到期日当天提示付款。英国人对"合理时间"的解释为只要不故意拖延时间，实务中一般认为不超过半年。我国《票据法》规定：定日付款和出票后定期付款的汇票，持票人应当在汇票到期日前向付款人提示承兑；见票后定期付款的汇票，持票人应当自出票日起 1 个月内向付款人提示承兑；汇票未按照规定期限提示承兑的，持票人丧失对其前手的追索权；见票即付的汇票，自出票日起 1 个月内向付款人提示付款；定日付款、出票后定期付款与见票后定期付款的汇票，自到期日起 10 日内向承兑人提示付款。

(3) 在规定的地点提示。规定的地点参照"付款地点"。

(4) 提示必须出示汇票。

另外，若汇票经背书转让给持票人，再经由持票人委托银行代收票款，则最后代收行的背书应附有"保证前手背书真实"字样。

3. 远期汇票的提示

远期汇票的持票人应向付款人作两次提示：第一次是提示要求承兑，即承兑提示；第二次是提示要求付款，即付款提示。两次提示都应按上述四个要求去做。若汇票上载有担当付款人，则承兑提示应向付款人做出，付款提示应向担当付款人做出。

(四)承兑

承兑即承诺兑付(Acceptance)，是指远期汇票的付款人表示接受出票人的付款命令，同意承担到期交付汇票金额责任的行为。付款人的承兑行为是通过在汇票正面写上"承兑"(Accepted)字样，或者同时注明承兑日期，签名后交付给持票人完成的；银行国际业务中的承兑多是由承兑行发出承兑通知书或承兑加押电文给持票人。付款人一经承兑，就成为承兑人(Acceptor)，承担远期汇票到期时付款的责任，即成为汇票的主债务人。承兑后的汇票如遭拒付，持票人可以直接起诉承兑人。

承兑通常有普通承兑与限制承兑两种形式。

1. 普通承兑

普通承兑(General Acceptance)，即承兑人对汇票的文义不加限制地予以确认。这一形式应用得最普遍。如

> Accepted
> Oct. 23, 2012
> For A Co., Beijing
> (Signature)

2. 限制承兑

限制承兑(Qualified Acceptance)或称保留性承兑，即承兑人对汇票的文义部分或修改后予以承兑。按承兑人承兑的汇票责任范围，限制承兑可分为以下四种。

(1) 有条件承兑(Conditional Acceptance)。即付款人同意承兑，但加注了附加条件。如

> Accepted
> Payable on delivery of bill of lading
> Oct. 23, 2012
> For A Co., Beijing
> (Signature)

(2) 修改付款期限承兑(Qualified Acceptance as to Time)。即付款人表示在一个不同于票面规定日期的到期日进行付款。如出票日后 3 个月付款的汇票，承兑时写明 6 个月付款。

> Accepted
> Payable at 6 months after date
> Oct. 23, 2012
> For A Co., Beijing
> (Signature)

(3) 部分承兑(Partial Acceptance)。即付款人只对票面金额的一部分做出承兑。例如，票面金额为 10 000.00 美元，承兑时写明承兑 9000.00 美元。

Accepted

Payable for amount of USD9000.00 only

Oct. 23, 2012

For A Co., Beijing

(Signature)

(4) 地方性承兑(Local Acceptance)。即明确限制付款于某一特定地点(and there only)的承兑。如

Accepted

Payable at A Bank Ltd. and there only

Oct. 23, 2012

For A Co., Beijing

(Signature)

限制承兑意味着付款人不同意汇票载明的条件，因此持票人应将之视作拒付处理。英国《票据法》认为，部分承兑中，持票人只需将未承兑金额作成拒绝证书。需要注意，限制承兑中付款人应对已签字承兑的文义内容负责。我国《票据法》规定：付款人承兑汇票，不得附有条件；承兑附有条件的，视为拒绝承兑。

远期汇票除非注明"不得提示承兑"字样，持票人都应作承兑提示；若遭拒绝承兑，则应立即行使追索权。承兑意味着汇票收款有了保障，所以这种汇票在国际市场上的转让条件也较好。

(五)付款

付款(Payment)是指汇票到期时，持票人提示汇票，付款人支付票款的行为。汇票一经付款，即表示其反映的债权债务关系结束。若汇票上载有担当付款人，持票人应向担当付款人提示付款，由担当付款人支付票款。

持票人必须在规定的有效期限内，在规定的地点，向指定的付款人提示汇票要求付款。付款人见票后应立即付款。但英国《票据法》认为，付款只要在 24 小时内("习惯时间")就可以。这与《日内瓦统一法》规定的"付款无优惠日"是不相同的。我国《票据法》规定：持票人提示付款的，付款人必须在当日足额付款。

付款人只有正当付款才能免除全体汇票债务人的债务责任。所谓"正当付款"(Payment in Due Course)是指：①要由付款人或承兑人付款，而非由出票人或背书人支付；②要在到期日那天或以后付款，而不能在到期日以前付款；③出于善意，即不知道持票人权利上的缺陷，实务中亦无相反证明；④付款给持票人，如果票据被转让，要鉴定背书连续，英国《票据法》还进一步要求鉴定背书真伪(不包括即期票据)。付款人正当付款后，一般要求持票人在汇票背面签字后(作为收款证明)收回汇票，注上"付讫"字样，或者要求收款人出具收据，以表明汇票注销，债务了结。

有时付款人可能因故只进行部分付款(Part Payment)。《日内瓦统一法》认为，持票人不得拒绝接受部分付款，否则丧失追索权；英国《票据法》认为，持票人可以接受部分付款，也可拒收。部分付款同样要求持票人出具载明已收金额的收据，持票人还应将未付部分作成拒绝证书，以行使追索权。

付款人应以汇票载明的货币支付。如果汇票规定支付等值的其他货币，则按规定的汇率折算成其他货币支付；如果汇票以外币表示，则按当地金融管制法令的规定，可以折算为本币支付。

实务中，根据持票人提示汇票的办法，付款人(行)有三种相应的付款方法。

一是持票人到付款行柜台提示汇票。付款行凭票支付现金给持票人，并要求持票人在汇票上作空白背书以作收款人收据用。也可将持票人的身份证件名称、号码记载于汇票背面，收回汇票并归档注销。

二是通过票据交换所提示。付款行收到换入的票据后即作转账付款，借记出票人账户，贷记交换科目。

三是联行或代理行寄来票据。付款行收到票据后作转账付款，借记出票人账户，贷记联行往来账户或代理行往来账户。

(六)拒付

拒付又称退票(Dishonor)，持票人在合理时间内或汇票到期日提示汇票要求承兑或付款时，遭到拒绝承兑或拒绝付款，统称为拒付。造成拒付的原因一般有三种：①持票人在汇票到期日前或到期日作承兑提示或付款提示，付款人明示或暗示(如在规定的时间内不付、避而不见、找不到等)拒付；②付款人破产、死亡或丧失行为能力或因违法被责令终止业务活动；③出票人破产。发生拒付后，持票人应作成拒付通知或拒绝证书以行使追索权，除非汇票上载明免除作成拒绝通知或拒付证书。

1. 拒付通知

拒付通知或称退票通知(Notice of Dishonor)，目的是使汇票的债务人及早知道拒付的事实，以做好及时付款的准备。如果持票人未作成拒付通知或未及时发出拒付通知，英国《票据法》规定持票人丧失追索权；《日内瓦统一法》则认为拒付通知只是后手对前手的义务，持票人并不因未作成拒付通知或未及时发出拒付通知而丧失追索权，但如果因此而给前手造成损失，持票人应负不超过汇票金额的赔偿责任。

拒付通知的发出方法有两种：一是持票人在拒付后一个营业日内，将拒付事实通知其前手，其前手自收到通知之日起一个营业日内通知其再前手，一直通知到出票人；二是持票人同时将拒付事实通知各汇票债务人，其他前手无须向其前手发出通知。

2. 拒绝证书

拒绝证书(Protest)是由拒付地公证机关或其他有权做出公证的机构或当事人出具的证明退票事实的法律文件。除非汇票上载明免除作成拒绝证书，拒绝证书是持票人行使追索权所必需的证明文件，包括拒绝承兑证书和拒绝付款证书。拒绝承兑证书作成后，无须再作提示要求付款和拒绝付款证书。英国《票据法》认为，只有国际汇票才必须作成拒绝证书。

持票人请法定公证人(Notary Public)作成拒绝证书时，应交出汇票，经公证人向付款人再作提示仍遭拒付后，即由公证人按规定格式作成拒绝证书，连同汇票交还给持票人凭以行使追索权。若拒付地没有法定公证人，可请当地知名人士(Famous Man)在两个见证人

(Witness)面前作成拒绝证书。

票据法允许出票人和背书人等在汇票上作"免除作成拒绝证书"的记载，但记载的效力不同：出票人作成的记载对于票据上的一切后手均发生效力，此时持票人可以不经作成拒绝证书直接行使追索权，如果持票人仍请求作成拒绝证书，则应自己负担费用；背书人作成免除拒绝证书的记载时，持票人对于该背书人行使追索权时可不必作成拒绝证书而直接行使追索权，但对票据上的其他债务人追索时仍应作成拒绝证书，并向其他票据债务人请求偿还作成拒绝证书的费用。

需要注意的是，不同国家的票据法对拒绝证书的作成内容、形式、时效以及拒付通知的时效与未及时通知的后果的规定不太一致。我国《票据法》规定：持票人应当自收到被拒绝承兑或者被拒绝付款的有关证明之日起 3 日内，将被拒绝事由书面通知其前手；其前手应当自收到通知之日起 3 日内书面通知其再前手；持票人也可以同时向各汇票债务人发出书面通知。

(七)追索

追索(Recourse)是指持票人在汇票经过有效的提示被拒付时，对背书人、出票人、承兑人及其他债务人行使请求偿还权利的行为。持票人可以向其任何一个前手追索，也可以同时向所有前手追索，但通常都是向其最主要的债务人追索，如向出票人追索。追索的金额除票面金额外，还可以包括因拒付而发生的额外费用，如到期日至付款日的利息、作成拒绝证书与拒付通知的费用以及其他费用。

1. 行使追索权的条件

追索权(Right of Recourse)即汇票遭遇退票时，持票人对其前手、出票人及其他债务人请求偿还汇票金额及费用的权利。行使追索权的条件有以下三个。

(1) 必须在法定期限内提示汇票。未经向付款人提示汇票，持票人不能行使追索权。

(2) 必须在法定期限内发出退票通知。英国《票据法》规定为退票日后的次日。

(3) 外国汇票遭到退票后，必须在法定期限内作成拒绝证书。英国《票据法》规定为退票日后的一个营业日内。

2. 保留和行使追索权的期限

保留和行使追索权应注意法律规定的有效期限。英国《票据法》规定为自债权成立之日起 6 年；《日内瓦统一法》规定持票人对前一背书人或出票人行使追索权的期限为 1 年，背书人对其前手背书人行使追索权的期限为 6 个月。

(八)参加承兑与参加付款

汇票没有得到承兑时，为阻止持票人在汇票到期日前追索，根据《日内瓦统一法》规定，汇票付款人及担当付款人以外的任何人都可以要求承兑汇票，这就是参加承兑。英国《票据法》认为，只有票据债务人以外的当事人才可参加承兑。参加承兑的做法如同承兑，文义内容是在汇票正面写上"参加承兑"(Acceptor for Honor)字样、被参加承兑人的姓名、参加承兑日期及签字。参加承兑的时间，是在汇票到期日前、拒绝证书作成已可追索时。其到期计算方法，是从拒绝证书作成之日起算。参加承兑与承兑都是负担票据债务的行为，二者的区别在于：①承兑人是票据的主债务人，承担付款义务；参加承兑人不是票据的主债务人，只是在票据拒付时承担偿还义务。②承兑人对全体票据债权人承担付款义务；而参加承兑人只对持票人和被参加承兑人的后手负责。③承兑的目的是确定债务人的付款责任；参加承兑的目的在于防止到期日前行使追索权。由于参加承兑的实际效果只是推迟追索权的行使，对持票人并无益处，所以英国《票据法》允许持票人可以不接受任何人作参加承兑。

汇票没有得到付款，持票人可以行使追索权时，其他人也可以要求参加付款，以阻止持票人的追索。参加付款人要出具书面声明，声明中要表明愿意参加付款以及注明被参加付款人的名称，且由公证人证明；持票人不可拒绝其参加，否则便丧失对承兑人或其他背书人的追索权。有时可能会有两人或两人以上竞相参加付款，根据规定通常给予能免除最多债务人者(一般是以其后手的数量多少来衡量)优先参加权。如果持票人不接受该享有优先权的参加付款人付款，则失去了对该参加付款人及其以下后手的追索权。参加付款人未记载被参加付款人的，则出票人应视为被参加付款人；参加承兑人参加付款时，应以被参加承兑人为被参加付款人；由第三者作为参加付款人时，应将参加付款的事实在两个营业日内通知被参加付款人，如未通知而发生损失的，参加付款人应负赔偿责任。参加付款的金额包括票面金额、利息、作成拒绝证书的费用等。参加付款后，参加付款人对于承兑人、被参加付款人及其前手取得持票人权利，可以持汇票及有关证件(如拒绝证书)向其行使追索权，但不得再以背书方式转让汇票。

参加承兑与参加付款的作用都是为了阻止汇票持票人行使追索权，以维护被参加人(出票人、背书人)的信誉，但参加承兑须经持票人的同意，参加付款则无须征得持票人的同意。目前实务中很少见到参加承兑与参加付款的做法。

(九)担当付款

担当付款人即代替付款人承担支付汇票金额的人。担当付款人通过两种方式产生：一种为出票人在汇票上除记载付款人外，另行记载一人为担当付款人；另一种为出票人未在汇票上指定担当付款人，但承兑人在承兑时指定一人为担当付款人。英美票据法不承认前一种记载，只承认后一种记载；《日内瓦汇票和本票统一法公约》对两种记载都予以承认。汇票有担当付款人的记载时，应先向担当付款人作付款提示。如出票人在汇票上有担当付款的记载，付款人于承兑时，不得涂销或变更。英国《票据法》规定，承兑人在承兑时指定担当付款人，但不能记载只限在担当付款人处付款，如作如此记载，应属保留承兑，持票人得拒绝上述形式的承兑。担当付款人虽可由出票人或承兑人任意指定，但一般都是付款人或承兑人的往来银行，以便于持票人直接向其收款。但在英国，于伦敦以外承兑的汇票，承兑人可指定伦敦城内银行代其付款。

(十)保证

保证(Guarantee)是非汇票债务人对出票、背书、承兑、付款等行为所发生的债务予以偿付担保的票据行为。保证人与被保证人所负的责任完全相同。

保证须作成书面形式，一般在票据或粘单上载明保证文句、被保证人的名称、作成保

证日期以及保证人的名称与地址等，并有保证人的签名。如

(1) Per Aval
For account of ___被保证人名称___
Signature by ___保证人名称___
Dated on ___保证日期___

(2) Per Aval
On behalf of ___被保证人名称___
Signature by ___保证人名称___
Dated on ___保证日期___

(3) Per Aval
Given for ___被保证人名称___
Signature by ___保证人名称___
Dated on ___保证日期___

(4) We guarantee payment
Given for ___被保证人名称___
Signature by ___保证人名称___
Dated on ___保证日期___

票据保证业务在欧洲大陆法系有明确的法律规定，但英美法系无此规定。英国的习惯做法是通过开立单独保函提供保证(Guarantee)，现在对票据保证也采用担保(Aval)的做法。

票据流通后，保证的功能也随之转移。保证增强了票据的可流通性，尤其是由实力雄厚、信誉良好的银行作保证的票据更容易被市场接受，所以保证常被用作票据融资的手段。

五、汇票的贴现

持票人可以将未到期的汇票通过贴现融通资金，但通常只有信用良好的大企业或者经银行承兑后的汇票(银行承兑汇票)才能得到贴现。在持票人办理贴现时，银行或贴现公司在扣除贴现日至汇票到期日的利息(贴息)后，将票面余额支付给持票人。票面余额即贴现净额或净款(Net Proceeds)，或称汇票现值。

(一)贴现利率

贴现利率简称贴现率(Discount Rate)，是指商业银行办理票据贴现业务时，按一定的利率计算利息，这种利率即为贴现率，即持票人贴现票据获得资金的价格。为区别银行贴现、转贴现与再贴现业务，有时将贴现率具体分为直贴利率、转贴利率与再贴现率。直贴利率即商业银行办理票据贴现业务时的贴利率，一般称为贴现率。

贴现率是市场价格，通常由双方协商确定。贴现率的高低，主要根据金融市场的利率来决定，同时考虑出票人和承兑人的名誉，以及汇票的出票条款是否基于正常货物交易等。我国的贴现率是在中央银行现行的再贴现利率的基础上进行上浮，各银行同期的贴现

率可能不同，但最高不能超过现行的贷款利率(如按商业银行同档次流动资金贷款利率下浮 3 个百分点)。

除按贴现率计算的贴现息之外，贴现时还会发生其他费用，如印花税(Stamp Duty)与承兑费(Acceptance Commission)。

(二)汇票贴现的计算

汇票有些是不带利息的，也有些是带利息的。因此，汇票的贴现也分为无息汇票贴现和有息汇票贴现。

1. 无息汇票贴现

无息汇票贴现的计算公式为

$$贴现净额=票面金额-贴现息$$

其中，贴现息是汇票的收款人在票据到期前为获取票款向贴现银行支付的利息，其计算公式为

$$贴现息=票面金额×贴现期限×贴现率$$

贴现期限或贴现天数是指从贴现日至汇票到期日提前付款的天数，一般以贴现日至汇票到期日的前一日为贴现期限。贴现率是用年利率表示的，应折算为日利率，英镑按 365 日为基数折算，美元、欧元等其他货币按 360 日折算。因此，贴现息的计算公式又可以表示为

$$贴现息=票面金额×(贴现天数÷360 或 365)×贴现率$$

例 2-1：一张汇票面值 100 万美元，出票日期为 5 月 8 日，7 月 8 日到期。持票人于 6 月 8 日到银行贴现汇票，贴现率为 12%。假定到期日是工作日，计算贴现净额。

解：贴现天数 6 月 8 日至 7 月 8 日共 30 日

贴现息=1 000 000×(30÷360)×12%=10 000(美元)

贴现净额=1 000 000-10 000=990 000(美元)

2. 有息汇票贴现

有息汇票贴现的计算公式为

$$贴现净额=汇票到期值-贴现息$$

其中，贴现息=汇票到期值×(贴现天数÷360)×贴现率。

无息汇票的到期值等于应收票据的面值；带息汇票的到期值等于票面金额与到期累积利息之和，即

$$带息汇票的到期值=票面金额×(1+票据年利率×汇票到期天数/360)$$

例 2-2：一张带息汇票面值 100 万美元，利率为 9%，出票日期为 5 月 8 日，7 月 8 日到期。持票人于 6 月 8 日到银行贴现汇票，贴现率为 12%。假定到期日是工作日，计算贴现净额。

解：贴现天数 6 月 8 日至 7 月 8 日共 30 日

汇票到期利息：1 000 000×(30÷360)×9%=7 500(美元)

票据到期值：1 000 000+7 500=1 007 500(美元)

贴现息：1 007 500×(30÷360)×12%=10 075(美元)

贴现净额=1 007 500-10 075=997 425

贴现是银行的一项资产业务，也是一项票据买卖业务，银行贴进汇票后可将汇票持至到期日，提示给承兑人要求付款，也可将之转贴现或再贴现以提前收回资金。再贴现是中央银行向商业银行提供资金的一种方式，再贴现率比市场贴现率高，也是衡量一国利率水平的主要标志。

第三节 本 票

一、本票的定义

本票(Promissory Note)也称期票，按英国《票据法》的定义，是指一个人向另一个人签发的，保证即期或定期或在可以确定的将来时间，向某人或其指定人或持票人支付一定金额的无条件的书面承诺。

银行本票

与汇票的定义方法相似，《日内瓦统一法》是从本票的内容进行定义的，即本票需包含：①"本票"字样；②无条件支付承诺；③一定金额；④付款期限；⑤付款地点；⑥收款人；⑦出票地点与日期；⑧出票人签字。

中国《票据法》对本票的定义是：本票是由出票人签发的，承诺自己在见票时无条件支付确定的金额给收款人或持票人的票据。

简单地讲，本票也就是出票人对收款人承诺无条件支付一定金额的票据。本票的主要特点是票面上只有两个当事人，即出票人与收款人，其付款人就是出票人本身，是自付票据，无须承兑。因此本票的信用完全建立在收款人对出票人信任的基础上，没有第三者的任何担保。

二、本票的种类

(一)记名本票与不记名本票

根据本票上是否记载收款人的名称，本票可分为记名本票和不记名本票。

(1) 记名本票是指票面注明收款人姓名的一种本票。记名本票在收款人名称后有"或其指定人"(or to order)字样，称为指示式本票，可由收款人背书并交付票据转让其权利。我国《票据法》规定，本票必须记载收款人名称，否则本票无效。

(2) 不记名本票是指在票面上并不记载权利人(受款人)的名称，而只是写明以"来人"(Pay Bearer)为受款人的本票。这种本票的票据权利可授予或转让给任何人，转让时无须作成背书，仅凭交付即可完成转让；票据到期时，持票人不管是何人都有权向出票人请求支付票款。

(二)银行本票和商业本票

根据出票人的不同，本票可分为银行本票(Banker's Promissory Note)和商业本票

(Commercial Paper)。

(1) 银行本票，也就是由银行签发的本票，出票人是银行，是申请人(债权人)将款项交存银行，由银行签发给申请人凭以办理转账结算或支取现金的票据。银行本票不附带任何单据，属于光票。银行本票由银行签发，并于指定到期日由签发银行无条件支付，因而信誉度很高。我国《票据法》中所称的本票是指银行本票，且一律采用记名形式。在国际贸易结算中使用的本票也主要是银行本票。

(2) 商业本票也称一般本票，其出票人是企业单位或个人，用于清偿自身债务或融资。根据其用途，商业本票可分为交易性商业本票(CPI)与融资性商业本票(CP II)。前者是因实际交易行为所产生的交易票据，如商品贸易中买方为了付款而签发给卖方的本票。这类本票使用时可以附有有关单证，成为跟单本票。后者是公司、企业为筹集资金所发行的票据，一般需要经过金融机构的保证。

(三)即期本票和远期本票

根据付款时间的不同，本票可分为即期本票(Sight Promissory Note)和远期本票(Usance Promissory Note)。

(1) 即期本票是指见票即付的本票，其持票人自出票日起可随时要求出票人付款。持票人必须在法律规定的时间内做出付款提示，出票人或其代理机构(兑付行)在持票人提示后进行必要的审查，如果未发现伪造或变造的异常现象，应无条件向持票人支付票款。如发现本票已经过期，承担兑付责任的兑付行有权拒绝，持票人可找出票人协商解决；如发现有伪造或变造情况，则应通过法定诉讼程序解决。

(2) 远期本票是指持票人只能在票据到期日才能请求出票人付款的本票。依到期日确定方法的不同，远期本票可分为：①定期本票，在本票上记载具体日期为到期日；②出票日后一段时期付款本票，又称计期本票；③见票后一段时期付款本票，又称注期本票。

银行本票有定期和即期两种形式：前者须到期才能支取，也可以背书转让；后者可以替代现金进行支付。商业本票有即期与远期两种形式：在国际贸易中，前者多用于跟单托收中，由进口商签发给出口商作托收单据用；后者一般应用于出口地银行对进口商提供的买方信贷，由进口商根据还款计划(分期付款)签发，并经其他当地银行保证后交给放款银行作债务凭证用。

(四)定额本票和不定额本票

银行本票根据其金额记载方式的不同，可分为定额本票和不定额本票。

(1) 定额本票是指凭证上预先印有固定面额的银行本票，也称为银行券(Bank Note)，即期定额付给来人(Pay Bearer)。

(2) 不定额本票是银行本票中按票面金额划分的一种票据，是由银行签发的，承诺自己在见票时无条件支付确定金额给付款人或者持票人的票据。按支付方式不同，不定额本票可分为转账不定额本票和现金不定额本票。

由于银行本票的滥发可能扰乱国家的金融秩序，加剧通货膨胀，因此各国不允许商业银行发行定额的不记名本票，而归中央银行垄断发行，商业银行只可以发行不定额的记名银行本票。我国定额本票由中国人民银行发行，其他专业银行代办签发和兑付；不定额本票由经办银行签发和兑付。

(五)现金本票和转账本票

根据支付方式的不同，本票可分为现金本票(Cash Promissory Note)和转账本票(Transfer Promissory Note)。

(1) 现金本票是指在票面上注明"现金"字样，可以通过向银行支取现金的方式来进行支付结算的本票。注明"现金"字样的本票既可以支取现金，也可以用于转账。

(2) 转账本票是指通过银行账户转移资金的方式来进行支付结算的本票。填明"现金"字样的银行本票遗失，由失票人向付款人或代理付款人办理挂失止付，同时向人民法院申请止付通知书；未填明"现金"字样的银行本票遗失，不得挂失止付，但失票人可以凭人民法院出具的其享有票据权利的证明向出票银行请求付款或退款。

(六)其他形式

1. 国际本票

国际本票(International Note)即在国际贸易中使用的本票，均为银行本票。这类本票主要是由美国、英国、加拿大等西方国家的大银行签发的，可在国际上流通。

2. 国际小额本票

国际小额本票(International Money Order)是由设在货币清算中心的银行，作为签发该国货币的国际银行本票的出票行，交给购票的记名收款人，持票到该货币所在国以外进行使用的本票。如在世界各地旅游或需用钱时，可将本票提交当地任何一家愿意兑付的银行，经审查合格后，即可垫款予以兑付，垫付行随后寄出票据到出票行索偿垫付款项。

3. 旅行支票

旅行支票(Traveler's Cheque)是带有本票性质的票据，其付款人就是该票的签发人。本书第十一章对此将作详细介绍。

4. 大额流通存单

大额流通存单亦称大额可转让存款证(Negotiable Certificate of Deposit, CD/Large-denomination Negotiable Certificates of Time Deposit, CDs)，是大银行印发的一种不记收款人名称的、固定金额、固定期限的大额存款凭证。凭证上印有一定的票面金额、存入日和到期日以及利率，由存款户购买持有，可流通转让，自由买卖，到期后可按票面金额和规定利率到发行银行提取全部本利，逾期存款不计息。大额可转让定期存单是一种大额、存款单证，因此也属于带有本票性质的票据。大额可转让存单市场可分为发行市场(一级市场)和流通转让市场(二级市场)。

大额可转让存单最早由美国各大银行为规避利率管制开发发行，第二次世界大战后尤其是 20 世纪 70 年代以来，美国、日本等国的发行量大幅度上升，其期限为 3 个月、6 个月或 1 年，最长为 5 年，目前已经成为商业银行的主要资金来源之一。按照发行者的不同，美国大额可转让定期存单可以分为国内存单、欧洲美元存单、扬基存单和储蓄机构存单四类。国内存单是由美国国内银行发行；欧洲美元存单由美国境外银行发行，以美元为面值，其中心在伦敦，但发行范围不仅限于欧洲；扬基存单是由外国银行(如西欧和日本等地的著名国际性银行)在美国的分支机构发行；储蓄机构存单是由一些非银行机构(如储蓄贷款协会、互助储蓄银行、信用合作社)发行。

我国的大额可转让存单业务发展比较晚，最初由交通银行和中央银行于 1986 年发行。1989 年经中央银行审批，其他专业银行也陆续开办了此项业务，但不准许其他非银行金融机构发行，存单的主要投资者主要是个人，企业为数不多。目前我国有关大额可转让定期存单的法律法规主要有《票据法》和《大额可转让定期存单管理办法》。

5. 其他

中央银行本票(Central Banker's Notes)，又称中央银行券，它是等同于纸币的、由中央银行签发的即期定额银行票据；国库券(Treasury Securities)；地方政府、银行、大企业向投资市场或者面向社会发行的各种债券。

三、本票的内容

(一)法定记载事项——必要项目

各国票据法对本票的必要项目规定不同，主要包括：①"本票"字样；②确定的金额；③付款日期，未载明的视为见票即付；④付款地点；⑤出票地；⑥收款人名称；⑦无条件支付的承诺；⑧出票日期；⑨出票人签字。

我国《票据法》还规定：本票上未载明付款地点的视为出票地点，未载明出票地点的视为出票人的营业所、住所或居住地；本票自出票之日起，付款期限最长不超过两个月。

(二)任意记载项目

任意记载项目主要包括：①担当付款人；②利息与利率；③禁止背书的记载；④免除作成拒绝证书等。

四、本票与汇票的区别

本票的出票人是绝对的主债务人，即付款人，这就决定了它与汇票必然存在不同之处。

(1) 从性质和使用上来看，汇票是无条件的支付命令，而本票则是无条件的支付承诺；汇票可以有复本，而本票没有复本；汇票可以承兑，而本票是由出票人保证付款，没有承兑。

(2) 从票据的主要当事人的权责来看，汇票的主债务人在远期条件下是承兑人，而本票的主债务人是出票人；汇票的出票人担保付款人承兑和付款，而本票的出票人自负付款责任，也没有承兑的责任。

(3) 从出票人和付款人的资金关系来看,汇票的出票人与付款人之间事先不必有资金关系;而本票则无所谓资金关系,本票的出票人必须具有支付本票金额的可靠资金来源,并保证支付。

(4) 从背书人的义务来看,汇票的背书人须负担付款人承兑及付款的义务;而本票的背书人只负担追索时的偿还义务。

正由于本票具有上述特点,在应用上不如汇票灵活,再加上经常发生出票人拒付问题,所以在国际贸易结算中较少使用;即便使用,也大多使用信用程度高的银行本票,但一般国家对这类票据发行的限制比较多。

第四节　支　　票

一、支票的概念与内容

(一)支票的概念与特点

支票(Cheque/Check/Banker's Checks)是存款人对银行签发的,授权银行对某人或其指定人或持票人即期支付一定金额的无条件的支付命令,是用来支取一定金额的票据。英国《票据法》将其定义为以银行为付款人的即期汇票。

支票

《日内瓦统一法》从支票的内容对其进行定义,即支票需包含:①"支票"字样;②无条件支付命令;③一定金额;④写明"即期"字样,如未写明视为见票即付;⑤付款银行的名称与地点;⑥收款人或其指定人;⑦出票地点与日期;⑧出票人的名称与签字。

我国《票据法》将支票定义为:支票是出票人签发的,委托办理支票存款业务的银行或者其他金融机构在见票时无条件支付确定的金额给收款人或者持票人的票据。

从以上概念中可以看出,支票具有以下特点。

(1) 支票的主要功能是支付,其主要特点是见票即付、划线转账和保付。

(2) 支票的出票人与付款人之间,必须先有资金关系,即出票人签发支票之前应在付款银行存有足额的资金。

(3) 支票的当事人有三个:出票人、付款人和收款人。

(4) 支票的出票人担保支票的付款,支票的背书人担负追索时的偿还义务。

此外,支票与本票一样,只有一张,没有复本。

支票主要用于国内结算。出口企业采用票汇方式结算货款时,有时会收到国外进口商寄来的支票作为付款的凭证。

(二)支票的内容

根据各国票据法的规定,支票主要包括以下内容:①"支票"字样;②无条件支付命令;③付款银行的名称和地址;④付款地点,未载明的视为付款人所在地;⑤收款人或其指定人；⑥出票人签字；⑦出票日期与地点，未载明出票地点的，出票人名称后面的地点视为出票地；⑧"即期"字样，未载明的视为见票即付；⑨一定的金额。

各国票据法都禁止出票人开立空头支票，空头支票即出票人在银行没有存款或存款不足的情况下开立的支票。对空头支票的恶意出票人，票据法规定了处罚至追究刑事责任的方法。

二、支票的种类

支票可以从不同的角度进行分类。

(一)按收款人的不同划分

按收款人的不同，支票可分为记名支票与不记名支票。

(1) 记名支票(Cheque payable to order)即在收款人一栏写明收款人名称的支票，如"限付××"(Pay××only)。收款人取款时应签字(章)，转让或向银行贴现时，需要背书。

(2) 不记名支票(Cheque payable to bearer)也称来人支票或空白支票，收款人一栏不记载名称，只写"付来人"(Pay Bearer)，以持票人为收款人。持票人取款时无须背书，或凭交付即可转让流通。

(二)按出票人的不同划分

按出票人的不同，支票可分为银行支票与私人支票。

(1) 银行支票(Banker's Cheque)也称为银行本票，即由银行签发并由银行付款的支票。其主要用途是便于支付本行的对外债务，或代顾客办理票汇。

(2) 私人支票(Personal Cheque)是指由出票人(个人)签发的，委托办理支票存款业务的银行或者其他金融机构在见票时无条件支付确定的金额给收款人或持票人的票据，也称为个人支票。

(三)按是否划线划分

按是否划线，支票可分为开放支票和划线支票。

(1) 开放支票(Open Cheque)，也称为未划线支票(Uncrossed Cheque)或一般支票、普通支票，它是由出票人签发的，委托办理支票存款业务的银行在见票时无条件支付确定的金额给收款人或者持票人的票据。支票上未印有"现金"或"转账"字样，可用于支取现金，也可用于转账。

(2) 划线支票(Crossed Cheque)即在支票正面有两道平行横线或在左上角画两条斜线的支票。这类支票只能通过银行转账收款，其作用是防止丢失和他人冒领。在实践中，划线支票有一般划线支票(Generally Crossed Cheque)与特别划线支票(Specially Crossed Cheque)两种形式。

(四)按是否保付划分

按支票是否保付,支票可分为保付支票和不保付支票。

(1) 保付支票(Certified Cheque)是指付款银行应出票人或收款人的请求,在支票上记载"保付"或"照付"字样的支票。其主要目的是保证支票提示时付款,以增加支票的流通能力。支票一经保付,付款责任即由银行承担,出票人和背书人可免于追索。付款银行对支票保付后,即将票款从出票人的账户转入一个专户,以备付款。所以保付支票提示时,即使在付款提示期限以外,也不会遭遇退票。

(2) 不保付支票(Uncertified Cheque)即普通支票,未经保付的支票。

(五)其他形式的支票

其他形式的支票主要包括定额支票、现金支票、转账支票、旅行支票以及电子支票等。

三、支票的使用

(一)出票

支票的出票是指出票人填制支票并将其交付给他人的行为。收受支票的人,一般是支票上记载的"收款人"。但出票时也可以不填写收款人的名称,而是授权收受支票的人去填写,这时,收受支票的人可以称为"持票人"。

(二)背书

转账支票可以背书转让。支票的背书是指以转让支票权利为目的,或者以将支票权利授予他人行使为目的,在支票背面或者粘单上记载有关事项并签章的票据行为。支票的背书,适用有关汇票背书的规定。

(三)划线

划线支票较一般支票更具安全性,而特别划线支票比普通划线支票的安全性更大。出票人、收款人或持票人都可以在支票上划线;出票人作成普通划线,持票人可以把它转变成特别划线;出票人作成普通划线或特别划线,持票人可以加列"不可流通"字样。

1. 一般划线支票

一般划线支票或称普通划线支票,是指不注明被委托收款银行的划线支票,具体有五种划线形式。

(1) 出票人、收款人或持票人在支票上划两道平行线,中间无任何加注。这是最普通的划线支票。

(2) 在平行线中加列"和公司"(AND COMPANY or & Co.)字样。这种划线是早期遗留下来的划线办法,近年来很少使用。

(3) 在平行线中加列"不可流通"(NOT NEGOTIABLE)字样。这种划线意指不要转让，出票人只对收款人负责，但并不禁止一般转让，只是转让后的受让人权利不得优于前手转让人。

以上三种划线支票可由持票人委托任何银行收取票款。

(4) 在平行线中加列"请收收款人账户"(ACCOUNT PAYEE)字样。

(5) 在平行线中加列"不可流通，请收收款人账户"(NOT NEGOTIABLE ACCOUNT PAYEE)字样。

以上两种划线支票，只能由支票收款人委托其往来银行收款入账。

一般划线支票的付款银行，如将票款付给非银行业者，应对持票人负由此发生损失的赔偿责任，赔偿金额以支票金额为限。

2. 特别划线支票

特别划线支票是在平行线中写明具体取款银行的名称，其他银行不能持票取款。例如"请香港渣打银行收入收款人账户"(ACCOUNT PAYEE WITH STANDARD CHARTERED BANK HONG KONG)。特别划线中只可指定一家银行，不得指定两家以上银行，如指定的两家银行是属一家银行委托另一家银行代收者则可允许。被特别划线的银行可以再作特别划线给另一家银行代收款项。

特别划线支票的付款银行，如将票款付给非划线记载之特定银行，应对真正所有人负赔偿责任，赔偿金额以支票金额为限。

(四)提示与付款

支票的持票人向付款人提示付款的方式有两种：一是持票人到付款人的营业场所直接向付款人提示票据，请求付款；二是委托开户银行通过票据交换系统向付款人提示票据，视同持票人提示付款。用于支取现金的支票仅限于收款人向付款人提示付款。付款人支付支票金额并收回票据后，支票流通过程结束。

我国《票据法》对于支票的付款，主要有以下规定。

(1) 支票限于"见票即付"，不得另行记载付款日期，另行记载付款日期的，该记载无效。支票的提示付款期限较短，支票的持票人应当自出票之日起 10 日内提示付款；异地使用的支票，其提示付款的期限由中国人民银行另行规定。超过提示付款期限的，付款人可以不予付款；付款人不予付款的，出票人仍应当对持票人承担票据责任。

(2) 出票人在付款人处的存款足以支付支票金额时，付款人应当在支票提示付款的当日足额付款。

(3) 付款人付款时，应当审查支票形式上的合法性，并审查提示付款人的合法身份证明或者有效证件；付款人以恶意或者有重大过失付款的，应当自行承担责任。

(4) 支票金额为外币的，按照提示付款日的市场汇价，以人民币支付，支票当事人对支票支付的货币种类另有约定的，从其约定。

《日内瓦统一法》规定：支票的提示期限，一般国内支票为 8 天；出票与付款不在同一国家但在同一洲的为 20 天；不在同一国家且不在同一洲的为 70 天。

(五)退票

支票的退票是指支票的付款人具有法定的事由，对向其提示付款的支票拒绝付款，并将支票退还给提示付款人的行为。

根据我国《票据法》的有关规定，应当对支票给予退票的情形包括：空头支票；出票人签章与预留印鉴不符的支票；欠缺法定必要记载事项或者不符合法定格式的支票；超过票据权利时效的支票，主要表现为超过提示付款期限；远期支票；人民法院做出的除权判决已经发生法律效力的支票；以背书方式取得的但背书不连续的支票；票据权利人已经挂失止付的支票；出票人账户被冻结、出票人的支票存款账户已销户；支票大小写金额不符；交换票据未盖交换章；支票上的字迹、签章模糊不清，等等。

(六)止付

支票的止付是支票发出后、解付前，由于遗失或其他原因，出票人请求自己的开户银行对该支票停止付款的行为。出票人发现支票遗失后，应立即向银行发出书面通知要求停止付款，特殊情况下可以先用电话通知银行，银行在收到书面确认后，便同意停止付款。如果持票人要求止付，则必须与出票人联系，由出票人向银行发出书面通知。止付的支票如果被提示，付款银行应在支票上注明"Orders not to pay(奉命止付)"并拒付。

《日内瓦统一法》禁止在支票有效期内止付，即使出票人死亡或者破产。英国《票据法》允许止付，还规定付款人在有确凿证据证明出票人死亡或者破产时可以止付。

四、汇票、本票、支票的区别

汇票、本票、支票都属于狭义的票据范畴，都具有出票、背书、付款这些流通证券的基本条件，都是可以转让的流通工具。它们之间的主要区别有以下几点。

(1) 汇票和支票有三个基本当事人，即出票人、付款人、收款人；而本票只有出票人(付款人和出票人为同一个人)和收款人两个基本当事人。

(2) 支票的出票人与付款人之间必须先有资金关系，才能签发支票；汇票的出票人与付款人之间不必先有资金关系；本票的出票人与付款人为同一个人，不存在所谓的资金关系。

(3) 支票和本票的主债务人是出票人；而汇票的主债务人，在承兑前是出票人，在承兑后是承兑人。

(4) 远期汇票需要承兑；支票一般为即期无须承兑；本票也无须承兑。

(5) 汇票的出票人担保承兑付款，若另有承兑人，由承兑人担保付款；支票的出票人担保支票付款；本票的出票人自负付款责任。

(6) 支票、本票的持有人只对出票人有追索权；而汇票的持有人在票据的有效期内，对出票人、背书人、承兑人都有追索权。

(7) 汇票有复本；而本票、支票则没有。

(8) 支票、本票没有拒绝承兑证书；而汇票则有。

思 考 题

一、名词解释

票据、正当持票人、付对价持票人、参加承兑人、保证人、参加付款人、预备付款人、担当付款人、票据行为、承兑、背书、贴现、汇票、本票、大额流通存单、支票

二、简答题

1. 简述票据的特点与功能。

2. 简述票据的关系人及其权利和义务。

3. 简述票据行为的特点。

4. 简述票据的法律体系。

5. 汇票有哪些种类？其抬头有哪几种？

6. 汇票的背书和承兑各有哪些做法？

7. 汇票、本票、支票各有何特点？

8. 本票和支票分别有哪些种类？

9. 简述支票划线的方法及应用要求。

三、分析题

1. 一张汇票面值为 50 万美元，出票日期为 1 月 9 日，7 月 9 日到期，持票人于 6 月 9 日到银行贴现汇票，贴现率为 12%，则贴现净额应为多少？

2. 根据给出的条件填写一张汇票。

No.30167577

Date of issue: April 20, 2016

Tenor: at 30 days from sight

Drawer: BETERFORD DEVELOPMENT CO., LTD. ××Rd.Shanghai

Drawee: BANK OF SAIPAN. Tokyo, Japan

Payee: HUADONG EXPORT AND IMPORT CO., LTD

Sum: USD 47,259.00

3. 根据给出的条件要求和汇票示样完成票据行为的制作。

条件要求:

(1) Acceptance: April 18, 2011.To mature date, payable at the name of drawee and place, signature.

(2) Aval: For account of A Importing Co., London, BANK OF EUROPE, LONDON, signature.

(3) Special Endorsement: Pay to order of Bank of China Qingdao Branch.

(4) Endorsement in Blank.

制作如下:

(1)Per Aval	(2)Acceptance	**BILL OF EXCHANGE**

		No. __423123__ _____Qingdao, April 8, 2011____
		Draft for ___GBP23,000, 00___
		At___90 days after_ sight of this First of Exchange(second of the same
		tenor and date unpaid) pay to___ABC Co., or order_____
		the sum of ____SAY TWENTY-THREE THOUSAND POUNDS ONLY__
		Value received_____
		Drawn under_____
		To: ___A Importing Co., London_____
		
		          For D Company
		          Qingdao
		          (Signature)

(3)Special Endorsement   (4)Endorsement in Blank

第三章 汇 付

学习要点

汇付是传统的国际结算方式。通过本章的学习，应在了解汇付方式的含义、产生原因及性质的基础上，理解汇付方式的当事人及其关系，以及三种汇款方式的特点及业务流程，掌握汇付方式在国际贸易以及银行国际业务中的应用，特别是如何应用 SWIFT 系统完成款项的国际划拨。

引导案例

国内某公司推出一款新产品，由于式样时尚、应用方便，该产品在东亚各国市场的销售情况日趋看好，逐渐成为抢手货。某日，一韩国商人来电商订大批购买该商品，要求用货到付款的方式汇付货款。为此公司召开会议专门讨论，但就货款支付方式问题产生不同意见：一些业务员认为汇付风险较大，不宜采用，主张使用信用证方式；一部分人认为汇付方式可行；还有一部分人认为托收可行。

国际货物贸易中的货款支付是国际结算的重要组成部分，也是进出口交易中一个十分重要的问题，除了用到如前所述的支付工具外，还涉及利用何种信用或采用何种结算方式。所谓结算方式(Methods of Payment)，是指资金从付款方转移到收款方所经过的途径，涉及信用、付款时间和地点等各种问题。国际贸易中的结算方式，按资金的流向与支付工具的流向不同，分为顺汇(Remittance)和逆汇(Reverse Remittance)两类，前者包括汇付；后者包括托收和信用证。按信用性质的不同，主要有两类结算方式：一类是商业信用形式，即由交易双方相互提供信用以清偿债权债务关系，包括汇付和托收；另一类是银行信用形式，即由银行提供信用以清偿债权债务关系，包括信用证等。你认为在上述案例中应如何选择恰当的支付方式呢？

第一节 汇 付 概 述

一、汇付的含义

汇付(Remittance)在广义上属于国际汇兑范畴，即将资金从一家银行调拨到国外的另一家银行，包括实现不同币种的相互转换。狭义上的汇付也称汇款，分为贸易项下汇款及非贸易项下汇款。在国际贸易结算中，汇付是指进口商(付款人)使用一定的结算工具，通过银行将货款汇交出口商(收款人)的一种结算方式。

汇付结算方式是从解决现金结算的困难(不安全、不方便、费时)发展起来的。通常是进出口双方签订合同，约定以汇付方式结算款项，卖方将货物发给买方，买方通过银行利用汇票与/或其他结算工具(付款委托书)将应付款项汇付给卖方。由于资金的流向与支付工具的传递方向相同，所以汇付也称顺汇法。

二、汇付方式的当事人

(一)汇付的基本当事人

汇付方式一般有四个当事人，即汇款人(Remitter)、收款人(Payee/Beneficiary)、汇出行(Remitting Bank)与汇入行(Receiving Bank)。

1. 汇款人

汇款人，即债务人或付款人，通常为进口商。汇款人需要填写汇款申请书，向银行提供款项并承担有关费用等，委托银行将款项汇交收款人。

2. 收款人

收款人，即债权人，是接受汇款人汇付款项的人，通常为出口商。

3. 汇出行

汇出行，即接受汇款人委托汇出款项的银行，通常为进口商所在地(或国)的银行。汇出行的汇款业务称为汇出汇款(Outward Remittance)。汇出行需认真审查汇款申请书，选择汇款路线，并按汇款申请书的要求办理汇出汇款业务。

4. 汇入行

汇入行或称解付行(Paying Bank)，即接受汇出行的委托将款项解付给指定收款人的银行，通常为出口商所在地(或国)的银行。汇入行的汇款业务称为汇入汇款(Inward Remittance)。汇入行需证实汇出行付款指示的真实性，并严格按汇出行的付款指示行事。

(二)汇付当事人之间的关系

在汇付方式中，除了存在汇款人与收款人之间的买卖合同关系外，还存在两个委托与受托关系。

一是汇款人与汇出行之间的委托与受托关系。汇款人在委托汇出行办理汇款时，需填写汇出汇款申请书(Application for Foreign Currency Outward Remittance)。汇出行接受申请书后就有义务按汇款人在申请书中的指示(或委托)，通过汇入行完成货款的解付。通常汇出行在接受汇款人委托时，都声明凡不属于汇出行及其代理行的过失，如付款委托书邮寄途中丢失、延迟递送等，汇出行及其代理行均不负责。也就是说，在汇付方式中，银行不介入商业关系，不承担商业责任。

二是汇出行与汇入行之间的委托与受托关系。汇出行与汇入行，除联行关系外，一般都订有代理协议或建立往来账户，相互承担协议规定范围内的解付汇款的义务，即两者属于委托代理关系。若两者之间无上述业务关系，则需由其他代理行参与这笔汇付业务，或代汇出行拨付款项给汇入行，或代汇入行索款(收款)入账等。通常在每笔汇款业务中，汇出行要向汇入行发出付款委托书或付款指示，因此在具体业务中两者也是委托与受托关系。

另外，汇入行需向收款人解付款项，两者一般有账户往来关系。

上述四个基本当事人在汇付业务中的关系如图3-1所示。

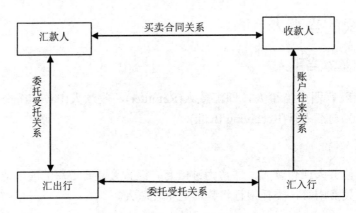

图3-1　汇付当事人之间的关系

三、汇付的种类

(一)按汇付货款与装运货物的先后划分

按汇付货款与装运货物的先后不同，汇付可以分为以下两类。

1. 预付货款

预付货款(Payment in Advance)或称先结后出(Payment before Export)，即进出口商在交易合同中约定，在进口商将货款的若干或全部通过银行汇交出口商后，出口商再装运货物的一种形式。从信用角度来看，这种方式属于一种买方信用。另外，随订单付款(Cash with Order)方式实际上也属于预付货款。

该方式可以消除出口商收汇方面的顾虑，但由于进口商要预付货款，等同于积压资金，并且还承担出口商不按合同规定装运货物的风险，所以对进口商不利。该方式一般应用在少数国际市场急需的畅销商品、进口商急需的中间产品或原料等的交易以及新客户之间的交易。本章"引导案例"中结算方式的最佳选择方案应为预付货款。

2. 货到付款

货到付款(Payment after arrival of goods)或称先出后结(Payment after delivery of goods or documents)，简称后付或延付(Deferred Payment)，即进出口商在合同中约定，进口商付款以出口商先发货为条件。这一方式在实际运用时有两种情形。

一是约定进口商在收到货物(或提单)后，或收到货物后的一定时期内，再通过银行将货款汇交出口商，多见于经销或包销以及售定方式。售定(Goods Sold)是指交易双方签订合同，出口商先发货，进口商收到货物后一定时期内再将货款通过银行汇付给出口商的一种贸易方式，多用于销售时令性强的鲜活商品，货物随到随出，提单随船带交进口商。

二是约定进口商在收到货物，并且在当地市场出售后，再将货款汇付给出口商，主要运用于寄售。寄售(Consignment)是一种委托代销的贸易方式，委托人先将货物运往寄售地，委托国外代销人按照寄售协议规定的条件代替委托人进行销售，在货物出售后，由代销人向委托人结算货款。

该方式可以减缓进口商的资金压力，但积压了出口商的资金，且使出口商承担着货、款两空的风险。业务中，这种方式主要用于新产品或滞销货的出口，以便打开国际市场上的销路。

目前实践中经常用到凭单付款(Cash against Documents, C.A.D.)，也称作交货付现或交单付现、付现交单，是象征性交货条件与汇款相结合的一种结算方式，买方付款是卖方交单的前提条件。其基本做法是：卖方在出口地完成货物装运后，备妥货运单据(不开汇票)，在出口地、进口地或第三国向买方指定的银行或代理人提示单据并收取货款，然后交付货运单据。这种支付方式对卖方具有一定的保护作用。

(二)按汇款方式不同划分

按委托人要求采用的汇款方式不同，汇付可以分为以下三类。

1. 电汇

电汇(Telegraphic Transfer, T/T)是进口商(汇款人)在汇款申请书中要求汇出行以电报、电传或 SWIFT 等电信形式，指示汇入行向出口商(收款人)解付款项的一种结算方式。采用电汇方式出口商可迅速收回货款，但进口商要支付较高的汇费(即手续费)和电信费用。由于其结算速度快，所以实际业务中多采用电汇方式。

为了使汇入行鉴定指示的真实性，汇出行在电报(Cable)或电传(Telex)中应加注双方约定的"密押"，即加押电报或电传，其内容通常包括密押、收款人名称与地址、币别与金额、汇款人名称与地址、头寸划拨方法等。也有的银行(汇出行)在发出电信指示的同时，再经过邮局航邮一份电报证实书(Cable Confirmation)，供汇入行查对，这种方法现在很少使用。汇入行收到电报或电传并核对密押无误，以及收到汇出行头寸划拨通知后，即通知收款人凭收据和适当的证明文件取款。汇入行解付货款以后，将付讫借记通知(Debit Advice)寄交汇出行。

目前，国际结算传递付款指示的工具主要是应用 SWIFT 形式。适用于汇款的 SWIFT 报文种类较多，见表 3-1，主要是采用 MT103 格式(单笔客户汇款)发出付款指示电，采用 MT202 格式(单笔金融机构头寸调拨)发出划拨头寸电等。

表 3-1　适用于汇款的 SWIFT 报文种类

报文格式	MT 格式名称	报文描述
MT103	单笔客户汇款	请求调拨资金
MT200	单笔金融机构头寸调拨至发报行账户	请求将发报行的头寸调拨到其他金融机构的该行账户上
MT201	多笔金融机构头寸调拨至发报行账户	多笔 MT200
MT202	单笔普通金融机构头寸调拨	请求在金融机构之间的头寸调拨
MT203	多笔普通金融机构头寸调拨	多笔 MT202
MT204	金融市场直接借记电文	用于向 SWIFT 会员银行索款
MT205	金融机构头寸调拨执行	国内转汇请求
MT210	收款通知	通知收报行：它将收到的头寸记在发报行账户上

2. 信汇

信汇(Mail Transfer, M/T)与电汇类似，区别在于进口商(汇款人)要求汇出行开具信汇委托书(M/T Advice)或付款委托书(Instructions for Remittance)、支付通知书(Payment Order)，以邮寄的方式指示汇入行向出口商(收款人)解付款项。信汇方式的优点是费用较为低廉；缺点是完成解付货款所需的时间较长，因此银行可以无偿占用在途资金。目前信汇通知多通过航空邮寄。在我国这种方式多用于与港澳地区的交易。

汇出行按汇款人的汇款申请书内容填制付款委托书，经有权签字人签字后邮寄汇入行。汇入行收到付款委托书，核对签字无误后即可对收款人解付货款。常用的付款通知书为一式多联，其中包括收款人收款时签具的收据正副本和给收款人的通知等。汇入行解付款项后，同样要将付讫借记通知寄交汇出行，以便双方清算债务。对于不属于汇出行及其代理行的过失，如付款委托书在邮递中途遗失、递送延误、电报传递的失误等，汇出行及其代理行不负责任；对代理行工作上的失误，汇出行也不负责任。

3. 票汇

票汇(Demand Draft, D/D)是进口商(汇款人)向汇出行购买以汇入行为付款人的银行即期汇票(Banker's Demand Draft)，直接寄给出口商(或自行携带出国)，出口商凭票到指定银行(一般是汇入行)自行取款的一种汇款方式。汇款人申请票汇方式，同样要向汇出行支付汇费。汇出行(出票行)开立即期汇票给汇款人的同时，将经有权签字人员签字后的汇票通知书或者票根(Advice of Drawing)寄交付款行(一般是汇入行)，以便付款行核对付款。如果汇票金额超过规定金额，汇出行需以加押电传或 SWIFT 向付款行加以证实。付款行见票核对付款后，将付讫借记通知寄汇出行。目前银行大多已取消寄发票根的手续，付款行直接对汇票核对签字相符后即可解付。汇票指定的收款人向付款行取款时，应在汇票背面做出取款注明，而不必另出收据。

票汇与电汇、信汇的主要区别在于以下两点。

(1) 票汇的汇入行无须通知收款人取款，而由收款人持票自行登门取款。

(2) 电汇、信汇的收款人不能转让收款权；而票汇的收款人可以通过背书转让汇票。从第二点来讲，票汇方式涉及的当事人有时可能较多。

票汇除使用银行即期汇票外，近年来其他票据如本票、支票和邮政汇票、旅行社汇票等也用于票汇。邮政汇票(Postal Money Order)是邮局发行的汇票，通常可由汇款人向邮局购买后自己寄给收款人，收款人持票到指定邮局取款，使用程序与银行汇票相同。旅行社汇票(Express Money Order)则是一些国家的大旅行社发行的汇票，其做法与邮政汇票相似。

四、汇付结算的特点和应用范围

汇付结算方式的主要特点是以银行为中介来结算进出口双方的债务债权关系，银行在汇付的全过程中承担收付委托款项的责任，并因此享受汇付费用。但银行并不介入进出口双方的买卖合同，对合同规定的交易双方的责任、义务等的履行不提供任何保证，甚至不代办货运单据的移交(通常由出口商自行转交进口商)。因此，汇付属于商业信用，它取决于交易一方对另一方的信任(或信用)，或卖方信用，或买方信用，可以向对方提供资金融通的便利。这也同样说明了交易中提供信用的一方必然承担着较大的风险。

另外，与其他结算方式相比，汇付是一种手续最简单、费用最少的结算方式。

在货物贸易中，汇付方式的应用范围主要有以下三个方面。

一是本企业的联号或分支机构以及与个别极为可靠的客户之间的交易。

二是合同定金、货款尾数以及佣金等费用或各种费用差额如广告费用差额的支付等。

三是在成套设备、大型机械以及飞机、船舶等大型运输工具的交易中，多采用分期或延期付款的办法。分期支付或延期支付的货款，通常采用汇付方式，但一般要和其他结算方式如银行保函等结合起来。

除贸易外，汇付方式更广泛地应用于非贸易结算和银行之间业务往来。它是银行的一项主要业务，用于银行间外汇头寸的调拨。

延伸阅读 3-1

分期付款与延期付款

对于加工周期长、金额较大的出口商品，如船舶、大型机械或成套设备等，可以采用分期付款与延期付款方式结算货款。

分期付款(Payment by Installments)是指大部分货款按工程进度或生产阶段分若干期付清。通常是在签订合同后买方先预交部分定金或保证金，其余大部分货款在产品部分或全部生产完毕交付装运后，或在货到后安装、试车、投入使用以及质量保证期满时分期付清。延期付款(Deferred Payment)是指大部分货款在交货后若干年内分期摊付。通常是在合同签订后，买方预付一小部分货款作定金，或规定按工程进度或交货进度支付一部分货款，其余大部分货款再分期偿付。两者的区别体现在以下两点。

(1) 分期付款在卖方完成交货义务时，买方已基本付清或完全付清货款，或支付了大部分货款(剩余部分在交货检验或试车后付清)；而延期付款则是大部分货款在卖方完成交货义务后，买方再分期偿付，预付的只是货款的一小部分。因此分期付款属于即期交易；延期付款属于赊销性质，并且延期付款还应向出口商支付延期的利息。

(2) 在一般情况下，分期付款项下的货物所有权在卖方交货后即转移给买方，若买方不履行付款义务，卖方可依法要求付款，但不能恢复对货物的所有权；延期付款中的货物所有权在交货后、买方付清全部货款前始终属于卖方。

第二节　汇付方式的业务流程

一、贸易合同中汇付条款的约定

(一)汇付支付条款

进出口贸易中，汇付通常用于预付货款和赊账交易。合同中约定采用汇付方式结算款项时，应注意明确规定汇款的方法、汇款的时间以及汇款金额等。

1. 预付货款条款

合同中约定预付货款条款的一般格式如下。

例 3-1：“买方应于 2018 年 11 月 15 日前将全部(或部分)货款用电汇(信汇/票汇)方式

预付给卖方。"(The buyer shall pay the total value(partial value) to the seller in advance by T/T(M/T or D/D) not later than November 15, 2018.)

例 3-2："买方应于合同签署后 30 天内电汇货款 10% (计 5000 美元)给卖方。"(10% of the total contract value(amount 5000 US Dollars)as advance payment shall be remitted by the buyer to the seller through telegraphic transfer within 30 days after signing this contract.)

例 3-3："买方应不迟于 2018 年 10 月 15 日将 100%的货款由票汇预付给卖方。" (The buyer shall pay 100% the sales proceeds in advance by Demand Draft to reach the seller not later than Oct 15, 2018.)

2. 汇付货款条款

合同中约定汇付货款条款的一般格式如下。

例 3-4："买方应于 2018 年 5 月底前将全部货款用电汇(信汇/票汇)方式汇付给卖方。"(The buyer shall pay the total value to the seller by T/T(M/T or D/D) before the end of May 2018.)

(二)汇付与其他结算方式结合使用

汇付方式也可以与托收、信用证、银行保函或备用信用证、国际保理、福费廷等结合使用。

二、电汇的业务流程

电汇方式中，汇出行采用加押电报或电传或 SWIFT 方式，指示和授权汇入行解付款项给收款人，其业务流程如图 3-2 所示。

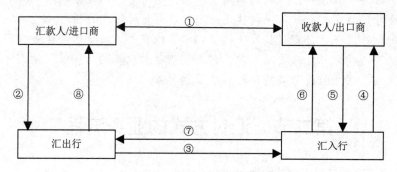

图 3-2　电汇收付业务流程图

说明：
①交易双方签订进出口合同，约定采用电汇方式结算货款或其他款项。
②汇款人填具汇款申请书，明确采用电汇方式，连同货款及手续费等交汇出行。
③汇出行用电报或电传或 SWIFT 等对汇入行做出解付指示。
④汇入行核对汇出行指示无误后，通知收款人。
⑤收款人出具收款收据与证明。
⑥汇入行对收款人解付款项。
⑦汇入行将付讫通知、收款人据等寄汇出行。
⑧汇出行将收款人收据等交给汇款人。

三、信汇的业务流程

除了使用的汇款工具以及由此产生的银行业务和费用等不同外，信汇与电汇的业务流程基本一样，如图 3-3 所示。

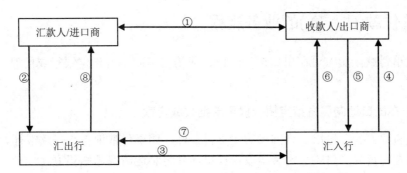

图 3-3　信汇收付业务流程图

说明：
①交易双方签订进出口合同，约定采用信汇方式结算货款或其他款项。
②汇款人填具汇款申请书，明确采用信汇方式，连同货款及手续费等交汇出行。
③汇出行将付款委托书寄送汇入行，对汇入行做出解付指示。
④汇入行核对汇出行指示无误后，通知收款人。
⑤收款人出具收款收据与证明。
⑥汇入行对收款人解付款项。
⑦汇入行将付讫通知、收款人收据等寄汇出行。
⑧汇出行将收款人收据等交给汇款人。

四、票汇的业务流程

票汇与电汇、信汇的业务流程差别较大，如图 3-4 所示。

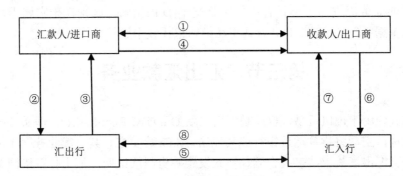

图 3-4　票汇收付业务流程图

说明：
①交易双方签订进出口合同，约定采用票汇方式结算货款或其他款项。
②汇款人向汇出行填写票汇申请书，并购买银行即期汇票，支付手续费。
③汇出行开立即期汇票，交付给汇款人。

④汇款人将银行即期汇票寄交收款人。

⑤汇出行向付款行发出汇票通知书(Advice of Drawing)。

⑥收款人持汇票到付款行要求取款。

⑦付款行验票无误后对收款人付款，收回汇票。

⑧付款人将付讫借讫通知及有关付款凭证等寄交汇出行。

五、凭单付款(C.A.D.)的业务流程

采用凭单付款，卖方可在出口地、进口地或第三国向买方指定银行或代理人提示单据并收取货款。

1. 卖方在出口地向买方指定银行提示单据收取货款

(1) 交易双方签订进出口合同，约定支付条件，明确付款地点和付款银行。

(2) 卖方将货物交付船公司装运取得提单，并将装运情况通知买方。

(3) 买方向银行(汇出行)申请汇付货款。

(4) 汇出行将款项汇给出口地指定付款银行(汇入行)。

(5) 汇入行收到汇入汇款后，依汇款指示通知卖方。

(6) 卖方向汇入行提示货运单据，请求付款。

(7) 汇入行取得货运单据后付款。

(8) 汇入行将货运单据寄交汇出行。

(9) 汇出行收到货运单据后通知买方领取单据。

2. 卖方向买方指定出口地代理人提示单据收取货款

该方法的业务流程与向买方指定银行提示单据收取货款基本相同，只是卖方提示单据收取货款的对象为买方在出口地的代理人(非银行)。

3. 卖方委托出口地银行向进口地银行提示单据收取货款

该方法的业务流程与跟单托收中的付款交单(D/P)相同，区别在于它属于汇付范畴，卖方提交的单据不包括汇票。D/P方式将在第四章托收中进行介绍。

第三节　汇出汇款业务

汇付方式应用于进口贸易，也就是汇出汇款(Outward Remittance)，即买方按合同规定的时间和条件，主动将货款通过银行或其他途径汇交给卖方。其一般业务程序是：汇款人向汇出行提交汇出汇款申请书及合同、形式发票等资料或证明，汇出行审核同意后按申请书的指示，使用电报、电传、信汇委托书或汇票等工具通知汇入行，汇入行按与汇出行的事先约定，向收款人解付汇款。

汇出汇款多应用于预付定金、小额交易、分期付款交易以及佣金的支付和资料费、技术费、贸易从属费用的支付等。若属于预付款类交易，一般应在合同中加列解付款项的约束性条件，避免款、货两空的风险。

一、汇款人落实汇出资金

银行遵照"先扣款，后汇出"的原则办理汇出汇款业务。汇款人应按现行国家外汇管理规定及货物贸易进口付汇管理办法落实汇出资金。采用汇付方式对外支付，汇款人需到银行交纳需要汇出的款项(票汇要购买银行即期汇票)。汇款人在汇出行开有外汇现汇账户的，在《汇款申请书》及相关有效凭证审核完毕后，由银行会计人员核对《汇款申请书》上汇款人的预留印鉴是否准确无误，并查验其账户是否有足够的现汇存款余额，办理原币支付；汇款人汇出货币币别与其外汇存款币别不同的，汇出行按当日挂牌汇率套算出所需的客户存款币别金额后，从汇款人存款账户中扣减所需款项，并在《汇款申请书》上注明相应的付账货币金额及套汇牌价，然后按汇款人的要求汇出；汇款人需以人民币购汇办理汇款的，汇出行根据外汇管理部门及总行的有关规定和授权，对符合售汇条件的汇款人办理售汇后再为其办理汇款手续；汇款人交存外币现钞办理汇款的，汇出行按当日挂牌汇率办理钞转汇后汇出。进口企业也可以根据其真实合法的进口付汇需求提前购汇存入其经常项目外汇账户。

购买外汇申请书

汇出境外汇款的银行需收取一定的费用。按中国银行对公国际结算资费的标准，采用电汇方式，一般为汇款金额的 1‰，最低为 50 元/笔，最高为 1000 元/笔，另加收电信费；采用票汇、信汇方式，一般为汇款金额的 1‰，最低为 100 元/笔，最高为 1200 元/笔，另加收邮费。

延伸阅读 3-2

国家现行进口付汇管理办法(部分)

进口付汇包括向境外、境内保税监管区域支付进口货款；向离岸账户、境外机构境内账户支付进口货款；深加工结转项下境内付款；转口贸易项下付款；其他与贸易相关的付款。

进口企业可以根据其真实合法的进口付汇需求提前购汇存入其经常项目外汇账户。由于合同变更等原因导致企业提前购汇后未能对外支付的进口货款，企业可自主决定结汇或保留在其经常项目外汇账户中。

进口企业应按国际收支申报和贸易外汇收支信息申报规定办理贸易外汇收支信息申报，并填写下列申报单证：向境外付款(包括向境内离岸账户、境外机构境内账户付汇)的应填写《境外汇款申请书》或《对外付款/承兑通知书》；向境内付汇的应填写《境内汇款申请书》或《境内付款/承兑通知书》。

金融机构为企业办理付汇手续时，应当审核企业填写的申报单证，并按以下规定审核相应有效凭证和商业单据：以信用证、托收方式结算的，按国际结算惯例审核有关商业单据；以货到付款方式结算的，审核对应的进口货物报关单或进口合同或发票；以预付货款方式结算的，审核进口合同或发票；属于代理进口的，还需审核代理协议。

(资料来源：汇发〔2012〕38 号《国家外汇管理局关于印发货物贸易外汇管理法规有关问题的通知》
《货物贸易外汇管理指引实施细则》)

二、汇付申请书

办理各类汇出汇款均需向银行提供"汇出汇款申请书"(简称汇付申请书或汇款申请书)。汇付申请书(Application for Funds Transfers)是汇款人与汇出行之间的责任契约,也是汇出行办理汇款业务的依据。汇出行一经接受汇款人的汇付申请书,就意味着承担按汇款人申请书中所列指示办理汇付业务的义务。

我国国家外汇管理局升级了国际收支申报系统后,统一了各家银行的汇出汇款申请书格式,因此汇款申请书具有汇付申请书、汇款回执、国际收支申报单、银行汇款及凭证等多重作用。

汇出汇款申请书分为适用于办理外汇资金跨境支付的境外汇款申请书(Overseas)和适用于外汇资金境内划拨的境内汇款申请书(Domestic)两种,这里主要介绍填写境外汇款申请书的相关要求。

(一)境外汇款申请书

按现行规定,汇款人向境外支付进口货款,以及向离岸账户、境外机构境内账户付款,需填写《境外汇款申请书》。

1.《境外汇款申请书》示样

国家外汇局制定的《境外汇款申请书》通常一式三联,分别为银行、申报主体和外汇局留存联,银行可以根据实际情况相应地增加联数,如电文联、会计凭证联。各联申请书的正面内容相同(见示样 3-1),由银行和进口企业填写。第一联背面是银行自行制定的银行有关条款,如"汇款人声明";第二联背面是《境外汇款申请书》填报说明。另外,银行通常会随附《国际收支交易编码(支出)》以及《国家(地区)名称代码表》等辅助填报资料。

示样 3-1　境外汇款申请书

境外汇款申请书
APPLICATION FOR FUNDS TRANSFERS (OVERSEAS)

致: TO:				日期 Date
		□电汇 T/T □票汇 D/D□信汇 M/T	发电等级 Priority　□普通 Normal□加急 Urgent	
申报号码 BOP Reporting No.		□□□□□□ □□□□ □□ □□□□□□ □□□□		
20	银 行 业 务 编 号 Bank Transac.Ref.No.		收 电 行/付 款 行 Receiver/Drawn on	
32A	汇款币种及金额 Currency & Interbank Settlement Amount		金 额 大 写 Amount in Words	
其中	现汇金额 Amount in FX		账号 Account No.	
	购汇金额 Amount of Purchase		账号 Account No.	
	其他金额 Amount of Others		账号 Account No.	

50a	汇款人名称及地址 Remitter's Name & Address				
	□对公 组织机构代码 Unit Code □□□□□□□□-□	□对私	个人身份证件号码 Individual ID No. □中国居民个人 Resident Individual □中国非居民个人 Non-Resident Individual		

54/56a	收款银行之代理行 名称及地址 Correspondent of Beneficiary's Bank Name & Address	
57a	收款人开户银行 名称及地址 Beneficiary's Bank Name & Address	收款人开户银行在其代理行账号 Bene's Bank A/C No.
59a	收款人名称及地址 Beneficiary's Name &Address	收款人账号 Bene's A/c NO.

70	汇款附言 Remittance Information	只限 140 个字位 Not Exceeding 140 Characters	71A	国内外费用承担 All Bank's Charges If Any Are To Be Borne By □汇款人 OUR □收款人 BEN □共同 SHA

收款人常驻国家(地区)名称及代码 Resident Country/Region Name & Code　□□□

请选择：□预付货款 Advance Payment □货到付款 Payment against Delivery □退款 Refund □其他 Others　　最迟装运日期

交易编码 BOP Transac. Code	□□□□□□ □□□□□□	相应币种及金额 Currency & Amount		交易附言 Transac. Remark

本笔款项是否为保税货物项下付款	□是　　□否	合同号	发票号

外汇局批件号/备案表号/业务编号

银行专用栏 For Bank Use Only		申请人签章 Applicant's Signature	银行签章 Bank's Signature
购汇汇率 @ Rate		请按照贵行背页所列条款代办以上汇款并进行申报 Please Effect The Upwards Remittance, Subject To The Conditions Overleaf:	
等值人民币 RMB Equivalent			
手　续　费 Commission			
电　报　费 Cable Charges			
合计 Total Charges			
支付费用方式 In Payment of the Remittance	□ 现金 by Cash □ 支票 by Check □ 账户 from Account	申请人姓名 Name of Applicant 电话 Phone No.	核准人签字 Authorized Person 日期 Date
核印 Sig.Ver.		经办 Maker	复核 Checker

填写前请仔细阅读各联背面条款及填报说明
Please read the conditions and instructions overleaf before filling in this application

拓展阅读

《境外汇款申请书》填报说明

2. 《境外汇款申请书》的填写方法

目前我国各银行多是根据客户委托，以 SWIFT 方式将款项通过其国外代理行汇到客户指定的收款人所在银行的账户。《境外汇款申请书》的内容包括汇款人填写和银行填写两部分，必须逐项填写。申请书中的申报号码、银行业务编号、收电行/付款行、银行专用栏等栏目由银行填写，这里不再赘述。

由于银行不介入进出口双方交易，不承担交易的风险责任，所以汇款人在填写汇付申请书时必须依据交易合同申请书背面的"填报说明"，做到内容完整、表达准确、书写清楚。在申请书中禁止填写"!@＃＄％＆＊""="等字符，若有&符号可用 AND 代替。申请书中使用的文字，除中国港澳地区及填报说明要求可用中文外，必须用英文填写；凡使用 SWIFT 方式汇款的内容，均须使用英文填写。

(1) 致(TO)。填写汇出行的中文与英文名称。如：

致：中国银行

TO: BANK OF CHINA

各银行的申请书格式上都事先印就本行的中文与英文名称，汇款人无须填写。

(2) 日期(Date)。日期指汇款人填写此申请书的日期。应符合日期格式且不能在合同日期之前，并符合合同要求的付款时间，如 2014-06-21。

(3) 汇款方式。根据合同要求在电汇 T/T、票汇 D/D、信汇 M/T 中选择一种，并在所选项前的"□"中打√。

(4) 发电等级(Priority)。根据汇款人的需要在普通 Normal、加急 Urgent 中选择一种，并在所选项前的"□"中打√。

(5) 汇款币种及金额(Currency & Interbank Settlement Amount)。这是指汇款人申请汇出的实际付款币种及金额。汇款币别与合同要求的币别相同，并使用《货币和资金代码》的字母型代码，如 USD 23078.9。汇款金额的填写需注意结合合同规定的汇付条款，如：

① 如果合同中的支付条款为"T/T 100% IN ADVANCE"或"T/T 100% WITHIN 30 DAYS AFTER SHIPMENT DATE"，则填写全部合同金额，在后面的"请选择"栏的四个支付方式选项中选择预付货款(Advance Payment)或货到付款(Payment against Delivery)。

② 如果合同中的支付条款为部分前 T/T+部分后 T/T，如："40% IN ADVANCE AND 60% WITHIN 30 DAYS AFTER SHIPMENT DATE"，则支付定金时申请书中的汇款金额填写定金的金额，并在后面的"请选择"栏的四个支付方式选项中选择预付货款(Advance Payment)；支付尾款时申请中的汇款金额填写尾款的金额，并在后面的"请选择"栏的四个支付方式选项中选择货到付款(Payment against Delivery)。

(6) 金额大写(Amount in Words)。金额大写应与汇款币种及小写一致。如：汇款币种及金额为 USD 23078.9，则金额大写为：U.S. DOLLARS TWENTY THREE THOUSAND AND SEVENTY-EIGHT AND CENTS NINETY ONLY.

(7) 现汇金额(Amount in FX)与账号(Account No./Credit Card No.)。现汇金额是指汇款人申请汇出的实际付款金额中，直接从汇款币种对应的外汇账户(包括外汇保证金账户)中支付的金额。另外，汇款人将从银行购买的外汇存入外汇账户(包括外汇保证金账户)后对境外支付的金额应作为现汇金额；汇款人以外币现钞方式对境外支付的金额也作为现汇金额。如果填写了现汇金额，则本栏对应的"账号"填写进口商的现汇账号或外汇保证金账号或现钞账号。

(8) 购汇金额(Amount of Purchase)与账号(Account No. /Credit Card No.)。购汇金额是指汇款人申请汇出的实际付款金额中，向银行购买外汇直接对境外支付的金额。如果填写了购汇金额，则本栏对应的"账号"填写进口商的人民币账号。

(9) 其他金额(Amount of Others)与账号(Account No./Credit Card No.)。其他金额是指汇款人除购汇和现汇以外对境外支付的金额，包括跨境人民币交易以及记账贸易项下交易等的金额。本栏对应的"账号"填写银行对境外付款时对进口商扣款的账号。

注意：上述这三个账号分别对应不同金额的情况，银行对境外付款时扣款的账号，包括人民币账号、现汇账号、现钞账号、保证金账号、银行卡号。如从多个同类账户扣款，填写金额大的扣款账号。

(10) 汇款人名称及地址(Remitter's Name & Address)。填写汇款申请人公司的英文名称及英文地址，注意地址应符合英文规范。

该栏目下面的选项栏如选"对公"，则在前面的"□"中打√。该栏必须填写汇款人预留银行印鉴或组织机构代码证或国家外汇局及其签发的特殊机构代码赋码通知书上的名称及地址。组织机构代码(Unit Code)栏按统一社会信用代码的第9～17位数或外汇局签发的特殊机构代码赋码通知书上的特殊机构代码填写。

该栏目下面的选项栏如选"对私"，则在前面的"□"中打√。该栏必须填写个人身份证件上的名称及住址。个人身份证件号码(Individual ID No.)栏的填写内容包括境内居民个人的身份证号、军官证号等以及境外居民个人的护照号等。根据《国际收支统计申报办法》中对中国居民个人(Resident Individual)、中国非居民个人(Non-Resident Individual)的定义选择一种，并在所选项前的"□"中打√。

(11) 收款银行之代理行名称及地址(Correspondent of Beneficiary's Bank Name & Address)。填写中转银行的名称、所在国家、城市及其在清算系统中的识别代码，如没有可不填。

注意：汇款人如果能够提供收款银行的代理行资料，填写；如果不能提供，则可以不填，由银行代为选择。如果所汇货币不是收款行所在国的本币，应要求国外出口商尽量提供收款行的代理行资料。汇澳元到澳大利亚以外的国家必须提供收款行的代理行。

(12) 收款人开户银行名称及地址(Beneficiary's Bank Name & Address)。填写收款人开户银行的英文全称、城市名称、国家名称、SWIFT 代码及其在清算系统中的识别代码。收款人开户银行在其代理行的账号(Bene's Bank A/C No.)为收款银行在其中转行的账号，可不填。

注意：正确的收款银行 SWIFT 代码和清算号是汇款业务的关键。为保证资金安全、及时地到账，汇款人需提供收款银行的 SWIFT 代码(SWIFT Code)和在美元、英镑等清算系统中的清算号。

对于收款银行在美国的美元汇款，如果没有提供收款银行的 FW 清算号或 SWIFT 代码，且没有银行城市地址，该款项可能会因为收款银行地址不够详细而无法到达，进而影响到客户资金的安全；如提供了 FW 清算号或 SWIFT Code，可以不提供地址。如：收款人开户银行为美国纽约花旗银行，则填写"Citibank N.A.，New York CHIPS ABA：0008"即可。汇往欧盟地区，如果同时提供了收款银行 SWIFT 及 IBAN 代码，则无须提供详细地址。

IBAN 号码

(13) 收款人名称及地址(Beneficiary's Name & Address)。填写收款人(出口商)的英文全称、英文地址(包括所在国家、城市)及收款账号。注意收款人账号(Bene's A/C No.)中不得出现"/、-、空格"等不必要的字符。

(14) 汇款附言(Remittance Information)。应用英文及阿拉伯数字填写附言内容，且不超过 140 字符(受 SWIFT 系统限制)，注明该笔汇款的用途、目的或原因等，便于账户行及时处理和收款人核实款项。

(15) 国内外费用承担(All Bank's Charges If Any Are To Be Borne By)。这是指由汇款人确定办理对境外汇款时发生的国内外费用由何方承担，并在所选项前的"□"中打√。

费用选择方式有汇款人 OUR、收款人 BEN、共同 SHA 三种，OUR 表示国内外费用由汇款人承担；BEN 表示国内外银行费用均由收款人承担，从汇款金额中内扣；SHA 表示国内银行费用由汇款人承担，国外银行费用由收款人承担。如客户未选择，则默认为 SHA。

(16) 收款人常驻国家(地区)名称及代码(Resident Country/Region Name & Code)。填写该笔汇款的实际收款人常驻的国家或地区，而非收款银行所在的国家。名称用中文填写，代码根据国家(地区)名称代码表填写，如：香港 344。

如果是收款人在境内银行开立的离岸账户、非居民账户，其国别应为收款人常驻的国家或地区。

(17) 请选择：预付货款(Advance Payment)、货到付款(Payment against Delivery)、退款(Refund)、其他(Others)。该栏对应"汇款币种及金额"栏的汇款用途选择付款方式，并在所选项前的"□"中打√。用于支付定金时，选择"预付货款"；用于支付尾款时，选择"货到付款"；用于全额付款时，请按合同支付条款选择"预付货款"或者"货到付款"。

(18) 最迟装运日期。填写货物的实际装运日期。

(19) 交易编码(BOP Transac. Code)。该栏目的填写依据是"国际收支交易编码表(支出)"，应根据该表中与本笔对境外付款的交易性质对应的编码填写。如果本笔付款为多种交易性质，则在第一行填写最大金额交易的国际收支交易编码，第二行填写次大金额交易的国际收支交易编码；如果本笔付款涉及进口核查项下交易，则核查项下交易视同最大金额交易处理；如果本笔付款为退款，则应填写本笔付款对应原涉外收入的国际收支交易编码。

(20) 相应币种及金额(Currency & Amount)。应根据填报的交易编码填写。如果本笔对境外付款为多种交易性质，则在第一行填写最大金额交易相应的币种和金额，第二行填写其余币种及金额。两栏合计数应等于汇款币种及金额。如果本笔付款涉及进口核查项下交易，则核查项下交易视同最大金额交易处理。

(21) 交易附言(Transac. Remark)。应根据填报的交易编码，并按规定对本笔对境外付款的交易性质进行详细描述，而不能漏报或笼统地使用《国际收支交易编码使用指南》中对交易的描述。如交易编码 121010。交易附言不能描述为"一般贸易"，应说明交易商品的中文名称，即"一般贸易/进口水产品付汇"。如果本笔付款为多种交易性质，则应对相应的对境外付款交易性质分别进行详细描述；如果本笔付款为退款，则应填写本笔付款对应原涉外收入的申报号码。

(22) 本笔款项是否为保税货物项下付款。根据本笔所交易的货物是否为保税货物进行填写。"合同号"和"发票号"栏应填写相应交易信息，若无，则填写"N/A"。

(23) 外汇局批件号/备案表号/业务编号。即外汇局签发的，银行凭以对外付款的各种批件号、备案表号、业务编号。如果本笔付款涉及外汇局核准件，则优先填该核准件编号。

注意必须如实填写合同号、发票号以及外汇局批件号/备案表号/业务编号等信息，以备银行通过中国电子口岸进行核对。

(24) 申请人姓名(Name of Applicant)、电话(Phone No.)。填写申请汇款的汇款人公司的英文名称及电话。

汇款人填写完毕审核无误后，在申请书上签字或盖章。

3. 银行对《境外汇款申请书》的审核与申报规程

按现行规定，银行收到申报主体(汇款人)填写/提交的《境外汇款申请书》后，应于本工作日内对其进行审核，审核的主要内容为：汇款人是否错用了其他种类的凭证；汇款人是否按填报说明填写了所有内容；汇款人申报的内容是否与该笔涉外汇款业务的相关内容一致。审核有误的，银行应要求汇款人修改或重新填写；审核无误后银行方可为汇款人办理涉外付款手续。

《境外汇款申请书》审核无误后，银行将其自身计算机处理系统自动生成的该笔涉外汇款的申报号码填写在《境外汇款申请书》银行留存联、外汇局留存联和申报主体留存联上，并在外汇局留存联和申报主体留存联加盖银行印章。银行留存联由银行按规定留存；外汇局留存联按照操作规程的规定处理；申报主体留存联退回汇款人。

为汇款人办理涉外付款手续后，银行应于款项汇出之日(T)后的第一个工作日(T+1)中午 12:00 之前，将相应的涉外汇款基础信息按照国家外汇管理局数据接口规范要求从银行自身计算机处理系统导入国际收支网上申报系统(银行版)；将审核无误的《境外汇款申请书》的申报信息，于款项汇出之日(T)后的第一个工作日(T+1)内录入/导入国际收支网上申报系统(银行版)。

(二)境内汇款申请书

按现行规定，汇款人向境内保税监管区域支付进口货款，以及深加工结转项下的境内付款等，需填写《境内汇款申请书》(见示样 3-2)。《境内汇款申请书》一式三联，分别为银行、申报主体和业务留存联，背面印有填报说明。

示样 3-2　境内汇款申请书

境内汇款申请书

APPLICATION FOR FUNDS TRANSFERS (DOMESTIC)

致：中国银行 TO: BANK OF CHINA		日期 Date	
Certificate No.:	□电汇 T/T □票汇 D/D □信汇 M/T	发电等级 Priority □普通 Normal□加急 Urgent	

申报号码 Report No.	□□□□□□ □□□□ □□ □□□□□□ □□□□		
20	银行业务编号 Bank Transac.Ref.No.		收电行/付款行 Receiver/Drawn on
32A	汇款币种及金额 Currency & Interbank Settlement Amount		金额大写 Amount in Words
其中	现汇金额 Amount in FX		账号 Account No.
	购汇金额 Amount of Purchase		账号 Account No.
	其他金额 Amount of Others		账号 Account No.
50a	汇款人名称及地址 Remitter's Name & Address		
	□对公 组织机构代码 Unit Code□□□□□□□□-□	□对私	个人身份证件号码 Individual ID No. □中国居民个人 Resident Individual □中国非居民个人 Non-Resident Individual
54/56a	收款银行之代理行 名称及地址 Correspondent of Beneficiary's Bank Name & Address		
57a	收款人开户银行 名称及地址 Beneficiary's Bank Name & Address	收款人开户银行在其代理行账号 Bene's Bank A/C No.	
59a	收款人名称及地址 Beneficiary's Name & Address	收款人账号 Bene's A/C No.	
70	汇款附言 Remittance Information	只限 140 个字位 Not Exceeding 140 Characters	71A 国内外费用承担 All Bank's Charges If Any Are To Be Borne By □汇款人 OUR □收款人 BEN □共同 SHA

收款人常驻国家(地区)名称及代码 Resident Country/Region Name & Code			□□□
本笔付款是否为保税货物项下付款 Whether Payment for Bonded Goods	□是　　□否	最迟装运日期	
请选择：　□预付货款 Advance Payment　□货到付款 Payment against Delivery　□退款 Refund　□其他 Others			
付汇性质 Nature of Remittance	保税区□　出口加工区□　钻石交易所□　其他特殊经济区域□ Bonded Area　Export Processing Area　Diamond Exchange　Other Special Economic Area		深加工结转□　　其他□ Deep Processing Transit　Others
交易编号 BOP Transac. Code	□□□□□ □□□□□	相应币种及金额 Currency & Amount	合同号 发票号
外汇局批件号/备案表号/业务编号			

银行专用栏 For Bank Use Only	申请人签章 Applicant's Signature	银行签章 Bank's Signature

购汇汇率 @ Rate		请按照贵行背页所列条款代办以上汇款并进行申报 Please Effect The Upwards Remittance, Subject To The Conditions Overleaf:	
等值人民币 RMB Equivalent			
手 续 费 Commission			
电 报 费 Cable Charges			
合计 Total Charges		申请人姓名 Name of Applicant	核准人签字 Authorized Person
支付费用方式 In Payment of the Remittance	☐ 现金 by Cash ☐ 支票 by Check ☐ 账户 from Account	电话 Phone No.	日期 Date
核印 Sig.Ver.		经办 Maker	复核 Checker

填 写 前 请 仔 细 阅 读 各 联 背 面 条 款 及 填 报 说 明
Please read the conditions and instructions overleaf before filling in this application

三、付款指示

汇出行按汇款人的汇出汇款申请书要求的方式，向汇入行发出电汇、信汇或票汇的付款或解付指示。

(一)采用电报或电传的电汇指示

电汇有普通电汇(Ordinary Telegram)和加急电汇(Urgent Telegram)两个等级，以前还有书信电汇(Letter Telegram)。汇出行按相应的等级发出加押电报或电传给汇入行，委托汇入行解付汇款给收款人。

1. 加押电报或电传的内容

电报或电传方式的汇款应具备的内容一般有 FM(汇出行名称)，TO(汇入行名称)，DATE(发电日期)，TEST(密押)，OUR REF. NO.(汇款编号)，NO ANY CHARGES FOR US(我行不负担费用)，PAY (AMT) VALUE (DATE)(付款金额、起息日)，TO (BENEFICIARY)(收款人)，MESSAGE (汇款附言)，ORDER (汇款人)，COVER(头寸拨付)。相关说明如下所示。

(1) TO：汇入行名称，可用电报挂号。

(2) NO ANY CHARGES FOR US：有时可在电文最后注明"我行不负担费用"或类似电文，如"YOUR CHARGES FOR BENEFICIARY"。

(3) TO (BENEFICIARY)：收款人的表示方法一般有三种。

一是"PAY TO ××× BANK(账户行)FOR CREDIT OF ACCOUNT NO. ××× OF ××× LTD."收款人×××LTD.的账户行是第三家银行"××× BANK"。

二是"PAY TO YOURSELVES (账户行) FOR CREDIT OF ACCOUNT NO. ××× OF ××× LTD."收款人×××LTD.的账户行是汇入行。

三是"PAY TO ××× BANK(账户行) FOR ACCOUNT NO. ××× FAVOUR ××× LTD."收款人×××LTD.的账户行是第三家银行"××× BANK"。

(4) MESSAGE：汇款附言有时写"DETAILS OF PAYMENT"。

(5) ORDER：即 BY ORDER OF ×××(汇款人)，也可略写为 B/O。

(6) COVER：头寸拨付是根据汇出行与汇入行的账户关系而定。详见本节"汇款的偿付"。

2. 电文示例及解释

FM：BANK OF ASIA，TIANJIN(汇出行名称)。

TO：THE HONGKONG AND SHANGHAI BANKING CORP., H.K. (汇入行名称)。

DATE：MARCH 1ST 2010(发电日期)。

TEST：1253(密押) OUR REF.208TT0517(汇款编号) NO ANY CHARGES FOR US(我行不负担费用) PAY USD20000.(付款金额)VALUE MAR. 1ST 2010(起息日) TO YOUR HAY WAY BUILDING BRANCH 58 STANLLEY STREET H.K.(收款人的账户行) FOR ACCOUNT NO. 004-110-106028-001 FAVOUR PRECISION PHOTO EQUIPMENT LTD H.K.(收款人) MESSAGE CONTRACT NO.10158(汇款附言) ORDER PHOTO GRAPH CO., TIANJIN (汇款人) COVER DEBIT OUR A/C.(借记我方账户)。

(二)采用 SWIFT 的电汇指示

为客户汇款，银行主要采用 MT103 报文向境外代理行发出指示。通过账户行完成汇款，有间接汇款和直接汇款之分：间接汇款是汇出行将 MT103 发送至账户行，由账户行自行选择收款人的账户行并汇划资金头寸，负责头寸调拨至收款行并指示其解付客户；直接汇款是汇出行将 MT103 发送至收款行，MT202 发送至账户行，由账户行负责将头寸调拨至收款行，收款行收妥头寸后根据 MT103 指示解付客户。直接汇款的速度较间接汇款快。为避免或减少中间行扣费，最好采用直接汇款的方式。

1. MT103 报文格式

MT103 是客户汇款请求调拨资金(Single Customer Credit Transfer)，报文项目见表3-2。其中，必选项目(Mandatory Field)是必须要具备的，用 M 标识；可选项目(Optional Field)是根据具体情况可另外增加的项目，用 O 标识。每一项目均提示在发电行的计算机屏幕上，业务员只需按电文内容输入相关项目即可。

表 3-2　MT103 报文项目表

M/O	项目编号 (Tag)	项目名称 (Field Name)	解　释
M	20	Sender's Reference	发报行的编号
O	13c	Time Indication	指示时间
M	23B	Bank Operation Code	银行交易代码
O	23E	Instruction Code	指示代码

M/O	项目编号 (Tag)	项目名称 (Field Name)	解 释
O	26T	Transaction Type Code	交易类型代码
M	32A	Value Date/Currency/Interbank Settled Amount	起息日/币种/银行间清算金额
O	33B	Currency/Instructed Amount	币种/指示金额
O	36	Exchange Rate	汇率
M	50a/k	Ordering Customer	汇款客户
O	51A	Sending Institution	发报行
O	52a	Ordering Institution	汇款行
O	53a	Sender's Correspondent	发报行的代理行
O	54a	Receiver's Correspondent	收报行的代理行
O	55a	Third Reimbursement Institution	第三家偿付行
O	56a	Intermediary Institution	中间银行
O	57a	Account with Institution	账户行
M	59a	Beneficiary Customer	受益客户(收款人)
O	70	Remittance Information	交易信息(付款理由或汇款附言)
M	71A	Details of Charges	费用承担明细
O	71F	Sender's Charges	发报行的费用
O	71G	Receiver's Charges	收报行的费用
O	72	Sender to Receiver Information	发报行致收报行的信息
O	77B	Regulatory Reporting	汇款人或收款人所在国要求的法规信息代码
O	77T	Envelope Contents	其他汇款信息传达格式

2. MT103 电文示例及解释

示例一：发报行与收报行之间有直接的账户关系，指示收报行向收款人付款。其汇款基本流程为：汇款人(50a)——汇款行(发报行)——收款行(收报行)——收款人(59a)。

2018 年 5 月 24 日，进口商 EPCOS (ZHUHAI) LTD 在珠海华润银行办理汇出汇款，汇出金额为 USD4320.00，收款人为 EPCOS (SINGAPORE) LTD，开户行为华润银行的账户行纽约花旗，账号为 0010054404。珠海华润银行发出 MT103 电文：

SENDER：(发报行)	ZCCBCN22
MESSAGE TYPE：(报文类型)	103
RECEIVER：(收报行)	CITIUS33
SENDER'S REFERENCE：(发报行编号)	20: OR011100789
BANK OPERATION CODE：(银行交易代码)	23B: CRED

VALUE DATE/CURRENCY/INTERBANK SETTLED

AMOUNT：(起息日/币种/金额)   32A: 180524USD4320,00

ORDERING CUSTOMER：(汇款人) 50a: /0006134534142 EPCOS (ZHUHAI) LTD

BENEFICIARY CUSTOMER：(收款人) 59a:/0010054404 EPCOS (SINGAPORE) LTD

DETAILS OF CHARGES：(费用承担)   71A: SHA

如果汇款人选择费用承担方式为"BEN"，即交易中双方的费用均由收款人承担。假设银行的费用为 USD20，珠海华润银行发出 MT103 电文：

SENDER：   ZCCBCN22

MESSAGE TYPE：   103

RECEIVER：   CITIUS33

SENDER'S REFERENCE：   20: OR011100789

BANK OPERATION CODE：   23B: CRED

VALUE DATE/CURRENCY/INTERBANK SETTLED AMOUNT：

                              32A: 180524USD4300,00

CURRENCY/INSTRUCTED AMT：   33B: USD4320,00

ORDERING CUSTOMER：   50a:/0006134534142 EPCOS (ZHUHAI) LTD

BENEFICIARY CUSTOMER：   59:/0010054404 EPCOS (SINGAPORE) LTD

DETAILS OF CHARGES：   71A: BEN

SENDER'S CHARGES：   71F: USD20

示例二：汇款行指示其他银行(发报行)向收款人办理汇款。其汇款基本流程为：汇款人(50a)——汇款行(52A)——发报行——收报行——收款行(57a)——收款人(59a)。

A 公司指示其开户行工商银行上海分行办理汇出汇款，汇出金额为 USD800.00；收款人为新加坡 D 公司，开户行为新加坡发展银行新加坡分行，账号为 729615-941；起息日为 2019 年 3 月 20 日。工商银行上海分行指示汇丰银行纽约分行付款。汇丰银行纽约分行和新加坡发展银行新加坡分行的美元账户都开在花旗银行纽约分行。汇款人和收款人各自承担汇款费用，花旗银行的费用为 USD10。

汇丰银行纽约分行向花旗银行纽约分行发出 MT103 电文：

SENDER：(发报行)   MRMDUS33

MESSAGE TYPE：(报文类型)   103

RECEIVER： (收报行)   CITIUS33

SENDER'S REFERENCE： (发报行编号)   20: 0204OR07000006

BANK OPERATION CODE：(银行交易代码) 23B: CRED

VALUE DATE/CURRENCY/INTERBANK SETTLED

AMOUNT：(起息日/币种/金额)   32A: 190320USD800

ORDERING CUSTOMER：(汇款人)   50a: A COMPANY

ORDERING INSTITUTION：(汇款行) 52A:ICBKCNBJSHI

ACCOUNT WITH INSTITUTION：(收款行) 57A:DBSSSGSG

BENEFICIARY CUSTOMER：(收款人) 59a: /729615-941 D COMPANY

DETAILS OF CHARGES：(费用承担)   71A: SHA

花旗银行纽约分行收到上述电文后，向新加坡发展银行新加坡分行发出 MT103 电文：

SENDER：(发报行)	CITIUS33
MESSAGE TYPE：(报文类型)	103
RECEIVER： (收报行)	DBSSSGSG
SENDER'S REFERENCE： (发报行编号)	20: 0204OR07000006
BANK OPERATION CODE：(银行交易代码)	23B: CRED
VALUE DATE/CURRENCY/INTERBANK SETTLED AMOUNT：(起息日/币种/金额)	32A: 190320USD790
CURRENCY/INSTRUCTED AMT：(汇款人实际汇款币种/金额)	33B: USD800
ORDERING CUSTOMER：(汇款人)	50a: A COMPANY
ORDERING INSTITUTION：(汇款行)	52A: ICBKCNBJSHI
BENEFICIARY CUSTOMER：(收款人)	59a: /729615-941 D COMPANY
DETAILS OF CHARGES：(费用承担)	71A: SHA
SENDER'S CHARGES：(发报行费用)	71F: USD10
SENDER TO RECEIVER INFORMATION：(发报行致收报行的信息)	72: /INS/ MRMDUS33

(三)信汇委托书(M/T Advice)

信汇方式中，银行需缮制信汇委托书(M/T Advice)或支付委托书(Payment Order)，指示汇入行解付款项。信汇委托书和支付委托书分别见示样 3-3、示样 3-4。

示样 3-3 中国银行信汇委托书

<table>
<tr><td colspan="3" align="center">中国银行青岛分行
BANK OF CHINA, QINGDAO BRANCH</td></tr>
<tr><td colspan="2">下列汇款，请即照付，如有费用请内扣。
我已贷记你行账户。
Please advise and effect the following
payment less your charges if any. In cover, we have
credited your A/C with us.</td><td>日　期
Qingdao

此致
To</td></tr>
<tr><td>信汇号码
No.of Mail Transfer</td><td>收款人
To be paid to</td><td>金额
Amount</td></tr>
<tr><td></td><td></td><td></td></tr>
<tr><td colspan="3">大写金额
Amount in words:_____</td></tr>
<tr><td>汇款人
By order of_____</td><td colspan="2">附言
Message _____

　　　　　　中国银行青岛分行
　　　　　FOR BANK OF CHINA, QINGDAO BRANCH</td></tr>
</table>

示样 3-4　中国银行支付委托书

<table>
<tr><td colspan="3" align="center">**BANK OF CHINA PAYMENT ORDER**
QINGDAO

致
To</td></tr>
<tr><td>支付委托书号码
No.of Payment Order</td><td>收款人
To be paid or credited to</td><td>金额
Amount</td></tr>
<tr><td></td><td></td><td></td></tr>
<tr><td colspan="3">大写金额
Amount in words:_____
汇款人　　　　　　　　　　　　　　　　　　附言
By order of　　　　　　　　　　　　　　　　Remarks
☐ You are authorized to debit our account with you.
☐ We have credited your A/C with us.

　　　　　　　　　　　　　　　中国银行青岛分行
　　　　　　　　　　　　　FOR BANK OF CHINA, QINGDAO BRANCH</td></tr>
</table>

(四)票汇通知书

票汇使用汇出行开立以汇入行为付款人的银行即期汇票。以前汇出行会将票汇通知书(Drawing Advice)或票根(汇票一式五联中的第二联)寄给汇入行，以作通知和与汇票正本核对用，现在已取消了这一联，汇出行不必寄票汇的汇款通知书。

中国银行即期汇票

四、汇款的偿付

汇出行应及时将汇付款项拨交所委托的汇入行，这一业务称为"汇款的偿付"，俗称"拨头寸"(Reimbursement of Remittance Cover)。根据账户行协议，汇出汇款头寸的调拨有两种偿付方法：一是解付前拨交头寸，即由汇出行先拨给汇入行，付款行在解付款项之前已收到汇出行的汇款头寸；二是解付后拨交头寸，即由汇入行解付后再向汇出行索偿(Claim Reimbursement)，付款行在解付款项之后始收到汇出行的汇款头寸。汇出行应在电汇指示或信汇委托书上清楚地指示汇款头寸的划拨方法和汇款资金的清算路线或偿付方式。

(一)汇款偿付方式

汇出行一般都会根据汇出行与汇入行之间的账户关系，在付款指示中明确采用哪种汇款偿付方式。

1. 直接入账类

如果汇出行在汇入行开立有存款账户，或者汇入行在汇出行开立有存款账户，则偿付汇款可以采用直接入账方式。

(1) 授权借记。若汇出行在汇入行开立 A/C 账户，则汇出行应在付款指示中注明"In cover, please debit our A/C with you"，即授权汇入行借记汇出行账户。汇入行收到指示后借记汇出行账户，拨出头寸解付给收款人，并寄给汇出行借记报单。图 3-5 所示为汇出行授权汇入行借记汇出行账户。

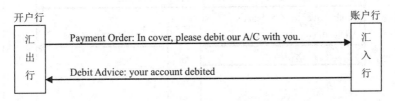

图 3-5 汇出行授权汇入行借记汇出行账户

(2) 主动贷记。若汇入行在汇出行开立 A/C 账户，则汇出行应在付款指示中注明"In cover, we have credited your A/C with us"，汇出行在办理汇出款项时，贷记汇入行账户或将款项收在汇入行账户，并在寄给汇入行的贷记报单上注明"your A/C credited"。汇入行收到指示后，即可提出头寸解付给收款人。图 3-6 所示为汇出行贷记汇入行账户。

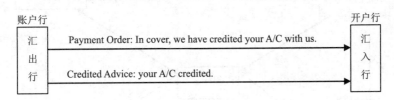

图 3-6 汇出行贷记汇入行账户

可以看出，这类偿付方式省时、简便，不但可节省汇付费用，而且能加快结算速度。

2. 共同账户行转账类

如果汇出行与汇入行之间没有互设往来账户，但都在另一家银行开立了账户(该银行称为汇出行与汇入行的共同账户行，即偿付行)，则可以采用转账方式偿付汇款。其基本做法是：汇出行同时通知两家银行，即汇入行和国外代理行。通知汇入行时应在付款委托书上注明"In cover, we have authorized(…Bank)to debit our A/C and credit your A/C with them"，也就是汇出行主动通知共同账户行将款项转拨汇入行的账户。汇出行也可授权该账户行当汇入行要求解付汇款、向该账户行提出款项索偿时，将款项从汇出行账户拨入汇入行账户。共同账户行在收到汇出行通知、完成转账后，将贷记汇入行账户通知寄交汇入行。这种方式的手续较直接，入账稍复杂，费用稍多，但由于贸易实务中牵扯到支付的货币，银行国际业务中又牵扯到业务面的问题，所以在实践中汇款的偿付大多采用这种方式。这种方式的转账过程，如图 3-7 所示。

3. 代理行(账户行)的共同账户行转账类

如果汇出行与汇入行之间既没有直接账户关系，也没有直接的共同账户行，汇出行只能选择一家与汇出行账户行和汇入行账户行都有账户关系的第三家银行将汇款款项拨付指定的汇入行账户。在付款指示中，汇出行通常应注明："In cover, we have instructed (…Bank) to pay the proceeds to your account with (…Bank)"。代理行共同账户行转账过程如图 3-8 所示。

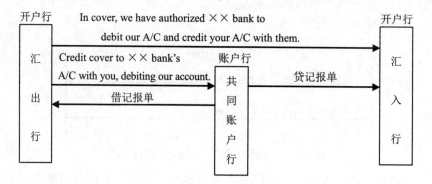

图 3-7　共同账户行转账示意图

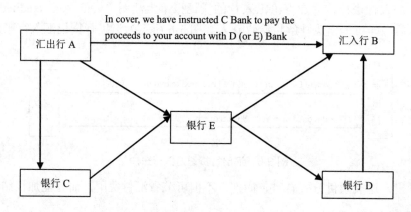

图 3-8　代理行共同账户行转账示意图

图 3-9 中，共有 A、B、C、D、E 五个银行，在实际业务中可能会有三种解付指示路线。

(1) A→C→E→D→B。即 C 是 A 的账户行，D 是 B 的账户行，E 是 C、D 的共同账户行。汇出行 A 向其账户行 C 发出指示，授权其借记汇出行 A 账户，并贷记银行 E 账户；银行 E 指示其账户行 D，授权其借记银行 E 账户，并贷记汇入行 B 账户。

(2) A→E→D→B。即 E 是 A、D 的共同账户行，D 是 B 的账户行。汇出行 A 向其账户行 E 发出指示，授权其借记汇出行 A 账户，并贷记银行 D 账户；银行 D 贷记汇入行 B 账户。

(3) A→C→E→B。即 E 是 B、C 的共同账户行，C 是 A 的账户行。汇出行 A 向其账户行 C 发出指示，授权其借记汇出行 A 账户，并贷记银行 E 账户；银行 E 贷记汇入行 B 账户。

以上三种情形的原理相同。可以看出，这种方式无论是通知手续还是查询手续都很多，所以需要的时间长，费用也多。实践中应尽量避免采用这一方式。

4. 支付协定

如果汇款双方所在的国家之间签订了支付协定，则凡协定规定的收支项目，均应通过清算(或协定)账户进行清偿(或记账)。

从上述内容可以看出，影响偿付速度及费用高低的主要因素是偿付过程的长短与过程中的环节多少。所以在实践中，要提高汇款效率、缩短解付周期、降低汇款费用，关键在于汇出行应选择好解付行(汇入行)与付汇路线，应注意拉直付汇路线，减少中转环节。目前一般的国家对外专业银行在世界各主要货币清算中心至少开立一个账户，所以当汇出行与汇入行无直接往来账户时，可以考虑选择国际货币清算中心与汇出行有账户关系的代理行。

(二)金融机构之间使用 SWIFT 进行头寸调拨

1. 使用 MT200 将头寸调入发报行自己账户

MT200 报文项目见表 3-3。

表 3-3　MT200 报文项目表

M/O	项目编号(Tag)	项目名称(Field Name)	解　释
M	20	Transaction Reference Number	发报行业务编号
M	32A	Value Date, Currency Code, Amount	起息日，币种代码，金额
O	53B	Sender's Correspondent	发报行的代理行
O	56a	Intermediary Institution	中间银行
O	57a	Account with Institution	账户行
O	72	Sender to Receiver Information	发报行致收报行的信息

示例： 2018 年 3 月 20 日，渣打银行香港分行指示德意志银行法兰克福分行划款 EUR100000.00 至其开立在 ING 银行阿姆斯特丹分行的账户。业务流程为：渣打银行香港分行发报文 MT200 给德意志银行法兰克福分行；德意志银行法兰克福分行收报后发报文 MT205 给账户行 ING 银行阿姆斯特丹分行；ING 银行阿姆斯特丹分行收到报文后直接贷记渣打银行香港分行的账户，并发送 MT910(贷记证实)或 MT950(对账单)给渣打银行香港分行。

渣打银行香港分行发给德意志银行法兰克福分行 MT200 电文：

SENDER：(发报行)	SCBLHKHH
MESSAGE TYPE：(报文类型)	200
RECEIVER：(收报行)	DEUTDEFF
TRANSACTION REFERENCE NUMBER：(发报行业务编号)	20: SHIF57895247
VALUE DATE, CURRENCY CODE, AMOUNT：	
(起息日，币种代码，金额)	32A: 180320EUR100000
ACCOUNT WITH INSTITUTION：(账户行)	57a: INGBNL2A

2. 使用 MT202 将单笔普通金融头寸在金融机构间调拨

当一国银行与另一国银行之间无直接账户关系时，或涉及第三国货币时，就需要其他代理行来完成头寸划拨。其业务流程为：汇出行发 MT103 给汇入行用于汇款的通知，发 MT202 给账户行用于指示将款项划入汇入行，账户行发送 MT910(贷记证实)或 MT950(对账单)给汇入行。MT202 报文项目见表 3-4。

表 3-4 MT202 报文项目表

M/O	项目编号(Tag)	项目名称(Field Name)	解　释
M	20	Transaction Reference Number	发报行业务编号
M	21	Related Reference	有关业务编号
O	13c	Time Indication	指示时间
M	32A	Value Date, Currency Code, Amount	起息日，币种代码，金额
O	52a	Ordering Institution	汇款行(A/D)
O	53a	Sender's Correspondent	发报行的代理行(A/B/D)
O	54a	Receiver's Correspondent	收报行的代理行(A/B/D)
O	56a	Intermediary Institution	中间银行(A/D)
O	57a	Account with Institution	账户行(A/B/D)
M	58a	Beneficiary Institution	收款行(A/D)
O	72	Sender to Receiver Information	发报行致收报行的信息

MT202 中，72 可能出现以下代码：/ACC/，表示以下附言给受益银行的账户行(57a)；/BNF/，表示以下附言给受益银行(58a)；/REC/，表示以下附言给收报行。

示例：三井住友东京总行向中国银行总行索汇 USD100000.00，起息日为 2007 年 2月 10 日，三井住友东京的业务代码为 BP5642356。中国银行总行和三井住友东京总行的美元账户都开在花旗银行纽约分行，中国银行总行在花旗银行纽约分行的美元账号为 36208129，中国银行总行的业务代码为 SHIF55565447。中国银行总行发给花旗银行纽约分行 MT202 电文：

SENDER：(发报行) 　　　　　　　　　　　　BKCHCNBJ

MESSAGE TYPE：(报文类型) 　　　　　　　202

RECEIVER：(收报行) 　　　　　　　　　　CITIUS33

TRANSACTION REFERENCE NUMBER：(发报行业务编号) 20: SHIF55565447

RELATED REFERENCE：(有关业务编号) 　21:BP5642356

VALUE DATE, CURRENCY CODE, AMOUNT：

(起息日，币种代码，金额) 　　　　　　32A: 070210USD100000

SENDER'S CORRESPONDENT：(发报行的代理行的账号) 53B:36208129

BENEFICIARY INSTITUTION：(收款行) 　58A: SMBCJPJT

从示例可以看出，受理 MT202 报文的账户行不会收到汇款人和收款人的任何信息，也无法了解中间参与银行的相关信息。为防止不法分子利用这一方式进行洗钱等不法行为，从 2009 年 11 月 21 日起，MT202 启用了新变体报文"MT202 COV"。MT202 COV 是在 MT202 的基础上，增加了与 MT202 报文内容相关的 MT103 中的客户汇款信息，如汇款人、收款人及附言等信息，目的是增加资金跨行转账过程中的透明度，以便对款项性质进行监控。这就增加了中间行对报文进行合规审查的内容和工作量，也增加了头寸调拨延误的可能性。MT202 COV 用途与 MT202 一致，区别在于在用户报头增加校验标记，当 MT202 报文标题的字段 119 "验证标记"(Validation Flag)中出现"COV"字样时，就必须在报文的附加数列中包含来自通过发送的客户信用转账的选定字段内容。这样各个终端都将掌握客户和金融机构的完整信息，参与结算或清算的账户行可根据监管法规，以合适的方式筛选支付交易。

MT202 COV 单笔普通金融头寸在金融机构间调拨(General Financial Institution Transfer)报文项目见表 3-5。

表 3-5　MT202 COV 报文项目表

M/O	项目编号 (Tag)	项目名称 (Field Name)	解　释
Mandatory Sequence A General Information			
M	20	Transaction Reference Number	发报行业务编号
M	21	Related Reference	有关业务编号
O	13c	Time Indication	指示时间
M	32A	Value Date, Currency Code, Amount	起息日，币种代码，金额
O	52a	Ordering Institution	汇款行(A/D)
O	53a	Sender's Correspondent	发报行的代理行(A/B/D)
O	54a	Receiver's correspondent	收报行的代理行(A/B/D)
O	56a	Intermediary Institution	中间银行(A/D)
O	57a	Account with Institution	账户行(A/B/D)
M	58a	Beneficiary Institution	收款行(A/D)
O	72	Sender to Receiver Information	发报行致收报行的信息
Mandatory Sequence B Underlying Customer Credit Transfer Details			
M	50a	Ordering Customer	汇款客户(A/E/K)
O	52a	Ordering Institution	汇款行(A/D)
O	56a	Intermediary Institution	中间银行(A/C/D)
O	57a	Account with Institution	账户行(A/B/C/D)
M	59a	Beneficiary Customer	受益客户(收款人)
O	70	Remittance Information	交易信息(付款理由或汇款附言)
O	72	Sender to Receiver Information	发报行致收报行的信息
O	33B	Currency/Instructed Amount	币种/指示金额

五、汇款的查询、修改与退汇

(一)汇款的查询

汇出行办理了款项汇出后,要根据不同的原因,及时进行查询。

(1) 汇出行发现某笔汇出款长期没有解付,不能及时销账,应主动向解付行查询,询问原因并及时处理。

(2) 汇款人汇出款项后,收款人可能会长期收不到款项,这时收款人不应质询汇入行(或付款行),而应查询汇款人,由汇款人要求汇出行查询。汇出行如已收到解付通知并已销账,应让汇款人提请收款人向解付行查询或由汇出行直接向解付行查询;如尚未收到解付通知,且未销账,应根据汇款人的要求向解付行查询原因,催其对收款人解付。当然,有时责任可能与银行没有关系,如汇票在邮寄过程中丢失。如果属于丢失,汇款人应要求挂失止付。非汇出行责任造成查询的,汇款人应向汇出行缴纳相应的邮电费。

(3) 因汇出行差错造成重汇、多汇或错汇的,应立即向解付行发出止付通知。如解付行已解付,除请解付行协助追回款项外,还应及时与汇款人联系,请求协助追回款项。

如解付行主动向汇出行查询,称所收到的汇款电文或信汇委托书内容不清、无法解付的,汇出行应立即查复,以保证解付行及时解付款项。需重发汇款指示的,必须在重发的汇款指示上注明"PLEASE AVOID DUPLICATION"(请避免重复)。

(二)汇款的修改

汇出行按《汇款申请书》的要求办理完汇出汇款后,汇款申请人又提出对汇款内容进行修改时,按以下程序处理。

(1) 汇款申请人提出书面汇款修改申请,注明修改内容。

(2) 向汇款申请人收取费用后,汇出行向汇入行发电/函,要求汇入行按修改后的汇款指示办理。

(3) 通知汇款申请人汇款修改的结果。

对于已解付给收款人或因其他原因已无法修改原汇款指示的汇出汇款,汇出行概不负责。

(三)汇款的退汇

汇款的退汇是指汇款在解付以前被撤销付款。

1. 电/信汇方式中的退汇

(1) 收款人退汇。收款人因故拒收汇款,并提出拒收意见,款项由汇入行退回时,汇款人可将汇出行的汇款回单交回并出具证明后,领回原汇款。

(2) 汇款人退汇。汇款人汇出款项后,因故改变计划,主动提出退汇,但必须是在汇出行的撤销付款通知到达汇入行时,汇入行尚未对收款人解付款项,否则不能办理退汇。其基本流程是:由汇款人出具书面汇款撤销申请,申明撤汇的理由,并交回办理汇出汇款时的汇款回单;汇出行向汇入行发撤汇电/函;汇出行收到汇入行同意退汇的通知和实际退回的款项后，扣收退汇手续费和邮电费后，将余款退给汇款人，已经收取的汇款手续费不再退回。

2. 票汇方式中的退汇

(1) 汇款人主动撤销。其基本流程是：持票人提出书面撤汇申请，交回原汇票，并在汇票上背书；汇出行经核对汇票上无其他背书或解付印章，且汇款人的背书与原汇款申请书上的印鉴相符后，在汇票正面加盖"注销"戳记；汇出行向汇入行发电/函要求注销并退回汇票通知书；汇出行收到汇入行退回的汇票通知书和头寸并扣收有关费用后，将余款退给汇款人。但如果汇款人将汇票已交付收款人，银行为维护自身信誉，不接受退汇。

(2) 汇款人挂失汇票。其基本流程是：汇款人提出书面挂失申请，并提交所在单位保函；汇出行收到汇款人提出的书面申请后，通知汇入行挂失止付该汇票，同时在汇票底账上批注"已挂失"字样；若付款行为汇出行账户行而款项尚未解付，汇出行在收到付款行确认挂失止付的通知后，即可将款项扣除有关费用，余款退给汇款人；若付款行非汇出行账户行，且头寸已拨至付款行，汇出行在收到付款行确认挂失止付并退回款项后，扣除有关费用，将余款退给汇款人。

(3) 汇票失效。汇出行开立的银行汇票已经过了有效期(如自出票之日起有效期为 1 年)，但汇出行仍未收到汇票已解付通知而无法及时销账，汇出行通知汇入行该汇票已失效，并要求退回汇票通知书。汇出行收到付款行退回的汇票通知书后，凭原汇款人的保函退回款项。

第四节　汇入汇款业务

汇付方式应用于出口贸易，也就是汇入汇款(Inward Remittance)，即国内汇入行按境外汇出行的付款指示，将款项解付给出口商。汇入汇款的一般业务程序是：汇入行收到国外汇款后通知收款人，收款人向银行提供出口收汇相关材料，办理收汇与结汇。

一、汇入汇款的分类

汇入汇款主要用于国外进口商预付货款及商品销售采用一些传统的货到付款贸易方式，因此分为预收货款和汇入款项两种形式。

(一)预收货款

国外进口商采用汇付方式预付货款，一般有以下三种情况。

1. 附带条件的预付货款

附带条件的预付货款，即进口商在解付款项的指示中加列约束性条件，如要求收款人出具保证按期把货运单据交到汇入行的书面保证，或预先将货款存在国外银行，并由出口国银行出具出口商交货担保等，等约束性条件实现后，汇入行再对收款人解付款项。这个办法应用得较多，可以确保进口商的利益。出口商预收货款应根据交易合同办理收汇。

业务中常见的是凭单付汇(Payment by Documents)。进口商为避免货款两空,要求解付行解付货款时,收款人必须提供某些指定单据(如装运证明)。在这种方式下,汇款在未被收款人支取前,进口商有权在出口商向汇出行交单取款前通知银行将汇款退回。因此,出口商在收到银行的汇款通知书后,应尽快发货、交单、收汇。

2. 不附带条件的预付货款

不附带条件的预付货款,即汇入行接到汇出行的付款通知后,立即对收款人解付汇款,无任何约束性条件。

3. 部分预付,部分凭正本单据付款

部分预付,部分凭正本单据付款,即在合同订立后,卖方装运前,买方先预付部分定金给卖方,卖方装运完货物后,将正本提单传真给买方,待收到余款后再将全部单据寄交买方。这是国际贸易中的一种通常做法,实际工作中使用得较多。

(二)汇入款项

汇入款项,即国外进口商收到货物后再汇出款项给出口商,有时也称为赊销(Sold on Credit)或记账赊销(Open Account, O/A)。如寄售(Consignment)多采用汇入货款方式,国外代售人(Consignee)在货物售毕后将所得货款扣除佣金及其他费用后,将余额汇付交给货主或寄售人(Consignor)。

汇入款项的解付多采用"收妥解付"的原则,即汇入行在收到汇出行将款项转入汇入行在国外代理行开立的账户的贷记报单,或者是接到付款指示后立即借记汇出行的账户,再对收款人解付款项。

二、汇款的解付

汇款的解付是汇入行在收到汇出行的付款指示及/或收妥头寸后,向收款人付款的行为。

(一)核对付款指示

汇入行在收到汇出行的付款指示后,根据每种汇款的特点,采取不同的查验方法,验证汇款的真实性。

1. 电汇的查验

对于加押电报或电传,汇入行需按与汇出行的约定核对密押。SWIFT 具有自动解押功能,会自动和计算机中储存的密押相核对,无须人工解押,也无须人工加上"押符"字样。

2. 信汇的查验

对于信汇,汇入行要仔细查验信汇委托书的真实性。通常信汇委托书上有汇出行有权签字人的签字,汇入行只需对照该银行在本行预留的签字样本即可。

(二)发出汇入汇款通知书

汇款通知书(Advice of Remittance)是汇入行接到汇出行付款指示、收妥汇款头寸后，发给收款人取款的书面通知。对于电汇和信汇，汇入行验押或验印无误后填制汇款通知书。通知书的内容通常包括汇出行、起息日、中间行、相关编号、收款人开户行、入账账号、账户名称及附言等。信汇通知书即汇入行将汇出行信汇委托书的第二联及第三联、四联收据正副本一并通知收款人，分别作通知书和收据用。

票汇无须通知，待收款人持票自行登门兑取。

(三)解付汇款

在收到汇入汇款通知后，收款人凭通知书及适当的证明文件在一定时间内到汇入行办理出口收、结汇手续。按我国现行规定，收款人从境外收款，包括从离岸账户、境外机构境内账户收款等，需填写《涉外收入申报单》；从境内收款的，包括从境内保税监管区域、深加工结转项下境内收款等，需填写《境内收入申报单》。银行审核通过后办理汇款解付。

涉外收入申报单　　　境内收入申报单

如收款人在汇入行开有账户，汇入行根据国家外汇管理政策和收款人的要求，直接办理原币入账或结汇入人民币账户；如果收款人在汇入行没有开立账户，银行将以合理的方式办理转汇。银行为客户办理汇款解付，通常电汇最迟不超过 2 个工作日完成，信汇最迟不超过 5 个工作日完成。

对于票汇，汇入行需确定汇票上的签字、名称等与预留的内容相符，以及汇票本身合乎法定格式，背书(如有)连续等。验票无误后借记汇出行账户，取出头寸，立即办理人民币结汇或支付原币。

延伸阅读 3-3

国家现行出口收汇管理办法(部分)

出口收汇包括从境外、境内保税监管区域收回的出口货款；从离岸账户、境外机构境内账户收回的出口货款；深加工结转项下境内收款；转口贸易项下收款；其他与贸易相关的收款。

出口企业应当按国际收支申报和贸易外汇收支信息申报规定办理贸易外汇收汇信息申报，并填写下列申报单证：从境外收款(包括从离岸账户、境外机构境内账户收款)的，填写《涉外收入申报单》；从境内收款的，填写《境内收入申报单》。

出口企业贸易外汇收入应当先进入出口收入待核查账户。待核查账户的收入范围限于贸易外汇收入(含转口贸易外汇收入，不含出口贸易融资项下境内金融机构放款及境外回款)；支出范围包括结汇或划入企业经常项目外汇账户，以及经外汇管理局登记的其他外汇支出。待核查账户之间的资金不得相互划转，账户资金按活期存款计息。

代理出口业务项下，代理方收汇后可凭委托代理协议将外汇划转给委托方，也可结汇后将人民币划转给委托方。

出口企业可将具有真实、合法交易背景的出口收入存放境外。企业将出口收入存放境外应当具备如下条件：具有出口收入来源，且在境外有符合国家规定的支付需求；近两年无违反外汇管理规定的行为；有完善的出口收入存放境外内控制度；外汇管理局规定的其他条件。企业开立用于存放出口收入的境外账户前，应当选定境外开户行，与其签订《账户收支信息报送协议》，并到外汇管理局办理开户登记手续。

因汇路不畅需要使用外币现钞结算的，外币现钞结汇时，金融机构应当审核企业提交的出口合同、出口货物报关单等单证。结汇现钞金额达到规定入境申报金额的，金融机构还应当审核企业提交的经海关签章的携带外币现钞入境申报单正本。

(资料来源：汇发〔2012〕38号《国家外汇管理局关于印发货物贸易外汇管理法规有关问题的通知》

《货物贸易外汇管理指引实施细则》)

三、收款人需要注意的事项

出口商采用汇付方式结算货款，需要注意以下问题。

(1) 为保证准确、快捷地收妥款项，避免汇款延迟解付或无法解付，应在汇款人汇款前将相关准确的汇款信息告知汇款人，提示汇款人准确地填写汇款申请书。如收款人全称、账号及收款人开户银行英文名全称；收款人银行名称、地址及 SWIFT 号或账号；收款人银行国外代理行名称、地址及 SWIFT 号；汇款附言应注明实际的收款单位名称和账号，及(或)汇款的性质等。

通常收款人的开户行会提醒收款人注意将相关事项通知汇款人。

拓展阅读

招商银行境外汇入汇款指引

(2) 如果收到的汇款为外币，应及时结汇。若不及时结汇，外汇汇率波动容易引发汇率风险而产生损失。

(3) 注意了解国家有关结汇的政策要求。

(4) 注意使用票汇方式收汇的要求。如果汇票的付款行在境外，需要委托我国银行通过付款行所在地的分行或者代理行进行收款。这样就很难鉴定票据的真伪以及出票行的偿付能力，并且若使用支票，还无法确定支票的出票人在支票付款行是否有足够的存款。因此，为保证收汇及货物的安全，应先将收到的票据委托银行向票据所指定的付款行收妥票款，在接到相应的收妥通知后，再对外装运货物，即"先结汇后出运货物"。

四、出口发票融资和汇入汇款融资

(一)出口发票融资

出口发票融资或称为出口商业发票贴现(Discount against Export Commercial Invoice)，是指融资申请人(出口商)在采用赊销(O/A)或托收方式向进口商销售货物时，按照合同规定出运货物后，将出口商业发票项下的应收账款债权转让给银行，申请资金融通，银行按照发票金额的一定比例提供的有追索权的短期融资业务。融资方式分为出口赊销押汇、出口托收押汇两种方式。

(二)汇入汇款融资

汇入汇款项下融资或称为汇入汇款押汇，主要采用出口发票融资方式，是指在货到付款结算方式下，银行应出口商的申请，在出口商装运货物后，只是凭出口商出具的列明货款让渡条款的商业发票和提单副本等单据(非物权凭证)，以出口货物的应收账款为第一还款来源，向出口商提供的短期贸易融资业务。

汇入汇款押汇主要是为了满足出运货物后发生资金短缺的出口商的短期资金需要，有时出口商希望提前结汇、锁定汇率风险也会申请融资。融资期限最长不超过 90 天，融资比例最高可达单据金额的 90%，还款来源为出口收汇。如进口商到期后不履行付款责任，融资行可向出口商索回融资本息。

汇入汇款融资的基本步骤是：出口商向银行申请，银行为其核定授信额度后，签订相应的额度合同和担保合同；出口商出运货物后，将出口商业单据及贸易合同等提交给融资银行，在提交给进口商的发票上注明将款项汇至提供融资银行的账户中，在额度内提交《出口发票融资申请书》；银行审核同意后与出口商签订出口发票融资合同等法律性文件，发放出口融资款项；银行缮制寄单面函，随同商业单据寄给进口商索汇；收到进口商支付的款项后，银行扣收用于归还融资款，余额部分(如有)拨入出口商账户。

不过，由于汇付属于商业信用，收汇风险大，银行的监控难度也较大，所以银行一般只对资信较好、有良好结算记录的客户做汇入汇款项下出口押汇；同时，控制押汇比例(一般情况下不高于 80%)，有时还要求出口商增加第三方担保、提供抵押或质押、投保出口信用保险等。

思 考 题

一、名词解释

汇付、先结后出、先出后结、电汇、信汇、票汇、出口发票融资

二、简答题

1. 汇付的当事人有哪些？各自有何职责？彼此间有何关系？
2. 比较汇付三种方式的特点。
3. 根据我国现行贸易外汇收支管理办法，企业进出口收付汇应提交的申报单证有哪几种？
4. 汇出行与汇入行之间可以采用哪些偿付方式来完成头寸划拨？
5. 简单介绍汇出汇款与汇入汇款的基本业务流程。

三、分析题

天津五金矿产进出口集团有限公司(Tianjin Metals & Minerals Import & Export Group Co., Ltd.)于 2016 年 3 月 6 日申请 T/T 汇出销售合同 S/C 0012-09 项下佣金 HKD50000.00。收款人为 Li Zhongshi，地址为 Wing Tai Hong Kong，其账户行为香港宝生银行(Po. Sang Bank Ltd. Hong Kong)，账号为 07196606345-9；汇出行为中国农业银行天津分行(The Agricultural Bank of China, Tianjin)，与汇入行的密押为 TSG-W075，但无账户关系，其港币账户在香港东亚银行(The Bank of East Asia Ltd. Hong Kong)，账号为 043484000219219，密押为 TST9300954，但农业银行的北京总行在宝生银行有账户。

假设电汇日期为 2016 年 3 月 6 日，电文编号为 TT00036，汇出行在下列电汇路径下应如何拟定电文？

① 发电汇入行宝生银行，头寸经东亚银行调拨。

② 发电汇入行宝生银行，授权借记汇出行北京总行账户。

③ 发电东亚银行，指示其付汇。

第四章 托 收

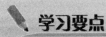

通过本章的学习，应在理解托收方式的含义、当事人权责及其关系、种类的基础上，了解托收的性质、应用范围、业务流程以及遵循的国际惯例《托收统一规则》，掌握出口托收业务的主要环节与业务要求、风险及防范办法，了解进口代收业务的主要环节与业务要求，通晓托收项下的融资办法。

引导案例

2012 年 3 月 12 日，山东烟台一家服装公司来了一位韩国人，表示想订购价值约 10 万美元的运动服。谈判过程中，双方围绕付款方式出现了较大的分歧。韩商要求采取汇付方式货到后 15 日结算货款，而烟台公司因为是第一次和对方打交道，希望用预付款或信用证方式。经过协商，双方最后决定采取付款交单的办法托收货款，价格条件为 CIF Busan，并指定中国银行大邱分行(DAEGU BRANCH)为代收行。你知道付款交单与货到后 15 日电汇有何区别吗？他们为何签订了 CIF 合同？

汇付方式中，货物的转移与货款的收付是相分离的，这会给交易双方中的一方带来风险，托收可弥补这一缺陷，出口商利用该方式结算货款可以更有效地控制款货两空的风险。通过对本章的学习，您会明确上述问题的答案，还会了解更多的托收业务知识与技巧。

第一节 托 收 概 述

托收(Collection)是指在进出口交易中，债权人(或出口商)委托出口地银行通过进口地银行向债务人(或进口商)收取货款的一种结算方式。由于托收业务中结算工具(如汇票、单据)的传递方向与货款资金的流动方向相反，故托收属于逆汇方式。

一、托收方式的当事人

(一)托收方式的基本当事人

托收方式所涉及的基本当事人有四个，即委托人、付款人、托收银行(托收行)和代收银行(代收行)。

(1) 委托人(Principal or Consignor)，指委托银行办理托收业务的人，即债权人，通常是指出口商。因其开具汇票委托银行办理托收，所以也称出票人(Drawer)。

(2) 付款人(Payer)，即债务人，通常是指进口商，也称受票人(Drawee)。

(3) 托收行(Remitting Bank)，指接受委托人委托，转托国外银行代向付款人收款的银行，通常是出口商的出口地往来银行，也称委托行或寄单行。

(4) 代收行(Collecting Bank)，指接受委托行的委托，代向付款人收款的进口地银行，一般是托收行的境外联行或代理行，也称受托行。

(二)基本当事人之间的关系

托收的基本做法是：出口商根据交易合同先行发运货物，然后开具以进口商为付款人的收汇汇票，连同有关货运单据等，委托托收行通过代收行向进口商收取款项。

国际商会第 522 号出版物《托收统一规则》(URC522)中对托收的定义是：就本条款而言，托收是指银行依据所收到的指示处理金融单据和/或商业单据，以便于：①取得付款和/或承兑；②凭以付款或承兑交单；③按照其他条款和条件交单。

从其做法和《托收统一规则》的定义中可以看出，在进出口交易中，托收方式的四个基本当事人之间存在着一定的业务关系。

(1) 委托人与付款人之间的买卖合同关系。合同中规定，双方采用托收结算货款，出口商装运货物后，所开具的收汇汇票经出口地银行转托进口地代收行向进口商提示，进口商见单后即应按合同规定付款或承兑赎取单据。

(2) 委托人与托收行之间的委托代理关系。托收申请书(Collection Application)是两者关系的依据，明确界定了双方的责任范围及托收的内容。委托人主要是履行与银行签订的委托收款的合同及支付银行的托收费用；托收行一般只是执行委托人的指示和按国际惯例进行常规业务处理，没有审核单据的责任。

(3) 托收行与代收行之间的委托代理关系。托收行与代收行之间一般应有业务往来关系。如果两者之间并非联行关系，通常应事先建立代理行关系，并通过订立代理协议来规范双方的代理行为。但对于每一笔托收业务的具体事项，代收行不能仅依据双方之间的代理协议，仍须根据托收行逐笔签发的托收指示(Collection Instruction)进行办理。

(4) 代收行与付款人之间的关系。两者之间不存在直接的契约关系，付款人对代收行也没有必须付款的义务。付款人对代收行的付款，是根据他与委托人之间的合同，承担对托收票据或凭证的付款责任。如果付款人拒不偿付(即期汇票)或承兑(远期汇票)，即使汇票上出票人写明了付款人的名称，托收行也没有权利强迫付款人付款。当然，如果是远期汇票，当付款人承兑之后，便对持票人(一般仍为代收行)负担承兑人的责任。

此外，代收行与委托人(出口商)之间亦无契约或直接的委托代理关系。虽然从理论上可以将代收行视为委托人(出口商)的间接代理人，但代收行没有义务保证替委托人从付款人处收回货款。若付款人拒绝付款或承兑，则只需将情况通过托收行告知委托人，由委托人与付款人根据交易合同自行交涉。同样，代收行也不必保证向付款人交纳符合交易合同规定的单据或与单据相符的货物。从这个角度来讲，托收与汇付的信用性质一样，均属于商业信用。

综上所述，托收业务中存在着两对直接的委托代理关系，即委托人与托收行、托收行与代收行之间的委托代理关系，托收行在前者关系中居于受托代理人的地位，在后者关系中居于委托方的地位。

(三)基本当事人的责任与义务

根据《托收统一规则》的规定，托收方式的基本当事人承担的责任与义务如下所述。

1. 委托人

委托人主要承担两个方面的责任。

一是作为出口商，必须履行与进口商签订的贸易合同规定的责任。

(1) 按合同规定发货。即出口商必须按合同要求按时、按质、按量发运货物，这是他最基本的合同义务。

(2) 提供符合合同要求的单据。

二是作为委托人，必须履行与托收行签订的委托代理合同规定的责任。

(1) 填写托收申请书。在托收申请书中的各项指示必须明确，以便托收行执行。若因托收申请书中的指示有误或指示不完全、不明确等造成托收延误或损失，将由委托人承担。托收银行接受委托人申请书后，即构成委托代理关系。

(2) 开立汇票。在跟单托收的情况下，还需将有关单据及汇票一并交给托收行。

(3) 及时指示。当银行将托收业务中发生的一些意外情况通知委托人时，委托人必须及时做出指示，否则自行承担因此产生的一切损失。

(4) 承担收不到货款的风险及损失。

(5) 承担银行费用。无论是否收到货款，委托人都要承担银行托收的手续费及执行托收指示所发生的各种费用。

2. 托收行

在托收业务中，托收行处于委托人代理人的地位，只需要严格地按照委托人的托收申请书的指示和国际规则行事，不得擅自超越、遗漏、修改、延误委托人的指示，并对自身的过失承担责任。具体职责如下。

(1) 审查托收申请书的内容是否详尽明确，签章是否有效。

(2) 核对单据。这是托收行为委托人提供的服务，不是责任。托收行只是对照托收申请书核对单据的种类与份数，对单据是否与合同相符、单据的有效性不负责任。

(3) 选择国外代收行。

(4) 制作托收指示并传递托收指示及单据。

(5) 接受并传递代收行所发送的信息。

3. 代收行

代收行的基本职责是按照委托人指示来处理业务，具体职责如下。

(1) 接受并审核托收行寄来的托收指示，发出代收回单。如不能按托收指示完成代收，需向托收行立即提出不能照办并说明理由，或声明不能按该条款办理，要求托收行予以变更或取消。如既不照办，也不声明，代收行将承担由此造成的损失。

(2) 审核并保管好单据。代收行应将收到的单据与托收指示核对，发现错误立即通知托收行；要严格按照托收指示向付款人提示及释放单据；若付款人未履行交单条件则不能交单，并有义务保管好单据。

（3）及时反馈托收信息。代收行应按托收指示规定的方式，毫不延迟地将付款通知、承兑通知或拒付通知送交托收行，付款通知中应详列收到的金额、扣除的费用及处理款项的方法。如发生拒付，应尽力查明原因，并立即通知托收行。托收行须在收到拒付通知60日内做出处理单据的指示，如届时代收行仍未收到指示，可将单据退回托收行而不再承担任何责任。

（4）及时划转收妥的托收款项。

4. 付款人

按合同规定付款，不得无故延迟或拒付。如果有关单据不符合合同规定，付款人有权拒绝付款。

(四)其他当事人

托收业务中除了上述基本当事人外，有时可能出现如下其他当事人。

（1）提示银行(Presenting Bank)。提示银行或称交单银行，即向付款人提示单据的银行，一般情况下是由代收行充当。但是如果代收行与付款人无业务往来关系或不在同地，为便于如期收款，可以主动或根据付款人的请求，委托与代收行有账户关系的付款人的往来银行或与付款人同地的银行充当提示行。

（2）需要时的代理(Principal's representative in case of need)。需要时的代理是委托人指定的在付款地代为照料货物存仓、转售、运回或改变交单条件等事宜的代理人。由于付款人可能对代收行提示的汇票拒付或拒绝承兑(通称拒付)，而委托人此时已发运货物，所以货物到目的港后会因无人照料而受到损失。为避免这一问题，委托人可以在付款地事先指定一位代理人或请代收行作为"需要时的代理"，当发生付款人拒付或拒绝承兑情况时，可代为料理货物存仓、投保、运回或转售等事宜。按照惯例，托收指示上必须明确"需要时的代理"的权限，如是否有权提货、指示减价、修改交单条件、改换付款对象等，否则代收行可以不接受其任何指示。

二、托收费用

托收费用主要包括以下几种。

（1）银行费用，主要是托收行与代收行办理托收业务时所收取的手续费。如中国银行规定银行费用为进口代收或出口托收金额的0.1%，每笔最低为200元人民币，最高为2000元人民币。一般情况下，进口商与出口商各自负担本国的银行费用。但根据银行惯例，除非托收指示中特别规定进口商必须负担国内代收行的银行费用。否则代收行可以在付款人不愿支付时，从代收的款项中扣除自己应收的银行费用。如果托收指示明确规定不准豁免该项费用，即出口商在托收申请书中规定代收行费用由付款人承担，并明确"不得放弃"(Collection charges to be borne by the payer can't waive)，则托收行、代收行、提示行对因此而产生的付款延迟或额外开支不负责任。

（2）汇款费用。即货款收妥后以何种方式(电汇、信汇或其他)汇交委托人所发生的费用，一般由委托人负担。

(3) 其他费用。如可能发生的退单、提示承兑、修改托收指示、催收等业务收取的费用。

三、托收的种类

按是否附带货运单据，托收可以分为光票托收与跟单托收等。

(一)光票托收

光票托收(Clean Collection)是指不附带商业单据，或仅附有发票等不包括货运单据的一般商业单据，即"非货运单据"的托收。根据 URC522 中对"单据"的分类(金融单据与商业单据)，光票托收即金融单据(Financial Documents)的托收。光票托收多应用于非贸易结算中。

贸易项下的托收，货运单据由卖方径寄买方，汇票交银行托收。因此光票托收一般不用于货款的托收，而只用于收取货款尾数、样品费、小额交易费、佣金、代垫费用、其他贸易从属费用及其他费用或款项等。

光票托收中，出口商开立的汇票有远期与即期之分。但由于汇票的金额一般都不大，所以这类汇票大都是即期汇票。

(二)跟单托收

跟单托收(Documentary Collection)是附有包括货运单据在内的商业单据(Commercial Documents)的汇票的托收以及不带有汇票但包括货运单据在内的商业单据的托收。其中后一种情况在我国称为"无证托收"，以区别于信用证方式。欧洲大陆国家及有些地区为节省印花税开支，在即期付款的托收中，会用发票或"代理收款书"来代替汇票，这种情况银行也会给予办理。

在国际贸易结算中采用的托收方式，通常都是跟单托收。跟单托收中的单据很重要，是收款的保证，尤其是代表货物所有权的运输单据。根据代收行向付款人交付货运单据的不同条件，跟单托收可以分为付款交单(Documents against Payment, D/P)与承兑交单(Documents against Acceptance, D/A)两种。

1. 付款交单

付款交单是指出口商发运货物后，将货运单据与汇票交托收行，指示必须在付款人付清款项后，代收行才能将货运单据交给付款人(进口商)的一种托收方式。由于直到付款人付款之前，代表货物所有权的货运单据始终掌握在代收行手中，也就是说出口商仍掌握着对货物的支配权，所以这种方式风险较小。

按付款的时间不同，付款交单可分为以下两种。

(1) 即期付款交单(Documents against Payment at Sight, D/P at Sight)。这种方式下，出口商开具的汇票是即期汇票，在代收行向进口商提示时，进口商验单无误后，即付款赎单。

(2) 远期付款交单(Documents against Payment after Sight, D/P after Sight)。这种方式下，出口商开具的是远期汇票，进口商见票并验单无误后，立即承兑汇票，并于汇票到期日付款赎单。采用这种方式的目的是给进口商准备资金的时间，并能保障出口商在付款之前对货物的支配权。但问题是在付款前，如果货物已经到达目的地，买方因为尚未付款得不到单据而无法提货，会导致滞港费等损失。所以 URC522 对远期汇票做了特别限制。为防止远期付款交单与承兑交单混淆，托收行可在托收指示上明确"付款后交单"(Deliver documents only after payment was effected)。

在实际业务中，远期付款交单大多变成了"凭信托收据借单"(Deliver documents against Trust Receipt)，即进口商先出具一张信托收据(Trust Receipt, T/R)，从代收行借出单据、提货出售，取得货款后再付款给代收行，并收回信托收据，所以实际上成了进口地银行给予进口商融通资金的一种方式(或称为远期承兑交单)。但若届时代收行收不到代收的款项，则应承担付款的责任。目前各国对远期付款交单的解释不完全一致，拉丁美洲一些国家视之为承兑交单，所以在实践中应注意进口地的习惯做法。

2. 承兑交单

承兑交单是指出口商指示，进口商对远期汇票承兑后，代收行即将货运单据交给进口商的一种托收方式。承兑交单只限于远期汇票的托收。这种方式使进口商可能得到完全或部分利用出口商的资金进行买卖的好处，所以成为一种卖方商业信用形式。对出口商来说，承兑交单虽有利于达成交易，但风险很大，有款货两空的风险。

(三)其他形式的托收

除 D/P 和 D/A 外，有时还会出现其他类型的托收。

(1) 直接托收(Direct Collection)。即委托人征得托收行同意，自行填写托收指示，将托收指示连同托收单据直接寄代收行，请其向付款人代收货款。这种做法的费用低，收汇效率较高。实务中委托人一般要将托收指示副本送托收行，以示该笔托收为托收行办理。但 URC522 不承认不经银行办理的托收业务，也未将之列入规则中进行规范。

(2) 凭本票交单托收(Delivery of Documents against Promissory Note)。即进口商开立本票代替汇票，承诺在约定的未来日期付款，代收行在收到本票后交付单据。

(3) 凭付款承诺书交单托收(Delivery of Documents against Letters of Undertaking to Pay)。即代收行凭进口商的承诺在将来日期付款的承诺书交单。

此外还有：凭银行保函交单托收，部分 D/P at sight、部分 D/A，凭信托收据交单，部分信用证、部分托收等。

四、托收方式的特点与利弊

(一)托收方式的特点

1. 属于商业信用

托收方式的信用基础是商业信用，银行办理托收业务时，只提供服务，不提供信用。即银行既没有检查委托人提交的单据是否正确与完整或真伪的义务，不承担付款人必须付款的责任，也不负责卖方如何交货以及付款人拒付后为委托人代管货物。银行只是作为出口商的受托人行事，能否收取货款靠的是进口商的商业信用。因此，出口商在托收方式中承担着较大的风险。

但与汇付方式相比较，托收方式的安全性有了提高。在付款交单条件下，出口商可以通过控制物权单据来控制货物，有利于规避款货两空的风险损失。

2. 进出口双方的资金负担不平衡

进出口双方的资金负担不平衡主要表现为出口商在订立托收合同后，需要自垫资金备货、装运，然后通过银行托收，等到进口商付款后才能收回货款，而进口商可以在付款或承兑的条件下取得单据。因此出口商的资金负担较重。不过相比汇付方式，出口商可以在交单时以单据为质押或通过出口押汇获得托收行的资金融通，这在一定程度上可以减轻出口商的资金负担。

3. 手续简单，费用较低

比较信用证方式，托收与汇付一样，也属于结算手续简单、费用较低的结算方式。

(二)托收方式的利弊

采用托收结算，进口商可节省到银行开立信用证的费用，在承兑交单或远期付款交单凭信托收据借单的情况下，还能得到出口商或银行提供的信用方便，在付款前取得单据提货。因此，采用托收结算有利于提高进口商成交的积极性。对出口商而言，托收的好处就是利用这种积极性，赢得订单，扩大出口。

托收的弊端主要是针对出口商而言的。

首先，出口商要承担进口商拒付的风险。如进口地价格下跌时，资信不好的进口商往往寻找借口，拒付汇票，迫使货已运出、进退两难的出口商削价。

其次，出口商要承担款货两空的风险。由于在实际承兑交单托收时，进口商只需承兑汇票即可取得单据提货，如提货后至付款前进口商破产、死亡或逃避，出口商就会款货两空。

再次，出口商还要承担收不到外汇的风险。由于很多国家实行外汇管制，有的进口商未申请到外汇就成交，结果结算时拿不到外汇。有的进口商事先没办好进口许可证及其他相关手续，或者由于出口商事先对进口地的商业习惯、国家法令了解不够，货物运到后不能入关甚至遭受查禁或拍卖。

最后，出口商还要承担托收惯例与当地法律冲突的风险。《托收统一规则》只有在与某一国家、某一政府，或与当地法律和尚在生效的条例没有抵触时，才对所有的关系人具有约束力。

因此，为了既能促进出口，又能安全收汇，出口商在采用托收方式结算时应注意下列问题。

(1) 重视调查和考察国外进口商的资信情况和经营作风，了解有关商品的市场动态，妥善掌握成交金额和托收额度。在使用时，一般只作付款交单，采用承兑交单时要从严。

(2) 对贸易管制和外汇管制较严的国家使用托收方式要慎重。

(3) 对托收业务有特殊习惯做法的国家，要先熟悉其做法，然后根据不同情况，酌情采用。

(4) 争取按 CIF 或 CIP 成交，由出口方办理保险，如有意外发生，可向保险公司索赔，抵偿部分损失。

（5）必须严格按照合同的规定办理出口，提交单据，以免给对方拒付或延期付款制造借口。

（6）国外代收行最好不要由进口商指定，可允许对方提出，但若确有必要，应事先征得托收行同意。

（7）把托收方式与银行保函、信用证等方式结合起来，以降低风险。

（8）办理出口信用保险。

拓展阅读

出口信用保险

第二节　跟单托收业务流程与《托收统一规则》

一、贸易合同中托收条款的约定

(一)托收支付条款

进出口商采用托收方式结算货款，合同中必须明确采用付款交单还是承兑交单。采用付款交单，还须明确是即期的还是远期的；如果是远期的，还应明确到期付款日期、计算办法，如规定见票日、提单日期后若干天、见票日后若干天等，即付款期限。

合同中约定托收方式条款举例。

例 4-1：即期付款交单条款。"买方凭卖方开具的以买方为付款人的即期跟单汇票于见票时立即付款，付款后交单。"(The buyer shall pay against the documentary draft drawn by the seller on the buyer at sight upon first presentation. The shipping documents are to be delivered against payment only.)

例 4-2：远期付款交单条款。"买方应对卖方开具的以买方为付款人的见票后××天付款的跟单汇票于提示时即予承兑，于汇票到期日即予付款，付款后交单。"(The buyer shall duly accept the documentary draft drawn by the seller on the buyer at××day's sight upon first presentation and shall make payment on its maturity. The shipping documents are to be delivered against payment only.)

例 4-3：承兑交单条款。"买方应对卖方开具的以买方为付款人的见票后××天付款的跟单汇票于提示时即予承兑，于汇票到期日即予付款，承兑后交单。"(The buyer shall duly accept the documentary draft drawn by the seller on the buyer at××day's sight upon first presentation and shall make payment on its maturity. The shipping documents are to be delivered against acceptance.)

(二)托收与汇付方式结合使用

付款交单托收与汇付方式结合使用，主要是利用汇付预付货款或定金，使出口商的收汇更有保障。其基本做法是：出口商与进口商约定采用付款交单托收货款，要求进口商在货物出运之前以汇付方式预付一定比例的货款或定金；出口商发运货物后委托银行办理托收时，在托收货款中扣除已付款项或定金部分。这样若届时进口商拒付，因为有预付款项的保证，出口商可弥补运回货物的运费、利息等损失。在具体交易中，汇付部分的比例，可视进口商的资信、商品的特点以及运输费用、货款总额等情况来确定。

例 4-4： "凭以信汇给卖方总金额××的定金装运，汇款时列明合同号 1203，其余部分货款以托收方式即期付款，付款后交单。"(Shipment to be made subject to a down payment amounting ×× to be remitted in favor of the seller by M/T with the indication of Contract No.1203, and the remaining part on collection basis, the documents will be released against payment at sight.)

(三)托收与其他结算方式结合使用

托收方式也可以与信用证、银行保函或备用信用证、国际保理、福费廷等结合使用，本书在后面的相关章节中再作介绍。

二、跟单托收业务流程

(一)即期付款交单(D/P at sight)

即期付款交单的业务流程如图 4-1 所示。

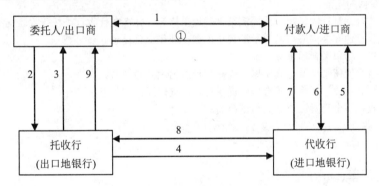

图 4-1 即期付款交单流程图

说明：

1. 交易双方签订进出口合同，约定采用即期付款交单方式结算货款。(①表示出口商根据合同规定对进口商发运货物)

2. 出口商发运货物后，填写托收申请书，声明"付款交单"，开立即期汇票，连同全套货运单据交付托收行委托代收货款。

3. 托收行审查托收申请书、合同及单据无误后，出具回单给出口商，作为接受委托和收到汇票及单据的凭证。

4. 托收行缮制托收指示，连同汇票、货运单据等一并寄交代收行委托代收。

5. 代收行通知并向进口商提示汇票及单据，即作付款提示。

6. 进口商验单无误后付款赎单。

7. 代收行将全套货运单据交给进口商。

8. 代收行电告(或邮告)托收行，款已收妥转账。

9. 托收行向出口商支付货款。

(二)远期付款交单(D/P after sight)

远期付款交单的业务流程如图 4-2 所示。

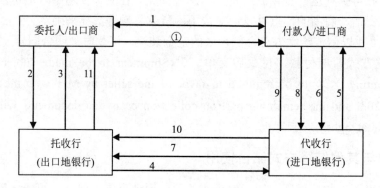

图 4-2　远期付款交单流程图

说明:

1. 交易双方签订进出口合同,约定采用远期付款交单方式结算货款。(①表示出口商根据合同对进口商发运货物)

2. 出口商发运货物后,填写托收申请书,声明"付款交单",开立远期汇票,连同全套货运单据交付托收行委托代收货款。

3. 托收行审查托收申请书、合同及单据无误后,出具回单给出口商,作为接受委托和收到汇票及单据的凭证。

4. 托收行缮制托收指示,连同汇票、货运单据等一并寄交代收行委托代收。

5. 代收行通知并向进口商提示汇票与单据,即作承兑提示。

6. 进口商验单无误后承兑汇票。

7. 代收行保留汇票及全套单据,向托收行发出承兑通知书。

8. 汇票到期日,代收行向进口商提示付款,进口商付款赎单。

9. 代收行将全套货运单据交与进口商。

10. 代收行电告(或邮告)托收行,款已收妥转账。

11. 托收行向出口商支付货款。

(三)承兑交单(D/A)

承兑交单的业务流程如图 4-3 所示。

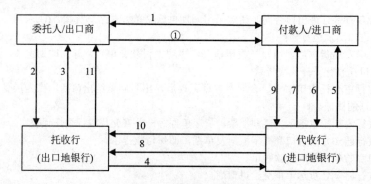

图 4-3　承兑交单流程图

说明：

1. 交易双方签订进出口合同，约定采用承兑交单方式结算货款。(①表示出口商根据合同对进口商发运货物)

2. 出口商发运货物后，填写托收委托书，声明"承兑交单"，开立远期汇票，连同全套货运单据交付委托行，委托代收货款。

3. 托收行审查托收申请书、合同及单据无误后，出具回单给出口商，作为接受委托和收到汇票及单据的凭证。

4. 托收行缮制托收指示，连同汇票、货运单据等一并寄交代收行委托代收。

5. 代收行通知并向进口商提示汇票和单据，即作承兑提示。

6. 进口商验单无误后承兑汇票。

7. 代收行将全套货运单据交与进口商。

8. 代收行向托收行发出承兑通知书。

9. 汇票到期日，代收行向进口商提示付款，进口商付款。

10. 代收行电告(或邮告)托收行，款已收妥转账。

11. 托收行向出口商支付货款。

三、《托收统一规则》

《托收统一规则》是国际上在托收业务中普遍采用和共同遵守的"国际惯例"。为了统一托收业务各方当事人对权利、义务和责任的解释，规范银行间业务习惯，国际商会于1958年草拟了一套《商业单据托收统一规则》(Uniform Rules for Collection of Commercial Paper)，即国际商会第192号出版物。1967年，国际商会修订和公布了这一规则，即国际商会第254号出版物，并建议各国银行自1968年1月1日起实施，从而使银行在进行托收业务时有了一套统一的术语、定义、程序和原则，也为出口商提供了一套在委托收款时得以遵循的统一规则。1978年，根据十几年来的实践经验与变化情况，国际商会对该规则做了修订和补充，并根据存在资金单据作为托收单据的情况，将该规则改名为《托收统一规则)(Uniform Rules for Collection, ICC Publication No.322)，即国际商会第322号出版物，于1979年1月1日正式生效和实施。《托收统一规则》自公布实施以来，被广泛采用，成为各国银行办理托收业务的国际惯例。该规则于1995年再次修订，1996年1月1日实施，即《托收统一规则》国际商会第522号出版物，简称URC522。

(一)《托收统一规则》的主要内容

URC522共七部分26条，七部分的主要内容如下。

1. 总则及定义

根据URC522的规定，托收意指银行根据所收到的委托人指示，处理金融单据或商业单据，目的在于取得付款和/或承兑，或凭付款和/或承兑交单，或按其他条款及条件交单。定义中所涉及的金融单据是指汇票、本票、支票或其他用于付款或款项的类似凭证；商业单据是指发票、运输单据、物权单据或其他类似单据，或除金融单据之外的任何其他单据。

URC522 同时规定了规则的适用范围，即适用于在其"托收指示"中列明适用该项规则的所有托收项目；除非另有明确的约定，或与某一国家、某一政府，或与当地法律和尚在生效的条例有所抵触外，本规则对所有的关系人均具有约束力。

2. 托收的形式和结构

URC522 要求托收必须附有一项"托收指示"，注明该项托收将遵循 URC522，并列出完整和明确的指示，银行对因托收指示的说明不够完整或明确所产生的任何后果不承担责任。同时规定，银行只根据该托收指示中的命令和本规则行事；银行将不会为了取得指示而审核单据；除非托收指示中另有授权，银行将不理会来自除了它所收到托收的有关人/银行以外的任何有关人/银行的任何指令。

3. 提示方式

URC522 规定，托收行将以委托人所指定的银行作为代收行；如未指定代收行，托收行将使用它自身的任何银行或者在付款或承兑的国家中，或在必须遵守其他条件的国家中选择另外的银行。单据和托收指示可以由托收行直接或者通过另一银行作为中间银行寄送给代收行。如果托收行未指定提示行，代收行可自行选择提示行。

URC522 对提示行按照指示使付款人获得单据的程序作了规定。提示行应按照指示无延迟地提示单据：如是见单即付的单据，提示行必须立即办理提示付款；如是远期付款单据，提示行必须在不晚于到期日办理提示承兑和提示付款。

URC522 规定商业单据的交单方式有承兑交单(D/A)和付款交单(D/P)，但不应包含远期付款的汇票。如果托收包含远期付款的汇票，托收指示中应列明是凭承兑还是凭付款交单；如果未有说明，代收行将作付款交单，且对由于交付单据的任何延误所产生的任何后果不承担责任。

4. 义务与责任

URC522 规定，银行应完全按照委托人的指示行事，以善意和合理的谨慎办理业务，对在托收过程中遇到的一切风险、费用开支、意外事故等均不负责，而由委托人承担。对货物、单据等的业务处理，主要有如下规定。

(1) 未经银行事先同意，货物不得直接发送给银行，或者以该行作为收货人，否则其风险和责任由发货方承担。

无论代收行是否收到指示，银行为保护货物而采取措施时，对有关货物的结局和/或状况和/或对受托保管和/或保护的任何第三方的行为和/或疏漏概不承担责任，但代收行必须毫不延误地将其所采取的措施通知对其发出托收指示的银行；银行对货物采取任何保护措施所发生的所有费用将由向其发出托收指示的一方承担。

(2) 为使委托人的指示得以实现，银行使用另一银行或其他银行的服务时，其风险由委托人承担。即使银行主动选择了其他银行办理业务，也不承担该行所转递的指示未被执行的责任。

(3) 银行必须确定所收到的单据与托收指示中所列表面相符，如果有短缺或非托收指示中所列，应以电信方式(如电信不可能时，以其他快捷的方式)毫无延误地通知寄单行。如果单据与所列表面不相符，寄单行对代收行收到的单据种类和数量不得有争议。

(4)　银行对单据的格式、完整性、准确性、真实性、虚假性或其法律效力，以及在单据中载明或附加的一般性和/或特殊性的条款，不承担责任；也不对单据所表示的货物的描述、数量、重量、质量、状况、包装、交货、价值或存在，或对货物的发运人、承运人、运输行、收货人和保险人或其他任何人的诚信或行为和/或疏忽、清偿力、业绩或信誉等承担责任。

(5)　银行对任何信息、信件或单据在传送中的延误和损坏，或对任何电信在传递中所发生的延误、残损或其他错误，或对技术条款的翻译和/或解释的错误，或对由于收到的任何指示需要澄清而引起的延误，不承担责任。

(6)　银行对由于天灾、暴动、骚乱、战争或银行本身不能控制的任何其他原因、任何罢工或停工而使银行营业中断所产生的后果，不承担责任。

5. 付款

代收行必须按照托收指示中的规定，将收妥的款项(扣除手续费及其他相关花销)，不延误地付给下达托收指示的一方。

光票托收中，如果付款当地的现行法律允许，可以接受分期付款，但只有在全部货款已收妥的情况下，才能将金融单据交付给付款人。

跟单托收中，只有在托收指示有特别授权的情况下，才能接受分期付款。除非另有指示，提示行只能在全部货款已收妥后才能交付单据。

6. 利息、手续费及其他费用

URC522对利息、手续费及其他费用有如下规定。

(1)　如果要求收取利息，托收指示中应明确规定利率、计息期和计息方法。如果托收指示中规定必须收取利息，但付款人拒付该项利息时，提示行可根据具体情况在不收取利息的情况下凭付款或承兑或其他条件交单；如果托收指示中明确指明利息不得放弃，而付款人拒付该利息，提示行将不交单，并对由此所引起的延迟交单所产生的后果不承担责任，但必须以电信方式(如电信不可能时，以其他快捷的方式)毫不延迟地通知发出托收指示的银行。

(2)　若托收指示中清楚地规定或根据 URC522，支付款项和/或费用和/或托收手续费应由委托人承担，代收行有权从发出托收指示的银行立即收回所支出的有关支付款、费用和手续费等，而寄单行不管该托收结果如何有权向委托人立即收回其所付出的支付款、费用和手续费等。代收行对发出托收指示的一方保留要求事先支付手续费和/或费用以补偿其拟执行任何指示的费用支出的权利，在未收到该款项期间有保留不执行该项指示的权利。

(3)　如果托收指示中规定必须收取手续费及其他费用须由付款人承担，而后者拒付时，提示行可以根据具体情况在不收取上述费用的情况下凭付款或承兑或其他条件交单，此时该项费用由发出托收的一方承担，并可从货款中扣减；如果托收指示中明确指明该项费用不得放弃而付款人又拒付该项费用时，提示行将不交单，并对由此所引起的延误所产生的后果不承担责任，但必须以电信方式(如电信不可能时，以其他快捷的方式)毫不延迟地通知发出托收指示的银行。

7. 其他规定

其他规定主要包括提示行对承兑汇票、本票、收据或其他凭证的责任，拒绝证书的作成及费用负担，需要时的代理，以及代收行通知托收状况的有关要求等。

(二)《托收统一规则》的应用

《托收统一规则》自公布实施以来，对减少当事人之间的误解、争议与纠纷，起到了较大的作用，很快被许多国家的银行采纳和使用。我国银行在国际贸易中使用托收方式结算，也参照这一规则的解释和原则办理。在实际业务中应该注意以下问题。

一是该规则本身不是法律，因而对一般当事人没有约束力。只有在有关当事人，特别是银行间事先约定的情况下，有关当事人才受其约束。URC522 规定，所有送往托收的单据必须在托收指示中注明该项托收将遵循 URC522(This collection is subject to Uniform Rules for Collection(1995 Revision) ICC Publication No.522)。

二是该规则中的所有条款，只有与托收指示中的内容没有抵触时，才能运用；存在抵触的话，则应服从托收指示中的规定。只有在托收指示中写得不清楚或不全面时，《托收统一规则》才能用于参照使用。

三是银行仅被允许根据托收申请书的指示和 URC522 办理委托，不得超越、修改、疏漏、延误委托人在申请书上的指示，否则引起的后果由银行负责。

第三节　出口跟单托收业务

出口跟单托收较汇款方式而言，有一定付款保证，进口商只有付款或承兑后才能提取货物，出口商承担的风险相对较小；较信用证方式而言，银行费用较低，且手续简便。出口商可根据市场状况选择托收类型：当处于卖方市场时，出口商宜选择 D/P 方式；当处于买方市场且进口商要求给予融资便利时，出口商可选择 D/A 方式。

一、出口商申请办理托收业务

出口商根据合同对进口商发运货物后，即应向托收行办理托收手续，包括填写出口托收申请书、开出跟单汇票与整理单据。

(一)托收申请书

托收申请书(Collection Application)是委托人与托收行之间关于执行托收业务的契约性文件，是确立委托人与托收行之间委托代理关系的依据，也是托收行办理该笔托收业务的依据。委托人委托托收行办理托收，必须填制托收申请书，申请书通常一式两联。托收行接受托收申请书，则意味着委托与受托契约关系的建立，双方即应按申请书的内容各自承担规定的责任与义务，若有违反或出现争议，均以托收申请书为准。各银行的托收申请书格式不一致，但内容大体相同，见示样 4-1。

示样 4-1　托收申请书

_____银行托收申请书	
致：_____	日期：_____
兹随附下列出口托收单据/票据，请贵行根据国际商会跟单托收统一惯例(URC522)及(或)贵行有关票据业务处理条例予以审核并办理寄单/票索汇。	

托收行(Remitting Bank)： 名称： 地址：	代收行(Collecting Bank)： 名称： 地址：
委托人(Principal)：	付款人(Drawee)： 名称： 地址： 电话：
付款交单 D/P (　)承兑交单 D/A (　) 无偿交单 FREE OF PAYMENT(　)	期限/到期日：
发票号码/票据编号：	国外费用承担人：□ 付款人　□ 委托人
金额：	国内费用承担人：□ 付款人　□ 委托人

单据种类	汇票	发票	提单	空运单	保险单	装箱单	重量单	产地证	FORMA	检验证	公司证明	船证明		
份数														

特别指示：

1. 邮寄方式：　□ 快邮　　□ 普邮　　□ 指定快邮
2. 托收如遇拒付，是否须代收行作成拒绝证书(PROTEST)：　□ 是　　□ 否
3. 货物抵港时是否代办存仓保险：　□ 是　　□ 否
4. 如付款人拒付费用及/或利息，是否可以放弃：　□ 是　　□ 否
5. _____
6. _____

付款指示：

请将收汇款以原币(　)或人民币(　)划入我司下列账户：

开户行：_____　　账号：_____

公司联系人姓名：_____　　　　　公 司 签 章

电话：_____　传真：_____　　____年 ____月 ____日

银行签收人：	签收日期：
改单/退单记录：	

　　托收申请书应列明委托的具体事项以及委托人与托收行各自的责任范围。以示样 4-1 为例，结合其他可能出现的内容，介绍其填写要求。

　　(1) 致。填写托收行名称，即出口地银行的中文名称，如中国银行上海市分行。

　　(2) 日期。办理托收的日期，如 2019-11-07。

　　(3) 托收行(Remitting Bank)。填写出口地银行的中文名称和中文地址。

　　(4) 代收行(Collecting Bank)。填写进口地银行的英文名称及英文地址。一般应是付款人的账户往来银行，且有良好的资信条件与经营作风。

(5) 委托人(Principal)。填写出口商的名称、地址、电话、传真号码等详细资料。

(6) 付款人(Drawee)。填写付款人(或进口商)的英文名称、地址、电话、传真号码等详细资料。如果进口商的资料不详细，容易造成代收行工作上的难度，使出口商收到款项的时间较长。

(7) 托收方式。即要明确指示交单条件，是承兑交单，还是付款交单。

(8) 发票号码。填写商业发票编号。也有的申请书要求填写合同号码(Contract Number)。

(9) 金额。填写合同币别及合同金额。注意申请书上有关汇票的内容，如托收的金额、币种和付款期限等要与汇票上的一致。

(10) 银行费用负担。即国内、国外费用由谁负担。注意要明确若由付款人负担代收行的费用，但付款人不付费用，是否交单。

(11) 单据种类、份数。即申请人提交给银行的正本和副本单据的名称和数量。汇票份数、商业发票份数必填；航空运单份数，如果是空运，则必填；保险单份数，如果合同是CIF/CIP，则必填；装箱单份数必填；数量重量证书份数、健康证书份数、植物检疫证书份数、品质证书份数，如果出口商报检时申请了以上单据，则必填；如果出口商申请了相关的原产地证书，也必须填写。

(12) 付款指示。开户行名称填写出口商开户行中文名称；账号填写合同币别对应的外汇账号；联系人姓名及传真等需与出口商基本资料一致。

(13) 代收行收妥货款后的通知及划交办法，是采用航邮、电报还是其他办法。按照惯例，若无此明确指示，银行可任意选择划交及通知办法。

(14) 付款人付款事项。如是否允许分批付款与分批赎单，逾期付款是否加收利息及利率标准，远期汇票是否允许提前付款及是否给予利息回扣等。

(15) 发生拒付时的有关款项。例如遭拒付时的通知手段(电信还是航邮)、有无"需要时的代理"及其权限，是否请银行代为存入仓库并投保火险，是否要作成拒绝证书等。按照惯例，若无此明确指示，银行可任意选择通知手段及按不作成拒绝证书处理。

(16) 其他方面的事项。如委托人对银行的通知应及时做出指示，银行垫付的各项费用(邮寄费、电报费、公证费等)的偿付办法等。

(二)托收汇票

托收汇票(Collection Bill/Draft)是托收业务中出口商出具的、银行凭以向进口商收取货款的金融单据。在即期 D/P 中，有时进口商为避免负担印花税，会要求出口商以商业发票代替汇票，这时出口商须在发票上加列交单要求；在远期 D/P 和 D/A 中，汇票是必不可少的托收单据。出口商出票时需注意以下问题。

一是汇票的内容。托收汇票也是普通的跟单商业汇票，除具备汇票的必要项目(法定要式)外，还应根据合同以及托收国际惯例的具体要求，加注相关内容。如在付款期限前注明 D/P 或 D/A；为表明出票的原因，加注出票条款"FOR COLLECTION"字样或列出为某某号合同项下装运多少数量的某商品办理托收，如"Drawn under Contract No. ×××against shipment of ××× (quantity) of ××× (commodity) for collection"或"Drawn against shipment of (merchandise) for collection"。具体参见示样 4-2。

示样 4-2　即期托收汇票格式(出口商是收款人)

Exchange for <u>USD5678.00</u>　　　　　　　TIANJIN, <u>July 16. 2010</u>

D/P　　At<u>***</u>sight of this First of Exchange(second of the same tenor and date unpaid) pay to the order of <u>ourselves</u> the sum of <u>U.S.Dollars five thousand six hundred seventy-eight only</u>

Drawn <u>against shipment of glass-ware for collection</u>

To:　　<u>ABC Co., NEW YORK</u>

　　　　　　　　　　　　　　　　　　　　For XYZ Co., TIANJIN

　　　　　　　　　　　　　　　　　　　　<u>Signature</u>

二是托收背书问题。托收汇票背书即委托收款背书,要求被背书人按委托代收票款及处理汇票,其突出特点是背书内容记载有"委托收款"(for collection)字样,如"Pay to ××× Bank for collection"。出口商在委托银行收款及交单时,应正确背书以保证顺利收汇。汇票的收款人可能有以下三种情况,背书也因此有不同的要求。

(1) 出口商是收款人。如果出口商(天津的 XYZ 公司)是收款人,如示样 4-2 所示,在提交单据给托收行时,应作成托收背书"Pay to the order of Remitting Bank for collection"给托收行;托收行寄单给代收行时,再作成托收背书 "Pay to the order of Collecting Bank for collection"给代收行。

示样 4-2 中,假定中国银行天津分行为托收行,纽约花旗银行为代收行,其背书应如下所示。

第一步:XYZ 公司把汇票提示给中国银行天津分行,背书给托收行。

　　　　Pay to the order of BANK OF CHINA, TIANJIN BRANCH for collection
　　　　For XYZ Co., TIANJIN
　　　　Signature

第二步:中国银行天津分行寄单给纽约花旗银行,背书给代收行。

　　　　Pay to the order of CITI BANK N.A. NEW YORK for collection
　　　　For BANK OF CHINA, TIANJIN BRANCH
　　　　Signature

(2) 托收行是收款人。如果托收行是收款人,在寄单给代收行时作成托收背书给代收行,如示样 4-3 所示。这也是托收最常用的办法。

示样 4-3　远期托收汇票格式(托收行是收款人)

Exchange for <u>USD5678.00</u>　　　　　　　TIANJIN, <u>July 16, 2010</u>

D/A　　At <u>30 days after</u> sight of this First of Exchange(second of the same tenor and date unpaid) pay to the order of <u>BANK OF CHINA, TIANJIN BRANCH</u> the sum of <u>U.S.Dollars five thousand six hundred seventy-eight only</u>

Drawn <u>against shipment of glass-ware for collection</u>

To:　　<u>ABC Co., NEW YORK</u>

　　　　　　　　　　　　　　　　　　　　For XYZ Co., TIANJIN

　　　　　　　　　　　　　　　　　　　　<u>Signature</u>

示样 4-3 中,中国银行天津分行为托收行,假定纽约花旗银行为代收行,其背书应

如下所示。

Pay to the order of CITI BANK N.A. NEW YORK for collection
For BANK OF CHINA, TIANJIN BRANCH
Signature

(3) 代收行是收款人，如示样 4-4 所示。

示样 4-4　远期托收汇票格式(代收行是收款人)

Exchange for USD5678.00　　　　　　　　　　TIANJIN, July 16, 2010 　　D/A　　At 30 days after sight of this First of Exchange(second of the same tenor and date unpaid) pay to the order of CITI BANK N.A. NEW YORK　the sum of U.S.Dollars five thousand six hundred seventy-eight only Drawn against shipment of glass-ware for collection To:　　ABC Co., NEW YORK 　　　　　　　　　　　　　　　　　　　　　　For XYZ Co., TIANJIN 　　　　　　　　　　　　　　　　　　　　　　　　Signature

示样 4-4 中，出口商 XYZ 公司将汇票提交给托收行中国银行天津分行，中国银行天津分行寄给代收行纽约花旗银行，无须背书。

三是 D/A 项下汇票的担保付款。一些国家或地区为加强 D/A 项下的付款信用，要求代收行做出担保。其做法是：在出口合同中订明"D/A 保付汇票"(Avalised Draft for D/A)，使买方有义务要求代收行担保汇票付款，并同意负担保付费用；卖方在托收申请书中要求托收行通知代收行办理已承兑汇票的担保；托收行在托收指示中申明"请你行(代收行)在汇票上担保以保证到期日全额付款，办完此手续后交单给进口人"；进口商承兑汇票后，代收行在汇票正面或背面做出担保，并在发给托收行的承兑通知书电文中注明"我行已对汇票做出保付，保证到期日付款"，见示样 4-5。

示样 4-5　　D/A 保付汇票格式

Accepted July 28, 2010 For ABC Co., NEW YORK Signature Per Aval For A/C of ABC Co., NEW YORK CITI BANK N.A. NEW YORK Signature July 28, 2018	Exchange for USD5678.00　　　　　TIANJIN, July 16, 2010 D/A　　At 60 days after sight of this First OF Exchange(second of the same tenor and date unpaid) pay to the order of　ourselves　the sum of U.S.Dollars five thousand six hundred seventy-eight only Drawn against shipment of glass-ware for collection To:　　　ABC Co., NEW YORK 　　　　　　　　　　　　　For XYZ Co., TIANJIN 　　　　　　　　　　　　　　　Signature

注：示样 4-5 的左上角是进口商 ABC 公司的承兑汇票文句，左下角是代收行纽约花旗银行的保证文句。

二、托收行受理托收业务

托收行接受托收申请书后，除进行登记编号外，还有以下两项工作。

1. 审查托收申请书与所收到的单据

(1) 审查托收申请书。主要是审查申请书所载条款是否明确，项目是否齐全。申请书中应列明根据国际商会跟单托收统一惯例(URC522)等涉及银行权责的条款。审核无误后，申请人、银行经办人双方签章。

(2) 审查合同与单据。主要是审查贸易背景及所附单据的种类和份数等是否与申请书所列的内容相符。

全部审查无误后，托收行出具回单，上面列明收到单据名称和份数等，交给出口商，作为接受委托与收到汇票及单据的凭证。

2. 确定代收行

代收行可以由出口商(委托人)在托收申请书中提名，也可以由进口商提出条件(如根据进口商要求指定其往来银行为代收行)，但必须注意指定银行的资信情况与经营作风。按惯例，若委托人无此明确指示，或者指定银行与托收行无代理关系或资信不高，托收行可另行为委托人指定进口商所在国家或地区的一家银行为代收行或提示行。

三、托收行寄单托收

选定代收行后，托收行应立即办理委托代收手续——主要是填制托收指示，连同出口商提交的汇票及单据，一次或分次寄国外代收行。在收到代收行收款通知后，托收行对出口商办理结汇。

(一)托收指示

托收指示又称托收通知书(Collection Advice)或托收命令(Collection Order)，以前也称为托收委托书，URC522 称之为托收指示(Collection Instruction)。托收指示是由托收行根据委托人的托收申请书制作的，寄送托收单据的面函(Cover Letter)，也是确立托收行与代收行之间委托代理关系的依据。见示样 4-6 托收业务离不开托收指示。URC522 规定，所有的托收业务都必须附有一个单独的托收指示；代收行仅依据托收指示中载明的指示办事，而不从别处寻找指示，并且也没有义务审核单据以获得指示。也就是说，托收随附单据上不载有托收指示，如果有的话，代收行也将不予理会。

1. 托收指示的基本内容

托收指示是托收行授权代收行处理该笔托收业务单据的完整和准确指示，其内容必须与托收申请书的内容严格一致。结合示样 4-6，托收指示的内容主要包括以下几方面。

(1) 托收行、委托人、付款人、提示行(如有)的详细资料，如全称、地址、电话、电传、传真及 SWIFT 地址(如有)等。

(2) 托收金额及货币种类。

(3) 随附单据的种类及份数。

(4) 交单条件。

(5) 利息和费用的处理。如有利息，应注明利率、计息期等及是否可放弃；要求收取的费用以及是否可放弃。

示样 4-6　托收指示

The Industrial & Commercial Bank of China

Collection Instruction

TO:		ORIGINAL

Date: _____ _____

Dear Sirs,　　　　　　　　　　　　　　　　　　Our Ref. No.: _____

We send you herewith the under-mentioned item(s)/documents for collection.

Drawer:	Draft	Due Date/Tenor
	No.	
	Date:	
Drawee(s):	Amount:	

Goods:		From		To	
By Par		On			

DOCUMENTS	DRAFT	INVOICE	B/L	INS. POLICY/ CERT.	W/M	C/O		
1st								
2nd								

Please follow instructions marked "×".

☐ Deliver documents against payment/acceptance.

☐ Remit the proceeds by airmail/cable.

☐ Airmail/cable advice of payment/acceptance.

☐ Collect charges outside _____ from drawer/drawee.

☐ Collect interest for delay in payment _____ days after sight at _____ % P.A.

☐ Airmail/cable advice of non-payment/non-acceptance with reasons.

☐ Protest for non-payment/non-acceptance.

☐ Protest waived.

☐ When accepted, please advise us giving due date.

☐ When collected, please credit our account with _____

☐ Please collect and remit proceeds to _____ Bank for credit of our account with them under their advice to us.

☐ Please collect proceeds and authorize us by airmail/cable to debit your account with us.

Special Instructions　　　　　　　　　　For the Industrial & Commercial Bank of China

This collection is subject to

Uniform Rules for Collection　　　　　　　_____

(1995 Revision) ICC Publication No.522　　Authorized Signature (s)

　　（6）通知。示样 4-6 中，"Airmail/cable advice of" 即要求"对方是否付款或是否承兑，请以航邮或电报通知我方"。

　　（7）发生拒付时的处理。"Protest for non-payment/non-acceptance" "Protest waived"，即是否要求作成拒绝证书。

　　（8）收款指示。即代收行收妥款项后的转账路线。

(9) 其他。其他指示在"Special Instructions"中做出，如委托人指定一名代表作为需要时的代理时，可注明：In case of need refer to_____ whose authority is limited to assisting in having the draft honored。

另外，托收指示中还必须注明"本项托收业务按国际商会第 522 号出版物的规定办理"(This collection is subject to Uniform Rules for Collection (1995 Revision) ICC Publication No. 522)。

2. 托收指示中的收款指示

托收指示中必须明确、清楚地表达出收款指示。收款指示必须结合托收行与代收行的往来关系而定，一般有以下三种情况。

一是托收行在代收行设有账户。其指示一般是"Upon collection, please credit the proceeds to our account with you under airmail/cable/SWIFT advice to us."(请将托收款项贷记我行在你行账户，并通过航邮或电报或 SWIFT 通知我行)。代收行收妥货款后贷记托收行账户，并发出贷记报单给托收行。

二是代收行在托收行设有账户。托收行的指示一般是"Please collect proceeds and authorize us by airmail/cable/SWIFT to debit your account with us."(请代收款项，并通过航邮或电报或 SWIFT 授权我行借记贵行账户)。代收行收妥货款后向托收行发出支付委托书，授权托收行借记自己账户。

三是代收行与托收行无账户关系，可找一家与托收行和代收行均有账户关系的代理行。按账户关系收款指示如下。

(1) 如果托收行在该行设有账户，则托收行做出的指示一般是"Upon collection, please remit the proceeds by airmail/cable/SWIFT to ____Bank for credit of our account with them under their airmail/cable/SWIFT advice to us."(请将托收款项通过航邮或电报或 SWIFT 寄往××银行，贷记我行在他行的账户，并请该行通过航邮或电报或 SWIFT 通知我行)。

示样 4-6 中，如果托收行与代收行之间没有设立往来账户，托收行在国外第三家银行开立了账户，则应选择"Please collect and remit proceeds to ____Bank for credit of our account with them under their advice to us."(请代收款，并将款项汇至该银行，贷记我行在该行的账户，并请该行通知我行。)

(2) 如果代收行在该行设有账户，则托收行做出的指示一般是"Please collect proceeds and reimburse us through _____ Bank by asking them to authorize us by airmail/cable SWIFT to debit their account."(请代收款项并通过要求××银行以航邮或电报或 SWIFT 授权我行借记其账户的方式偿付我行)。

(二)结汇

代收行收妥货款后，向托收行发出付款通知书，并按托收指示进行转账，一般也采取汇款的方式(电汇、信汇或其他)进行转账。对委托人来说，托收行采用何种汇款方式关系到费用的高低。以电汇为例，一般应视提前收汇的利息收入是否大于电报费等费用支出为计算确定依据。

托收行收妥货款后，对出口商办理结汇。在收到托收行结汇通知后，委托人应凭通知书及适当证明文件在一定时间内到汇入行办理出口收、结汇手续，并按规定填写《涉外收入申报单》或《境内收入申报单》等申报单证。银行审核通过后办理结汇，一般是贷记委托人账户。

四、出口托收项下的资金融通

出口托收项下，银行提供给出口商的资金融通便利主要有以下几种方式。

1. 托收出口押汇

出口押汇(Export Bill Purchase)是指出口商发出货物后，向出口地银行提交符合一定条件的单据，出口地银行凭所交单据向其提供的短期资金融通。出口押汇按结算方式主要分为信用证项下、托收项下的出口押汇，有利于出口企业加速资金周转，改善现金流量和财务状况，规避汇率风险，鼓励企业出口。

托收出口押汇(Collection Bill Purchased)是指出口商发出货物，向托收行提交合同要求的单据后，托收行采用买入出口商开立的以进口商为付款人的跟单汇票的办法，对出口商提供短期资金融通的一种融资方式。其具体做法是：出口商根据合同规定对进口商发货后，开出以进口商为受票人的汇票，在将汇票及全套单据交托收银行托收货款时，申请叙做出口押汇。银行同意后即可叙做托收出口押汇，由托收行买入跟单汇票。托收行买入跟单汇票的办法，实际上等同于出口商到银行贴现汇票，即银行按照汇票金额扣除从付款日(买入汇票日)到预计收到票款日的利息以及手续费后，将款项余额先行付给出口商；托收行取得汇票后，就可以作为汇票的善意持票人，通过代收行向进口商提示；代收行收到票款后，即拨交托收行。

出口托收押汇对托收行来说，买入这种汇票和单据后，等于承担了出口商的风险，再加上没有其他银行对其做出信用保证，且难以保证进口商见票后付款，风险较大。因此，除非是像"D/A 项下汇票的担保付款"一样有代收行担保汇票付款，或托收行认为这笔业务中的进出口商资信可靠，出口商品的种类、质量、价格等在进口市场又特别适销，且又是付款交单，托收行一般不愿意叙做托收出口押汇。为控制押汇风险，出口地银行通常根据出口商的资信、经营能力、还款能力等对其核定相应的授信额度，仅仅在额度内叙做出口托收押汇。

2. 贷款

出口托收项下贷款(Advance against Documentary Collection)是指出口商为解决流动资金不足的问题，在货物出口后向托收行申请低于托收金额的贷款，待到期日或托收款项收妥日后再归还银行贷款。实际业务中，出口托收押汇多变成一种抵押放款业务，即一种托收行以汇票和单据作为质押对出口商的贷款：出口商提交单据时，要求托收行先预支部分或全部货款，待托收款项收妥后再归还银行垫款。

3. 使用融通汇票贴现融资

银行通常根据其客户的资信、还款能力等对其核定相应的授信额度，并签订承兑信用额度协议(Acceptance Credit Agreement)，企业可以利用该额度开立并贴现融通汇票(Accommodating Bills)来获得银行的资金融通。融通汇票贴现融资是指企业根据承兑信用额度协议，开立以授信银行(或承兑公司)为付款人、以自己为收款人的远期汇票，持经付款人承兑的汇票到贴现公司要求贴现以获得融资，在汇票到期日再将票款交付付款人，以便付款人偿还持票人索款的融资方式。

出口托收项下，出口商发货后，开立远期融通汇票，以订立信用额度协议的银行(托收行)为受票人，出口商为出票人和收款人，金额稍低于托收金额且在信用额度内，期限略长于托收汇票，连同托收项下的汇票一并交托收行。托收行承兑融通汇票后，送交贴现公司贴现，使出口商获得融资，同时将托收汇票寄交代收行托收货款。代收行收妥货款汇交托收行后，托收行将款项留备融通汇票到期日付款。这就是出口托收项下的融通汇票贴现融资(Accommodating Bills for Discount)。

第四节　进口代收业务

进口代收(Inward Collection)是指在托收项下，国内银行接受国外银行的委托，代其向国内进口商收取款项的业务。代收行不承担付款的责任，只履行委托协议中自己的责任与义务，代国外银行要求进口商付款或承兑后赎单，并将货款支付给托收行。所以代收行必须严格按照托收指示展开有关业务。按有无随附商业单据，进口代收分为进口跟单代收和进口光票代收，实务中大部分是进口跟单代收。

一、进口代收业务的基本程序

(一)审查托收指示与所附汇票及单据

代收行对托收行寄来的各种单据加盖日期印章签收登记后，应尽快审查托收指示与所附汇票及单据。审查的主要内容有托收指示中所列项目是否能照办、所附单据是否齐全、付款人名称与地址是否有误以及交单条件等。能够办理且审核无误后，代收行应立即编号登记，并向托收行寄出回单作为接受委托与收到汇票及单据的凭证，回单一般用代收通知书，或通过 SWIFT 发出 MT410 电文，确认收到托收指示，并表示将按指示承办该业务。如果发现指示上的有关项目不能照办，或单据、汇票等有漏误，代收行应立即通知托收行。

按照国际惯例，代收行不审核单据，只清点单据份数是否与托收指示上所列的相符。

(二)通知进口商

代收行接受托收行的委托后，需立即填制《进口代收单据通知书》(Inward Documents for Collection)及《付款委托书》(Authorization for Payment)，连同汇票和全套副本单据(一般是复印件)送进口商审核，请其确认付款或承兑。在即期付款托收业务中，代收行的通知行为即为付款提示，在远期付款托收业务中即为承兑提示。

1. 进口代收单据通知书

进口代收单据通知书是代收行缮制的用于通知进口商验单付款或承兑的文件。在实际业务中，该通知书通常一式多份，用于自留备查、通知进口商和寄回托收行(作为回单用)，见示样 4-7。

示样 4-7　进口代收单据通知书

进口代收单据通知书
INWARD DOCUMENTS FOR COLLECTION

<table>
<tr><td colspan="5">我行业务编号：_____
Our Ref. No.: _____</td><td colspan="8">日期：_____
Date: _____</td></tr>
<tr><td colspan="5">付款人(Drawee)：</td><td colspan="8">托收行(Remitting Bank)：

Ref. No.:　　　　　　　Dated:</td></tr>
<tr><td colspan="5">委托人(Drawer)：

合同号(Contract No.)：</td><td colspan="8">金额(Amount)：</td></tr>
<tr><td colspan="5">付款条件(Payment Term)：</td><td colspan="8">汇票到期日(Maturity Date)：</td></tr>
<tr><td>DRAFT</td><td>INV.</td><td>B/L</td><td>P/L</td><td>INS. POL.</td><td>ORIGIN</td><td>C/QUL.</td><td>GSP</td><td>CABLE</td><td>C/QUT.</td><td>INSP.</td><td colspan="2">OTHERS</td></tr>
<tr><td></td><td></td><td></td><td></td><td></td><td></td><td></td><td></td><td></td><td></td><td></td><td colspan="2"></td></tr>
<tr><td colspan="13">备注(**Remarks**)：
我行手续费用由_____承担，金额_____
Our bank charges are for_____, Amount_____
我行邮电费用由_____承担，金额_____
Our bank charges are for_____, Amount_____
托收行费用
迟付款利息由付款人承担，利率为_____%。
Interests caused by delayed payment are for Drawee account at the rate of_____%。
附副本单据一套，请在五个工作日办理付款/承兑/拒付手续，签署付款委托书退交我行换取正本单据。
Please find herewith enclosed one set of copy of documents and process for payment/acceptance/dishonor within five working days, signing and returning the Authorization for Payment to replace the original documents.
依照国际商会《托收统一规则》(1995 年修订版)第 522 号出版物。
Subject to Uniform Rules for Collections(1995 Revision) ICC Publication No. 522.
 ×××银行
×××BANK
Authorized Signature(s)签章 </td></tr>
</table>

2. 付款委托书

进口商审核单据并确认付款、承兑或拒付，在规定时间内签署付款委托书(见示样 4-8)并将其交给代收行。

示样 4-8　付款委托书

<table>
<tr><td colspan="12" align="center">付款委托书
AUTHORIZATION FOR PAYMENT</td></tr>
<tr><td colspan="5">我行业务编号：＿＿＿＿＿＿＿
Our Ref. No.:　＿＿＿＿＿＿＿</td><td colspan="7">日期：＿＿＿＿＿＿＿＿
Date:　＿＿＿＿＿＿＿＿</td></tr>
<tr><td colspan="5">付款人(Drawee)：</td><td colspan="7">托收行(Remitting Bank)：

Ref. No.:　　　　　　　　Dated:</td></tr>
<tr><td colspan="5">委托人(Drawer)：

合同号(Contract No.)：</td><td colspan="7">金额(Amount)：</td></tr>
<tr><td colspan="5">付款条件(Payment Term)：</td><td colspan="7">汇票到期日(Maturity Date)：</td></tr>
<tr><td>DRAFT</td><td>INV.</td><td>B/L</td><td>P/L</td><td>INS.
POL.</td><td>ORIGIN</td><td>C/QUL.</td><td>GSP</td><td>CABLE</td><td>C/QUT.</td><td>INSP.</td><td>OTHERS</td></tr>
<tr><td></td><td></td><td></td><td></td><td></td><td></td><td></td><td></td><td></td><td></td><td></td><td></td></tr>
<tr><td colspan="12">兹收到贵行交来的托收单据一套，我公司已审核完毕各项单据，请贵行依照下列标有"×"的内容办理：
We have received one set of documents from your good bank, and have processed all the documents, please see the followings marked with "×".
□我公司同意付款，请借记我公司在贵行的账号＿＿＿＿＿
We agree to effect payment, please debit our account No.　　　　　　with your bank.
□我公司同意承兑，请于__年__月__日对外付款，届时请借记我公司在贵行的账号＿＿＿＿＿
We have accepted the draft(s), please pay on＿＿＿＿＿, and debit our account No. ＿＿＿＿＿with your bank at maturity date.
□我公司不同意付款/承兑，理由如下：
We do not agree to pay/accept, reasons are as follows:

　　　　　　　　　　　　　　　＿＿＿＿＿＿＿＿＿＿
　　　　　　　　　　　　　　　Signature and Seal of Applicant
　　　　　　　　　　　　　　　公司印鉴
　　　　　　　　　　　　　　　Year　Month　Day
　　　　　　　　　　　　　　　_年__月__日</td></tr>
</table>

3. 《对外付款/承兑通知书》与《境内付款/承兑通知书》

为完善货物贸易外汇管理，自 2012 年 8 月以来，在进口付汇管理方面，国家外汇管理局提供了统一的《对外付款/承兑通知书》与《境内付款/承兑通知书》格式，适用于托收、信用证、保函以及其他结算方式项下的进口付汇。《对外付款/承兑通知书》共三联，见示样 4-9 和示样 4-10。

示样 4-9 　《对外付款/承兑通知书》第一联

对外付款/承兑通知书

银行业务编号 　　　　　　　　　　　　　　　　　　　日期 _____

结 算 方 式	□信用证 □保函 □托收 □其他	信用证/保函编号	
来单币种及金额		开证日期	
索汇币种及金额		期　　限	到期日
来 单 行 名 称		来单行编号	
收 款 人 名 称			
收款行名称及地址			
付 款 人 名 称			
□ 对公 组织机构代码 □□□□□□□□-□	□ 对私	个人身份证号码	
扣费币种及金额		□中国居民个人 □中国非居民个人	
合 　 同 　 号		发 票 号	
提 运 单 号		合同金额	
银行附言			

经办 　　　　　　复核 　　　　　　负责人 　　　　　　银行业务章

注：《对外付款/承兑通知书》的第一联为到单通知银行/客户留存联，起到了"进口代收单据通知书"的作用。其中"银行附言"是代收行根据结算方式及单据状况等加以批注，银行和付款人之间的权利义务关系主要在第二联的背面"申请人须知"中予以说明。

示样 4-10 　《对外付款/承兑通知书》第二联

对外付款/承兑通知书

银行业务编号 　　　　　　　　　　　　　　　　　　　日期 _____

结 算 方 式	□信用证　□保函　□托收　□其他	信用证/保函编号	
来单币种及金额		开证日期	
索汇币种及金额		期　　限	到期日
来 单 行 名 称		来单行编号	
收 款 人 名 称			
收款行名称及地址			
付 款 人 名 称			
□ 对公 组织机构代码 □□□□□□□□-□	□ 对私	个人身份证号码	
扣费币种及金额		□中国居民个人 □中国非居民个人	
合 　 同 　 号		发 票 号	
提 运 单 号		合同金额	

续表

银行附言					
申报号码 □□□□□□ □□□□ □□ □□□□□□ □□□□				实际付款币种及金额	
付款编号			若为购汇支出，则购汇汇率		
收款人常驻国家(地区)名称及代码 □□□			本笔款项是否为保税货物项下付款		□是 □否
是否为预付货款 □是 □否		外汇局批件号/备案表号/业务编号			
付款币种及金额			金额大写		
其中	购汇金额		账 号		
	现汇金额		账 号		
	其他金额		账 号		
交易编码 □□□□□□ □□□□□□		相应币种及金额		交易附言	
□同意即期付款 □同意承兑并到期付款 □申请拒付 联系人及电话 申报日期		付款人印鉴(银行预留印鉴)		银行业务章 经办　　　复核　　　负责人	

注：《对外付款/承兑通知书》的第二联为银行留存联，背面为"申请人须知"。第三联为申报主体留存联，正面内容与第二联相同，背面为《对外付款/承兑通知书》填报说明。

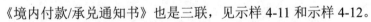

拓展阅读

《对外付款/承兑通知书》申请人须知和填报说明

《境内付款/承兑通知书》也是三联，见示样 4-11 和示样 4-12。

示样 4-11　《境内付款/承兑通知书》第一联

境内付款/承兑通知书

银行业务编号　　　　　　　　　　　　　　　　　日期＿＿＿＿＿

结 算 方 式	□信用证　□保函　□托收　□其他	信用证编号		
来单币种及金额		开证日期		
索汇币种及金额		期　限	到期日	
来 单 行 名 称		来单行编号		

续表

收 款 人 名 称	
收款行名称及地址	
付 款 人 名 称	

□ 对公 组织机构代码 □□□□□□□□-□	□ 对私	个人身份证号码
提运单/货运单据号		□中国居民个人　□中国非居民个人

合　同　号	发 票 号	
扣费币种及金额	合同金额	

银行附言

经办　　　　　　　复核　　　　　　　　负责人　　　　　　　银行业务章

注：第一联为到单通知银行/客户留存联。

示样 4-12　《境内付款/承兑通知书》第二联

境内付款/承兑通知书

银行业务编号　　　　　　　　　　　　　　日期＿＿＿＿＿＿＿＿

结 算 方 式	□信用证 □保函 □托收 □其他	信用证/保函编号	
来单币种及金额		开证日期	
索汇币种及金额		期　　限	到期日
来 单 行 名 称		来单行编号	
收 款 人 名 称			
收款行名称及地址			
付 款 人 名 称			

□ 对公 组织机构代码 □□□□□□□□-□	□ 对私	个人身份证号码
提运单/货运单据号		□中国居民个人　□中国非居民个人

合　同　号	发 票 号	
扣费币种及金额	合同金额	

银行附言

本笔款项是否为保税货物项下付款	□是　　　□否	实际付款	
申报号码	□□□□□□ □□□□ □□ □□□□□□ □□□□	币种及金额	
付款编号		若为购汇支出，请填写：汇率	
收款人常驻国家(地区)名称及代码 □□□		本笔付款是否为预付货款 □是　　□否	

续表

付款币种及金额		金额大写		
其中	购汇金额		账 号	
	现汇金额		账 号	
	其他金额		账 号	

交易编码	□□□□□□	相应币种	
	□□□□□□	及 金 额	

外汇局批件号/备案表号/业务编号	

付款性质	保税区□ 出口加工区□ 钻石交易所□ 其他特殊经济区域□ 深加工结转□ 其他□

□同意即期付款 □同意承兑并到期付款 □申请拒付 联系人及电话	付款人印鉴(银行预留印鉴)	银行业务章
申报日期		经办 复核 负责人

注：第二联为银行留存联，背面为"申请人须知"，与《对外付款/承兑通知书》第二联背面内容基本一致。《境内付款/承兑通知书》第三联为申报主体留存联，正面内容与第二联相同，背面为"境内付款/承兑通知书"填报说明，与《对外付款/承兑通知书》第三联背面内容大致相同。

(三)发出通知

代收行向进口商做出付款或承兑提示后，要将进口商付款/承兑/拒付情况向托收行发出付款或承兑或拒付通知，以及/或通知单据情况或请求指示，目前多采用 SWIFT 方式。

有关托收的 SWIFT 报文类型见表 4-1。

表 4-1 托收业务的 SWIFT 报文类型

报文类型	报文名称	报文描述
MT400	Advice of Payment 付款通知	代收行发给托收行，或代收行的分行发给托收行或托收行的分行，或代收行发给另一家代收行，用来通知托收项下的付款或部分付款及该款项的结算。除非报文中另有表述，发报行和收报行之间建有账户关系并将用于该托收业务结算
MT 410	Acknowledgement 确认	代收行发给托收行，或一家代收行发给另一家代收行，用来确认收到托收指示。除非报文中另有表述，表示代收行将按托收指示承办该笔托收业务
MT412	Advice of Acceptance 承兑通知	代收行发给托收行，或代收行发给另一家代收行，用来通知收报行某托收指示项下的一笔货多笔款项已承兑
MT 416	Advice of Non-payment / Non-acceptance 拒绝付款或拒绝承兑通知	代收行发给托收行，或通过其他金融机构发送托收行，用来通知一笔跟单托收业务被付款人拒绝付款或拒绝承兑

续表

报文类型	报文名称	报文描述
MT420	Tracer 查询	托收行发给代收行，或一家代收行发给另一家代收行，用来查询托收项下寄出单据的情况
MT422	Advice of Fate and Request for Instructions 通知单据情况并要求给予指示	代收行发给托收行，或一家代收行发给另一家代收行，用来通知收报行关于代收行收到的托收单据的情况
MT430	Amendment of Instruction 修改托收指示	托收行发给代收行，或一家代收行发给另一家代收行，用来修改托收指示
MT 456	Advice of Dishonor 拒付通知(适用于光票托收)	账户行发给开户行，用来通知由于报文中所列原因，某托收进账单项下的某票据已被拒付，发报行已借记收报行

托收的 SWIFT 报文中，代收行发出付款、承兑或拒付通知分别采取 MT400、MT412、MT416 电文格式(见表 4-2～表 4-4)，确认收到托收指示的报文格式是 MT410(见表 4-5)，其中必选项目(Mandatory Field)用"M"标识，可选项目(Optional Field)用"O"标识。

表 4-2 MT400 付款通知(MT400 Advice of Payment)

M/O	代 号	项目名称(Field Name)	中文含义
M	20	Sending Bank's TRN	代收行编号
M	21	Related Reference	有关业务编号
M	32a	Amount Collected	代收金额
M	33a	Proceeds Remitted	汇出金额
O	52	Ordering Bank	代收行
O	53a	Sender's Correspondent	发报行的代理行
O	54a	Receiver's Correspondent	收报行的代理行
O	57a	Account with Bank	账户行
O	58a	Beneficiary Bank	收款行
O	71B	Details of Charges (Deductions)	从代收总额中扣除的费用
O	72	Sender to Receiver Information	附言
O	73	Details of Amounts Added	附加金额明细

表 4-3 MT412 承兑通知(MT412 Advice of Acceptance)

M/O	代 号	项目名称(Field Name)	中文含义
M	20	Sending Bank's TRN	代收行编号
M	21	Related Reference	有关业务编号
M	32A	Maturity Date, Currency Code, Amount Accepted	到期日，币种代码，金额(已承兑)
O	72	Sender to Receiver Information	附言

表 4-4　MT416 拒绝付款/承兑通知(MT416 Advice of Non-payment / Non-acceptance)

M/O	代　号	项目名称(Field Name)	中文含义
M	20	Sending Bank's TRN	代收行编号
M	21	Related Reference	有关业务编号
O	23E	Advice Type	通知类型
O	77A	Reason for Non-payment / Non-acceptance	拒绝付款/承兑理由
M	32a	Face Amount of Document(s)	托收金额
O	71F	Sender's Charges	代收行收费

表 4-5　MT410 确认 (MT410 Acknowledgement)

M/O	代号	项目名称(Field Name)	中文含义
M	20	Sending Bank's TRN	代收行编号
M	21	Related Reference	有关业务编号
M	32a	Amount Acknowledgement	确认的托收币种和金额
O	72	Sender to Receiver Information	附言

二、拒付与拒绝证书

托收业务中的拒付，是指代收行向进口商做出付款或承兑提示后，进口商拒不验单，或对单据有意见，拒不受单，或拒绝付款，或拒绝承兑的行为。

发生拒付后，代收行可以要求进口商说明拒付理由，但不能强迫进口商接受单据，或强迫付款或承兑。对进口商拒付的各种理由或要求，代收行应及时通知托收行并请示处理办法，单据可暂由代收行保管，得到答复后立即通知付款人。对于进口商要求改变付款条件的，习惯上代收行应向进口商取得书面声明后通知托收行。托收行指示同意接受拒付理由并通知退票(或退单)，代收行应一面通知进口商撤回代收通知书，一面按指示将单据等退还托收行。若两个月后托收行没有按指示办理，代收行可以主动将代收单据退回托收行。

如果托收指示上指定有"需要时的代理"，则在规定的代理权限内，可与代理人联系征求处理办法。

有的托收指示上要求托收行在遇到进口商拒付时，必须作成拒绝证书，以便对进口商行使追索权。代收行经公证人或有关机构办理拒绝证书后，所垫付的手续费用通过托收行向出口商收取。

三、进口代收的有关事项

1. 银行费用问题

银行费用根据托收行的托收指示收取。一般虽由进口商支付，但也可能由出口商支付。对后一种情况在收妥的款项中扣除即可。

2. 托收行的函电查询

托收行查询时(通常是催促付款)，代收行应根据查询内容及时做出答复，涉及付款人的，应及时与付款人联系。一般情况下，回复方式应是电查电回、函查函复，回复时间一般是电查最迟 3 个工作日，函查最迟 7 个工作日。

3. 拒付时货物的处理

代收行原则上是不处理货物也无权处理货物的。但当发生拒付时，如果作为"需要时的代理"，可以根据委托人的指示办理提货、存仓、保险等手续；或者与委托人指定的"需要时的代理"联系货物的处理办法。

四、进口代收项下的资金融通

进口代收项下，银行提供给进口商的资金融通便利主要有以下方式。

(一)进口押汇、信托收据及进口代收押汇

1. 进口押汇

进口押汇(Import Bill Advance)是指进口地银行凭有效凭证和商业单据代进口商对外垫付进口款项的短期资金融通。进口押汇按结算方式主要分为进口信用证和进口托收或代收项下的进口押汇，可以满足进口商的短期资金融通需求，帮助进口商在不能立即支付货款的情况下通过融资及时取得物权单据，用于提货，投入经营，有利于进口商减少资金占用，抢占市场先机，提高盈利水平。

进口押汇是一种专项融资，仅可用于履行特定贸易项下的对外付款责任，业务中要求进口商需向银行出具信托收据(Trust Receipt, T/R)。

2. 信托收据

信托收据又称作受托人收据(Bailee Receipt)、留置权书(Letter of Lien)或信托证(Letter of Trust)，是一种书面信用担保文件。在国际贸易中，信托收据是指由进口商与提供融资的银行签署的协议，表明进口商作为银行(委托人)的代理人为银行处理或出售货物，因此给进口商所带来的利益优先用于偿还银行所提供的融资，以获取银行短期融资。信托收据实际上是将货物抵押给银行的确认书，目的是让进口商在付款前先行提货投入经营。

信托收据格式

信托收据适用于进口信用证和以付款交单托收方式的进口代收。进口商作为受托管理人，其义务是：将信托收据项下货物和其他货物分开保管；售得的货款应交付银行，或暂代银行保管，但在账目上须与自有资金分开；不得把该项下的货物抵押给他人。银行作为信托人，其权利是：可以随时取消信托，收回借出的商品；如商品已被出售，可随时向进口商收回货款；如进口商倒闭清理，对该项下的货物或货款有优先债权。

3. 进口代收押汇

进口代收押汇(Advance against Import Bill under Collection)是指代收行在收到托收项下

的单据后，应进口商的请求，以包括物权单据在内的全套代收单据为抵押，代进口商垫付进口款项的短期资金融通业务。进口商向代收行提交信托收据以借取单据，表示愿意以代收行的受托人身份代为报关、提货、存仓、保险、出售等，并承认货物所有权在进口商付清全部款项之前仍属于代收行。

在即期付款交单条件下，进口代收押汇实际上是代收行给予进口商的一笔贷款。其具体做法是：代收行在单据到达后通知进口商；进口商审核单据，确认接受单据；进口商填写《进口代收押汇申请书》，向代收行申请办理进口代收押汇；代收行接受进口商(代收押汇申请人)的要求，与进口商签订《进口代收押汇合同》及《信托收据》等协议；代收行对外垫付货款，同时释放货运单据给进口商；进口商按《进口代收押汇合同》及《信托收据》要求提货加工或转售；押汇到期后进口商将款项归还代收行，取回信托收据。

在远期付款交单条件下，进口代收押汇是代收行给予进口商凭信托收据(T/R)借取单据，实现提货便利的一种资金融通方式。进口商得以在汇票到期前、在付款前先行提货。这一方式也称为凭信托收据借单，代收行借出单据等同于"贷"出单据，风险比较大，所以只有资信较好的进口商，或者提供了一定的担保或抵押品的进口商，代收行才会同意借出单据。

《进口代收押汇合同》的内容主要包括押汇的金额、期限、利率及还款日期等。可以看出，托收进口押汇完全是代收行自己对进口商提供的信用便利，与出口商、托收行等无关，所以到时出现风险也由代收行一方承担。如果汇票到期日代收行收不回货款，则代收行应对出口商与托收行负全部的责任。

另外，在远期付款交单条件下，有时出口商会主动通过托收行授权代收行办理的凭进口商出具的信托收据借出单据，由进口商用于提货，即"付款交单凭信托收据借单"(D/P·T/R)。在这种方式下，信托收据仍保存在代收行手里，但如果发生进口商不能如期付款，则风险全部由出口商自己承担。如果事先征得代收行的同意，并商定了有关条件采用 D/P·T/R 方式交单，进口商拒付时，出口商可以委托代收行作为当事人的一方，向进口商进行追偿。

(二)使用融通汇票贴现融资

其做法与出口托收相似，前提也是进口商事先与银行订立了承兑信用额度协议。进口商收到进口代收单据通知书后，开立远期融通汇票，以订立信用额度协议的银行(代收行)为受票人，进口商为出票人和收款人，要求代收行承兑融通汇票后送交贴现公司贴现，获得融资后支付给代收行，取得单据用于提货。融通汇票到期之前，进口商款项交给代收行以备融通汇票项下付款。

(三)跟单托收业务项下海外代付

进口商可以选择银行提供的海外代付业务，获得短期资金融通。其基本做法：进口商与代收行签署海外代付融资协议，在即期付款交单项下，进口商向代收行提交对托收款项的承诺付款函及/或信托收据，获得单据；代收行将托收付款函复印件寄送海外代付行，并通知付款日期、代付期限等事项；代付行按照代收行指示对外支付；融资到期后，代收行向代付行偿付垫款，进口商向代收行支付进口款项及利息。

思 考 题

一、名词解释

托收、需要时的代理、光票托收、付款交单(D/P)、承兑交单(D/A)、付款交单凭信托收据借单(D/P·T/R)、信托收据、托收指示、出口押汇、托收出口押汇、进口押汇、进口代收押汇

二、简答题

1. 托收方式的当事人有哪些？其基本当事人之间的关系如何？各自的权利与责任是什么？

2. 对于出口商而言，托收有何风险？该如何防范？

3. 简要说明 D/P 与 D/A 的特点。

4. 银行提供的出口跟单托收和进口代收项下的资金融通办法有哪些？

5. "付款交单凭信托收据借单"与"凭信托收据借单"有何区别？进口商不能如期付款的风险各由谁承担？

6. 按我国现行贸易外汇收支管理的规定，企业采取托收方式应填写哪些申报单证？

7. 托收指示中的收款指示通常有哪几种？

8. 简单说明即期 D/P、远期 D/P 与 D/A 的基本业务流程。

三、分析题

1. 2018 年 8 月 4 日，上海 A 贸易公司(Shanghai A I & M Co., Nanjing Road (East) Shanghai, China)出口 5000 打价值 50 000 美元的纯棉男式衬衫(Pure Cotton Men's Shirts, Art. No.9-71323, Size Assortment:S/3 M/b and L/3 per doz.)到香港 N 贸易公司(Hong Kong N Trading Co., Ltd, 21Locky Road, Hong Kong)，委托中国银行上海分行(Bank of China Shanghai Branch, Pudong New Area Yincheng Road 200 Bank of China Tower)办理托收，交单条件为即期付款交单，并指定中国银行香港分行(Bank of China (Hong Kong) Limited, Bank of China Tower, No. 1 Garden Road, Hong Kong)作为代收行。

(1) 根据题中所给内容，按示样 4-1 填写托收申请书的有关项目，并说明即期付款交单的业务流程。

(2) 开立跟单汇票。

注: Art. No. 是 Article Number 的缩写，意指货品编号；Size Assortment 意指尺寸搭配。

2. 境外某公司委托当地 A 银行通过我国的 B 银行向国内 C 公司托收货款。B 银行收到单据后向 C 公司提示，要求其按托收金额 USD 200 000.00 付款。C 公司通知 B 银行，该公司已将 USD 160 000.00 直接汇给出票人，授权 B 银行将剩余的货款 USD 40 000.00 通过 A 银行付给出票人。付款人在支付了余款后，B 银行遂将单据交给了付款人。试分析 B 银行的做法是否合乎国际惯例。

第五章 信用证基础知识

学习要点

信用证属于银行信用，是国际贸易中应用较为普遍的一种结算方式。通过本章的学习，应在理解信用证概念的基础上，进一步掌握信用证的性质、当事人及其权责以及当事人之间的关系，了解信用证的作用以及所遵循的有关国际惯例，通晓其开立方式、内容以及信用证的种类。

引导案例

2018 年 2 月，河北某企业与日本某公司达成一笔 100 公吨土特产的出口交易，合同规定：分批交货，8、9 月份各一批，每月等量装运 50 公吨，即期信用证支付。7 月份，日本公司开来信用证，开证行为日本三菱东京联合银行，信用证总金额和总数量均与合同规定相等，但装运条款仅规定：最迟装运期为 9 月底，允许分批。为了早出口早收汇，出口企业于 8 月 20 日将 100 公吨土特产一并装出，然后制作好单据，向当地中国银行分行交单议付。中国银行分行审单无误后做了议付，便向开证行寄单索偿。您认为三菱东京联合银行能否给予付款呢？

前面介绍了汇付和托收方式，相对于汇付，托收对出口商来说是一种较为安全的收汇方式。但托收毕竟是一种商业信用形式，出口商能否顺利收款，取决于进口商的信用。如果对进口商的资信情况不很了解，托收方式的风险仍然是相当大的。即使是即期付款交单，如果进口商拒付货款，虽然货物的所有权还在出口商手里，但出口商的损失还是难以避免。以银行信用代替商业信用，采用信用证结算方式，对进出口商双方的利益，会给予更多的保障。案例中，中国银行分行很快收到了三菱东京联合银行的偿付款，但河北的出口企业不久也收到了日本进口商的索赔传真，认为出口商交货违反了合同，增加了进口商的租仓费用，要求赔偿损失。那么，三菱东京联合银行为何能付款？出口商是否应当给予买方赔偿？在学习完本章后，您会有一个明确的答案。

第一节 信用证概述

信用证(Letter of Credit, L/C)是随着货物单据化、支付票据化的发展，于 19 世纪后期应用到国际贸易中来的。为了解决在国际贸易中进出口商互不信任的问题，在托收基础上产生了由银行提供信用的信用证方式。信用证方式主要是把进口商的付款责任，转由银行承担，只要出口商按信用证规定交单就可通过银行收到货款，进口商在收到单据后再向银行支付货款。银行充当了进出口商之间转移货运单据和货款的中间人与保证人，从而可以缓解进出口商之间互不信任，都不愿意冒风险预付货款或预先发货的矛盾，并且有利于银行对进出口商的资金融通。第一次世界大战后，信用证开始广泛应用于国际贸易，成为应用最普遍的一种结算方式。

一、信用证的概念与特点

(一)什么是信用证

1. 国际商会对信用证的定义

国际商会在其颁布的一系列有关信用证的国际惯例中，对信用证的定义进行了不同的表述。

国际商会第 515 号出版物《跟单信用证业务指南》对信用证的定义是：开证行代买方或开证行自己开立的，保证对受益人提交的与信用证条款和条件相符的汇票及/或单据金额进行付款的承诺。

国际商会第 500 号出版物《跟单信用证统一惯例》(UCP500)对信用证的定义是：意指一项约定，无论其如何命名或描述，系指一家银行(开证行)应客户(申请人)的要求和指示或以其自身的名义，在与信用证条款相符的条件下，凭规定的单据：①向第三者(受益人)或其指定人付款，或承兑并支付受益人出具的汇票；②授权另一家银行付款，或承兑并支付该汇票；③授权另一家银行议付。

国际商会第 600 号出版物《跟单信用证统一惯例》(UCP600)对信用证的定义是：意指一项约定，无论其如何命名或描述，该约定不可撤销并因此构成开证行对于相符提示予以兑付的确定承诺。所谓的"无论其如何命名或描述"，是指业务中开证行用什么词句对做出的约定进行描述，如"Commercial Credit""Documentary Credit""Letter of Credit""Documentary Letter of Credit"等。

2. 信用证的一般定义

根据国际商会的上述定义及信用证实践，可以将信用证定义为：信用证是银行应进口商的请求，开给国外出口商的一种在一定条件下保证承担付款责任的凭证。或者说，信用证是一种银行开立的有条件承诺付款的书面文件。其中，所谓的"有条件"是指出口商必须提交符合信用证条款规定的各种单据，即相符提示或相符交单，这是出口商(受益人)顺利收款的前提。

信用证业务的简单流程是：进口商向银行申请，由银行开立信用证，通过出口地银行通知出口商；出口商按合同和信用证规定的条款发货，向银行提交单据；银行审核单据无误后，对出口商付款；进口商在收到单据、审核无误后付款赎单。可以看出，其结算工具与资金流动呈反方向运动，故信用证业务属于逆汇。

(二)信用证的特点

根据 UCP600 的规定，信用证具有以下三个主要特点。

1. 信用证是一种银行信用，开证行负第一性付款责任

从 UCP600 对信用证的定义可以看出，信用证是开证行以自己的信用，向出口商(信用证受益人)做出的付款保证。出口商可凭信用证直接向开证行凭单取款，而无须先向进

口商进行付款提示。即使进口商失去付款能力，只要受益人提交的单据表面合格，开证行就必须履行付款义务。开证行付款后无追索权。

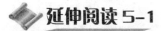 **延伸阅读 5-1**

UCP600 第七条：开证行的承诺

(1) 倘若规定的单据被提交至被指定银行或开证行并构成相符提示，开证行必须按下述信用证所适用的情形予以兑付。

i. 由开证行即期付款、延期付款或者承兑。

ii. 由被指定银行即期付款而该被指定银行未予付款。

iii. 由被指定银行延期付款而该被指定银行未承担其延期付款承诺，或者虽已承担延期付款承诺但到期未予付款。

iv. 由被指定银行承兑而该被指定银行未予承兑以其为付款人的汇票，或者虽已承兑以其为付款人的汇票但到期未予付款。

v. 由被指定银行议付而该被指定银行未予议付。

(2) 自信用证开立之时起，开证行即不可撤销地受到兑付责任的约束。

(3) 开证行保证向对于相符提示已经予以兑付或者议付并将单据寄往开证行的被指定银行进行偿付。无论被指定银行是否于到期日前已经对相符提示予以预付或者购买，对于承兑或延期付款信用证项下相符提示的金额的偿付于到期日进行。开证行偿付被指定银行的承诺独立于开证行对于受益人的承诺。

2. 信用证是一项独立的文件

UCP600 规定：信用证与可能作为其依据的销售合同或其他合同，是相互独立的交易；即使信用证中提及该合同，银行亦与该合同完全无关，且不受其约束。因此，一家银行做出兑付、议付或履行信用证项下其他义务的承诺，并不受申请人与开证行之间或与受益人之间在已有关系下产生的索偿或抗辩的制约。

因此，信用证虽是以合同为基础，但一经开出就成为独立于贸易合同以外的另一种契约。开证行只受信用证条款的约束，开证行与参与信用证业务的其他银行只按信用证的规定办事，即使信用证的内容中含有对贸易合同的援引，其责任以信用证为依据，与贸易合同无关。若贸易合同进行了修改，进出口商双方也不得以修改的合同约束信用证。

3. 信用证是一种纯粹的单据业务

UCP600 明确规定：银行处理的是单据，而不是单据所涉及的货物、服务或其他行为。实务中，信用证只强调受益人提交的单据是否满足相符提示(与信用证条款及条件、UCP600 中所适用的规定及国际标准银行实务相一致的提示)，银行不负责也不过问装运货物的实际情况、单据是否符合合同规定等任何与合同有关的事项，银行处理的只是单据，只负责单据的审核、转让与传递，只对符合信用证条款规定的单据议付与付款，而不管货物。

我国《最高人民法院关于审理信用证纠纷案件若干问题的规定》(法释〔2005〕13 号)第五条规定："开证行在做出付款、承兑或者履行信用证项下其他义务的承诺后，只要单据与信用证条款、单据与单据之间在表面上相符，开证行应当履行在信用证规定的期限内付款的义务。当事人以开证申请人与受益人之间的基础交易提出抗辩的，人民法院不予支持。"

二、信用证的当事人

(一)信用证的当事人及其权利义务

在实际业务中，信用证方式涉及的当事人通常有以下几个。

1. 开证申请人

开证申请人(Applicant)是指向银行申请开立信用证的人，一般为进口商。如由银行自己主动开立信用证，则没有开证申请人。

开证申请人需根据贸易合同的要求申请开证，并向开证行交付一定比例的押金或提供担保；应根据开证申请书的规定，在接到开证行的赎单通知后，及时付款赎单。如果银行因各种原因(如破产)不能向受益人支付信用证金额，开证申请人仍须承担偿还受益人货款的责任。

开证申请人有权在赎单前检验单据，若单证不符，有权拒绝赎取不符合信用证条款的单据，并拒付货款。对因开证行的错误造成单证不符，开证申请人有权拒绝赎单、收回押金，也可付款赎单。对开证行将正确的单据当作不符规定的单据退单时，开证申请人有权对银行问责并要求赔偿。如果有确凿的证据证明受益人有利用信用证的欺诈行为，如有单无货或单货不同，在不损及善意第三方的利益和开证行未付款或承兑的前提下，即使受益人提交了符合信用证条款的全套单据，也有权请求开证行拒付，或通过请求法院向开证行下达止付令强制停止对外付款(即信用证欺诈例外原则：信用证欺诈构成信用证独立性原则例外，在基础交易存在实质性欺诈的情况下，可以构成信用证关系与基础交易相独立的例外)。

 延伸阅读 5-2

《最高人民法院关于审理信用证纠纷案件若干问题的规定》对信用证欺诈的解释

第八条 凡有下列情形之一的，应当认定存在信用证欺诈：(一)受益人伪造单据或者提交记载内容虚假的单据；(二)受益人恶意不交付货物或者交付的货物无价值；(三)受益人和开证申请人或者其他第三方串通提交假单据，而没有真实的基础交易；(四)其他进行信用证欺诈的情形。

第九条 开证申请人、开证行或者其他利害关系人发现有本规定第八条的情形，并认为将会给其造成难以弥补的损害时，可以向有管辖权的人民法院申请中止支付信用证项下的款项。

第十条 人民法院认定存在信用证欺诈的，应当裁定中止支付或者判决终止支付信用证项下款项，但有下列情形之一的除外：(一)开证行的指定人、授权人已按照开证行的指令善意地进行了付款；(二)开证行或者其指定人、授权人已对信用证项下票据善意地做出了承兑；(三)保兑行善意地履行了付款义务；(四)议付行善意地进行了议付。

2. 开证行

开证行(Opening Bank/Issuing Bank)是指接受开证人的委托，开立信用证的银行，一般是进口商所在地的银行。

开证行只对信用证本身负责，不受贸易合同的影响。开证行应在规定的时间内，严格按照开证申请人提交的开证申请书以及《跟单信用证统一惯例》，正确及时地开出信用证。开证行承担按信用证条款保证付款的责任，只要受益人提交的单据符合信用证的规定，就必须向受益人支付信用证金额，或承兑受益人出具的汇票，且在验单付款之后无权向受益人或其他前手追索；开证行必须合理、小心地审核一切单据，以确定单据表面上是否符合信用证条款，确定接受单据或拒受单据。如开证行决定拒受单据，必须毫不延迟地通知寄单的银行或寄单的受益人，并宣称单据表面上不符合信用证条款。受益人按信用证的规定将全套单据提交给开证行，在开证行审核单据、兑付货款前的这段时间，开证行有责任保管好单据，不得擅自处置单据，并对这期间单据的残缺、改动或损坏等负责。

开证行有权向开证申请人收取手续费和押金或担保；对任何单据的形式、完整性、准确性、真实性、虚假性或法律效力等不负责任；有权对受益人的错误单据拒付和退单，在对符合信用证规定的单据进行了付款后，有权从开证申请人处获得偿付；如果开证申请人无力付款赎单，开证行有权利处理单据和货物，所得货款不足垫付款项仍可向开证申请人索取。

3. 受益人

受益人(Beneficiary)是指信用证上所指定的有权使用该证的人，即接受信用证并享受其利益的人，一般为出口商。

受益人应按信用证条款的规定装运货物；应按信用证条款的规定缮制单据；在信用证规定的时间内向被指定银行或开证行交单；对单据的正确性负责，单证不符时应执行开证行的改单指示并仍在信用证规定的期限内交单；要对货物的完全合格负责，承担单货相符的合同责任。

受益人在收到信用证后如发现与合同不符，有权要求开证行修改或要求开证申请人指示开证行修改信用证，被拒绝修改或修改后仍不符合合同规定，可拒绝接受信用证，并在通知开证申请人后单方面撤销合同、提出索赔；受益人有凭正确单据取得货款的权利，如果开证行对相符单据拒付，有权向开证行提出质询并要求赔偿损失；如果交单后发现单证不符，可以在信用证规定期限内及时更改单据；交单后若开证行倒闭或无理拒付，可直接要求开证申请人付款，或要求承运人将运输途中的货物停运扣留，在通知进口商后另行出售；交货前若开证申请人破产或开证申请人与开证行一起倒闭，可行使留置权、扣货、停止货物装运并自行处理，若开证行倒闭时信用证还未使用可要求开证申请人另开信用证。

4. 通知行

通知行或称转递行(Advising Bank/Notifying Bank)，是指接受开证行的委托，将信用证转交或通知受益人的银行。通知行一般是出口商所在地的银行，且通常是开证行的联行或代理。UCP600中出现了第二通知行(Second Advising Bank)的概念，即若申请人选择的通知行与开证行之间没有代理关系，开证行会选择与自己有印鉴或密押关系的代理行作为第一通知行,而以申请人指定的银行为第二通知行。第二通知行与通知行的义务相同。

通知行除应合理审慎地鉴别所通知的信用证及其修改书的表面真实性,并及时、准确地将信用证及其修改书通知受益人以外,无须承担其他义务。通知行通知信用证及其修改书的行为,表明其已经确定信用证及其修改书的表面真实性,除非告知受益人其不能确定信用证及其修改或通知的表面真实性。

通知行可以拒绝通知,但必须毫不延误地告知开证行;通知行接受通知,有权向开证行收取通知信用证的手续费。

通知行无义务对受益人议付或承付货款,但如果接受了担任议付行或承付行或保兑行的责任,则承担了相关被指定银行的义务和享受相关被指定银行的权利。

5. 议付行

议付行(Negotiation Bank)或称押汇行、购票行和贴现行,是指根据开证行的付款保证和受益人的请求,买入或贴现受益人按信用证规定开立的跟单汇票及/或单据,并向信用证规定的付款行索偿的银行。议付行通常为通知行。根据 UCP600 的解释,议付是指被授权议付或自由议付的银行对汇票及/或单据付出对价,仅审核单据而未付对价并不构成议付。议付行可以由开证行在信用证中指定,即限制议付;也可以不在信用证中指定,即自由议付,此时所有银行均有权成为议付行。

议付行通常是以受益人的指定人和汇票的善意持票人的身份出现在信用证业务中,因此享有对受益人付款的追索权。

议付行应在信用证的有效期内,接受并审核受益人提交的单据,根据单证是否相符决定付款与否。如果没有不符点的话,议付行不可以拒绝议付。议付行在议付单据后,要把每次议付的情况,如议付日期、受益人的发票号以及议付金额,有时还有出运货物的数量,或分批出运的信用证金额余额,记录在信用证背面,即背批信用证(Endorsement on L/C),并将背批后的信用证退给受益人,由受益人自行留存备查。议付行背批信用证的作用是供受益人及银行了解该信用证是已用完还是尚有余额,以防止超额出运或重复付款。信用证上一般都订有议付金额背批条款,规定议付行必须作背批。

议付行议付后有权向信用证规定的付款行或开证行索偿垫付款项。如果开证行在交单议付前倒闭,议付行有权拒绝议付。如果议付后开证行倒闭或借口拒付,议付行索汇遭到拒付,有权向受益人追回垫款。

6. 付款行

付款行(Paying Bank or Drawee Bank)是指信用证上指定的对受益人即期付款或延期付款的银行,也称为代付行,有时由通知行担任。付款行一般与结算币别有关系,多是开证行的海外联行或代理行,如使用进口国货币,通常即为开证行。

付款行付款是终局性的,一经付款,无权向受益人或汇票善意持有人行使追索权。

付款行只是代开证行付款,在法律上没有必须对受益人付款的责任,付款后有权按代付约定向开证行取得偿付。

7. 保兑行

保兑行(Confirming Bank)是指应开证行的授权或请求对信用证加具保兑的银行。保兑意指保兑行在开证行之外对于相符提示做出兑付或议付的确定承诺。保兑行可以由通知行兼任，也可由其他银行加具保兑。如开证行授权或要求另一家银行对信用证加具保兑，而该银行不准备照办时，它必须不延误地告知开证行并仍可通知此份未经加具保兑的信用证。

保兑行加具保兑后，与开证行处于相同的地位，对信用证独立负责。保兑行自为信用证加具保兑之时起，即不可撤销地受到兑付或者议付责任的约束，承担必须付款或承兑或议付的责任，且无论开证行发生什么变化，都不能片面地撤销其保兑。当受益人向保兑行提交相符单据时，保兑行必须给予承付或者议付；审单时如发现单证不符，有权要求受益人在信用期限内改单或按规定拒付；保兑行验单付款后只能向开证行索偿；若开证行拒付或倒闭，则无权向受益人或被指定银行追索。

实际业务中，有时银行可能接受受益人的请求在信用证上加具保兑，这类保兑行不享有 UCP600 中保兑行的权利。

8. 偿付行

偿付行(Reimbursing Bank)或称清算行(Clearing Bank)，是指接受开证行的委托，当保兑行、议付行、代付行等(统称为索偿行，Claiming Bank)索偿时，代开证行偿还票款的银行。偿付行可以是开证行自己，也可以是开证行指定的对索偿行进行偿付的其他银行。通常是由于开证行的资金调度集中在第三国，且使用该国货币结算，要求该国某银行代为偿付信用证规定的款项，才出现了偿付行。偿付行一般为开证行在信用证结算货币清算中心的联行或代理行。

开证行应及时通知偿付行，否则偿付行不负责任。根据 UCP600 的规定，如果信用证规定被指定银行(索偿行)须通过向另一方银行(偿付行)索偿获得偿付，则信用证中必须声明是否按照信用证开立日正在生效的国际商会《银行间偿付规则》办理。如果信用证中未声明是否按照国际商会《银行间偿付规则》办理，则适用于下列条款：①开证行必须向偿付行提供偿付授权书，该授权书须与信用证中声明的有效性一致。偿付授权书不应规定有效日期。②不应要求索偿行向偿付行提供证实单据与信用证条款及条件相符的证明。③如果偿付行未能按照信用证的条款及条件在首次索偿时即行偿付，则开证行应对索偿行的利息损失以及产生的费用负责。④偿付行的费用应由开证行承担。如果费用是由受益人承担，则开证行有责任在信用证和偿付授权书中予以注明，该费用应在偿付时从支付索偿行的金额中扣除。如果未发生偿付，开证行仍有义务承担偿付行的费用。

偿付授权书(Reimbursement Authorization)是开证行向偿付行开出的独立于信用证之外的指示或授权，要求偿付行向索偿行偿付，或者如果开证行要求，承兑、支付以偿付行为付款人的远期汇票的文件。开证行也可采用 SWIFT MT740 格式向偿付行发出偿付授权，或以 MT747 格式修改偿付授权。

偿付承诺书(Irrevocable Reimbursement Undertaking)是偿付行接受开证行的指示或授权，向索偿行开立的用于支付其索偿款或承兑远期汇票的文件。偿付承诺是不可撤销的。

偿付行仅仅是开证行的出纳机构，收到索偿行的索偿书后，只管偿付不管退款；与受益人也毫无关系，只付款不审单，也不接受单据。如果偿付行不偿付，不能解除开证行自行偿付的责任；如果偿付行偿付后，开证行发现索偿行寄送的单证不符合信用证要求，有权向索偿行追回已偿付款项，但不能向偿付行追索。

9. 承兑行

承兑行(Accepting Bank)是指在单证相符条件下对受益人提示的汇票进行承兑，并负责到期付款的银行。承兑行可以是开证行，或开证行指定的其他银行。

承兑行也是付款行，其付款是终局的，对受益人无追索权，但有权在付款后向开证行索偿。如果开证行指定某一银行为承兑行，但该行在受益人提示汇票时不予承兑，开证行可指示受益人另开立以开证行为受票人的汇票，由开证行承兑和到期付款；如果承兑行承兑后倒闭或丧失付款能力，则由开证行承担最后付款责任。

10. 被指定银行

国际商会在 UCP600 中定义了被指定银行(Nominated Bank)，意指"有权使用信用证的银行，对于可供任何银行使用的信用证而言，任何银行均为被指定银行"。可以理解为，被指定银行可以接受开证行的委托和指示，对受益人提交的相符单据予以承付或议付，可以是议付行、即期付款行、远期付款行、保兑行及承兑行。被指定银行根据UCP600 享有相应的权力和承担义务。但除非被指定银行是保兑行，开证行向被指定银行发出的承付或议付的授权并不赋予被指定银行承付或议付的义务，除非被指定银行明确同意并照此通知受益人。

被指定银行的议付、即期付款、远期付款及承兑等行为是受法律保护的，这些行为视为受开证行的委托代理其履行付款责任，开证行要保证偿付，即使法院发出止付禁令禁止开证行付款，也不能解除开证行对被指定银行根据其指示所作付款的偿付责任。UCP600对此明确规定：开证行偿付被指定银行的承诺独立于开证行对于受益人的承诺。

11. 其他当事人

另外，在信用证结算过程中，有时(可转让信用证)还会出现接受受益人转让行使信用证权利的一个当事人，即受证人(Transferee)，或称第二受益人(Second Beneficiary)。办理信用证转让的指定银行即转让行(Transferring Bank)，多数情况下指定通知行担任，也可由开证行自己担任。

(二)信用证主要当事人之间的关系

(1) 在实际业务中，付款行与开证行、通知行与议付行通常合并，开证行即付款行，通知行即议付行。

(2) 开证申请人与受益人之间是买卖合同关系。

(3) 开证行与开证申请人之间的关系依据开证申请书确定，是一种代理付款关系。开证申请书是银行开立信用证的依据，开证行接受了开证申请人的开证申请书后，便承担了在一定条件下必须向受益人付款的责任。

(4) 通知行与开证行之间是委托代理关系。通知行只负责传递信用证与证明信用证的真实性，不承担议付或代付的义务；只有通知行同时为议付行时，才根据信用证，从议付时开始承担议付的义务。

(5) 开证行与受益人之间的关系是在开证行开出信用证且受益人接受后确定的一种契约关系，双方都要受信用证条款的约束。

三、信用证的开立形式及内容

(一)信用证的开立形式

信用证的开立形式，是指开证行采用何种方式开立信用证，也就是如何通知通知行信用证已开立以及信用证的内容。一般由开证申请人在开证申请书中明确下来。

1. 信开信用证

信开信用证(Credit Opened by Mail)也称函开信用证，即开证行以信函的方式开出的信用证，或称"信开本"。信开方式在信用证结算方式创始时期即为银行所采用，所以信用证的英文名称为"Letter of Credit"，"Letter"意为信函。一般银行都有印刷的信用证格式，通常有正本一份与副本若干份，银行开证时填具各项内容后，以航空挂号邮寄给通知行或另寄一份副本给付款行即可。这种开立形式费用低，但时间长。

2. 电开信用证

电开信用证(Credit Opened by Teletransmission)是指开证行使用电报(Cable)、电传(Telex)或 SWFIT 等电信形式将信用证的全部或主要条款传达给通知行，或称"电开本"。这种开立形式速度快，安全性好，但费用高。电开信用证有以下两种形式。

(1) 全电开证(Credit Opened by Full Teletransmission)。全电开证也称全电本(Full Teletransmission)，是指信用证的全部条款都由开证行以电报或电传以及 SWFIT 形式传达给通知行的开证办法。由于电传与电子计算机等先进通信技术的应用，目前在国际贸易信用证结算中，全电开证的应用越来越多。

(2) 简电开证(Credit Opened by Brief Teletransmission)。简电开证也称简电本(Brief Teletransmission)或预先通知(Preliminary Advance)，是指开证行用电报或电传的形式将信用证的主要内容，如信用证的号码、受益人名称与地址、货名、金额、有效期等预先通知通知行的开证办法。简电开证的目的是通知出口商信用证已经开立，以促使出口商早些或放心备货。通常简电开证中都注明"详细条款随寄"或"随寄证实书"(Brief Teletransmission, Mail Confirmation to Follow)，所以简电开证只作预先通知用。

如果全电开证的电文中注有"有效文本"(Operative Instrument)，则该全电本即可成为交单议付的依据。如果全电开证的电文中注明"随寄证实书"，则全电开证与简电开证的性质一样，都应以随后邮寄的"证实书"作为有效文本，交单议付以证实书为依据。实际业务中，全电开证大多为有效文本。证实书一般都是信开本的形式，其性质与作用等同于信用证。

目前各银行开立信用证主要采用全电本，且使用 SWIFT 方式居多。另外，随着互联网的发展，出现了网上信用证，从开证到支付的一系列过程，如通知、交单、审单等过程完全在网上进行，有时也可与纸质信用证并行操作。

拓展阅读

UCP600 对信用证有效文件的规定

(二)信用证的内容

信用证并无法定的格式,虽然国际商会曾先后设计并推荐过几种不同的信用证标准格式,如第 516 号出版物《为 UCP500 制定的新版标准跟单信用证格式》,但实际业务中采用得不多。世界各国银行开出的信用证格式各不相同,各开证行均有自己的习惯写法,不过基本内容大致相同,归纳起来主要有以下一些项目。

1. 对信用证本身的说明

对信用证本身的说明:包括开证行(Issuing Bank)名称与地址、信用证类型(Form of Credit)、信用证编号(L/C Number)、金额(L/C Amount)、开证日期(Date of Issue)与开证地点(Place of Issue)、有效期(Expiry Date)与有效地点(Expiry Place)、开证人(Applicant)与受益人(Beneficiary)等当事人的名称和地址、使用本信用证的权利是否可以转让等。

2. 对汇票的说明

对汇票的说明:包括汇票的出票人(Drawer)、付款人(Drawee)、期限(Tenor)和出票条款(Drawn Clause)等。

3. 对货物的要求

对货物的要求:包括货物(Merchandise)的名称(Name)、规格(Description)、数量、包装(Packing)、单价(Unit Price)、价格条件(Terms of Price)和唛头(Mark)等的规定。

4. 对单据的要求

对单据的要求:主要是规定受益人应提交单据的名称、内容和份数等。

5. 对运输的要求

对运输的要求:包括装运港(Port of Loading/Shipment)、卸货港或目的地(Port of Discharge or Destination)、装运期限(Latest Date of Shipment)以及可否分批装运(Partial Shipments)与中途转运(Transshipment)等规定。

6. 其他事项

其他事项主要包括以下内容。

(1) 开证行对议付行或代付行的指示条款,如索汇方法、寄单方法、议付金额、背书条款等。

(2) 开证行负责或承诺条款(Undertaking Clause),也称保证条款,主要是开证行保证付款的责任文句与签字等。电开信用证可以省略承诺条款,如 SWIFT 信用证可省去开证行的承诺条款,但不因此免除银行所应承担的义务。

(3) 遵循的国际惯例。如"根据《跟单信用证统一惯例》开立"(Subject to UCP)等类似语句,但需要注明版本或出版日期。如"本信用证根据国际商会第 600 号出版物《跟单信用证统一惯例》开立"(It is subject to the Uniform Customs and Practice for Documentary Credits, 2007Revision, ICC Publication No.600)。

7. 其他特殊条款

其他特殊条款主要是根据进口国经济、政治、外交政策或者每笔具体业务的需要等具体情况所加列的特殊规定，如限制议付、要求保兑、运输船只的国籍与船龄、运输路线、信用证生效条件、某些单据要加注(如发票加注进口许可证条款)等规定。

(三)SWIFT 信用证

由于目前全球绝大多数银行是环球银行间金融电信协会(SWIFT)的会员，因此实际业务中的信用证也多是 SWIFT 信用证，即通过 SWIFT 系统开立和予以通知的信用证，或称环球电协信用证。采用 SWIFT 信用证必须遵守 SWIFT 使用手册的规定，也必须使用 SWIFT 手册规定的代号(Tag)，所以 SWIFT 信用证的格式和条款较其他形式的信用证更为规范。

SWIFT 信用证

拓展阅读

SWIFT 信用证报文类型

1. 信用证中的 SWIFT 报文

SWIFT 于 2018 年 11 月完成信用证相关报文的升级，新增三个报文种类：MT708(用于显示 MT707 的延长报文)，MT744(用于偿付行拒绝偿付指示)，MT759(用于基于信用证、保函、备用信用证等交易发起的格式化报文，也可用于开立从属性保函)；更改了MT700、MT707 等 18 个报文的格式。目前信用证 SWIFT 报文种类主要有：开立类(MT700/701，MT720/721)、修改类(MT707，MT708)、通知类(MT705，MT710/711，MT730)、拒付类(MT732，MT734)、承付类(MT750，MT752，MT754，MT756)、索偿类(MT740，MT742，MT744，MT747)、特殊类(MT759)。

2. MT700/701 格式

开立 SWIFT 信用证的报文种类为 MT700 和 MT701，是由开证行发送给通知行的报文，用来列明开证行所开立的信用证条款。MT700/701 格式见表 5-1 和表 5-2。

表 5-1　MT700 跟单信用证的开立(MT 700 Issue of a Documentary Credit)

M/O	代号	项目名称(Field Name)	中文含义
M	27	Sequence of Total	合计电文页次(报文页次)
M	40A	Form of Documentary Credit	跟单信用证形式
M	20	Documentary Credit Number	跟单信用证号码
O	23	Reference to Pre-Advice	预先通知号码
M	31C	Date of Issue	开证日期
M	40E	Applicable Rules	适用规则
M	31D	Date and Place of Expiry	信用证有效期和有效地点

M/O	代号	项目名称(Field Name)	中文含义
O	51a	Applicant Bank	开证申请人的银行
M	50	Applicant	开证申请人
M	59	Beneficiary	受益人
M	32B	Currency Code, Amount	币种代码, 金额
O	39A	Percentage Credit Amount Tolerance	信用证金额浮动范围
O	39B	Maximum Credit Amount	信用证最高金额
O	39C	Additional Amounts Covered	可附加金额
M	41a	Available with...by...	指定银行及兑付方式
O	42a	Drawee	汇票付款人
O	42C	Drafts at...	汇票付款日期
O	42M	Mixed Payment Details	混合付款指示
O	42P	Negotiation/Deferred Payment Details	议付/迟期付款指示
O	43P	Partial Shipments	分批装运
O	43T	Transshipment	转运
O	44A	Place of Taking in Charge/Dispatch from.../Place of Receipt	接受监管地/发运地/收货地
O	44E	Port of Loading/Airport of Departure	装运港/启运地机场
O	44F	Port of Discharge/Airport of Destination	卸货港/目的地机场
O	44B	Place of Final Destination/For Transportation to... /Place of Delivery	最终目的地/运往……/交货地
O	44C	Latest Date of Shipment	最迟装运日期
O	44D	Shipment Period	装运期间
O	45A	Description of Goods and/or Services	货物与/或服务描述
O	46A	Documents Required	单据要求
O	47A	Additional Conditions	附加条件
O	71B	Charges	费用承担
O	48	Period for Presentation	交单期限
M	49	Confirmation Instructions	保兑指示
O	49G	Special Payment Conditions for Beneficiary	对受益人的付款安排指示
O	49H	Special Payment Conditions for Receiving Bank	对收报行的付款安排指示
O	58a	Requested Confirmation Party	保兑行
O	53a	Reimbursing Bank	偿付行
O	78	Instructions to the Paying/Accepting/Negotiating Bank	对付款/承兑/议付行的指示
O	57a	"Advise Through" Bank	收讯银行以外的通知银行
O	72	Sender to Receiver Information	附言

表 5-2　MT701 跟单信用证的开立(MT 701 Issue of a Documentary Credit)

M/O	代号	项目名称(Field Name)	中文含义
M	27	Sequence of Total	合计电文页次(报文页次)
M	20	Documentary Credit Number	跟单信用证号码
O	45A	Description of Goods and/or Services	货物与/或服务描述
O	46A	Documents Required	单据要求
O	47A	Additional Conditions	附加条件
O	49G	Special Payment Conditions for Beneficiary	对受益人的付款安排指示
O	49H	Special Payment Conditions for Receiving Bank	对收报行的付款安排指示

　　SWIFT 信用证是正式的、合法的，被信用证各当事人所接受的、国际通用的信用证，其特点是格式标准统一，用语准确、简洁、明了，收发电快速，加之 SWIFT 系统可自动加、核密押，大大提高了信用证的安全性。

四、信用证的作用

　　与汇付、托收相比，信用证结算对进出口双方来说是一种更安全的接货收汇方式，而且信用证业务集结算和融资为一体，为国际贸易提供了综合服务。从开证到付款的全部过程中，信用证能为进出口商提供灵活便捷的融资，对进出口商及银行都有积极的作用。所以信用证结算方式是当今世界贸易中使用最广泛、最普遍的结算方式。

(一)信用证结算与进口商

　　国际贸易中，进口商最关心的问题是支付货款与收到货物，以及成本费用的高低。使用信用证方式可以获得以下利益。

　　(1) 保证取得出口商履行买卖合同的单据。信用证中交单与付款条款的规定，要求出口商必须根据合同或信用证条款发运货物与提交单据，这就可以降低进口商的贸易风险(接不到货、延期接货或货款被骗)，保证了投入资金的安全与预期的贸易利益的实现。

　　(2) 可以获得资金融通。进口商作为开证申请人，只须付出部分押金或提供担保人即可开立信用证，并且出口商交单后，又可凭开证行叙做进口押汇或分期付款，这在很大程度上可以减少进口商的资金或外汇占用，降低进口成本，并且可以利用银行信用融通资金。

(二)信用证结算与出口商

　　国际贸易中，出口商最关心的是货物出运后能否顺利收汇以及收汇成本的高低。使用信用证方式可以确保以下事项。

　　(1) 保证出口商凭单据取得货款。在不可撤销信用证项下，信用证本身意味着开证行的付款保证，只要出口商按合同发货并提交与信用证条款符合的单据后，即可保证取得货款。这在很大程度上降低了出口商货款两空的贸易风险。

　　(2) 使出口商得到外汇保证。在进口管制和外汇管制严格的国家，进口商要向本国申请外汇得到批准后，方能向银行申请开证，出口商如能按时收到信用证，说明进口商已得到本国外汇管理当局使用外汇的批准,因而可以保证出口商履约交货后,按时收取外汇。

(3) 获得资金融通。出口商在交货前,可凭进口商开来的信用证作抵押,向出口地银行办理打包贷款,用以收购、加工、生产出口货物和打包装船。即使货物出运后即期内不能取得货款,出口商也可以凭信用证与单据叙做押汇取得银行的贷款,从而有利于出口商资金的周转。

(三)信用证业务与银行

信用证结算之所以被广泛应用,是由于银行的参与。银行之所以参与是因为信用证业务可以更安全、更有效地增加银行的收入,并提高银行信贷资金的使用效益,拓宽了银行的业务范围。

(1) 对开证行而言,开证时贷出的是信用而不是资金,并且开证申请人还要提供担保或提交担保金,要交纳开证手续费;对出口商验单付款后又可以及时向进口商收回资金或有货物作为保证。所以信用证结算既是开证行的一项中间业务,也可以是一项收入有保障的资产业务,并降低了信用风险。

(2) 对其他银行而言,由于有开证行或/与保兑行的付款保证,办理议付可以收回垫付款项,办理贴现又可以取得贴息收入,还有手续收入,所以能够扩大业务内容,增加银行的收入。

(3) 无论对开证行还是其他银行来说,信用证业务都是一项银行信用,由不同国别的银行参与,这可以增加各国金融机构的了解,密切彼此之间的关系,活跃融资活动,从而有利于促进银行国际业务的发展与完善,也为银行进一步开展各种业务提供了丰富的经验。

此外,由于信用证方式对各方当事人来说具有安全性、稳定性与灵活性,尤其能够降低进出口贸易中的货物与资金风险,所以从宏观角度讲,信用证方式对国际贸易的发展有着极大的促进作用,在国际贸易结算中占有极其重要的地位。

第二节 信用证的种类

信用证可以根据其性质、付款依据、付款方式、付款期限以及运用方式等分成许多种类。

一、跟单信用证与光票信用证

按是否附有货运单据,信用证可分为跟单信用证(Documentary Credit)与光票信用证(Clean Credit)。

(一)跟单信用证

跟单信用证又称商业信用证(Commercial Credit),是指付款凭跟单汇票或仅凭单据付款的信用证。其中的单据是指代表货物所有权的单据(如提单、保险单),或者证明货物已发运的单据(如铁路运单、航空运单、邮包收据)。国际贸易中使用的信用证，绝大部分是跟单信用证。

(二)光票信用证

光票信用证是指付款仅凭不附货运单据的汇票或收据的信用证。光票信用证多用于预付货款，但由于不需提交货运单据，对进口商来说风险较大，所以一般仅用于结算贸易从属费用、小额交易以及加工贸易中的预付定金等。有的光票信用证也要求附交一些非货运单据，如发票、垫款清单等。欧洲大陆一些国家如法国，为免付印花税，对即期信用证以发票代替汇票作为支付依据。对这类情况，若付款时必须附交货运单据，则也是跟单信用证，否则属于光票信用证。

二、不可撤销信用证和可撤销信用证

按开证行所负的责任或保证性质，信用证可分为不可撤销信用证(Irrevocable Credit)和可撤销信用证(Revocable Credit)。

(一)不可撤销信用证

不可撤销信用证是指信用证一经开出即具有法律效力，在有效期内未经受益人及其他有关当事人的同意，开证行不得擅自撤销或修改信用证的条款。这类信用证的突出特点是开证行的确定付款承诺与信用证的不可撤销性，开证行的责任是第一性的和肯定的，只要受益人提交符合信用证条款的单据，开证行就必须履行付款义务，且付款后不得向受益人或其他善意受款人行使追索权，即使相符单据在由被指定银行寄单给开证行途中可能丢失的风险也由开证行承担。不可撤销信用证为受益人提供了较为可靠的保证，所以在国际贸易结算中使用得最多。

(二)可撤销信用证

可撤销信用证是指开证行不必经过受益人同意，也不必事先通知受益人即可随时撤销或修改信用证的条款。可撤销信用证对受益人的保护很弱，主要维护了开证行的利益，若进口商因市场、运输等情况的变化而出现或处于困境甚至倒闭时，开证行可随时撤销或修改已开出的信用证。

由于可撤销信用证现在已很少使用，因此 UCP600 中明确规定：信用证是不可撤销的，亦即当前银行开立的都是不可撤销信用证。不可撤销信用证除标明"Irrevocable"字样外，通常在信用证结尾处由开证行做出的承诺条款中加以明确体现。如 "We (Issuing Bank) hereby issue the irrevocable documentary credit in your favour. It is subject to the Uniform Customs and Practice for Documentary Credits (2007Revision, ICC Publication No.600) and engages us in accordance with the terms thereof, and especially in accordance with the terms of Article 7(a) thereof"。

三、保兑信用证和不保兑信用证

按是否有其他银行加以保证兑付，信用证可分为保兑信用证(Confirmed Credit)和不保兑信用证(Unconfirmed Credit)。

(一)保兑信用证

保兑信用证是指开证行开出的信用证由另一家银行加以保证兑付的信用证，即保兑行在开证行承诺之外做出承付或议付相符交单的确定承诺。UCP600 规定：自为信用证加具保兑之时起，保兑行即不可撤销地受到兑付或者议付责任的约束。因此保兑信用证对受益人来讲，就取得了两家银行的付款保证：开证行对信用证的付款责任与保兑行对信用证承担付款责任的兑付保证。由于保兑行所负的责任相当于本身开立信用证，无论开证行发生什么变化，保兑行都不能片面地撤销保兑，所以保兑的对象必须是不可撤销信用证。

保兑信用证并非是担保信用证。在国际贸易中，保兑的责任不同于一般的担保。担保的责任是原当事人不能履行其责任时，要求担保人承担其责任或者负连带责任。而保兑信用证中的保兑行是直接向受益人负责，即保兑行成为"第一性付款人"(First Drawer)，充当和承担第一付款人的责任，只要受益人提供了符合信用证规定的单据，保兑行必须付款，或承付或议付，而非受益人向开证行要求付款，被开证行拒绝后，才向保兑行要求偿付。

延伸阅读 5-3

UCP600：保兑行的承诺

(1) 倘若规定的单据被提交至保兑行或者任何其他被指定银行并构成相符提示，保兑行必须：①兑付，如果信用证适用于：a.由保兑行即期付款、延期付款或者承兑；b.由另一家被指定银行即期付款而该被指定银行未予付款；c.由另一家被指定银行延期付款而该被指定银行未承担其延期付款承诺，或者虽已承担延期付款承诺但到期未予付款；d.由另一家被指定银行承兑而该被指定银行未予承兑以其为付款人的汇票，或者虽已承兑以其为付款人的汇票但到期未予付款；e.由另一家被指定银行议付而该被指定银行未予议付。②若信用证由保兑行议付，则无追索权地议付。

(2) 自为信用证加具保兑之时起，保兑行即不可撤销地受到兑付或者议付责任的约束。

(3) 保兑行保证向对于相符提示已经予以兑付或者议付并将单据寄往开证行的另一家被指定银行进行偿付。无论另一家被指定银行是否于到期日前已经对相符提示予以预付或者购买，对于承兑或延期付款信用证项下相符提示的金额的偿付于到期日进行。保兑行偿付另一家被指定银行的承诺独立于保兑行对于受益人的承诺。

保兑一般是在受益人对开证行的资信了解不足或不够信任，如进口商不能依出口商所确认的或指定的银行开具信用证、开证行与出口商所在地的任何银行无业务往来等，或者对进口国的政治经济有顾虑，如政局不稳、外汇管制可能影响安全及时收汇等，或因合同金额大，超出开证行一般业务的支付能力等情况下才提出保兑要求。另外，如果开证行本身唯恐其开出的信用证难以为受益人接受，或者难以在出口地被其他银行议付时，也会主动要求另一银行对其开立的信用证加具保兑。

保兑行多是位于进口国以外的另一家银行，通常是通知行，也可能是其他银行。若开证行委托通知行或其他银行予以加保，称委托保兑，保兑行属于被指定银行，享有UCP600 中保兑行的权利。如开证行授权或要求另一家银行对信用证加具保兑，而该银行不准备照办时，它必须不延误地告知开证行并仍可通知此份未经加具保兑的信用证。有时保兑行是由出口商指定的银行对信用证加以保兑，而非经开证行授权或要求的银行予以保兑，这种做法称无委托保兑或沉默保兑。无委托保兑的保兑行不享有 UCP600 中保兑行的权利，在向开证行索偿时，开证行可以拒绝偿付，因此只有在开证行有信誉的条件下银行才能作无委托保兑。

保兑行为信用证加保，通常收取保证金和银行费用，有时也会要求开证行提供对等的保兑义务作为条件，方承担保兑责任。保兑费用(Confirming Charges/Confirmation Charges)的多少，一般是以银行规定或依协商数额，依据信用证有效期限的长短而定，通常是每三个月收取一次保兑费。保兑费应由谁支付，依信用证约定的条款为准。

保兑的手续通常是由保兑行在信用证上加列保兑文句、盖戳或加面函表明，如"此证已经我行保兑"(This credit is confirmed by us)、"兹对此证加具保兑并保证于提示符合此证条款的单据时履行付款"(We hereby add our confirmation to this credit and we undertake that documents presented for payment in conformity with terms of this credit will be duly paid on presentation)，并经有权签字人签署。通知行兼保兑行的责任和义务，通常是在信用证右下角的通知栏做出文字说明同意保兑的条款，此条款称"开证银行以外的保证条款"(Constitute a definite undertaking of the Confirming Bank in addition to the undertaking of the Issuing Bank)。

(二)不保兑信用证

不保兑信用证是指未经其他银行加具保兑的信用证，也就是一般的不可撤销信用证。这类信用证由开证行单独负不可撤销的保证付款责任。通知行一般在信用证通知书上注明"此仅系上述银行所开信用证的通知，我行不负任何责任"(This is only an advice of credit issued by the above mentioned bank which conveys no engagement on the part of this bank)或"我行仅作通知，未加保兑"(We advise the credit without adding our confirmation)。

当开证行的资信好或成交金额不大时，一般都使用不保兑信用证。我国的银行不开具要求另一家银行保兑的信用证，因此我国的进口企业通常不接受开立保兑信用证的要求。

四、议付信用证、即期付款信用证、延期付款信用证和承兑信用证

UCP600 规定：信用证必须规定是否适用于即期付款、延期付款、承兑抑或议付。按受益人交单后被指定银行的行为(议付或承付)，信用证可分为议付信用证(Negotiation Credit)、即期付款信用证(Sight Payment Credit)、延期付款信用证(Deferred Payment Credit)和承兑信用证(Acceptance Credit)，有时也将后三者合称为不得议付信用证(Non-negotiable Credit)或直接信用证(Straight Credit)。其中，即期付款信用证和延期付款信用证统称为付款信用证(Payment Credit)。

(一)议付信用证

1. 信用证议付的含义

议付信用证是指开证行允许受益人向被指定银行或任何银行交单议付的信用证。

根据 UCP600 的规定，议付(Negotiation)是指被指定银行在其应获得偿付的银行日或在此之前，通过向受益人预付或者同意向受益人预付款项的方式购买相符提示条件下的汇票(汇票付款人为被指定银行以外的银行)及/或单据的行为。

议付信用证可以要求开立汇票，也可以不要求开立汇票，前者议付行买入的是汇票与单据；后者仅仅是单据。议付行在审单议付后保留着对受益人的追索权，但如果没有汇票将会影响到议付行行使票据法赋予的追索权。

区别于议付信用证，有时将规定受益人信用证项下汇票与单据直接向开证行或保兑行、指定行提示付款的信用证称为不得议付信用证。UCP600 将开证行、保兑行、指定行在信用证项下除议付以外的一切与支付相关的行为称为承付(Honor)。这类信用证项下，开证行要收到全套单据后才付款，且仅对受益人承担付款责任而不对汇票背书人及善意持有人承担付款责任。因此这类信用证虽不明文禁止其他银行议付，但不承认议付，受益人必须按信用证的规定直接向开证行或其指定银行交单以取得付款或承兑。开证行通常规定受益人所在国的某一银行为付款行，并载有开证行对受益人的保证承付文句及受益人交单文句。如有其他银行议付受益人的汇票及/或单据，开证行不承认其议付行的地位，也没有向开证行索偿的权利，只有权代表受益人提交汇票及/或单据。

2. 议付信用证的分类

(1) 即期议付信用证(Sight Negotiation L/C)与远期议付信用证(Usance Negotiation L/C)。前者是指信用证规定受益人开立以开证行为付款人的即期汇票，议付行审单无误后，立即向受益人议付款项；后者是指信用证规定受益人开立以开证行为付款人的远期汇票，议付行审单无误后将单据寄给开证行，在接到开证行电告承兑汇票通知时，立即向受益人议付款项。

议付行议付如同票据贴现，扣除垫款的利息(贴息)后将净款付给受益人。议付行议付即期议付信用证项下汇票及/或单据，通常按美元平均收汇日的 15 天或 16 天的垫款时间，按 LIBOR 利率计算贴息金额，从票面金额扣减后将净款付给受益人。议付行议付远期议付信用证项下汇票及/或单据，通常按美元平均收汇日的 15 天加上汇票期限天数，按LIBOR 利率计算贴息金额，从票面金额扣减后将净款付给受益人。

(2) 限制议付信用证(Restricted Negotiation Credit)与自由议付信用证(Freely Negotiable Credit)。

凡只可向开证行指定的议付行或开证行本身交单议付的信用证，称为限制议付信用证或指定议付信用证(Nominated Negotiation Credit)。信用证上一般注明"本证限××银行议付"(Negotiation under this credit is restricted to ×× Bank)，其有效地点一般规定在被指定银行所在地。如"This credit is to expire on or before(date) at (place)and is available with ×× bank by negotiation)"。

凡可以按信用证条款向某个国家或城市的任何银行自由交单议付的信用证，称为自由议付信用证或公开邀请议付信用证(Open Invitation Negotiable Credit)、流通信用证(Circular

Letter of Credit)。信用证通常载有自由议付的文句,如"Available with Any Bank",与/或通过如下承诺条款(Undertaking Clause)来表明:"根据本信用证并按其所列条款开具之汇票向我行提示并交出本证规定之单据者,我行同意对其出票人、背书人及善意持有人履行付款责任"(We hereby agree with the drawers, endorsers and bona fide holders of the draft drawn under and in compliance with the terms of this credit that such draft shall be duly honored on due presentation and delivery of documents as herein specified)。

自由议付信用证有益于出口商融通资金,开证行的资信较好时,多习惯用这一类。限制议付信用证的使用范围不广,对受益人收汇无多大影响,但难以获得非被指定银行的融资。

(二)付款信用证

付款信用证是指在符合信用证条款的条件下,开证行自己或授权其他银行凭规定的单据向受益人或其指定人进行付款的信用证。这类信用证中通常注明"付款兑现"(Available by payment) 字样。付款信用证和议付信用证的区别在于:前者的付款行做出的审单付款对受益人来讲是终局性的,只要指定银行未在付款时做出保留,即丧失对受益人的追索权;后者的议付行在审单议付后仍保留着对受益人的追索权,除非议付行对信用证加以保兑,否则可在开证行拒付时向受益人追索垫款。

1. 即期付款信用证

即期付款信用证是开证行或开证行指定的付款行,在收到受益人根据信用证的规定提交的符合信用证条款的即期汇票(如需要)及/或单据后,立即付款的信用证。这类信用证中通常注明"即期付款兑现"(Available by payment at sight)字样,如"This credit is available with ×× Bank by payment at sight"。

即期付款信用证一般不要求受益人开具汇票而仅凭受益人提交的单据付款。如信用证要求提供汇票,则应注意汇票的付款人应为开证行或其指定的付款行,还应注意以下问题。

① 即期付款信用证的付款行通常由出口国的通知行担任,这时汇票的付款人应为开证行指定的付款行,信用证的有效期也是在出口地(受益人所在地)到期。

② 如果开证行为付款行,则要求受益人直接寄单或通过银行(属于非信用证被指定银行)寄单给开证行,信用证的有效期通常在开证行所在地到期。这种信用证也称为直接付款信用证,无被指定银行。其他银行购买受益人的汇票及/或单据不能获得向开证行索偿的权力,只有权力代表受益人提交单据。这种信用证的开证行的责任文句通常是:"This credit is available by payment with the Issuing Bank and expiring for presentation of documents at the office of the Issuing Bank"。

2. 延期付款信用证

延期付款信用证是开证行在信用证中约定远期付款,对受益人承诺在受益人交单若干天后,由其本身或其指定的付款行对受益人付款的信用证。一些国家和地区的票据法对远期汇票的期限有所限制,如不得超过 180 日,或凡超过 6 个月期限的承兑汇票或超过 1 年以上的远期汇票不得在市场上贴现等,为解决远期至 1 年以上或数年时间后的支付问题产生了延期付款信用证。

延期付款信用证中通常注明"延期付款兑现"(Available by deferred)字样，如"This credit is available with the Issuing Bank by deferred payment at 180 days after B/L date"，且不要求受益人开立汇票，因此亦称无汇票远期信用证。其付款期限是在规定的日期，如提单日或货物装运后若干日、开证行收单后若干日或固定日期到达时要求付款，所以开证行必须按信用证条款可以确定的日期进行付款或保证该款的照付。

UCP600 规定："通过指定一家银行承兑汇票或承担延期付款承诺，开证行即授权该被指定银行预付或购买经其承兑的汇票或由其承担延期付款的承诺。"因此，受益人可以把交单后的延期付款视为信用证项下的应得款项，让渡给被指定银行以获得融资。

由于延期付款信用证的风险较大，且出口商不能利用票据贴现市场的资金，只能自行垫款或向银行借款或让渡应收账款。因此在出口业务中使用这种信用证，货价应比银行承兑远期信用证高一些，以拉平利息率与贴现率之间的差额。为收汇安全，一般还应要求开证行请其他银行加具保兑。对成交金额较大、付款期限较长的资本货物如大型机电成套设备的交易，可以与政府的出口信贷结合起来使用。

(三)承兑信用证

承兑信用证是指在符合信用证条款的条件下，开证行自己或信用证指定的付款行在受益人开立的远期汇票上履行承兑手续，并于汇票到期进行付款的信用证。这类信用证中，开证行通常列有以下类似的承诺文句："我行保证凡符合信用证条款的汇票被提示时当及时承兑并于到期日及时付款"(We hereby engage that drafts in conformity with the terms of this credit will be duly accepted on presentation and duly honored at maturity)。由于这种信用证规定的远期汇票是由银行承兑的，所以也称为银行承兑信用证(Banker's Acceptance Credit)。承兑行通常为通知行。

承兑后的汇票可以退给受益人，但一般由承兑行保管，由承兑人向受益人发出承兑通知书或承兑电(如 SWIFT MT754)，也可以要求承兑行寄回承兑汇票，以便叙做贴现或福费廷业务等融资业务。

承兑信用证业务，除了要遵循有关信用证的国际惯例外，还要遵守有关国家票据法的各项规定，即受益人需要凭这种信用证开立远期汇票，然后向指定银行提示，该行即行承兑，并于汇票到期日履行付款义务。因此承兑信用证的变现能力较强，其项下的远期汇票具有较高的安全性和流通性，出口商可以将此汇票进行贴现以获得融资，而且因为受益人受到有关信用证的国际惯例和有关国家票据法的双重保护，还能够较好地保证受益人收到货款的权益。

五、即期信用证、远期信用证、假远期信用证与预支信用证

按汇票的付款期限不同，信用证可分为即期信用证(Sight Credit)、远期信用证(Usance Credit)、假远期信用证(Usance Credit Payable at Sight)与预支信用证(Anticipatory Credit)

(一)即期信用证

即期信用证是指开证行或其指定的付款行在收到符合信用证条款的跟单汇票及/或单

据后，立即履行付款义务的信用证。目前国际上使用的多是这一类信用证，其特点是受益人收汇安全迅速，具体运用时有以下两种情况。

一是单到付款信用证。即开证行或指定银行收到符合信用证条款的汇票和单据后，立即付款。同样，开证人也应于单到时立即向开证行付款赎单。

二是电索条款信用证(L/C with T/T Reimbursement Clause)，即信用证中加列电汇索偿条款。开证行授权出口地议付行收到受益人提交的符合信用证条款的单据且审单无误后，用电报或电传等电信方式向开证行或其指定银行(如付款行、代付行、偿付行)等索偿，开证行或其指定银行接到通知后立即以电汇方式向议付行偿付。议付行的电文中须说明审单情况，并声明已按信用证规定寄送。但由于此项付款是在开证行未审单的情况下进行的，付款后如发现单据与信用证规定不符，开证行或付款行有行使追索的权利。带有电汇索偿条款的信用证，出口方可以缩短收回货款时间，通常只需 2～3 日，有时甚至当天即可收回货款。但若证中加列"电索条款"，且又规定开证行收到汇票和单据再经审核后以电汇偿付，则这种信用证应属于单到付款信用证。

即期信用证可以要求受益人提供汇票，也可以不要求提供汇票。有些国家的开证行采用即期信用证，在其条款中明确规定须提交即期汇票；有些国家则因为提交汇票手续烦琐，而且增加费用(如印花税)，只要求提交单据或收据，并符合信用证所列条款即可付款。

(二)远期信用证

远期信用证是指开证行或其指定的付款行在收到符合信用证条款的汇票和单据后，先办理承兑手续，再根据汇票的期限到期付款的信用证。

远期信用证中，受益人开具的是远期汇票。根据汇票的承兑人不同，汇票可分为银行承兑汇票与商业承兑汇票。前者的汇票付款人为开证行或开证行指定的付款行，开证行或付款行收下单据、承兑汇票后，受益人或议付行可以将汇票办理贴现或保存起来等到期日再向承兑银行取款；后者的汇票付款人是开证人，由开证人承兑。虽然开证行仍对汇票的承兑与到期付款负责，但商业承兑汇票的贴现条件比银行承兑汇票差得多。

在国际贸易中，远期信用证是出口商对进口商的一种融通资金方式。由于远期信用证项下付款时间较长，诸多风险及市场状况等不易预测，银行一旦承兑了汇票，其责任就由信用证项下单证相符的付款责任转变为票据上的无条件付款责任，这就使得远期信用证比即期信用证具有更高的风险性。

(三)假远期信用证

假远期信用证是指在约定的以即期信用证付款的交易中，开证申请人出于某种目的，在开来的信用证中要求出具远期汇票，由付款行负责贴现，并愿承担贴现息及有关费用，且在一般情况下受益人能即期收汇的信用证。

假远期信用证与远期信用证的区别在于：假远期信用证以即期付款的贸易合同为基础，远期信用证以远期付款的贸易合同为基础；假远期信用证中有"假远期"条款，远期信用证中只有利息由谁负担条款；假远期信用证的贴现利息由进口商负担，远期信用证的贴现利息由出口商负担；假远期信用证的受益人能即期收汇，远期信用证要等汇票到期才能收汇。

假远期信用证对出口人来说仍属于即期收款信用证，对开证申请人来说则属于远期付款的信用证，也称"买方远期信用证"(Buyer's Usance Credit)。开证申请人要求开立假远期信用证的原因主要有两个：一是利用银行信用和较低的贴现息来融通资金，减轻费用负担，降低进口成本；二是进口国外汇管制法令禁止即期付款。通常假远期信用证对受益人来说与即期信用证没有两样，但需要注意的是，受益人在汇票到期付款之前始终负有法律责任，如果到期因故不被偿付，则作为汇票的出票人，会受到合法持票人的追索。

假远期信用证通常载明以下几种形式的条款："远期汇票按即期议付，由本银行(开证行)贴现，贴现及承兑费由进口商承担"(Usance drafts to be negotiated at sight basis and discounted by us, discount charges and acceptance commission are for the importer's account)；"远期汇票按即期议付，利息由买方承担"(Usance drafts to be negotiated at sight basis, the interest is for the buyer's account)；"授权议付银行议付远期汇票，依票额即期付款"(The Negotiating Bank is authorized to negotiate the usance drafts at sight for the face amount)；"本信用证项下开立的远期汇票可按即期议付"(Usance drafts drawn under this credit are to be negotiated at sight basis)；"给议付行的指示：偿付行将对你以即期方式偿付，承兑费及贴现费由开证申请人承担"(SWIFT MT700 78)(Instr to Negotg Bank: REIMBURSE YOURSELVES ON THE REIMBURSING BANK AT SIGHT BASIS. ACCEPTANCE COMM AND DISCOUNT CHGS ARE FOR THE ACCOUNT OF APPLICANT)。

(四)预支信用证

预支信用证是指开证行授权指定银行(一般是通知行)在受益人提交规定的单据之前，预付其全部或部分货款的一种信用证。

预支信用证方式下，开证申请人要求开证行在信用证上加列条款，授权出口地通知行或保兑行等被指定银行在交单前凭出口商的光票以及以后补交单据的声明书(保证书)向出口商自行垫付全部或部分货款，待出口商交单议付时，再从议付金额中扣除垫付的本息，然后将余额付给出口商。若出口商届时不能装运货物和交单，则可向开证行提出还款要求。开证行保证立即偿还其所垫付款项的本息，然后开证行再向开证申请人追索偿付款项。

预支信用证实质上就是预付定金或预付货款，是进口商给予出口商的一种融通资金的便利，如预支款额后遭到损失由进口商承担。因此一般规定出口商不得使用预支款项偿还债务或抵偿货款，也不能用于与信用证无关业务的任何开支。

按准许预支的金额，预支信用证可以分为全部预支信用证(Clean Payment Credit)和部分预支信用证(Partial Payment in Advance Credit)两种形式。

1. 全部预支信用证

全部预支信用证，亦即预付货款，出口商开出光票(Clean Bill)，并附上表明负责交付信用证规定的单据、保证按时交货的保证书(Statement)，向指定银行预支全部货款。对受益人事后未补交单据或将预支款挪作他用，或未采购合同规定的货物等风险及损失，垫款银行不承担责任。

2. 部分预支信用证

部分预支信用证，即信用证中允许受益人在装运前预支一部分款项，并在交单时从付给受益人的金额中扣除。按预支条件的不同，部分预支信用证可分为红条款信用证(Red Clause Credit)和绿条款信用证(Green Clause Credit)。

(1) 红条款信用证。这类信用证用于预支信用证所列金额的部分款项，由于相关预支条款在预支信用证最初应用时是用红色打印的，以示明确、醒目，故得名。红色条款中的内容须表明允许出口商预支部分金额，然后在指定日期补交单据后，银行扣除预支款的本息，付清余额。目前实务中对预支部分款项的条款基本不用红色字体。

例如："兹授权通知银行应允受益人预支款，其金额不超过 200 000 美元(为本信用证金额的 20%)。本信用证项下的预支款，按付款当天公布汇率折付并加付利息。预支款应从本信用证项下汇票金额中扣除。"(The Negotiating Bank is hereby authorized to make advance to the beneficiary up to an aggregate amount of USD200 000(20% of the amount of L/C). The advances, with the interest at ruling rate of exchange at the time of payment of such advance, are to be deducted from the proceeds of the drafts drawn under this credit.)

(2) 绿条款信用证。绿条款信用证的功能与红条款信用证相似，但所含的内容与做法比红条款信用证更为严格。信用证要求出口商须将预支资金所采购的合同货物，以银行的名义存放仓库，将仓库单据交付银行持有，以保证该预支金额依信用证规定使用，并受到控制以减少资金被挪用的风险。如除规定红条款信用证使用的条款外，加列仓单条款"Warehouse receipts in the bank's name covering the goods are being held by the bank"。

一般来讲，凡采用绿条款信用证项下预支的金额数量较大，进口商同意采用绿条款信用证时须向开证行提供担保或抵押，且为明确其功能，必须在信用证中注明"绿条款信用证"(Green Clause Credit)字样。

六、可转让信用证与不可转让信用证

按受益人使用信用证的权利是否可以转让，信用证分为可转让信用证(Transferable Credit)与不可转让信用证(Non-transferable Credit)。

(一)可转让信用证

可转让信用证是指开证行授权可使用信用证的银行(通知行或其他银行，即转让行)在受益人的要求下，可将信用证的全部或一部分权利转让给一个或数个受益人，即转让给第二受益人(Second Beneficiary)的信用证。第二受益人也称受让人(Transferee)。

1. 转让的原因

信用证可能要进行转让的情况有以下三种。

一是出口方为中间商，在对外成交签约后，需由实际供货商履行交货，从而要求进口商开立可转让信用证，以便将信用证金额的全部或一部分转让给实际供货商。

二是总公司统一对外成交，需由分散在各口岸的分公司分头交货，因而要求进口商开立可转让信用证，将信用证项下交单收款的权利转让给各分公司。

三是进口商委托出口地的代理代为采购货物，预先开立可转让信用证，再由代理人在购货时转给供货商。

开立可转让信用证可以避免多次开证，节省中间商的开证费用和保证金，并让供货商放心备货。中间商还可以通过改变信用证的单价及总值、替换汇票及/或商业单据的办法获得差价，而且通过开立可转让信用证、替换单据，可以隐蔽原开证人和实际供货商的信息，保护商业秘密。

2. 转让的规则

UCP600 规定，可转让信用证必须明确注明"可转让"(Transferable)字样或有类似的词语，如"This credit is transferable"(本信用证可转让)、"Transfer to be allowed"(本信用证允许转让)。UCP500 规定，如果信用证上出现诸如"可分割"(Divisible)、"可分开"(Fractionable)、"可让渡"(Assignable)、"可转移"(Transmissible)等字样时，并不意味着包含"可转让"的含义，一旦使用这些词语，可以不予理会。虽然 UCP600 删去了此项规定，但并非意味着使用这些词语等同于"可转让"。

可转让信用证，只能通过"转让行"进行转让。转让行可以是开证行或保兑行或在信用证中明确命名为转让行的被指定银行，或者在自由议付信用证下开证行特别授权的银行(如通知行)。但转让行并没有办理转让信用证的义务，除非转让方式和范围已被该行明确表示同意。可转让信用证的转让行仅是交单行，不对第二受益人的交单承担融资义务，也不对第一受益人调换发票后立即支付差价，而是在收到开证行付款后支付第二受益人的货款和第一受益人的差价。

可转让信用证仅可转让一次，不能由第二受益人再转让给其他的受益人，但第二受益人再转让给第一受益人不视为多次转让。如果信用证允许分批支款或分批装运，则可按分批部分办理转让，即同时转让给几个第二受益人使用，但转让手续必须一次性办理。信用证的转让并不等于买卖合同的转让。信用证经转让后，即由第二受益人办理交货，但原信用证的受益人，即第一受益人仍要承担交易合同中规定的卖方责任。

信用证的转让，须由第一受益人填具转让书(Letter of Transfer)。除非转让时另有约定，所有因办理转让而产生的费用(诸如佣金、手续费、成本或开支)必须由第一受益人支付。信用证只能按原来规定的条款转让包括保兑(如有)，除信用证金额、商品单价、到期日、交单及装运最后日期可以减少或缩短，保险加成比例可提高外，其余内容不能因开出新证而发生变化。第一受益人可以在其提出转让申请时，表明可在信用证被转让的地点，在原信用证的到期日之前(包括到期日)向第二受益人予以兑付或议付。

如果信用证被转让给一个以上的第二受益人，其中一个或多个第二受益人拒绝接受某个信用证修改并不影响其他第二受益人接受修改。对于接受修改的第二受益人而言，信用证已作相应的修改；对于拒绝接受修改的第二受益人而言，该转让信用证仍未被修改。

第一受益人有权以自己的发票和汇票，替换第二受益人的发票和汇票，其金额不得超过原信用证的金额。在如此办理单据替换时，第一受益人可在原信用证项下支取自己发票与第二受益人发票之间产生的差额。全额转让的信用证无须换单。

如果第一受益人应当提交自己的发票和汇票，但却未能在收到第一次要求时照办；或第一受益人提交的发票导致了第二受益人提示的单据中本不存在的不符点，而其未能在收到第一次要求时予以修正，则转让行有权将其从第二受益人处收到的单据向开证行提示，并不再对第一受益人负责。

3. 可转让信用证与"款项让渡"

信用证的转让和款项让渡是两个完全不同的法律概念。UCP600 第 39 条规定："信用证未表明可转让，并不影响受益人根据所适用的法律规定，将其在该信用证项下有权获得的款项让渡与他人的权利。本条款所涉及的仅是款项的让渡，而不是信用证项下执行权力的让渡"。因此，款项让渡是指信用证的受益人将他在信用证项下应得款项的全部或部分，通过具有法律效力的程序转让给他人，是信用证款项的转让而不是信用证执行权利的转让。

信用证款项让渡业务一般涉及三个当事人：款项让渡人(Assignor)，即信用证的受益人，填写款项让渡书(Assignment of Proceeds Instruction)将信用证项下未来的应收款项让渡给他人的人；办理让渡行(Assigning Bank)，即开证行或被指定银行(承兑行或付款行)，收到受益人的款项让渡通知后，填写款项让渡确认书(Acknowledgement of Assignment of Proceeds)或者同意受益人款项让渡的人；接受让渡人(Assignee)，或称被让渡人，接受受益人信用证款项让渡的人。

信用证款项让渡主要应用于：一是作为融资担保。银行向受益人提供出口融资时，可要求受益人将信用证项下款项让渡给本行，以获得一定的还款担保权益。二是作为开立背对背信用证的保障。即开立背对背信用证的银行，要求客户将收到的信用证项下未来的收取款项权益让渡给本行。三是作为实际供货商的供货保障。即作为信用证受益人的中间商将信用证项下款项让渡给实际供货商，以保障履约。

(二)不可转让信用证

不可转让信用证是指受益人不能将信用证的权利转让给其他人的信用证。凡是信用证上未注明"可转让"的，就是不可转让信用证。有些信用证上注明"可分割""可分开""可让渡"或"可转移"之类的词语，这并不意味着该信用证是可转让信用证。

七、循环信用证、对开信用证、背对背信用证与备用信用证

按用途与运用方式的不同，信用证可分为循环信用证(Revolving Credit)、对开信用证(Reciprocal Credit)、背对背信用证(Back to Back Credit)与备用信用证(Standby Letter of Credit)。

(一)循环信用证

循环信用证是指信用证上的金额被全部或部分使用后，仍可恢复到原金额，并可多次使用，直至达到规定的次数或规定的总金额为止的信用证。一般信用证的金额被用完后即告失效，而循环信用证则是在规定的循环使用次数或规定的总金额达到时为止。通常是进出口双方建立了长期交易合同关系，如果货物比较大宗、单一，且是分批交货，进口商为节省开证费用和押金，可以开立循环信用证。这种信用证对出口商来说，可简化审证、改证等手续，有利于合同的履行。循环信用证有以下几种分类。

1. 按循环条件划分

(1) 按时间循环的信用证。这种信用证中的受益人可以在一定的时间内(如每月)支取

信用证中规定的金额，并可按相同间隔时间规定的次数多次支取。

(2) 按金额循环的信用证。这种信用证中的受益人可多次按规定金额向议付行交单议付，直至用足规定次数或总金额时为止。

2. 按上期余额是否可转入下期划分

(1) 积累循环信用证(Cumulative Revolving Credit)。上期未用完的余额可以转入下期一并使用的信用证称为积累循环信用证。

(2) 非积累循环信用证(Non-cumulative Revolving Credit)。上期未用完的余额不能转入下期一并使用的信用证称为非积累循环信用证。

是否可积累循环应在信用证中做出明确规定。信用证中未表明是否可积累循环，则视为非积累循环。

3. 按循环方式划分

(1) 自动循环(Automatic Revolving)。自动循环是指受益人交单议付一定金额后，信用证即自动恢复到原金额，可再次按原金额使用。

(2) 通知循环(Notice Revolving)。通知循环也称非自动循环、被动循环，受益人交单议付一定金额后，必须等到开证行的通知后，才能使信用证恢复到原金额，再次使用。通常在信用证中注明：The amount shall be renewed after each negotiation only upon receipt of the Issuing Bank's notice stating that the credit might be renewed.

(3) 定期循环(Periodic Revolving)。定期循环也称半自动循环，受益人每次交单议付后，若开证行在若干天内未提出中止循环的通知，信用证就自动恢复到原金额，可以再次使用。定期循环依契约的规定，可按月、季循环使用。

信用证恢复到原金额的具体做法应在信用证中明确规定。

例 5-1：按金额自动循环使用的信用证。"本证只循环三次，每次一个月，每次总额不超过 150 000 美元。本证将再次自动恢复每月一期，每期金额为 15 000 美元。本循环信用证的总金额为 45 000 美元。每次未使用的余额不能转入下次合并使用。"(This credit is revolving for three shipments only. Each shipment should be effected at one month interval. The amount of each shipment is not exceeding USD15 000. This credit shall be renewable automatically twice for a period of one month each for an amount of USD15 000 for each period making a total of USD 45 000. The unused balance of each shipment is not cumulative to the following shipment.)

例 5-2：按时间半自动循环使用的信用证。"本证按月循环，每月可支金额 15 000 美元，议付行每次议付后 7 日内未被通知中止恢复，则信用证未用金额即增至原金额。"(This is a monthly revolving credit which is available for up to the amount of USD 15 000. Per month should the Negotiating Bank not be advised of stopping renewal within 7 days, the unused balance of this credit shall be increased to the original amount on the 8th day after each negotiation.)

(二)对开信用证

对开信用证是指进出口双方互相以对方为受益人开出的信用证。也就是说，对开信用证由两张相互依存的信用证组成，其金额可以相等或大致相等或有出入，第二张信用证亦称为回头证。

对开信用证可同时互开，也可先后开立。其生效时间可同时生效，即第一张信用证虽然先开立，但暂不生效，待对方开来回头证时，两证才同时生效；或可分别生效，即先开先生效(一般后生效者须有担保证明)。但必须是第一张信用证的受益人(出口人)和开证申请人(进口人)就是第二张信用证的开证申请人和受益人。所以通常情况下，第一张信用证中的开证行与通知行也就是第二张信用证中的通知行与开证行。

对开信用证多用于易货贸易、来料加工、来件装配和补偿贸易。由于交易双方担心凭第一张信用证出口或进口后，另一方不履行进口或出口的义务，于是采用对开信用证的办法且大多是同时生效来彼此约束。

(三)背对背信用证

背对背信用证又称对背信用证、转开信用证或从属信用证(Subsidiary Credit)，是指信用证的受益人以该证(又称为母证或主要信用证，Original Credit/Master Credit)作保证，要求一家银行开立以该受益人为申请人，以实际供货人为受益人的信用证。背对背信用证只可根据不可撤销的信用证开立，多应用于有中间商参与的贸易。例如，韩国进口商通过日本中间商购买我国的产品，韩国商人开出以日本中间商为受益人的信用证后，日本中间商可以将此证交日本某银行(一般为原证的通知行)，再申请开立以我国某出口企业为受益人的新信用证(即背对背信用证或称子证、第二信用证，Secondary Credit)。

背对背信用证和可转让信用证的目的相似，是国际贸易中中间商为了防止实际供需两方直接接触而损害中间商利益、保护中间商的商业秘密以及减少中间商的资金负担等所采取的技术手段。其业务处理也相类似，即以原信用证为依据，某些具体条款可以有所变化，如交货(交单)与价格条款。不同之处在于：背对背信用证与原信用证是两个信用证，由两个不同的开证行分别保证付款，而可转让信用证中的原信用证与新信用证是同一个开证行开出的信用证，仍由原开证行保证付款。

(四)备用信用证

备用信用证是一种特殊的信用形式，其用途不同于上述的信用证内容。备用信用证将在第八章中详细介绍。

第三节 有关信用证的国际贸易惯例

信用证起源于公元前 5 世纪中叶的古罗马法，该法对商品在生产中的物权及在流通中的债权作了规定，明确了商品与货币交换过程中可采用文字书写的信用证件，以表示交换双方的商业信誉。19 世纪 80 年代，英国首次使用信用证作为清偿货款的支付手段，自此信用证在国际贸易结算中被广泛使用。在国际贸易结算中最初使用信用证的几十年里，由于国际上对各当事人的权利与责任、条款与术语以及有关业务等缺乏统一的解释和公认的规则，实践中各国银行一般都是根据自己的利益和习惯处理业务，因此信用证结算的各当事人之间经常发生争议与纠纷，甚至引起诉讼。国际商会(ICC)为了减少因解释或习惯不同而引起的争端，更好地发挥信用证在国际贸易中的作用，制定了一系列有关信用证的国际惯例。

一、《跟单信用证统一惯例》

1929 年，国际商会拟定并公布了第 74 号出版物《商业跟单信用证统一规则》(Uniform Regulations for Commercial Documentary Credit)，建议各国于 1930 年 5 月 5 日起实施，这是《跟单信用证统一惯例》的第一个版本，但只有法国、比利时等几个国家采用。1933 年 5 月，国际商会以第 82 号出版物公布了规则的修订版，并更名为《商业跟单信用证统一惯例》(Uniform Custom and Practice for Commercial Documentary Credit)，对跟单信用证的定义、有关名词和术语以及信用证业务有关各方的权利与义务等作了统一的解释。新版本得到了 40 余个国家的支持。第二次世界大战后随着国际贸易的变化，国际商会又分别于 1951 年、1962 年对该惯例进行了修订，1962 年版本即国际商会第 222 号出版物定名为《跟单信用证统一惯例》(Uniform Customs and Practice for Documentary Credits)，开始被绝大多数西方国家银行采用。1974 年国际商会进行了第四次修订，发布了国际商会第 290 号出版物，即 UCP290，并于 1975 年 10 月施行。UCP290 得到了苏联及东欧国家的承认，至此，国际商会的《跟单信用证统一惯例》开始为世界绝大多数国家和地区的银行采用。

由于国际贸易内容的不断变化，以及科技的迅猛发展，国际商会于 1983 年再次修订并发布了国际商会第 400 号出版物——《跟单信用证统一惯例》1983 年修订本(Uniform Customs and Practice for Documentary Credits，1983 Revision，ICC Publication No.400)，1984 年 10 月 1 日起生效实施。1983 年修订本问世后，作为一项裁决跨国信用证纠纷的"法律准则"，得到世界上近 170 个国家和地区近万家银行的广泛认可和采用，成为国际商界、金融界等各界使用信用证结算和处理信用证业务的惯例。

1989 年年底，为适应世界国际贸易运输方式、通信业及电子技术等方面的发展，国际商会对 1983 年修订本进行修订，形成《跟单信用证统一惯例》(国际商会第 500 号出版物，1993 年修订本)，即 UCP500。UCP500 从 1994 年 1 月 1 日起生效，但在使用的过程中暴露出很多缺陷和不足，引发了诸多争议；而且随着国际贸易的发展变化，惯例中的某些规定也不再适应信用证业务的需要。因此，自 2003 年起国际商会启动了对 UCP500 的修订工作，于 2006 年 10 月 25 日形成了《跟单信用证统一惯例》2007 年修订本，即 UCP600。2007 年 7 月 1 日起 UCP600 正式实施。

UCP600 共有 39 个条款。第 1～5 条为 UCP 的适用范围，定义，解释，信用证与合同，单据与货物、服务或履约行为；第 6～13 条为使用方式、截止日和交单地点，开证行责任，保兑行责任，信用证及其修改的通知，修改，电信传输和预先通知的信用证和修改，指定，银行之间的偿付安排；第 14～16 条为单据审核标准，相符交单，不符单据、放弃及通知；第 17～28 条为正本单据及副本，商业发票，涵盖至少两种不同运输方式的运输单据，提单，不可转让海运单，租船合同提单，空运单据，公路、铁路或内陆水运单据，快递收据、邮政收据或投邮证明，"货装舱面""托运人装载和计数""内容据托运人报称"及运费之外的费用，清洁运输单据，保险单据及保险范围；第 29～32 条为截止日或最迟交单日的顺延，信用证金额、数量与单价的增减幅度，分批支款或分批装运，分期支款或分期装运；第 33～37 条为交单时间，关于单据有效性的免责，关于信息传递和翻译的免责，不可抗力，关于被指示方行为的免责；第 38 条是可转让信用证；第 39 条是款项让渡。

虽然不具有强制性，但《跟单信用证统一惯例》已被世界绝大多数国家与地区的银行和贸易界、法律界所接受，成为通用的国际惯例。各国银行开出的信用证均在条款上注明是根据国际商会《跟单信用证统一惯例》第 600 号出版物开立的，UCP600 成为国际经贸交流中处理信用证业务的重要规则。

二、《〈跟单信用证统一惯例〉电子交单补充规则》

《跟单信用证统一惯例》中的很多条款不对电子交单产生影响。为了适应电子商务在国际贸易领域的广泛应用，2000 年 5 月，国际商会成立工作组，拟在《跟单信用证统一惯例》(UCP500)的基础上对电子交单等制定一个补充规则；2002 年 4 月 1 日，《〈跟单信用证统一惯例〉电子交单补充规则》(UCP Supplement to UCP500 for Electronic Presentation，国际商会 eUCP1.0 版)生效。《〈跟单信用证统一惯例〉电子交单补充规则》共 12 条，主要条款包括适用范围、《〈跟单信用证统一惯例〉电子交单补充规则》与《跟单信用证统一惯例》(UCP)的关系、定义、格式、交单、审核、拒绝通知、正本与副本、出单日期、运输、交单后电子记录的损坏、eUCP 电子交单的额外免责。

《〈跟单信用证统一惯例〉电子交单补充规则》补充了《跟单信用证统一惯例》只提交纸质单据的规定，从而既可以用电子记录单独提交也可以与纸质单据联合提交。因此，当信用证表明受 eUCP 约束时，eUCP 作为 UCP 的补充适用，而无须明确订入信用证中，但应注明适用的版本。但如果适用 eUCP 和 UCP 而产生不同的结果时，则优先适用 eUCP。

《跟单信用证统一惯例》(UCP600)生效后，国际商会把《〈跟单信用证统一惯例〉电子交单补充规则》eUCP1.0 版修改为《跟单信用证电子交单统一惯例》(The Uniform Customs and Practice for Documentary Credits for Electronic Presentation，eUCP1.1)，作为UCP600 的补充规则。在电子交单或电子和纸质单据混合方式提交时，要同时使用 eUCP和 UCP600 两个规则。

三、《开立跟单信用证标准格式》

为统一各国银行信用证的开立办法，国际商会于 1970 年制定了《开立跟单信用证标准格式》(Standard Form for the Issuing of Documentary Credit)，包括开立不可撤销跟单信用证标准格式——致受益人(The Standard Form for the Issuing of Documentary Letter of Credit-Advice for the Beneficiary)、开立不可撤销跟单信用证标准格式——致通知行(The Standard Form for the Issuing of Documentary Letter of Credit-Advice for the Advising Bank)、不可撤销跟单信用证通知书标准格式(The Standard Form for the Notification of Documentary Letter of Credit)、跟单信用证修改书标准格式(The Standard Form for the Amendment to Documentary Letter of Credit)等四种格式，供信用证的申请人、受益人和银行日常工作使用。

标准跟单信用证申请书格式与标准跟单信用证开证格式是该惯例的主要内容。该惯例包括前言与六个部分。第一部分为一般介绍(绪论、印制格式推荐、单独的格式);第二部分,对申请人的指导注解和标准格式(对申请人的指导注解、对跟单信用证申请书格式分析);第三部分,对银行的指导注解和标准格式(总的观察、跟单信用证和修改书的邮寄、标准跟单信用证开证格式的用途、标准跟单信用证开证格式的填写);第四部分,标准跟单信用证连续格式(标准跟单信用证连续格式的用途、标准跟单信用证连续格式的填写);第五部分,标准跟单信用证修改格式(航空邮寄信用证修改的用途、标准跟单信用证修改格式的填写);第六部分,标准跟单信用证通知格式(标准跟单信用证通知格式的用途)。

为便于《跟单信用证统一惯例》UCP500 的正确实施,国际商会对《开立跟单信用证标准格式》进行了修订,编辑出版了《为 UCP500 制定的新版标准跟单信用证格式》(The New Standard Documentary Credit Forms for the UCP500),即国际商会第 516 号出版物,指导人们如何填写符合《跟单信用证统一惯例》要求的开证申请书和开立信用证。每种格式附有指导注解,以减少信用证各方当事人由于申请开证、开立、通知及修改信用证中的不熟练及不准确而带来的风险。

四、《跟单信用证项下银行间偿付统一规则》

银行间相互偿付是信用证业务流程中一项必不可少的环节。为解决银行间偿付的程序问题,国际商会于 1995 年制定了《跟单信用证项下银行间偿付统一规则》(The Uniform Rules for Bank-to-Bank Reimbursement Under Documentary Credits),即国际商会第 525 号出版物,简称《银行间偿付规则》或 URR525,于 1996 年 7 月 1 日生效。

URR525 包括:总则和定义,责任和义务,偿付授权书、偿付修改书与索偿要求的形式与通知,其他条款等四个部分共 17 条。该规则是对《跟单信用证统一惯例》(UCP500)的实质性补充,是跟单信用证业务项下银行之间进行偿付的通用规则,是规范和统一银行间偿付业务的重要操作标准和依据,有利于推动银行间偿付在世界范围实行和标准化的进程,为全球从事信用证业务的银行所共同遵循。

UCP600 实施以后,国际商会对 URR525 作了一些修订,对不符合 UCP600 表述的文字文句作了变动或增减,于 2008 年 7 月公布了新版《跟单信用证项下银行间偿付统一规则》,即国际商会第 725 号出版物——URR725,2008 年 10 月 1 日生效实施。UCP600 规定:如果信用证规定被指定银行(索偿行)须通过向另一方银行(偿付行)索偿获得偿付,则信用证中必须声明是否按照信用证开立日正在生效的国际商会《银行间偿付规则》办理。

五、《关于审核跟单信用证项下单据的国际标准银行实务》

信用证业务的核心内容就是处理单据。《跟单信用证统一惯例》(UCP500)第 13 条规定,银行应依据"国际标准银行实务"审核单据,但并没有明确指出何为"国际标准银行实务"。国际商会银行技术与惯例委员会于 2000 年 5 月设立了一个工作组,负责将适用《跟单信用证统一惯例》的跟单信用证项下审核单据的国际标准银行实务做法统一解释。2002 年 4 月国际商会推出了《关于审核跟单信用证下单据的国际标准银行实务》(International Standard Banking Practice for the Examination of Documents under Documentary Credits),简称《国际标准银行实务》或 ISBP。2003 年 1 月,ISBP 作为国际商会第 645

号出版物正式出版。

ISBP 包括引言及 200 个条文。引言主要对 ISBP 的产生、作用、范围等问题作了说明；ISBP 的 200 个条文共分为 11 个部分，包括先期问题，一般原则，汇票与到期日的计算，发票，海洋/海运提单(港到港运输)，租船合约提单，多式联运单据，空运单据，公路、铁路或内河运输单据，保险单据和原产地证明。如同 URR525，ISBP 不是对 UCP500 的修改，而是对 UCP500 的完善、解释和补充。

UCP600 生效后，国际商会对 ISBP 做了修改，于 2007 年推出专门适用于 UCP600 的修订版，即 ISBP681，共 185 条。2013 年 4 月国际商会葡萄牙里斯本春季年会上，通过了新版《关于审核跟单信用证项下单据的国际标准银行实务》，即 International Standard Banking Practice for the Examination of Documents under Documentary Credits subject to UCP 600 (ISBP)(2013 Revision, ICC Publication No. 745)，中文名译为《UCP600 下信用证审单国际标准银行实务》，2013 年修订本，国际商会第 745 号出版物，简称 ISBP745。

ISBP 也是国际商会在信用证领域编纂的重要国际惯例，旨在统一并规范全球各地银行在审核信用证项下单据的不同做法，减少单据的不符点，降低单据的拒付率，使信用证的操作更为简便。ISBP 不仅规定了信用证单据制作和审核所应该遵循的一般原则，而且对跟单信用证的常见条款和单据都做出了具体的规定，对于各国银行、进出口公司正确理解和使用 UCP600，统一和规范各国信用证审单实务，减少拒付争议的发生具有重要的意义，也是法律界处理相关纠纷的重要依据。

国际商会制定的有关信用证规则还有一些，如国际商会第 515 号出版物《国际商会跟单信用证指南》。准确理解并在国际贸易中正确使用这些规则，对规范信用证业务、促进对外贸易的发展有着重要意义。

思 考 题

一、名词解释

信用证、SWIFT 信用证、议付、承付、被指定银行、保兑信用证、预支信用证、假远期信用证、对开信用证、对背信用证

二、简答题

1. 简述信用证的特点与作用。
2. 信用证的基本当事人有哪些？简单介绍各自的权责及彼此之间的关系。
3. SWIFT 信用证的开立和修改报文格式有哪几个？
4. 背对背信用证与可转让信用证有何区别？
5. 信用证有哪些分类？结合 UCP600 分别说明其基本含义。
6. 比较开证行与保兑行的区别。

三、分析题

1. 第五章开篇的案例中，开证行日本三菱东京联合银行应否付款？买方能否索赔？
2. 以下为一份信用证样本，说明其中各项内容。

Issue of a Documentary Credit	BKCHCNBJA08E SESSION: 000 ISN: 000000 BANK OF CHINA LIAONING NO. 5 ZHONGSHAN SQUARE ZHONGSHAN DISTRICT DALIAN CHINA	
Destination Bank	KOEXKRSEXXX MESSAGE TYPE: 700 KOREA EXCHANGE BANK SEOUL 178.2 KA, ULCHI RO, CHUNG-KO	
Form of Documentary Credit	40A	IRREVOCABLE
Documentary Credit Number	20	LC84E0081/12
Date of Issue	31C	120916
Applicable Rules	40E	UCP LATEST VRESION
Date and Place of Expiry	31D	121015 KOREA
Applicant Bank	51a	BANK OF CHINA LIAONING BRANCH
Applicant	50	DALIAN WEIDA TRADING CO., LTD.
Beneficiary	59	SANGYONG CORPORATION CPO BOX 110 SEOUL KOREA
Currency Code, Amount	32B	USD 1146725,04
Available with...by...	41D	ANY BANK BY NEGOTIATION
Drafts at...	42C	45 DAYS AFTER SIGHT
Drawee	42a	BANK OF CHINA LIAONING BRANCH
Partial Shipments	43P	NOT ALLOWED
Transshipment	43T	NOT ALLOWED
Shipping on Board/Dispatch/ Packing in Charge at/ from	44A	RUSSIAN SEA
Transportation to	44B	DALIAN PORT, P.R.CHINA
Latest Date of Shipment	44C	120913
Description of Goods or Services	45A	FROZEN YELLOWFIN SOLE WHOLE ROUND (WITH WHITE BELLY) USD770/MT CFR DALIAN QUANTITY: 200MT ALASKA PLAICE (WITH YELLOW BELLY) USD600/MT CFR DALIAN QUANTITY: 300MT

Documents Required	46A 1.SIGNED COMMERCIAL INVOICE IN 5 COPIES. 2.FULL SET OF CLEAN ON BOARD OCEAN BILLS OF LADING MADE OUT TO ORDER AND BLANK ENDORSED, MARKED "FREIGHT PREPAID" NOTIFYING LIAONING OCEAN FISHING CO., LTD. TEL:(86)411-3680288. 3.PACKING LIST/WEIGHT MEMO IN 4 COPIES INDICATING QUANTITY/GROSS AND NET WEIGHTS OF EACH PACKAGE AND PACKING CONDITIONS AS CALLED FOR BY THE L/C. 4.CERTIFICATE OF QUALITY IN 3 COPIES ISSUED BY PUBLIC RECOGNIZED SURVEYOR. 5.BENEFICIARY'S CERTIFIED COPY OF FAX DISPATCHED TO THE ACCOUNTEE WITHIN 3 DAYS AFTER SHIPMENT ADVISING NAME OF VESSEL, DATE, QUANTITY, WEIGHT, VALUE OF SHIPMENT, L/C NUMBER AND CONTRACT NUMBER. 6.CERTIFICATE OF ORIGIN IN 3 COPIES ISSUED BY AUTHORIZED INSTITUTION. 7.CERTIFICATE OF HEALTH IN 3 COPIES ISSUED BY AUTHORIZED INSTITUTION.
Additional Conditions	47A 1.CHARTER PARTY B/L AND THIRD PARTY DOCUMENTS ARE ACCEPTABLE. 2.SHIPMENT PRIOR TO L/C ISSUING DATE IS ACCEPTABLE. 3.BOTH QUANTITY AND AMOUNT 10 PERCENT MORE OR LESS ARE ALLOWED.
Charges	71B　ALL BANKING CHARGES OUTSIDE THE OPENING BANK ARE FOR BENEFICIARY'S ACCOUNT.
Period for Presentation	48　DOCUMENTS MUST BE PRESENTED WITHIN 15 DAYS AFTER THE DATE OF ISSUANCE OF THE TRANSPORT DOCUMENTS BUT WITHIN THE VALIDITY OF THE CREDIT.
Confirmation Instructions	49　WITHOUT
Instructions to the Paying/ Accepting/Negotiating Bank	78 1.ALL DOCUMENTS TO BE FORWARDED IN ONE COVER, UNLESS OTHERWISE STATED ABOVE. 2.DISCREPANT DOCUMENT FEE OF USD 50.00 OR EQUAL CURRENCY WILL BE DEDUCTED FROM DRAWING IF DOCUMENTS WITH DISCREPANCIES ARE ACCEPTED.
"Advising Through" Bank	57A　KOEXKRSEXXX MESSAGE TYPE: 700 KOREA EXCHANGE BANK SEOUL 178.2 KA, ULCHI RO, CHUNG-KO

第六章 信用证业务

通过本章的学习,应在了解信用证一般业务流程的基础上,掌握进口信用证与出口信用证的基本程序,学会填写开证申请书和审核信用证,通晓银行审核单据的原则、方法及不符单据的处理办法等信用证业务,了解出口单据制作和出口索偿的基本要求,掌握信用证项下获得银行资金融通的各种方法。

引导案例

2012 年 3 月,国内 A 公司与某国 B 公司达成 5000 吨大豆的出口合同,约定采用即期信用证方式结算。5 月,B 公司按合同规定通过香港东亚银行开出一份不可撤销信用证,受益人为 A 公司,开证申请人为 B 公司,开证行为香港东亚银行,议付行为中国银行某分行,信用证的有效期为 2012 年 6 月 30 日,货物的装运期为 6 月 15 日之前。5 月底,B 公司通过东亚银行发来修改电,要求货物分两批分别于 6 月 20 日、30 日出运,信用证的有效期展延至 7 月 15 日,中国银行分行及时将信用证的修改通知了受益人。6 月 30 日,A 公司将 5000 吨大豆装船出运,在备齐了信用证所要求的单据后,于 7 月 3 日向中行分行交单并要求议付。你知道议付行会怎样处理吗?

该案例涉及信用证的多方面业务知识,包括签约、开立信用证、修改信用证、通知信用证以及交单议付等。

第一节 信用证结算的一般业务流程

一、贸易合同中信用证条款的约定

(一)信用证支付条款

进出口商约定采用信用证结算货款,应在合同中对开证时间、开证行、受益人以及信用证的种类、金额、到期日等内容进行明确规定。若进出口双方的业务有约成习惯或做法,有时也可对信用证结算条款作简单订立,如"凭不可撤销即期跟单信用证付款"(Payment under irrevocable documentary sight credit)、"以不可撤销信用证见票后 60 日付款"(By irrevocable credit at 60 days after sight)、"以不可撤销信用证提单日后 30 日付款"(By irrevocable L/C at 30 days after the date of B/L)等。

例 6-1:即期信用证条款。"买方应通过卖方可接受的银行在装运月份前 30 天开立以卖方为受益人的不可撤销信用证并送达卖方,凭即期跟单汇票于装运后 15 天内在中国议付。"(The buyer shall open through a bank acceptable to the seller an irrevocable letter of credit in favor of the seller and to reach the seller 30 days before the month of shipment, to be available by a draft at sight and to be valid for negotiation in China until the 15 days after shipment.)

例 6-2：远期信用证条款。"买方应于装运月份前 30 天开立以卖方为受益人的不可撤销信用证，凭见票后 30 天付款的汇票于装运后 15 天内在中国议付。上述信用证必须于合同规定的装运期前 15 天抵达卖方。"(The buyer shall open an irrevocable letter of credit in favor of the seller 30 days before the month of shipment, to be available by a draft at 30 days sight and to be valid for negotiation in China until the 15 days after shipment. The L/C must reach the seller 15 days before the month of shipment as stipulated in the contract.)

例 6-3：循环信用证条款。"买方应通过为卖方可接受的银行于第 1 批装运月份前 30 天开立并送达卖方不可撤销的即期循环信用证。该证在 2016 年期间每月自动可供 20 000 美元，并保持有效期至 2017 年 1 月 15 日在北京议付。"(The buyer shall open through a bank acceptable to the seller an irrevocable revolving letter of credit at sight to reach the seller 30 days before the month of first shipment. The credit shall be automatically available during the period of 2016 for 20 000 US Dollar per month, and remain valid for negotiation in Beijing until Jan. 15th, 2017.)

(二)信用证与汇付方式结合使用

信用证与汇付方式结合使用，是指在一笔交易中，部分货款用信用证方式支付，余额以汇付方式支付。结合使用的做法有以下两种。

(1) 汇付部分通常用作定金或预付款，在装运货物前支付。如延期付款方式中，预付部分以汇付方式支付，剩余部分可采用信用证方式分期支付。

(2) 有时也可根据交易商品的特点，采取即期信用证结算货款，在交货后以汇付方式结算余数(或差额)。如在矿砂、粮食等大宗初级产品交易中，因货物数量与质量等难以控制，所以双方可以约定：信用证规定凭货运单据先付总货款的若干成，等货到目的地后再根据检验核实的数量与质量，计算出确切的金额后，将余额以汇付方式支付给出口商。

合同中若约定采用信用证与汇付相结合的方式，必须注意要明确规定使用何种信用证、何种汇付方式以及采用信用证方式支付金额的比例等。

例 6-4："凭以电汇汇给卖方总金额 20%的预付货款装运。买方必须于装运月份前 15 天送达卖方不可撤销信用证，凭即期跟单汇票于装运后 15 天内在中国议付 80%的发票金额。"(Shipment to be made subject to all advance payment amounting 20% to be remitted in favor of the seller by T/T. The buyer shall open an irrevocable L/C to reach the seller 15 days before the month of shipment and to be available by a draft at sight and to be valid 80% of the invoice value for negotiation in China until the 15 days after shipment.)

(三)信用证与托收方式结合使用

信用证与托收方式结合使用，又称"部分信用证、部分托收"，是指一笔交易的部分货款用信用证方式结算，余额以付款交单托收方式支付。其基本做法是：在信用证中规定出口商开立两张汇票，属于信用证部分货款凭光票付款，全套货运单据附在托收部分的汇票项下，按即期或远期付款交单方式托收。

部分信用证、部分托收的使用，对进口商来说能够减轻开证负担，对出口商来讲也因其有严格的交单条件规定，能够保证收汇的安全。使用时应注意明确信用证的种类与金额以及托收方式的种类，并在合同中订有"在发票金额全部付清后才可交单"或类似条款，以保障出口商的收汇。

例 6-5："买方须在装运月份前××天送达卖方不可撤销信用证，规定××%的发票金额凭即期光票支付，其余××%见票立即付款交单。全套货运单据随附于托收项下，在发票金额全部付清后才可交单。如托收金额被拒付，开证行应掌握单据凭卖方指示处理。"(The buyer shall open an irrevocable letter of credit to reach the seller ×× days before the month of shipment, stipulating that ××% of the invoice value available against clean draft, while the remaining ××% against the draft at sight under D/P. The full set of shipping documents shall accompany the collection item, and shall only be released after full payment of the invoice value. In case of non-payment of the invoice value in collection item, the documents shall be held by the issuing bank at the seller's disposal.)

(四)信用证与其他方式结合使用

国际交易中，信用证方式还可以与银行保函或备用信用证，以及国际保理、福费廷等结合使用，后面相关章节中再作介绍。

二、即期信用证结算的一般业务流程

即期信用证是国际贸易中最常见的一种信用证，表现在开证行或指定银行收到相符的单据后立即付款。其一般结算业务流程如图6-1所示。

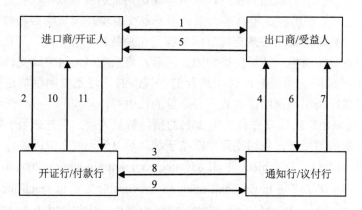

图6-1 即期信用证结算的一般业务流程

说明：

1. 交易双方签订进出口合同，约定采用即期信用证方式结算货款。
2. 开证申请人填具开证申请书，交纳押金或提供担保，要求开证行开立信用证。
3. 开证行根据开证申请书开出以出口商为受益人的信用证，并寄送通知行。
4. 通知行核对密押或印鉴无误后，通知受益人信用证已开到。

5. 受益人审证确认无异议后，根据信用证规定对进口商发运货物(若对信用证的内容持有异议，可提出修改要求)。

6. 受益人开立汇票，连同货运单据等在信用证规定的期限内送议付行办理议付。

7. 议付行根据信用证条款审核单据无误后，向受益人议付货款。

8. 议付行将汇票与货运单据等寄交开证行或其指定的付款行，索偿垫付款项。

9. 开证行或付款行核对单据等无误后，向议付行付款。

10. 开证行通知开证申请人验单付款。

11. 开证申请人验单无误后，向开证行付款取得货运单据，用以接收货物。

三、银行承兑远期信用证结算的一般业务流程

银行承兑远期信用证(Banker's Acceptance Credit)是由开证行或其指定的承兑行，对受益人开立的远期信用证项下汇票进行承兑。一般由出口地议付行或寄单行对受益人交来的符合信用证规定的远期汇票和单据进行审查，无误后再送交开证行或承兑行请求承兑；开证行或承兑行承兑汇票后，留下单据，退还汇票或保管汇票，承担汇票到期时履行付款义务。如果承兑行是出口地银行，承兑后退还汇票给受益人，在汇票到期日由受益人向承兑行提示要求付款；如果承兑行与受益人处于异地，则通常是向议付行或寄单行发出承兑通知书或通知电，通知汇票已承兑及到期日，自行保管汇票(也可退还给出口方)至到期日付款。

承兑汇票后，承兑行对信用证项下的汇票承担票据法上的无条件付款责任。因此，在汇票到期前，受益人或议付行可持承兑汇票向当地贴现市场进行贴现，如当地无贴现市场，可向承兑行要求贴现，或于汇票到期日再向承兑行兑款。所以这种信用证是出口商及银行给予进口商的一种融通资金的方式，实务中进口商对这类信用证的需求很大。其一般结算业务流程如图6-2所示。

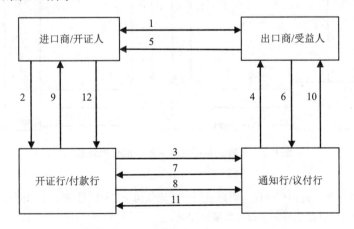

图6-2 银行承兑远期信用证结算的一般业务流程

说明：

1. 交易双方签订进出口合同，约定采用远期信用证方式结算货款。

2. 开证申请人填具开证申请书，交纳押金或提供担保，要求开证行开立信用证。

3. 开证行开出以出口商为受益人的信用证，并寄送通知行。

4. 通知行向受益人通知信用证已开到。

5. 受益人审证确认无异议后，根据信用证规定对进口商发运货物。

6. 受益人开立远期汇票，连同货运单据等在信用证规定期限内送议付行办理议付。

7. 议付行根据信用证条款审核单据无误后，按信用证指示将汇票和单据寄承兑行(开证行或其指定银行)请求承兑。

8. 承兑行审单无误后承兑汇票，留下单据，退还汇票(或发承兑电)给议付行。

9. 开证行通知开证申请人验单，开证申请人取得货运单据，用以接收货物。

10. 议付行收到承兑行的承兑后，应受益人的请求向受益人议付货款(贴现汇票)。

11. 议付行于汇票到期日向承兑行兑款。

12. 开证申请人于汇票到期日向开证行付款。

四、可转让信用证结算的一般业务流程

UCP600 规定，可转让信用证必须使用正确的名称"Irrevocable Transferable Documentary Credit"，且必须通过转让行进行转让。转让行是指办理信用证转让的被指定银行，或者是由开证行特别授权并办理转让信用证的银行。开证行也可担任转让银行，通常是授权通知行为转让行。转让行的责任是在同意转让范围和转让方式及收取第一受益人支付的转让费后，将原始信用证内容(Original Credit)和第一受益人的转让申请书内容转换到转让信用证(Transferable Credit)，并通知第二受益人，在收到开证行的付款后支付第二受益人的货款和第一受益人的差价。可转让信用证结算的一般业务流程如图 6-3 所示。

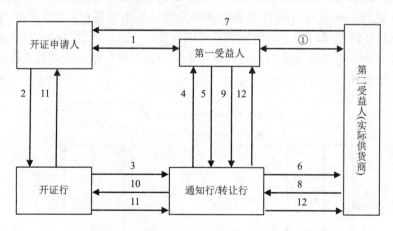

图 6-3　可转让信用证结算的一般业务流程

说明：

1. 交易双方签订进出口合同，约定采用可转让信用证方式。①表示中间商与实际供货商签订合同，将信用证转让给实际供货商办理装运交货。

2. 开证申请人填具开证申请书，交纳押金或提供担保，要求开证行开立可转让信用证。

3. 开证行根据开证申请书开出以中间商为受益人的可转让信用证，并寄送通知行。

4. 通知行核对密押或印鉴无误后，向受益人(中间商)转交信用证并指示转让。

5. 受益人审证确认无异议后，指示通知行(转让行)开立转让信用证。

6. 转让行开出以实际供货商为受益人的转让信用证，并通知供货商(第二受益人)。

7. 第二受益人根据信用证规定向进口商出运货物。

8. 第二受益人备齐单据向转让行交单议付。

9. 第一受益人在接到转让行通知后，向转让行更换单据。

10. 转让行将第一受益人提供的发票、汇票等单据以及第二受益人提供的其他单据寄往开证行索偿。

11. 开证行审单无误，对转让行偿付款项，并通知进口商验单付款。

12. 转让行支付第二受益人的货款和第一受益人的差价。

五、对背信用证结算的一般业务流程

通常中间商转售他人货物赚取价差，或两国的进口商与供应商之间由于某种原因不能直接通商或来往，需通过中间商来沟通贸易时，若中间商不愿将货源或商业渠道公开，可使用对背信用证。即：中间商分别与进口商、出口商签订以信用证方式结算的合同，与进口商签订的合同称第一份合同，依此合同所开具的信用证称为原始信用证(Original Credit)或主要信用证(Master Credit)；与出口商签订的合同称第二份合同，依此合同所开具的信用证即对背信用证。原始信用证的受益人成为对背信用证的开证申请人，其通知行通常即对背信用证的开证行。对背信用证结算的一般业务流程如图6-4所示。

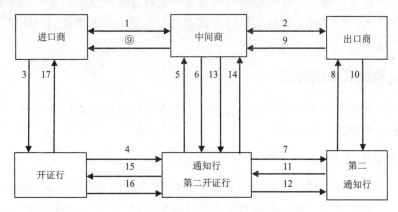

图6-4 对背信用证结算的一般业务流程

说明：

1. 中间商与进口商签订出口合同，约定采用信用证方式结算货款。

2. 中间商与出口商(实际供货商)签订进口合同，约定采用信用证方式结算货款。

3. 进口商填具开证申请书，要求开证行开立信用证。

4. 开证行开出以中间商为受益人的原始信用证，并寄送通知行。

5. 通知行向受益人(中间商)通知信用证已开到。

6. 受益人审证无异议后，以原始信用证为依据，向通知行(第二开证行)申请开立信用证(对背信用证)。

7. 第二开证行开出以出口商(实际供货商)为受益人的信用证，并寄送第二通知行。

8. 第二通知行向出口商通知信用证已开到。

9. 出口商根据对背信用证规定出运货物。⑨表示货物出运至进口商。

10. 出口商备齐单据向第二通知行交单议付。

11. 第二通知行将出口商提供的发票、汇票等单据寄往第二开证行索偿。

12. 第二开证行审单无误后，借记中间商账户，对第二通知行偿付款项，并通知中间商验单、更换单据。

13. 中间商向通知行(第二开证行)交单议付。

14. 通知行审核中间商更换的单据无误后，办理议付。

15. 通知行向开证行寄单索偿。

16. 开证行审单无误后，对通知行偿付款项。

17. 开证行通知进口商验单付款。

第二节　信用证方式在进口贸易中的应用

进口贸易中采用信用证方式对外支付货款，也就是说的进口开证业务。进口开证业务主要有开立信用证、修改信用证与对外付款(或承兑)三个基本环节。

一、开立信用证

作为开证申请人，进口商必须根据合同规定向银行要求开立信用证。由于开证行是信用证的第一付款人，所以开证行必须严格依据进口商递交的开证申请书，完整、准确、及时地开出信用证。

(一)开证申请人申请开证

该业务中，开证申请人有两个主要的业务：按合同规定填写进口开证申请书；按银行规定交纳押金或提供必要的担保。

1. 进口开证申请书示样

开证申请书是进口商根据进口合同要求进口地银行(开证行)开立信用证的申请书，它是银行开立信用证的原始依据。进口商要向银行递交进口合同的副本以及所需附件，如进口许可证等，并根据银行规定的统一开证申请格式，填写申请书一式三份。开证申请书主要包括正面和背面两部分内容(见示样 6-1)：正面是开证申请人对信用证的要求，即开证申请人按照买卖合同要求在信用证上列明的条款；背面是开证申请人对开证行的声明，用以明确双方的责任。另外，一些银行还要求与申请人订立偿付协议(Reimbursement Agreement)，以明确开证申请人和开证行的权利和义务。

2. 开证申请书的填制

开证申请书有网上填写和填制纸质申请书两种情况，其方法及要求基本一致。这里主要结合示样 6-1 加以介绍。

示样 6-1 开证申请书

不可撤销跟单信用证申请书(正面)

IRREVOCABLE DOCUMENTARY CREDIT APPLICATION

To: Date:

□Issued by airmail □With brief advice by teletransmission □Issued by express delivery □Issued by teletransmission (which shall be the operative instrument)	Credit No. Date and place of expiry
Applicant	Beneficiary (full name and address)
Advising Bank	Amount

Partial shipments □allowed □not allowed	Transshipment □allowed □not allowed	Credit available with by

Loading on board / dispatch / taking in charge at / from
 	
not later than
 	
for transportation to
		□ sight payment □ acceptance □ negotiation
		□ deferred payment at_____
		  against the documents detailed herein
		□ and beneficiary's draft for___% of the invoice value
		  at_____sight
		  drawn on_____

□ FOB □ CFR □ CIF □ or other terms		

Documents required：(marked with "×")

1.( ) Manually signed Commercial Invoice in_____copies indicating this L/C No. and Contract No.(Photo copy and carbon copy not acceptable as original).

2.( ) Full set (included____original and____non-negotiable copies)of Clean On Board Ocean Bills of Lading made out to order and blank endorsed, marked "freight____" and "Notifying _____".

3.( ) Air Waybills showing "freight_____" and consigned to _____.

4.( ) Rail Waybills showing "freight_____" and consigned to _____.

5.( ) Memorandum issued by_____consigned to _____.

6.( ) Full set (included_____original and_____copies)of Insurance Policy/Certificate for 110% of the invoice value, showing claims payable in China, in currency of the L/C , blank endorsed, covering([   ]ocean marine transportation/[   ]air transportation/[   ] over land transportation) [   ]ICC(A)/ [   ]All Risks(CIC) and War Risks.

7.( ) Weight Memo/Packing List in____original and____copies issued by_____, indicating quantity/gross and net weights of each package and packing conditions as called for by the L/C.

8.( ) Certificate of Quantity/Weight in____original and____copies issued by _____, indicating the actual surveyed quantity/weight of shipped goods as well as the packing condition.

9.( ) Certificate of Quality in____original and____copies indicating _____, issued by_____.

10.( ) Beneficiary's certified copy of cable/telex dispatched to the applicant within _____hours after shipment advising [   ] name of vessel/[   ]flight No./[   ]wagon No., date, quantity, weight and value of shipment.

11.( ) Certificate of Origin in____original and____copies issued by _____.

Other documents, if any:

Description of goods:

Additional instructions:

1. ( ) The credit is subject to UCP600.
2. ( ) All banking charges outside the opening bank are for beneficiary's account.
3. ( ) Documents must be presented within ___days after the date of issuance of the transport documents but within the validity of this credit.
4. ( ) Third party as shipper is not acceptable. Short Form / Blank Back B/L is not acceptable.
5. ( ) Both quantity and credit amount____% more or less are allowed.
6. ( ) All documents must be forwarded in one cover, unless otherwise stated above.
   ( ) Other terms, if any:

Account No. :　　　　　　with_____(name of bank)
Transacted by:
Telephone No.:　　　　　　(Applicant: name, signature of authorized person)
　　　　　　　　　　　　　　　　(with seal)

开证申请人承诺书(开证申请书背面)

中国银行:

我公司已办妥一切进口手续,现请贵行按我公司开证申请书内容(见背面英文)开出不可撤销跟单信用证,为此我公司愿不可撤销地承担有关责任如下:

一、我公司同意贵行依照国际商会第 600 号出版物《跟单信用证统一惯例》办理该信用证项下一切事宜,并同意承担由此产生的一切责任。

二、我公司保证按时向贵行支付该证项下的货款、手续费、利息及一切费用等(包括国外受益人拒绝承担的有关银行费用)所需的外汇和人民币资金。

三、我公司保证在贵行单到通知书中规定的期限之内通知贵行办理对外付款/承兑,否则贵行可认为我公司已接受单据,同意付款/承兑。

四、我公司保证在单证表面相符的条件下办理有关付款/承兑手续。如因单证有不符之处而拒绝付款/承兑,我公司保证在贵行单到通知书中规定的日期之前将全套单据如数退还贵行并附书面拒付理由,由贵行按国际惯例确定能否对外拒付。如贵行确定我公司所提拒付理由不成立,或虽然拒付理由成立,但我公司未能退回全套单据,或拒付单据退到贵行已超过单到通知书中规定的期限,贵行有权主动办理对外付款/承兑,并从我公司账户中扣款。

五、该信用证及其项下业务往来函电及单据如因邮、电或其他方式传递过程中发生遗失、延误、错漏,贵行当不负责。

六、该信用证如需修改,由我公司向贵行提出书面申请,由贵行根据具体情况确定能否办理修改。我公司确认所有修改当由信用证受益人接受时才能生效。

七、我公司在收到贵行开出的信用证、修改书副本后,保证及时与原申请书核对,如有不符之处,保证在接到副本之日起，两个工作日内通知贵行。如未通知，当视为正确无误。

八、如因申请书字迹不清或词意含混而引起的一切后果由我公司负责。

开证申请人：

(签字盖章)

To(致)。为方便申请人，各银行印制的申请书上事先都会印就开证行的名称、地址、银行的 SWIFT Code、TELEX No.等信息也可同时显示。

Date(申请开证日期)。在申请书右上角填写实际申请日期，如 2018-05-15。如合同规定开证日期，就必须在规定期限内开立信用证，以免卖方收到信用证后无法在合同规定的装运期内出运货物。由于银行接受开证申请书后，需经过一定的工作流程方可正式开出信用证，所以进口商应提早制作开证申请书，以便银行按时开出信用证。否则，如果市场行情看涨，卖方可能以开证不及时为由取消合同，拒绝交货。若合同没有明确规定开立信用证的时间，依照惯例，买方可以在装运期前的一段合理时间内开出信用证，最迟应该在装运期开始的前 1 个月开证。

开证方式。包括四个选项，在有关项目前的"□"中打"×"表示选中。

(1) Issued by airmail。以信开形式开立信用证。选用此种方式，开证行以航邮将信用证寄给通知行。

(2) With brief advice by teletransmission。以简电形式开立信用证。选用此种方式，开证行将信用证主要内容发电预先通知受益人，银行承担必须使其生效的责任，但简电本并非信用证的有效文本，不能凭以议付或付款，银行随后寄出的"证实书"才是正式的信用证。

(3) Issued by express delivery。以信开形式开立信用证。选用此种方式，开证行以快递(如 DHL)将信用证寄给通知行。

(4) Issued by teletransmission(which shall be the operative instrument)。以全电形式开立信用证。选用此种方式，开证行将信用证的全部内容加密押后发出，该电讯文本为有效的信用证正本。如今大多用此方式开立信用证。

Credit No.(信用证号码)。信用证号码由银行填写，一些申请书中还可能要求申请人填写合同号(Contract No.)。

Date and place of expiry(到期日期和地点)。填写信用证的有效期及到期地点。有效期是指交单的最后一天，其长短应视交易情况而定，太短可能会引起展期的麻烦，太长会产生额外的银行费用。要注意与合同装运期之间的对应关系，如果合同中没有明确规定交单期限，一般应将信用证到期日规定在最后装运日后的 10~15 天。到期地点即交单地点，是指使用信用证的被指定银行所在地的国家或地区，通常为受益人所在国家或地区。

Applicant(开证申请人)。填写申请人的全称及详细地址，有的申请书中要求注明联系电话、传真号码等。

Beneficiary(受益人)。填写受益人的全称及详细地址。

Advising Bank(通知行)。由开证行填写，包括其名称及 SWIFT Code。如果进、出口商在订立合同时，坚持指定通知行，可提供给开证行在选择时参考。

Amount(信用证金额)。需说明信用证币别及金额，注意与合同金额的一致性。应分别用小写和大写两种形式表示，并注意书写规范，如：

USD89600

SAY U.S.DOLLARS EIGHTY NINE THOUSAND SIX HUNDRED ONLY.

如果允许有一定比率的上下浮动，要在信用证中明确表示出来。对于合同中规定交货数量及金额的溢短装条款，可以在申请书中同样加上金额的浮动条款，或按合同最高溢装数量时对应的金额填写。

运输条款。应根据合同的实际规定和运输情况，选择是否允许分批装运(Partial shipment)与转运(Transshipment)，并在有关选项前的"□"中打"×"；在"Loading on board/dispatch/taking in charge at/from"栏目下，填写货物的装运地/港；在"not later than"栏目下，填写最迟装运期，注意该日期应在开证日期之后、信用证有效期之前；在"for transportation to"栏目下，填写货物发往的目的地/港。

有些申请书中还会出现"Place of taking in charge/dispatch from…/place of receipt"(起运地/发货地/收货点)、"Place of final destination/ place of delivery"(最终目的地/运往…/交货地点)以及转运地/港等，应根据合同规定和实际运输情况填写。

Credit available with ____ by ____(兑付方式)。填写办法如下：

(1) "Credit available with"后填写兑付银行的名称，即押汇银行(出口地银行)名称。如果信用证为自由议付信用证，可填写"any bank in____(地名或国名)"；如果该信用证为自由议付信用证，而且对议付地点也无限制时，可填写"any bank"。

(2) 在"by"下方所提供的即期、承兑、议付和延期付款四种信用证兑付方式中，选择与合同要求一致的类型。勾选"sight payment"，表示开具即期付款信用证；勾选"acceptance"，表示开具承兑信用证；勾选"negotiation"，表示开具议付信用证；勾选"deferred payment"，表示开具延期付款信用证，需要写明延期多少天付款，如"at 60 days from B/L date"(提单日期后 60 天付款)。

(3) 汇票要求。"Against the documents detailed herein□and beneficiary's drafts for ___% of invoice value at_____sight drawn on_____"可以解释为："连同下列单据，受益人作成发票金额_____ %、_____天、以_____为付款人的汇票"。如果需要汇票，则在 and 前的"□"中用"×"标明。其中，"for_____% of invoice value"为汇票金额，应根据合同规定填写为发票金额的一定百分比；"at_____sight"为付款期限，填写具体的天数，若为即期则需要在横线上填"***"，不能留空；"drawn on_____"的横线上填写指定付款人，应为开证行或指定的付款行。如：

"against the documents detailed herein

☒ and beneficiary's draft for 100% of invoice value at***sight drawn on THE CHARTERED BANK."

延期付款信用证不需汇票，不需要填写此项。

如果合同对付款方式没有特殊要求，一般选择议付。

Price term(贸易术语)。根据合同内容在申请书的四个选项中选择或填写相关价格条款，应注意跟货物描述一致，也必须与相应的单据要求、费用负担及表示方法一致。也有的申请书没有单列贸易术语，应该在货物描述中列出。

Packing(包装条款)。有些申请书中还会出现"Packing"(包装)选项，如果需要，根据合同要求填写。也有的申请书将此条款与货物描述合并。

Documents required(需要提交的单据)。信用证业务是纯单据业务，应按合同要求在信用证申请书上明确写出所应出具的单据，包括单据的种类、每种单据所表示的内容、正副本的份数、出单人等。各银行提供的申请书中通常已印就部分单据条款，申请人可在所需要的单证前的"□"中用"×"标明，并如实填写对该单据的具体要求(如一式几份、要否签字、正副本的份数、单据中应标明的内容等)。如果申请书印制的要求不完整，可以在其后予以补充。

常见的单据主要有以下几种。

(1) 商业发票(Commercial Invoice)。商业发票必须选择，且标明合同号或信用证号。

(2) 运输单据(包括提单、空运单、铁路运输单据及运输备忘录等)，必须选择一个，并与运输方式相符。如果是海运，通常选择全套清洁已装船海运提单(Clean on Board Bills)，需注明收货人栏的填写方法和背书方式，并根据贸易术语选择运费是"到付"(Collect)还是"已付"(Prepaid)，同时列明被通知人(Notify)的名称和地址，如有需要还应标明运费金额。

如果以 CFR、CIF、CIP、CPT 成交，选择运费应为"freight [×] to prepaid"(运费已付)，如果以 FOB、FCA 成交，选择运费应为"freight [×] to collect"(运费到付)。

空运单和铁路运单只能在收货人栏填写具体收货人名称和地址。如：consigned to ×××company(后附具体地址)。

(3) 保险单/保险凭证(Insurance Policy/Certificate)。如果按 CIF、CIP 成交，必须选择保险单，且正副本份数、投保加成、投保险别等必须与合同要求的一致，要说明背书方式，赔付地应要求在到货港/地或申请人所在的国家或地区，赔付币别通常为信用证或汇票使用的币别。

(4) 装箱单(Packing List)或重量单(Weight Memo)。

(5) 数量/重量证书(Certificate of Quantity/Weight)。

(6) 品质证书(Certificate of Quality)。

(7) 装运通知(Shipping Advice)。

(8) 受益人证明(Beneficiary's Certificate)。

(9) 产地证(Certificate of Origin)。

(10) 其他单据(Other documents, if any)，如合同要求提交超出申请书所列范围的单据可在此处填写。

Description of goods(货物描述)，包括货物的品名、规格、包装、单价、唛头等，相关内容必须与合同内容相一致。价格条款里附带"as per INCOTERMS 2010"，数量条款中规定"more or less"或"about"，使用某种特定包装物等特殊要求必须清楚列明。

Additional instructions(附加指示)。该栏通常体现为以下一些印就的条款，如需要可在条款前打"×"。

(1) The credit is subject to UCP600(本信用证依据 UCP600 开立)。

(2) All banking charges outside the opening bank are for beneficiary's account(开证行以外的所有银行费用由受益人承担)。

(3) Documents must be presented within＿＿＿days after the date of issuance of the

transport documents but within the validity of this credit(单据必须在运输单据日后××天送达银行并且不超过信用证有效期)。

(4) Third party as shipper is not acceptable. Short Form / Blank Back B/L is not acceptable(第三方作为托运人是不能接受的，银行不接受略式提单)。

(5) Both quantity and credit amount＿＿＿＿% more or less are allowed(数量与金额允许＿＿＿＿%增减)。

(6) All docments must be forwarded in one cover，unless otherwise stated above(除非有相反规定，所有单据应一次提交)。

(7) Other terms，if any(其他说明)。对合同涉及但申请书中未印就的条款，还可以进行补充填写，如：

T/T reimbursement is not allowed(不允许电索汇)；

All documents must indicate contract number(所有单据加列合同号码)；

Documents issued prior to the date of issuance of credit are not acceptable(不接受早于开证日出具的单据)；

Forwarder's B/L, house B/L, short B/L, and blank B/L are unacceptable(不接受货代提单、分单、简式提单、空白提单)。

3. 填制申请书需注意的事项

(1) 申请开立信用证前，一定要落实好进口批准手续及外汇来源。

(2) 事先了解国家对所进口商品的有关政策法规要求，以便在申请书中进行约定，避免影响到商品的进口验放、征税。如对动植物及产品的进口报检时，是否需提供出口国官方检疫证书以及原产地证；享受优惠贸易协定项下协定税率或享受特惠税率的进口货物，需要在报关时提供哪些文件给海关，等等。

(3) 开证时要注意"证同一致"。开证必须以贸易合同为依据，但信用证是一个独立的文件，不依附于任何贸易合同，所以不能用"参阅××号合同"为依据，也不能将有关合同附件附在信用证后。如果合同中对信用证条款规定得较简单，一些信用证条款在合同中未明确，如银行费用的划分、通知行、有效期、第三者单据等条款，可以根据贸易惯例，公平、合理地在申请书条款中进行补充或明确，但这些补充条款不得与合同中既有条款有直接的矛盾或不一致。

(4) 申请书中的指示必须完整和明确，且从银行角度看具有可操作性。要将合同规定的条款转化成相应的信用证条款或转化成有关单据，而不能简单地抄录合同条款，出现非单据化条款，因为如申请书中含有某些条件而未列明应提交与之相应的单据，银行将认为未列此条件，而不予理睬。如合同要求"货物须由一艘船龄不超过 15 年的船只来运送"，则可以转化为信用证单据条款"出口方必须提交一份送货船只的船龄证明文件以证明其船龄不超过 10 年"。

(5) 要明确规定各种单据(商业发票、保险单和运输单据除外)出单人的具体名称，规定各单据表述的内容。为保证货物质量，可在开证时规定要求对方提供商检证书，明确货物的规格品质，装船前的检验证书尽量由检验机构或指定商检机构出具，而非卖方出具的报告。

4. 交纳押金或提供必要的担保及开证手续费

开证押金(Deposit for Establishment of L/C)也就是开证保证金，按照国际贸易的习惯做法，除非开证行对开证人有授信额度，开证人向银行申请开立信用证时，应向银行交付相当于信用证金额一定比例的保证金作为开证的条件，以保障银行资金的安全，降低开证行所承担的风险。如开证行对开证人有授信额度或开证额度(Quota for Opening L/C)，在授信额度内，开证行对进口商的开证申请一般不收押金，超过授信额度时则收取押金。开证押金一般为信用证金额的百分之几到百分之几十，由开证行视不同进口商、不同商品、不同信用证等情况而定。如果申请人在开证行没有开立账户，开证行在开立信用证之前很可能要求申请人在其银行存入一笔相当于全部信用证金额的资金。如在开证时未收或未收足押金，开证行有权在以后市场或进口商资信发生变化时，根据开证申请书"偿付协议"条款的规定，向进口商随时要求追加押金，直到百分之百地交足为止。开证人可以以现金、动产或不动产作为保证金，有时也可以请第三者作担保，若开证人破产或逃避债务，不能付款赎单，银行可以向担保人索取赔偿。

另外，进口人在申请开证时，必须按规定支付一定金额的开证手续费。

(二)开证行开证

1. 开证行开证业务的主要内容

(1) 审核进口商申请开证的资格条件。银行审核的内容有两方面：一是进口商是否具备获准经营进出口业务权的法人资格，如果有，是否有足够的现汇资金或批准的外汇用汇计划等。这也是为了确定进口商应交纳保证金的数额。二是进口的商品若属于国家限制进口的，是否有有关部门的批文或进口许可证，且批文或许可证的有效期、商品名称及数量等内容是否与开证申请书中所列的有关内容一致。

(2) 审核进口开证申请书及进口合同。这是保障开证行利益的一项重要工作，主要是审核信用证真实性、申请书表面是否完整以及申请书表面是否有前后矛盾的地方。

信用证开立应具有真实贸易基础。银行虽然只负责审核信用证表面真实性，但也应对照合同仔细进行审查。如开证申请书上的申请人和受益人应分别为合同的买方和卖方，如不一致，应要求申请人提供申请人与买方或受益人与卖方关系的书面说明，如代理协议；开证申请书上的货物描述应与合同中的货物描述一致；进口限制货物是否有许可文件；信用证开证金额是否小于或等于合同金额，等等。

申请书表面完整性。主要是审核开证申请书的有效期及地点、分批装运、转运、启运地(或港)、指运地(或港)、最迟装运期、价格条款、信用证兑付方式、费用承担方式等开证人必选项目，且仅可选择一项，还要注意审核申请书背面是否已加盖申请人财务章、法人章。

申请书表面是否前后矛盾。主要是审核各开证条款是否一致，如有关金额的大写与小写、单价与总金额、价格条款与所要求的单据、唛头及有关港口等。

若有不妥之处，如开证申请书前后内容矛盾，或有关条款与国家的相关规定抵触等，应立即与申请人联系，提出修改意见并要求改正。

(3) 选择通知行。信用证业务中通知行的选择权属于银行，开证行可根据各自的代理行使用原则择定适当的代理行为通知行。我国银行应按国别政策和代理行政策择定通知行。

(4) 缮打信用证。开证申请人具备开证条件，所提交的开证申请书审核无误，押金或担保等手续办妥后，开证行即可开立信用证。信用证缮打完毕经复核无误由银行有权人签字后，即可发往国外通知行。通常信用证副本一份银行自存，一份留交开证申请人。

我国银行在进口结算业务中一般不开立可转让信用证。如果合同成交额或信用证金额较大，需要多家出口商共同组织发货，可以适应这一需要，在信用证特别条款中注明："汇票或单据若由某地区(或某国)工厂商提可以接受，在此情况下，该工厂商即为本证的受益人"(Drafts and documents drawn and…presented by…are acceptable in this case, the drawers will be considered as the beneficiaries of this credit)。

另外，我国银行开出信用证原则上不同意其他第三者银行加具保兑。若国外银行要求由其他第三者银行加具保兑或受益人要求经当地银行保兑时，开证申请人与开证行应婉言拒绝。如果对方的请求是由于其国家有关的政策规定或贸易上的特殊情况，而并非是对我国银行信用的歧视，也可接受受益人的要求同意信用证经当地银行主要是国外分行或代理行加具保兑，有关费用由受益人负担。

2. 开立 SWIFT 信用证

开证行开立信用证使用 MT700/701 电文。除非另有规定，根据该报文通知给受益人或另一家通知行的跟单信用证是已生效的信用证。

SWIFT 信用证的预先通知采用 MT705 报文，用以简要通知信用证的内容。预先通知是未生效的信用证，开证行还需及时发送有效的 MT700/701 报文。如果要求注销MT705，必须发送 MT707，而非 MT792。

拓展阅读

MT700 中相关项目的填写说明

二、修改信用证

开证行开出的信用证经通知行通知受益人，受益人会根据交易合同的规定，对信用证条款及其他内容进行全面审核，以确定是否接受或哪些条款需要修改，即受益人提出修改要求。这类修改只有买方(开证申请人)有权决定是否接受。

另外，开证申请人也可能因改变计划而主动向开证行提出修改信用证的要求。这类修改若属于不可撤销信用证项下，必须征得受益人的同意，即只有卖方(受益人)有权决定是否接受信用证修改。

延伸阅读 6-1

修改信用证

(1) 除本惯例第 38 条(该条为可转让信用证)另有规定外，凡未经开证行、保兑行(如有)以及受益人同意，信用证既不能修改也不能撤销。

(2) 自发出信用证修改书之时起，开证行就不可撤销地受其发出修改的约束。保兑行可将其保兑承诺扩展至修改内容，且自其通知该修改之时起，即不可撤销地受到该修改的约束。然而，保兑行可选择仅将修改通知受益人而不对其加具保兑，但必须不延误地将此情况通知开证行和受益人。

(3) 在受益人向通知修改的银行表示接受该修改内容之前，原信用证(或包含先前已被接受修改的信用证)的条款和条件对受益人仍然有效。受益人应发出接受或拒绝接受修改的通知。如受益人未提供上述通知，当其提交至被指定银行或开证行的单据与信用证以及尚未表示接受的修改的要求一致时，则该事实即视为受益人已做出接受修改的通知，并从此时起，该信用证已被修改。

(4) 通知修改的银行应当通知向其发出修改书的银行任何有关接受或拒绝接受修改的通知。

(5) 不允许部分接受修改，部分接受修改将被视为拒绝接受修改的通知。

(6) 修改书中做出的除非受益人在某一时间内拒绝接受修改，否则修改将开始生效的条款将被不予置理。

(资料来源：根据UCP600第10条修改)

(一)开证人缮制信用证修改申请书

业务中一般是由出口商提出修改信用证要求，修改的内容一般是：延长装运期及信用证有效期；更换出口商的名称和地址；允许转运；增减货物数量或信用证金额；改变保险金额或加成，等等。如果出口商提出改证要求，且进口商也同意修改，进口商应缮制信用证修改申请书(Application for Amendment L/C)，申请书的内容须写明原证的受益人、金额、编号等，并详列各项所需修改的内容及修改书应以什么方式发出等(见示样6-2)，然后提交开证行要求改证。开证行以开证人提交的修改申请书作为修改依据。

示样6-2 信用证修改申请书

中国农业银行 AGRICULTURAL BANK OF CHINA 信用证修改申请书 APPLICATION FOR AMENDMENT	
To: Agricultrual Bank of China Date of Amendment:	Amendment to Our Documentary Credit No. No. of Amendment:
Applicant	Advising Bank
Beneficiary (before this amendment)	Amount

The above mentioned credit is amended as follows:

□Shipment date extended to＿＿＿＿＿＿＿＿＿＿＿＿＿＿

□Expiry date extended to ＿＿＿＿＿＿＿＿＿＿＿＿＿＿＿

□Amount increased/decreased by＿＿＿＿＿＿＿＿＿to＿＿＿＿＿＿＿＿＿＿＿＿＿

□Other terms:

□Banking charges:

All other terms and conditions remain unchanged.	Authorized Signature(s)

This Amendment is subject to Uniform Customs and Practice for Documentary Credits (2007 Revision) International Chamber of Commerce Publication No.600.

(二)开证行审核修改申请书

银行收到开证人的修改申请书后，应将修改要求与原信用证副本对照审核。审核时应注意以下几点。

(1) 修改申请书中所列证号、合同号与受益人名称等是否与原信用证相符。

(2) 信用证金额的变化应与开证保证金的增减相联系。

(3) 限制进口商品的数量或金额的变化应与进口许可证或进口批文等相联系。

(4) 修改后的条款与原证其他条款不得抵触，有时应将修改的条款与原证其他条款同时改动以保证互相衔接，没有矛盾。

(三)缮打信用证修改通知书

银行审核修改申请书无误后，即可缮打修改通知书，并按修改申请书中要求的通知形式送达通知行；通知行收到后，审核通知书的表面真实性，然后将其转达给受益人。受益人在规定的(或合理的)时间内未提出异议，则意味着修改后的信用证生效。

(1) 修改通知一经发出就不能撤销，开证行受此修改的约束；保兑行可以就修改内容加具保兑，也可以不加具保兑，但必须及时通知开证行和受益人。

(2) 有关信用证修改必须通过原信用证通知行才真实有效，通过开证人或其他渠道直接寄送的修改申请书或修改书复印件不是有效的修改。

(3) 如受益人拒绝接受修改，将修改通知书正本退回通知行，并附表示拒绝接受修改的文件，则此项修改不能成立，视为无效。

(四)修改信用证的费用

修改信用证的费用包括银行修改费与通知电信费用，一般按次收取。

要明确修改费用由谁承担。一般按照责任归属来确定修改费用由谁承担：若修改要求系受益人提出，按惯例开证申请人可在修改申请书中注明修改费由受益人负担，银行缮打修改通知书时予以注明；若修改要求系开证申请人提出，则修改费由开证申请人负担。若修改通知书用电传等电信工具传递，则开证行向修改费的负担人收取电信费。

如信用证需延长有效期或增加金额，则按开证行费率表加开证费用。

(五)MT707/708 报文

MT707 是由开证行发送给通知行的报文，也可以由一家通知行发送给另一家通知行或是由转让行发送给通知行的报文，用来通知收报行有关开证行或第三家银行所开立的信用证条款的修改。

当信用证修改内容超过 MT707 报文格式容量时，最多可使用 7 个 MT708 报文展示信用证修改报文内容，且 708 报文展示的内容不能与 707 报文内容重复或冲突。

三、对外付款(或承兑)

信用证业务中，被指定银行、保兑行以及开证行等必须履行审核单据的义务。这里主要结合进口信用证合同履行过程介绍开证行与开证申请人的对外付款(或承兑)环节。这个过程又称审单付汇，即开证行与开证申请人对所收到的索偿通知、寄来的单据等按信用证条款审核无误后，由开证行对外付款(或承兑)，即对外偿付，同时开证申请人向开证行付款(或承兑)赎取单据。审单付汇是信用证项下的进口工作中的重要一环，稍有疏忽就会铸成大错，所以必须慎重。

(一)开证行审单和付款或承兑

信用证是开证行有条件的付款承诺，因此在决定付款前，开证行要确定这个承诺付款的条件是否成立，即受益人通过议付行交来的单据是否符合信用证中的规定，是否符合UCP600 与 ISBP 的相关规定，以做出付款或拒付的决定。

1. 审核单据的基本要求

按《国际标准银行实务》的规定，银行必须合理谨慎地审核信用证的所有单据，以确定其表面上是否与信用证条款相符，只要单据、单证之间不矛盾，即视为单证一致。UCP600 第 14 条规定了按照指定行事的被指定银行、保兑行(如有)以及开证行等审核单据的标准。按要求，开证行必须对提示的单据进行审核，并仅以单据为基础，以决定单据在表面上看来是否构成相符提示，且必须在收到单据次日起至多 5 个银行工作日的合理时间内审核单据以做出提示是否相符的决定，该期限不因单据提示日适逢信用证有效期或最迟提示期或在其之后而被缩减或受到其他影响。例如：按信用证条款，最迟交单日为 3 月25 日，信用证有效期为 3 月 26 日，业务中开证行于 3 月 20 日收到单据，假定 3 月 20 日为星期五，则开证行最迟可于 3 月 27 日决定是否接受单据。

另外，如果收到信用证中未要求提交的单据，开证行将不予置理，可以退还给寄单行。如果信用证中包含某项条件而未规定需提交与之相符的单据，银行将认为未列明此条件，即非单据条件(Non-documentary Condition)，并对此不予置理。

延伸阅读 6-2

UCP 第 14 条：审核单据的标准

a. 按照指定行事的被指定银行、保兑行(如有)以及开证行必须对提示的单据进行审核，并仅以单据为基础，以决定单据在表面上看来是否构成相符提示。

b. 按照指定行事的被指定银行、保兑行(如有)以及开证行，自其收到提示单据的翌日起算，应各自拥有最多不超过五个银行工作日的时间以决定提示是否相符。该期限不因单据提示日适逢信用证有效期或最迟提示期或在其之后而被缩减或受到其他影响。

c. 提示若包含一份或多份按照本惯例第 19 条、20 条、21 条、22 条、23 条、24 条或 25 条出具的正本运输单据，则必须由受益人或其代表按照相关条款在不迟于装运日后的二十一个公历日内提交，但无论如何不得迟于信用证的到期日。

d. 单据中内容的描述不必与信用证、信用证对该项单据的描述以及国际标准银行实务完全一致，但不得与该项单据中的内容、其他规定的单据或信用证相冲突。

e. 除商业发票外，其他单据中的货物、服务或行为描述若需规定，可使用统称，但不得与信用证规定的描述相矛盾。

f. 如果信用证要求提示运输单据、保险单据和商业发票以外的单据，但未规定该单据由何人出具或单据的内容。如信用证对此未做规定，只要所提交单据的内容看来满足其功能需要且其他方面与十四条(d)款相符，银行将对提示的单据予以接受。

g. 提示信用证中未要求提交的单据，银行将不予置理。如果收到此类单据，可以退还提示人。

h. 如果信用证中包含某项条件而未规定需提交与之相符的单据，银行将认为未列明此条件，并对此不予置理。

i. 单据的出单日期可以早于信用证开立日期，但不得迟于信用证规定的提示日期。

j. 当受益人和申请人的地址显示在任何规定的单据上时，不必与信用证或其他规定单据中显示的地址相同，但必须与信用证中述及的各自地址处于同一国家内。用于联系的资料(电传、电话、电子邮箱及类似方式)如作为受益人和申请人地址的组成部分将被不予置理。然而，当申请人的地址及联系信息作为按照第 19 条、20 条、21 条、22 条、23 条、24 条或 25 条出具的运输单据中收货人或通知方详址的组成部分时，则必须按照信用证规定予以显示。

k. 显示在任何单据中的货物的托运人或发货人不必是信用证的受益人。

假如运输单据能够满足本惯例第 19 条、20 条、21 条、22 条、23 条或 24 条的要求，则运输单据可以由承运人、船东、船长或租船人以外的任何一方出具。

2. 正常单据的处理

正常单据是指受益人通过指定银行提交的单据符合信用证条款且单单之间完全一致。开证行审核国外寄来的单据无误后，应按照信用证中的承诺，向国外寄单行或议付行、付款行、承兑行等偿付其垫付款项，即对外付款或承兑。实际业务中开证行一般要征询开证申请人对单据的意见，但原则上无论申请人如何考虑，只要单证相符开证行就有权决定对外付款。

3. 不符单据的处理

不符单据是指银行审核受益人提交的单据或受益人通过指定银行提交的单据时，发现单证不符与/或单单不符。UCP600 第 16 条对开证行、保兑行、指定银行审核单据发现不符点后如何行事作了详细的规定。

开证行对不符单据及其处理通常有以下两种情况。

一种是国外议付行议付单据时发现不符单据，向开证行说明不符点。开证行首先应审核议付行通知的不符点，以确认是否确实单证不符。对不符单据要与开证申请人联系，以确认开证申请人是否接受单据，并将对不符单据的处理意见及时电复议付行。

另一种是开证行审单时发现不符单据。开证行审单时发现单证不符与/或单单不符的问题且不能接受时，可以作如下处理。

(1) 通知议付行或通知行在信用证有效期内改正不符单据，并在信用证有效期内重新交单。

(2) 拒绝接受单据。根据 UCP600 第 16 条的规定，如果开证行决定拒绝接受单据，它必须不延误地以电信方式通知有关方，如不可能用电信方式通知时则以其他快捷方式通知此事，但不得迟于收到单据的翌日起算第 5 个银行工作日。该通知必须以开证行自己的名义发给寄单银行，如直接从受益人处收到单据者，则应通知受益人。该通知必须列明拒收单据的所有不符点，即不符点应一次性地提出。该通知必须说明对不符单据的处置方式：是否留存单据听候处理或已将单据退还。然后，开证行便有权向交单行索回已经给予该银行的任何偿付款项及利息。如开证行未能按照以上的规定办理及/或未能代为保管单据听候处理或将单据退还交单人时，则开证行无权宣称单据与信用证条款不符。

(3) 放弃不符点，由开证申请人决定付款赎单。开证行的拒付是独立的，如开证行已确定单据表面与信用证条款不符，它可以自行联系开证申请人，请其对不符点予以接受，但也必须在 UCP600 规定的期限(5 个银行工作日)内。我国的开证行在接到国外交单行寄来的单据后，一般都将不符点批注在进口信用证来单通知书上，然后将单据复印一份后连同来单通知书及进口信用证来单确认书一并交给开证申请人，并要求开证申请人必须在接到通知书的 3 个工作日内做出答复，以便开证行有时间对外发出通知。

也有的开证行把单据和进口单据通知书一并交给开证申请人审核，限其 3 天内通知银行是否付款或承兑。若发现单据不符拒绝付款或承兑，则应在 3 个工作日内退回全套单据并注明拒受理由，否则视为已接受单据，同意付款或承兑。

开证申请人确认接受包含不符点的单据，由此产生的后果由开证申请人自己承担。

延伸阅读6-3

UCP 第 16 条：不符单据及不符点的放弃与通知

a. 当按照指定行事的被指定银行、保兑行(如有)或开证行确定提示不符时，可以拒绝兑付或议付。

b. 当开证行确定提示不符时，可以依据其独立的判断联系申请人放弃有关不符点。然而，这并不因此延长 14 条(b)款中述及的期限。

c. 当按照指定行事的被指定银行、保兑行(如有)或开证行决定拒绝兑付或议付时，必须一次性通知提示人。

通知必须声明:

i. 银行拒绝兑付或议付;及

ii. 银行凭以拒绝兑付或议付的各个不符点;及

iii. a) 银行持有单据等候提示人进一步指示;或

b) 开证行持有单据直至收到申请人通知弃权并同意接受该弃权，或在同意接受弃权前从提示人处收到进一步指示;或

c) 银行退回单据;或

d) 银行按照先前从提示人处收到的指示行事。

d. 第十六条(c)款中要求的通知必须以电讯方式发出，或者，如果不可能以电讯方式通知时，则以其他快捷方式通知，但不得迟于提示单据日期翌日起第五个银行工作日终了。

e. 按照指定行事的被指定银行、保兑行(如有)或开证行可以在提供第十六条(c)款(iii)、(a)款或(b)款要求提供的通知后，于任何时间将单据退还提示人。

f. 如果开证行或保兑行未能按照本条款的规定行事，将无权宣称单据未能构成相符提示。

g. 当开证行拒绝兑付或保兑行拒绝兑付或议付，并已经按照本条款发出通知时，该银行将有权就已经履行的偿付索取退款及其利息。

(二)开证申请人审单及付款赎单

开证行履行偿付责任后，应即缮制信用证单据通知书，向开证申请人提示单据，开证人审单无误后付款赎单。开证申请人对银行转交的单据有权进行审核，确定其是否符合信用证要求，以决定是否接受。

开证行审单是表面的，对单据上记载的货物是否跟合同一致、单据是否为伪造等问题一概不负责任。因此，开证申请人在收到开证行转来的进口信用证来单通知书及单据或复印的单据后，应该对单据认真审核。审单时除按照单证相符的原则外，还可按照行业做法与商品特性等来审查单据的真伪，必要时还可根据提单来了解货物装运的实际情况。对开证行及自行审出的不符点，开证申请人应视不符点性质及各方面情况来确定接受或拒绝。

开证申请人决定接受单据后，填写对外付款/承兑通知书，附上进口合同、开证申请书、开证申请回执等材料，有时还需附上进口许可证或登记表、进口证明等，按即期或远期向开证行办理付款手续，取得全套单据。

开证申请人如果决定拒付货款，则应在信用证来单确认书上明确表示拒绝接受单据，并列出不符点，加盖财务专用章或其他约定印鉴，在限定的时间内交给银行。开证行一般附有"付款或承兑委托书/拒绝说明"，供开证申请人审核单据后按情况填写。

信用证单据通知书　　付款或承兑委托书/拒绝说明

开证申请人审核单据后拒绝接受，开证行还必须再对单据进行全面复核，根据《跟单信用证统一惯例》确定单证不符的理由是否成立。若开证行确认单证不符不成立，或开证申请人没有退回全套单据，则开证行为维护银行信誉，有权主动办理对外付款或承兑，并从开证

申请人的保证金账户中扣款。

国家外汇管理局制定了统一的《对外承兑/付款通知书》(适用于向境外付款)和《境内承兑/付款通知书》(适用于向境内付款),要求银行在办理托收、信用证等项下的进口付汇业务时采用。

四、信用证项下的进口融资

信用证业务本身就是开证行对进口商的一种融资,是一种银行授信业务,是银行以自己的信誉为进口商承担了首先付款的责任。除此以外,银行还会从更多方面给予进口商资金融通便利。

(一)授信开证

银行通常按照规定程序对一些资信较好、有一定清偿能力、业务往来频繁的企业,核定在一定时期内可提供授信支持的最高限额,即授信额度(Credit Line),据此向客户提供信用放款或担保等短期资金融通服务。开立信用证额度简称授信开证(Limits for Issuing Letter of Credit)或开证额度,是授信额度的主要内容之一,是银行在未向进口商收取全额保证金的情况下,为获得授信额度的进口商开立信用证,以满足其在进口信用证项下的短期融资需求,即减免保证金开证。若进口商未能事先获得授信额度,可按银行规定采取单笔授信审核的办法进行申请。

开证额度主要供进口商在进口开证时使用,进口商在每次申请开证时可获得免收或减收开证保证金的优惠,没有开证额度的进口商申请开立信用证时银行要收取100%的保证金。这就减少了进口商的资金占用,在一定程度上缓解了进口商的资金压力。通常,即期信用证项下必须付款赎单,开证行在收到出口商提交的信用证单据,经审核无误后即扣划进口商款项对外付款;远期信用证项下,银行将对进口货物实施监管。

(二)凭担保提货

凭担保提货(Delivery against Bank Guarantee)简称提货担保(Shipping Guarantee),是指在货物先于信用证项下提单或其他物权凭证到达的情况下,为避免货物滞港造成的费用和损失,银行根据开证人的申请向船公司出具提货担保书,银行在提货担保书中承诺日后补交正本提单换回提货担保书,并保证赔偿船运公司由此造成的任何损失,由进口商交承运人以获得先行提货的便利。凭担保提货,既减少了进口商的费用,又可以尽快提货用于生产或销售等,加速资金周转。

凭担保提货一般仅限于信用证项下使用(个别情况下用于托收)。开证人申请办理提货担保,要向开证行提交《提货担保申请书》及银行要求的其他资料(如发票、提单副本等),并承诺当单据到达后,无论有无不符点,均不提出拒付货款或拒绝承兑。有的银行还要求进口商出具"信托收据",说明在赎单前货物的所有权归银行,并负责赔偿银行可能遭受的一切损失。

提货担保其实是开证行出具的一种保函,开证行作为担保人承担保函项下保证人所面临的一切风险。当正本单据到达后，不论单据是否有不符点，银行都不能对其拒付。因此，银行要求信用证规定受益人提交全套海运提单，对于非自己开出的信用证，以及部分正本提单直接寄进口商或银行不能控制货权的信用证，银行拒绝叙做提货担保业务。

(三)进口信用证押汇

进口信用证押汇是指在即期信用证项下，开证行收到出口商提交的信用证项下单据，经审查单证相符，或虽有不符点但进口商及开证行都同意接受后，开证行应开证申请人申请向其提供短期资金融通，用以支付该单据项下款项。

从开证行承担信用证付款保证责任的角度看，开证行收到指定银行交来的单据并经审核合格后向指定银行付款，意味着其履行了第一性付款责任，但实际上属代垫性质，按照事先约定的开证条件，进口商必须在规定的期限内付款赎单。因此进口押汇成为银行以进口单据和货物为抵押向进口商提供的资金融通。

进口信用证押汇业务的基本流程是：开证申请人向开证行提交包括《进口押汇申请书》、银行在该信用证项下发出的《到单付款/承兑通知书》及其他资料办理进口押汇；银行审批部门通过后，银行与开证申请人签订《进口押汇协议》；银行国际结算部门发放押汇款并对外支付；开证申请人凭《进口押汇协议》与/或《信托收据》领取货运单据；开证申请人出售货物、收回资金后向开证行付款。

押汇期从信用证项下对外付款之日起，原则上不超过90天，最长不超过180天，且不得展期。押汇银行从垫款之日起开始收取押汇利息，并按回收期的长短，将押汇利率分为几个档次，如30天以内、60天以内、90天以内，时间愈长，利率愈高，以鼓励客户尽早还款，加速资金周转，降低银行的业务风险。为保证资金安全，在贷款发放后，押汇银行一般会指定专人负责跟踪进口商品加工、销售、货款回笼情况，并督促客户及时归还押汇本息。开证行对可转让信用证项下的单据不予办理押汇，对不能控制货权的货运单据、未按信用证要求提示全套正本海运提单的或不符单据原则上不予办理押汇。

(四)假远期信用证

假远期信用证(Usance L/C Payable at Sight)也称为远期即付进口信用证，其定义在第六章已经介绍过，也属于开证行对进口商的一种融资。通过假远期信用证，开证申请人不但可以以即期付款条件获得出口商的价格优惠，而且能够以贴现成本获得银行融资，与高利率成本的流动资金贷款、进口押汇融资相比，大大降低了财务费用，融资期限也相对较长。另外，假远期信用证的融资属于票据业务的范畴，有利于改善客户负债表的负债结构。目前国内银行推出的"远期信用证海外代付"业务基本都属于假远期信用证。

另外，假远期信用证也是出口商及开证行对进口商提供的一种资金融通方式。

第三节　信用证方式在出口贸易中的应用

信用证项下出口业务的全过程，基本都是围绕信用证的要求来进行的。

一、通知信用证

(一)催证

催证，即催促进口商开立信用证，是指出口商通知或催促国外进口商按照合同要求，迅速通过银行将信用证开来，以便出口商能将货物及时装运。

催证并非信用证项下所必有的程序，一般由出口商根据情况决定是否采用。买卖合同中通常规定买方(进口商)向开证行办理开证手续的时间，一般规定为"在合同订立后××天内开证"或"在合同规定的装运月份前××天开到"。正常情况下，进口商最少应在货物装运期前 15 天将信用证开到出口商处。当进口商未按合同规定开来信用证，或出口商根据备货和运输情况可能提前装运，或虽然开证期限未到，但发现进口商资信不好或市场情况有变化时，出口商可以通过函电或其他方式催促进口商迅速开出信用证。

另外，如果签约日期和履约日期相隔较远，出口商应在合同规定的开证日期之前，去函电提醒对方及时开证。如："……请注意装运期越来越近，您有必要尽快开证。为避免将来改证，请确保信用证条款和合同条款一致。"(Please note that the delivery date is approaching and to open the relative L/C immediately is necessary. To avoid the subsequent amendment, please make sure that the stipulations in the L/C must be strictly conformed with those of the contract.)

(二)通知信用证

通知信用证(Advice of Credit/Notification of Credit)是出口地银行(通知行)收到境外银行开来的信用证后，向企业发出通知的一种服务业务，通常包括核对密押或印鉴、登记归档、发出通知等业务环节。

1. 核对密押或印鉴

这是通知行介入信用证出口结算业务的第一个环节，也称受理，即通知行在收到国外开证行开来的信用证后，核对密押或印鉴。

根据惯例，如通知行决定不通知信用证，必须不延误地告知开证行；如通知行决定通知信用证，必须认真审核信用证表面的真实性。证明信用证真实性的办法就是核对密押或印鉴。

对电开信用证，核对密押是否相符；对信开信用证，核对印鉴是否相符。如相符，通知行在信用证上加盖"密押已符"或"印鉴已符"章；如不符，通知行在信用证加盖"密押不符"或"印鉴不符"或"密押(印鉴)待核，仅供参考"章，并将加盖上述印章的信用证正本和信用证通知书及时通知受益人。

经核对不符，通知行可致电开证行，或从其收到该指示的银行查询该行是否开出了该信用证。如经过审核和查询，确定信用证是真实的，通知行再加盖"印鉴已符"或"密押已符"章，另用"密押相符证实书"或其他方式通知受益人；如查询结果是"该行没有开出此信用证，此信用证系伪造"，通知行应将此结果毫不延误地通知受益人；如通知行无法核对信用证的真伪，应及时告知受益人，并嘱咐受益人不要利用该信用证备货及发货。

如通知行与开证行无密押关系，可请与开证行有密押关系的第三家银行代为证实。

2. 登记归档

在核对密押或印鉴无误后，通知行应立即对来证进行登记归档，以便利后续工作，防范遗漏。登记内容通常包括开证行名称、来证地区和国家、来证的开证日期和收到日期、来证路线、信用证号码、受益人、金额和币别等。信用证登记完毕后，一般将信用证的副本(或复制本)归档备查。

3. 通知受益人

通知行受理国外来证后，应在 1～2 个工作日内将信用证审核完毕，然后制作信用证通知书(Notification of Documentary Credit)通知出口商。通知书中一般要求受益人交单议付时须提交信用证通知书。

信用证的通知方式，因开证形式而异。通知行应视不同情况制作信用证通知书(Notification of Documentary Credit)通知受益人。如对信开信用证和全电开证要加盖"信用证通知"章。若系信开信用证，通知行缮制信用证通知书，说明信用证的真实性，将通知书、正本信用证交给受益人，将副本存档；若系全电信用证，通知行照来电复印，复印本随附面函通知受益人，原本存档。如果开证行开立的信用证中附有规定偿付寄单办法及其他特殊内容(即面函上附有特殊内容)，通知行应将此面函附于信用证正本上面，通知受益人，并复制副本留存。

信用证通知书

通知信用证时，按通知行是否保兑有三种情况：一是通知时不保兑；二是通知时加具保兑；三是通知行被授权加具保兑。第三种情况下通知时可以不保兑，也可以保兑，也可以通知后接受受益人的请求再加具保兑。通知行是否加具保兑，应考虑开证行的资信情况与收汇的把握性。

通知行可按规定费率和信用证所载条款向受益人或开证人收取通知费，通知费用包括通知费 (Pre-advice Fees)、委托费 (Advice Commission)、委托确认费 (Confirmation Commission)、电报费(Cable Fees)、邮寄费(Postage Fees)以及其他费用，视具体情况收取有关费用。

二、审核与修改信用证

不符单据的产生大多是由于出口商对收到的信用证事先检查不够造成的，应在收到信用证后对照有关合同条款认真地检查，即审核信用证，简称审证。审证是信用证出口结算业务中的重要工作，目的在于确定信用证是否可以接受或哪些条款需要修改。虽然通知行只负责审核信用证的真实性并进行通知，并无审核信用证的义务，国外通知行一般也不审证，但是实务中我国通知行大多为了国家或受益人的利益而采取银企合作，共同审核信用证，只是各自审核的侧重点有所不同。

(一)通知行审核信用证

银行主要根据国际惯例和国家政策，负责对信用证的可靠性、有效性和安全性进行审查。审核时，若发现有问题的条款应随即加列批注文句，以提醒出口商注意。银行审核完毕后，在信用证正本右下角空白地方手签经办人的姓名，或审核无误后，加盖证实书印戳，再交给出口商进行审查。银行审证的重点包括以下内容。

(1) 对政治性或政策性条款的审核。主要是审核开证行的政治背景、信用证条款与我国有关政策要求是否一致等。

(2) 对开证行资信的审核。开证行的资信主要取决于资产规模、分支机构情况、历史长短、与通知行的往来关系及业务量、经营作风与经营业绩等。银行对开证行的资信调查，主要是根据平时业务交往或资料的积累，国际金融界每年对国际性金融机构的资信评级也可作为参考；对开证行资信不清楚的，应通过海外分行或其他机构查清其资信后才能下结论；对于资信欠佳的银行或政治局势紧张或外汇汇率动荡的国家开来的信用证，应建议受益人注意风险，或请其他银行对信用证进行保兑。

(3) 对信用证有效性的审核。即鉴别信用证的性质(包括真伪)以及国外来证是否为有效信用证文件。

(4) 对信用证责任条款的审核。即审核开证行的付款责任。除 SWIFT 信用证外，开证行在信用证中应有保证付款的明确表示，或表明按照 UCP600 开立等条款。如开证行为减轻其应负的责任而附加各种保留或限制，导致对出口商的安全收汇没有保证，应要求开证行删除后才能接受。

(5) 对信用证偿付条款(Reimbursement Clause)的审核。偿付条款是开证行在信用证中规定的如何向付款行、承兑行、保兑行或议付行偿付信用证款项，亦即审核索汇路线和索汇方式。偿付条款应简洁明确，不前后矛盾，索汇路线必须正常、合理。信用证偿付是按国际惯例，即国际商会第 725 号出版物《跟单信用证项下银行间偿付统一规则》办理。若索汇路线迂回、环节过多，或有不利的条款规定，如"货到清关后付款""货到目的地后付款"等，应与开证行联系进行修改。凡大额信用证可要求加列电索条款。

(6) 费用问题。信用证中一般规定开证行或通知行、议付行等的银行费用(Banking Charges)，应由进口商负担。

(二)出口商审核信用证

出口商主要审核信用证与合同的一致性、信用证条款的可接受性以及价格条款的完整性等，看其是否影响到收汇。通常是根据出口合同的规定以及结合备货状况等，对信用证种类、货物名称与种类、包装与唛头、数量、合同号、单价及金额、装运期、信用证的有效期及有效地点等诸条款以及特殊条款与限制性条款等进行审核。出口商审证时必须要全面细致，对信用证中的文字无一遗漏，若有疑问，均须向国外提出询问并得到确认。这对保证顺利出口商品，并安全迅速地收回货款有着重要的意义。

1. 审核是否"证同一致"

尽管信用证独立于合同，但毕竟是以合同为基础开出的，关系到合同能否正常履行，所以审核时要将信用证与买卖合同进行核对，审核信用证条款与合同规定的一致性。审核的重点包括双方名称与地址、运输方式、装卸港、信用证种类与金额、货物包装、货物规格、单价、数量、价格条款及所要求单据的种类等内容。

2. 审核信用证条款的可接受性

审核信用证中是否存在限制信用证生效的条款、有条件的付款条款和限制受益人履约/交单等条款，这些条款通常被称为"软条款"(Soft Clause)或"陷阱条款"(Pitfall Clause)，这类信用证在我国的业务中称为"软条款信用证"或"信用证陷阱"。实务中一般是开证申请人在信用证中附加生效条件的条款，或者规定单据取得需要进口商的配合，从而使进口商掌握贸易主动权。最常见的软条款有以下几种。

(1) 限制信用证生效的条款。即信用证生效性条款(Valid Conditions Clause)，主要表现为规定信用证暂时不生效，开证行另行指示或通知后方能生效，从而让开证申请人或开证行拥有单方面随时解除付款责任的主动权。这种限制信用证生效的软条款比较灵活，可以是装船条款，可以是商检条款，可以是通知或经确认条款，也可以是等待进口许可证签发等条款，如信用证中规定"本证生效须由开证行以通知书形式另行通知""本证是否生效依进口商能否取得进口许可证"等。

(2) 限制出口商装运的条款。主要表现为开证申请人通知船公司、船名、装船日期、目的港、验货人等，受益人才能装船，或限制运输船只的船龄或航线等条款。这类条款使装运处于不确定状态，导致卖方装运货物完全由买方控制。如信用证中规定"货物只能待收到申请人指定船名的装运通知后装运"等。

(3) 限制出口商出具单据的条款。主要表现为开证申请人设置陷阱，使卖方不易办到或即使办到也难以取得合格的单据，从而让开证行及开证申请人保留拒付的权利。如"受益人所交单据中应包括由开证申请人或其代表签署的品质检验证书一份""检验证必须由国外×客户签字，并与开证行留存的字样相同"等。对于这些条款，受益人面临两大难题：一是能否得到被授权人签字，二是如何知道开证行留存的印签。

(4) 规定开证行有条件付款责任的条款。主要表现为无明确的保证付款条款，或对银行的付款/承兑行为规定了若干前提条件。如明确表示开证行付款以进口商承兑出口商开立的汇票为条件，或者开证行在货物进口清关后或由主管当局批准进口后才支付、货到目的港后通过进口商品检验后才支付、收到其他银行的款项才支付等。

(5) 规定受益人不易提交的单据。主要表现为制造信用证前后条款互相矛盾，或与现实相矛盾，使受益人无法做到单证或单单一致。如价格条款为 FOB，而提单要求注明运费预付；信用证规定允许转运，单据同时要求转运通知等。

(6) 规定受益人难以控制货权的条款。出口商在交单后、开证行付款以前应设法保持对货物的控制权，但信用证如下规定则难以控制货物和物权：记名提单，承运人可凭收货人合法身份证明交货，不必提交提单；含空运单的条款，提货人签字就可提货，不需交单；指定货代出具联运提单，一程海运后，二程境外改空运，收货人可不凭正本联运提单提货；1/3 正本提单径寄开证申请人，买方可能持此单先行将货提走。

信用证软条款具有极大的隐蔽性，形式千变万化，没有固定的模式，可能涉及信用证业务过程的每一环节，使受益人不能任意支配信用证项下款项，给开证行或开证申请人拒付提供了条件。

3. 审核价格条款的完整性

价格条款应当完整。另外，FOB/FCA 和 CFR/CPT 术语下，信用证中均应说明"保险由进口商负责投保"，且含有运输单据条款，其中 FOB 项下注明"运费到付"，CFR 项下注明"运费已付"；而 CIF/CIP 术语下，信用证中的运输单据条款中注明"运费已付"，同时应包括保险单据条款。

4. 审核信用证的有效期和装运期限

信用证的有效期限(Expiry Date)是受益人向银行提交单据的最后日期，受益人应在有效期限日期之前或当天向银行提交信用证单据。信用证的装运期限(Shipment Date)是受益人发货的最后期限，受益人应在最后装运日期之前或当天发货。信用证的装运期限应在有效期限内。因此，信用证的装运日期和有效期限之间应有一定的时间间隔，该时间间隔太长容易造成受益人迟迟不交单，而货已到港，进口商拿不到货运单据无法提货以致压港压仓等；间隔太短有可能造成受益人交单时间上的紧张，甚至在有效期限内无法交单。根据国际惯例，银行将拒绝受理迟于装运日期后 21 天提交的单据，但无论如何，单据必须不迟于信用证的有效日期提交。因此，应根据具体情况审核信用证的有效期限和装运期限，要避免"双到期"，即信用证的有效期和最后装运日期为同一天。如信用证规定向银行交单的日期不得迟于装运日期若干天，要注意该期限是否合理，能否办到。

5. 审核信用证的到期日和到期地点

根据国际惯例，所有信用证均须规定一个交单到期日和一个付款交单/承兑交单的地点，或除了自由议付信用证外的一个议付交单的地点。因此，凡未注明到期日的信用证应视作无效。信用证的到期地点会影响受益人交单，规定的到期地点应在出口国(如在国外，需考虑邮程问题，建议最好将其修改在国内)。要注意信用证的到期地点(Place of Expiry)与被指定的付款、承兑、议付的银行所在地(Available with…)之间的一致性，一般应把"Available with"后面的银行所在地规定为交单地点。如果发现"Place of Expiry"与"Available with"的地点不一致，如"Place of Expiry"规定为开证行所在地，"Available with"指定为其他银行所在地，则应联系开证行要求澄清或予以修改。

6. 可以利用信用证分析单来审证

实践中，为准确理解国外来证的要求和规定，出口商通常采取填制信用证分析单的办法。信用证分析单(Analysis List of L/C)是一种把信用证的内容用表格形式进行业务分析的工作单，即业务员将信用证中的内容，如开证人、开证行、开证日期、受益人、汇票要求及期限、单据种类及份数、商品描述、包装、运输条款、起运地、目的地、分批、转船、装运期、信用证有效期及其他条款和事项等，分门别类地列成表格进行分析，以便于分发有关部门和人员应用。如果发现问题，可以与合同、信用证进行比对，决定是否接受与修改。

信用证分析单

(三)信用证审核结果

审证工作必须及时和全面。根据国际惯例，信用证的审核时间为 5 天。审核后，可以接受的，受益人按合同和信用证条款备货履约；不同意接受的，受益人应在收到《信用证通知书》之日起 3 天内以书面形式告知通知行，并说明拒受理由；需要修改的，受益人通过通知行向开证行或开证申请人提出修改要求。实际业务中经常出现的问题及其处理方法列举如下。

(1) 信用证来证国家或地区必须是与我国有经贸往来的国家或地区，否则不予接受。

(2) 如果国外开证行系首次来证，银行方面应作批注以提醒出口商注意，同时电告国外联行了解其资信，或请开证行要求第三家银行证实其来证，然后根据其资信情况采取安全收汇措施。

(3) 信用证中如果有对我国或当事人歧视性的内容或不符合我国政策的条款，应要求对方修改；若对方坚持不改，则不予接受。

(4) 可撤销的信用证不予以接受。

(5) 对信用证中有关单据的要求，除常规审核外，还应检查是否符合国际商业习惯和有关的国际法律。

(6) 信用证的付款保证条款必须十分明确和肯定，要符合国际惯例，不得减轻或否定开证行的付款责任，否则应不予接受而要求对方修改。这是重点审核的条款。

(7) 信用证规定的有效地点若在国外开证行或付款行，一般不予接受而要求对方修改。

(8) 对议付单据后，议付行索汇、开证行偿还办法的规定应符合国际惯例或双方的共同要求，否则不予接受而要求对方修改。

(9) 信用证中规定的装船期、交单期与有效期的期限是否合理，最迟交单期不应超过信用证的有效期。

(10) 对有关银行费用条款的审查，应本着取之有道、收之合理和对等的原则。若信用证中明确由受益人负担，则应请出口商洽商修改。

(11) 对可转让信用证的审核，除按一般审证要求进行审核外，还应注意该信用证是否是第一次转让。需要注意，我国以总公司名义出口制单的下属各口岸分公司，属于在同一个受益人内部交办任务。因此，统一以总公司名义制单，适合于不可转让信用证；以各口岸分公司名义交单议付，适合用可转让信用证。

(四)修改信用证

修改信用证简称改证，即信用证经审核后，若发现其中有不能接受或难以做到的条款或要求时，受益人及时用电报或电传等电信形式通知开证行要求对原信用证条款加以修改。

1. 修改信用证应注意的问题

通知行或出口商提出修改要求时，要注意以下几个问题。

(1) 明确开证行的修改通知书的最迟到达时限，以免对方拖延时间。一般最迟应在货物出运之前办妥信用证的修改。

(2) 应视情况灵活掌握。对于非改不可的，应坚持修改；可改可不改的，或经适当努力可以做到且不增加太多费用的，不一定要求修改。

(3) 如有多处需要修改的内容和要求，应一次性向进口商或开证行提出，避免"一证多改"。

(4) 审证修改函要符合国际商务函电往来的格式。在要求修改的电文中，应注意注明信用证号、合同号或货物名称等以及修改内容或要求。如"合约第 2354 号信用证第 2314 号请增加可接受租船合同提单条款"(In Contract No.2354 L/C No. 2314, please include the clause that the charter party B/L is acceptable)。

(5) 有关信用证修改必须通过原信用证通知行才真实、有效;通过开证人直接寄送的修改申请书或修改书复印件不是有效的修改。

(6) 开证行同意修改并寄来修改通知书后,通知行与出口商应继续审查修改通知书。若同意接受,则信用证项下修改正式生效;若发现仍不符合要求,则应将通知书退回,要求对方重新修改。对于修改内容要么全部接受,要么全部拒绝,部分接受修改的内容是无效的。

(7) 明确修改费用由谁承担。一般按照责任归属来确定修改费用由谁承担。

2. 开证申请人提出修改要求

有时进口商会在来证后就主动提出修改要求。如果出口商不接受,则应立即(收到对方修改通知书后的 3 个工作日)将修改通知书退回通知行,并/或附表示拒绝接受修改的文件,则此项修改不能成立,视为无效,受益人仍按原证条款办理货物出运。

三、出口商制单与审单

单据在信用证业务中有着极为重要的地位,是银行办理结算的主要依据。如果出口商提交的单据与信用证中的条款不符或单据之间不一致,索汇时就可能遭到开证行的拒付。

(一)制单

制单是指不同种类单据的缮制和签署。出口商发运货物后,必须立即着手制单工作,如各类发票、提单、保险单、汇票及商检证书等,以备结汇。制单工作要求必须做到正确、完整、及时,单据要简明、整洁。信用证项下缮制单据的基本原则是单据与信用证规定的条件相符,做到单据的种类、份数与内容等与信用证条款的要求相符,单据与单据之间要严格一致,即单证一致与单单一致。但考虑到出口商的合同责任,为避免开证行付款后进口商根据合同向出口商索赔,出口商也必须重视单货一致、单同一致,保证单据对商品描述与实物相一致,单据的种类、份数与内容等与合同要求相一致。

延伸阅读 6-4

UCP600 对制单方法的描述

单据可以通过手签、签样印制、穿孔签字、盖章、符号表示的方式签署,也可以通过其他任何机械或电子证实的方法签署。

当信用证含有要求使单据合法、签证、证实或对单据有类似要求的条件时,这些条件可由在单据上签字、标注、盖章或标签来满足,只要单据表面已满足上述条件即可。

(二)审单

审单即预审单据,对已缮制的单据进行复核和审查。这是出口商议付前最关键的工作环节，是保证安全收汇的最重要的工作。审单也是出口商和银行的共同责任。出口商制单完毕后，根据信用证的规定和要求先对所缮制的单据进行全面复核，然后交银行再进行审核。两次审单都必须本着严格符合的原则，注意保证单证一致与单单一致。

信用证项下单据的审单方法主要是纵横审核法。纵向审核是指以信用证为中心，将单据与信用证条款及修改后的条款逐项对照，证实各类单据与信用证条款在表面上的严格符合，以达到严格的"单证一致"；横向审核则是以主要单据如发票为中心，与其他单据互相对照，证明单据之间的内容正确一致，出具时间合理衔接，以达到严格的"单单一致"。审单无误后，将单据提交银行准备结汇。

四、交单议付

出口商出口货物后必须在规定时间内向被指定银行提交信用证规定的全套单据，经银行审核单据后，根据信用证条款办理议付(Negotiation)。

(一)交单

交单(Presentation of Document)是指受益人或出口商根据信用证或合同规定，以及有关国际惯例要求，在全部单据备妥后填写信用证交单申请书(Application for Processing of Documents under Documentary Credit)，向被指定银行或议付行提交单据，申请议付、承兑或付款。

信用证交单申请书

1. 交单应注意的问题

出口商必须将审核无误、正确的、完整的单据交至议付行。除要求单证相符外，出口商交单时还需注意以下两个问题。

一是交单期限(Period for Presentation of Document)。即出口商在货物装运后必须向银行交单要求兑付的日期。一般来说，信用证对交单期限都有明确的规定，通常规定为运输单据出具后的 7～15 天，以促使受益人在货物出运后及时交单，从而保证进口商及时提货。但这一期限还需结合其他信用证条款进行确定。UCP600 规定："信用证必须规定一个交单的截止日，规定的承付或议付的截止日将被视为交单的截止日"；"如果单据中包含一份或多份受第 19 条～第 25 条规定的正本运输单据，则须由受益人或代表在不迟于装运日之后的 21 个日历日内交单，但是在任何情况下都不能迟于信用证的截止日"；"银行在其营业时间外，无接受提交单据的义务"。注意：交单期限并非议付、付款或承兑的有效日期，受益人可以在交单期限的最后一天、银行营业日的最后时刻交单，只要是相符单据，即属于相符交单，被指定银行可以在受益人交单日后的 5 个营业日内办理审单、议付或承付。

因此实践中，交单期限是由信用证的失效日期、信用证规定的交单日期、装运日期后所特定的交单日期、银行营业时间等因素决定的，出口商交单必须在信用证规定的交单期和信用证的有效期之内，既不能超过信用证有效期，也不能超过运输单据签发日期后 21天。另外，有些信用证中可能还约定议付期限(Latest Date for Negotiation)(原则上应该修改为交单期限，Expiry Date for Presentation of Document)，依据有关国际惯例的解释，议付期限被理解为交单期限，该信用证项下的交单期限应同时满足议付期限、交单期限、信用证有效期限的要求。

二是交单地点。一般的信用证，除规定交单到期日外，还规定交单地点，只有明确了交单地点，才能最终确定交单期限(时差)。按 UCP600 的规定，交单地点即被指定的付款、承兑、议付的银行所在地。自由议付信用证一般不规定交单的议付地点。如果信用证规定了交单议付的地点，出口商必须按信用证的要求将单据交给其指定的银行议付。除规定的交单地点外，开证行所在地也是交单地点，但如果开证行将信用证的到期地点定在其本国或自己的营业柜台，受益人就必须保证于信用证的有效期内在开证银行营业柜台前提交单据。

2. 交单方法

受益人可以交单给被指定银行，主要是议付行，也可直接交单给开证行。受益人直接向开证行寄交单据的情形包括：直接付款信用证；信用证规定开证行是汇票的付款人或承兑人；指定银行不是出于单据的原因而拒绝对信用证办理付款、承兑、议付或承担延期付款责任；指定银行的业务因 UCP 中的人力不可抗拒原因中断；其他情况，如金额特别巨大。

向被指定银行交单的好处是：有效地点在被指定银行，受益人可以充分利用有效日期；被指定银行寄单给开证行时如途中遗失，开证行仍承担付款责任；被指定银行审单发现不符点后，受益人修改单据方便；被指定银行审单，如单证相符，向受益人办理议付使受益人尽早得到资金融通。如果交单给开证行，则受益人必须提早寄单，以保证开证行在有效期内收到单据，且要承担单据在邮寄途中可能遗失的风险；如果开证行审单发现不符点，修改单据也很不方便。所以实践中主要是向议付行交单议付。

出口商在货物装运后把全套单据备齐后一次性送交银行，称为一次交单。我国出口信用证业务中，通常在运输单据签发前，出口商会先将其他已备妥的单据交银行预审，发现问题及时更正，待货物装运后再提交运输单据，以保证当天议付并对外寄单。这称之为两次交单或预审交单，是出口商与银行配合，以加速收汇和避免单证不符影响收汇。

(二)议付行审核单据

议付行审核单据是依据国际惯例要求，以信用证条款为标准，对受益人提交的单据进行全面、细致的审核，以决定是否对其议付。按《国际标准银行实务》规定，银行必须合理谨慎地审核信用证项下的所有单据，以确定其表面上是否与信用证条款相符。只要单据、单证之间不矛盾，即视为单证一致。

议付行发现单证不符，对不符单据可采取以下处理措施。

(1) 将所有单据退还给受益人更改，或仅仅退还不符单据，让受益人更改。这一般是由于受益人的疏忽，导致单据的种类或份数不够，或有拼写错误等，议付行让受益人在信用证有效期内和最迟交单期内修改或补齐单据，再次交单。若单据存在不符点，受益人又因时间条件的限制，无法在规定期限内更改，可按照下列方法处理。

(2) 在交单人授权下将不符单据寄送开证行，请求开证行审查。这种方法适用于款项不大、不符点甚微的情况，且按银行经验一般能为对方接受。

（3）致电开证行通知单据不符点的内容，要求授权凭不符单据议付，如开证行同意付款，再行议付并寄单。若开证行不同意，受益人可及早收回单据。这种方法银行术语为"电提"，适用于款项较大、不符点明显的情况，且需征得受益人同意，受益人同时需要与进口商联系，说服其接受不符单据。

（4）议付行将单据寄送开证行，把不符点开列在寄单面函上，征求开证行意见，由开证行接洽申请人是否同意付款，接到肯定答复后议付行即行议付。这种方法银行术语为"表提"，需征得受益人的同意，受益人同时需要与进口商联系。如申请人不接受，开证行退单，议付行退单给受益人。

（5）议付行接受受益人保函并议付，即凭保议付。这种方法受益人要出具保证书，承认单据不符，并声明如开证行拒付，由受益人偿还议付行所垫付款项和费用；同时受益人要电请开证申请人授权开证行付款。

（6）寄单托收。如果单据有严重不符点，或信用证的有效期已过，受益人只能委托银行在向开证行寄单面函中注明"信用证项下单据作托收处理"，亦称为"有证托收"。这通常由于受益人在信用证项下与进口商联系未果，进口商不同意接受不符单据而采取的一种办法，往往会遭到拒付。议付行多是在收妥款项后再对受益人付款。

（7）将单据退回受益人，由其通过其他银行处理。

(三)议付行议付

信用证项下的议付是议付行根据开证行的授权买入或贴现受益人开立和提交的符合信用证规定的汇票及/或单据的行为。议付行议付后，应在信用证的背面对议付的日期和金额等事项进行批注，俗称"背批"，国外也称为背书，以防止超额或重复议付，或另造单据向其他银行议付。

我国国内大多数银行习惯上将对出口信用证项下单据的处理行为统称为"议付"。通常要求出口商交单时签署议付申请书(Application of Negotiation)，或在信用证项下交单申请书上选择"申请出口议付"，然后以信用证及信用证项下全套单据为条件，将该套出口单据项下应收货款扣除议付利息费用后先行解付给出口商，再凭单据向开证行索汇。

五、寄单索汇

寄单(Dispatching/Forwarding)与索汇(Reimbursement Claim)是指出口地银行(多是议付行)根据信用证中"寄单指示"和"偿付条款"的具体要求，审核受益人的单据后，立即向开证行或保兑行(如有)寄单，同时确定一条正确的索偿途径，向开证行或偿付行索取票款的过程。

(一)寄单行与议付行的区别

寄单行(Remitting Bank)即接受出口商提交的单据，并将单据寄往开证行或保兑行的银行。按照国际惯例，寄单行承担的仅仅是审核单据并将单据寄往开证行请求付款的责任，不承担议付行或兑付行的责任，不是信用证的议付行或兑付行。在我国的外贸实践中，出口商将单据交由境内银行，境内银行审核后将单据寄往国外，等待开证行最终确认付款的情况较为多见，境内银行实际上是寄单行的身份。

议付行属于信用证项下的指定银行，一方面承担向受益人付款的义务，另一方面也享受相应的权利。在接受信用证下的单据并向受益人付款之后，议付行即获得了凭借单据再向开证行或保兑行请求付款的权利。

(二)寄单

议付行按信用证规定寄出单据，开证行才能履行付款责任。所以在出口商提交单据并审核无误后，议付行应按信用证中规定的寄单方法和索偿方式，缮制寄单通知书(Outward Documentary Bills Purchased Advice, BP 通知书)或议付通知书正本和副本，及时办理寄单。

1. 寄单通知书

BP 通知书也称寄单面函(Covering Letter/Documentary Remittance)，是议付行向开证行寄送单据中的面函，也是议付行的索汇依据和指示。其内容一般包括信用证号码、寄单说明、单据份数、金额、付款指示等，以便于接收单据的银行检查单据是否齐全，并按面函的指示处理单据及偿付款项。正确制作 BP 通知书是保障安全、及时收汇的一项重要工作。

BP 通知书

2. 寄单方法

银行寄单时应按信用证的寄单指示(有时包含在偿付条款内)，确定寄单方法。

(1) 信用证中规定全套单据一次寄出者，则应按规定办理，不得分寄。通常是将单据分为两套，分别附在寄单通知书正、副本之后向开证行寄单索汇。如果信用证中指定另一家银行为偿付行，则单据寄往开证行，同时将索偿证明书寄往偿付行。

(2) 信用证中没明确规定寄单方式的，应将单据按正、副本分两次分别航挂寄往开证行，份数各半均分，只有一张的单据随正本第一次寄出。

(3) 信用证中规定单据分别寄送开证行、付款行或进口商的，则应按此规定办理寄单，尤其应注意详细列明收单行(或人)的地址。

(4) 见单付款项下的汇票、单据、索偿通知书等均应采用快邮方式寄出，以尽快收汇。

(5) 银行应认真记录每次寄出单据的日期和挂号，以备查询。

(三)索汇

议付行(或索偿行)在向国外开证行寄单的同时，无论是电汇还是信汇，都应向开证行或偿付行发出索汇通知或索偿指示，以收回货款及有关银行费用。

1. 信用证中的偿付条款

信用证中的偿付条款(Reimbursement Clause)是开证行在信用证中规定的如何向付款行、承兑行、保兑行或议付行偿付信用证款项的条款。信用证偿付依据的国际惯例为URR725，即国际商会第 725 号出版物《跟单信用证项下银行间偿付统一规则》。不同信用证开证行规定的偿付条款不同。如果信用证未指定偿付行，则一般由开证行自行向索偿行进行偿付。

(1) 单到付款。这是指在议付行向开证行寄单索偿，开证行审单无误后付款。信用证的偿付条款一般是"Upon receipt of the documents in compliance with credit terms, we shall credit your account with us, or we shall remit the proceeds to the bank named by you"。

(2) 主动借记开证行账户。这是指开证行在议付行开立账户，议付行议付后可立即借记其账户。信用证的偿付条款一般是"In reimbursement of your negotiation under this credit, we hereby authorize you to debit our account with you under your advice to us"。

(3) 授权借记开证行账户。这是指虽然开证行在议付行开立账户，但议付行必须在开证行审单无误后再授权议付后借记其账户。信用证的偿付条款一般是"Upon receipt of your negotiation advice stating that documents have been complied with, we shall authorize you to debit our account with you under your advice to us"。

(4) 贷记议付行账户。这是指议付行在开证行开立账户，开证行通过贷记议付行账户办法偿付。信用证的偿付条款一般是"In reimbursement of your payment made under this L/C, we shall credit your account with us under our telex advice to you"。

(5) 向偿付行索偿。这是指 L/C 中指定另一家银行为偿付行，议付行将单据寄往开证行，同时向偿付行索偿。信用证的偿付条款一般是"In reimbursement of your negotiation under this credit, please drawn on our account with ×× bank"，或者"We hereby authorize you to reimburs yourself on ×× bank"。

2. 索汇方式

向开证行索汇的方式一般都在信用证条款中予以规定，议付行要按其指示行事，以准确确定索汇的对象和方法。按信用证的偿付条款来看，议付行常用的索汇方式主要有如下几种。

(1) 如果议付行是开证行的账户行，且偿付条款是"主动借记"，BP 通知书中的索偿条款应是"We have debited your account with us"，并附借记报单。

(2) 如果议付行是开证行的账户行，且偿付条款是"授权借记"，BP 通知书中的索偿条款应是"Please authorize us by cable/airmail to debit your account with us"。

(3) 如果开证行是议付行的账户行，BP 通知书中的索偿条款应是"Please credit our account with you"。

(4) 如果开证行与议付行无账户关系，且偿付条款是"Upon receipt of your negotiation advice stating that documents have been complied with, we shall remit cover by cable/airmail to your correspondent as designated by you for credit of your account with them"(收到贵行的议付通知，表明单证相符，我行用电报/航邮将款项汇至贵行指定的账户行，贷记贵行在该行的账户)，BP 通知书中的索偿条款应是"Please pay/remit proceeds by T/T or M/T to ×× bank for credit of our account with them"。

(5) 如果开证行与议付行有共同账户行，且偿付条款是"Upon negotiation made by you please reimburse yourselves through ×× bank by telex/airmail certifying documents complied with and requesting them to debit our account and credit your account with the same

amount"(贵行议付后，请通过××银行进行偿付，用电传/航邮证实单证相符，要求××银行将相同金额借记我行账户、贷记贵行账户)，BP 通知书中的索偿条款应是"We have requested ×× bank by T/T or M/T to debit your account and credit our account with the same amount"。

偿付条款未明确规定是采用电汇索偿还是航邮索偿时，如果金额较大，索偿行仍可采用 T/T 方式。如信用证规定"Please claim reimbursement… reimbursing bank"，则可采用 T/T 方式索偿。

向偿付行电索时，索偿行必须注明信用证号码、开证行、索偿的本金、附加金额和其他费用等，或采用 SWIFT MT742 格式发出索偿指示。

六、结汇与拒付

(一)结汇

在我国，出口结汇即银行将出口商的出口所得按外汇牌价全部(或部分)买下来，并将相应的人民币资金付给出口商。按现行规定，在收到银行结汇通知后，出口商应凭通知书及适当证明文件在一定时间内到汇入行办理出口收、结汇手续，并按规定填写《涉外收入申报单》或《境内收入申报单》。银行审核通过后办理结汇。

目前我国信用证项下的结汇方式主要有以下三种。

(1) 收妥结汇。即银行收到单据后不立即对出口商办理结汇，而是将单据等寄给开证行(或偿付行)，收到开证行(或偿付行)将货款拨入议付行账户的贷记通知书或偿付通知后再予以结汇。信用证条款规定可以主动借记或由国外银行验单后授权借记的，则在借记后同时向出口企业办理结汇手续。

(2) 出口押汇或称买单结汇。即银行审核单据无误后，立即以单据为抵押，买入出口商的跟单汇票，将扣除从议付日到估计收到款项之日的利息和有关费用后的票面余额付给出口商，然后向开证行寄单索汇。这是银行对出口商的一种融通资金的方式，出口商须填写抵押书，以明确押汇银行的权利以及自己应负的责任。具体内容详见本节"出口信用证押汇"。

(3) 定期结汇。即银行与出口商事先达成协议，根据以往交单结汇的经验，规定出口商交单后若干天后(一般为单据的邮程期限)，无论款项是否收妥，银行于到期日主动向出口商结汇，不扣利息。这一方式主要用于我国对港澳地区的出口贸易结算。

(二)拒付的处理

单据寄出后，开证行与进口商提出理由拒付时，通知行应及时与受益人联系，根据对方提出的不符点，细查单据，查明原因后抓紧时间处理。

(1) 确属出口方的原因。在信用证有效期内可以补救或更正的，应抓紧时间补救和修改，以免失去收汇权利；不能补救或更正的，受益人应抓紧时间与进口商联系商讨解决办法；不能解决的在对方合理要求的情况下，则该退汇的退汇，该赔偿的赔偿。

(2) 属于对方的原因。应根据信用证条款和国际惯例与对方交涉，以充分的理由说服对方及时付款。不能解决的，按信用证条款与合同条款约定的解决纠纷的办法解决。

七、信用证项下的出口融资

除了作为一种结算工具之外，出口商还可以利用信用证进行融资来帮助企业减轻资金压力和加速资金周转。如利用预支信用证中的条款，可以获得开证行授权在全部货运单据备齐之前预先向出口地的银行预支部分货款的便利；远期信用证中汇票承兑后，可以通过贴现获得资金融通等。在国际贸易实务中，出口地银行为出口商提供的信用证项下的融资服务有打包放款、出口信用证押汇等项目。

(一)打包放款

1. 定义

打包放款也称打包贷款(Packing Loan)，是指出口地银行为支持出口，凭信用证向出口商提供的一种"装运前融资"(Pre-shipment Finance)。最初的打包放款是以包装好等待装运的货物为抵押，现在一般是以正本信用证为抵押，故也称之为打包放款信用证(Packing Letter of Credit)或信用证抵押贷款。出口商收到信用证后，可以凭信用证所列条款向出口地银行(通常即通知行)预支一定数量的金额用于购买合同货物和打包装运，装运后预支款额的本息于议付时扣除。

打包放款是一种短期融资服务，贷款期限多为 3 个月，但最长不得超过信用证有效期后 21 天，融资金额一般是信用证金额的 40%~80%。打包放款能够在出口商资金短缺时帮助其顺利开展业务，还有利于企业在生产、采购等备货阶段不占用自有资金，缓解企业流动资金的压力。

2. 条件

银行受理打包放款，一般要求申请人满足以下条件。

(1) 信用证应是不可撤销的跟单信用证，且非限制议付信用证、可转让信用证、软条款信用证、90 天以上远期信用证和要求提交非物权货运单据的信用证。

(2) 申请打包放款的出口商，应是信用证的受益人，且已从有关部门取得信用证项下货物出口所需的批准文件。

(3) 申请打包放款的出口商必须将信用证项下单据交给贷款银行叙做出口押汇或收妥结汇，由贷款银行从结汇款项中扣还打包放款本息及其他费用。

(4) 出口商申请此项贷款，须专款专用，即只能用于为执行信用证而进行的购货、备料、加工和装运等用途。

(5) 银行要求的其他条件。如在放款银行开有人民币账户或外汇账户、提供担保或抵押以及需要向银行提供的有关申请资料等。

3. 与红条款信用证的异同

打包放款与红条款信用证都是在装运前由出口方银行对出口商融资，都要求出口商出运货物后必须向融资银行交单议付，由银行从议付款中扣还放款或垫款。但两者有着明显的区别，具体表现在以下几个方面。

(1) 打包放款是出口商凭一般的不可撤销信用证和销售合同，向银行申请打包放款，融资银行须承担预支款融资的风险；红条款信用证是进口商申请开证行开立信用证，授权议付行向出口商预支款项，进口商自负风险。

(2) 出口商如不能按期装货出口，打包放款应由出口商负责在放款到期日还款；而红条款信用证中议付行的垫款最后由进口商负责归还。

(3) 打包放款是融资银行提供的一种短期流动资金贷款，不增加开证行和进口商的责任和风险；而红条款信用证是一种特殊的信用证，增加了开证行和进口商的责任和风险。

(4) 打包放款发放的是出口国的本国货币；红条款信用证预支的是信用证约定的货币资金。

(5) 从使用范围看，打包放款不限定交易，实务中使用得较多；而红条款信用证用于特定交易，使用得较少。

(二)出口信用证押汇

1. 定义

出口信用证押汇(Outward Documentary Bills Purchased under L/C)是指出口商在提交信用证项下单据议付时，银行(议付行)审核单据无误后，根据出口商的申请，以全套单据作为抵押，参照票面金额将款项垫付给企业，然后向开证行寄单索汇，并向企业收取押汇利息和银行费用及保留追索权的一种短期出口融资业务。

出口押汇与议付都是议付行对出口商提供的垫款融资，都通过向开证行寄单索汇获得补偿，但二者有着明显的区别：议付是议付行对汇票/单据付给对价从而受让汇票/单据，是票据的流通转让；出口押汇则是议付行(押汇行)对出口商提供的以出口商提交的全套单据作为抵押的一种短期出口融资。再者，从使用范围来看，议付仅限于议付信用证；而出口押汇除议付信用证外，还包括跟单托收。

出口信用证押汇有利于出口商加速资金周转，降低财务费用，规避汇率风险。对押汇行来说，有货物作抵押，有追索权(除银行作为保兑行、付款行或承兑行外，如超过押汇期限，经银行向开证行催收交涉后仍未收回议付款项，有权向出口商追索押汇金额、利息及银行费用)，风险较小，还可收取押汇利息和手续费。所以出口押汇在国际贸易结算中应用广泛。

2. 基本业务程序及要求

(1) 出口商出运货物、备齐单据后，填制《出口押汇申请书》及《出口押汇质押书》(Letter of Hypothecation)，加具公司公章及有权签字人签字，连同出口单据和正本信用证一并交到银行办理出口押汇。银行为资信良好的客户提供出口押汇融资时，事先会与客户签订一个《出口押汇总押书》(General Letter of Hypothecation)，因此一般不再要求客户逐笔提出申请。

(2) 银行在收到企业提交的《出口押汇申请书》和出口单据后进行审核，对符合条件的企业叙做出口押汇。审核的事项主要有开证行、进口商、出口商的资信是否可靠，特别是开证行的经营作风与经营能力、有无无理拒付的不良记录；开证行及偿付行所在地的政局及经济形势是否稳定，有无外汇短缺，有无特别严格的外汇管制，有无金融危机状况等；信用证条款清晰完整且符合国际惯例，有无潜在风险因素，可转让信用证银行原则上不予办理出口押汇；单据是否包括代表物权的全套运输单据，是否符合信用证条款；远期信用证项下的汇票开证行是否已经承兑；以及其他。

(3) 银行押汇付款。押汇金额比例由银行根据实际情况核定，一般为单据金额的80%～90%，最高额为 100%。押汇期限即押汇天数以押汇日到收款日计算：即期出口押汇期限按照出口收汇的地区及路线来确定，如港澳地区一般为 8 天，日/韩 10 天，等于出口地银行工作日、邮程天数和开证行工作日之和；远期信用证押汇期限为收到开证行承兑日起至付款到期日后的第 3 个工作日止。押汇利息按不同币种确定，港币按押汇当日香港同业拆放利率(HIBOR)，其他货币均按押汇当日同期伦敦银行间同业拆放利率(LIBOR)为基础加一定幅度(0.75%～1.25%)。银行预扣银行费用、押汇利息后，将净额划入出口商账户。

(三)福费廷

福费廷(Forfaiting)或称为无追索权的融资、买断票据业务或包买票据业务，简单讲就是一种出口商把经开证行或进口商承兑的远期汇票，无追索权地售予包买商的一种资金融通方式。本书第十章中专门介绍了这一业务，在此不再赘述。远期信用证项下，出口商可以采取这一方式获得资金融通，还可以规避汇率风险、利率风险和信用风险。

思 考 题

一、名词解释

开证额度、提货担保、进口信用证押汇、电提、表提、有证托收、BP 通知书、打包放款信用证、出口信用证押汇

二、简答题

1. 填写开证申请书需注意哪些事项？开证行审核开证申请书的要点是什么？
2. 信用证项下的进口融资有哪些种类？
3. 国外来证后，通知行审核信用证的重点内容有哪些？
4. 出口商审证的要点有哪些？
5. 什么是软条款信用证？列举几种软条款。
6. 信用证项下，出口商制单的要求和审单方法是什么？
7. 寄单行与议付行有何区别？
8. 议付行发现单证不符，对不符单据可采取哪些处理措施？
9. 打包放款信用证与红条款信用证有何区别？
10. 说明即期信用证的基本业务流程。
11. 说明银行承兑远期信用证结算的一般业务流程。

三、分析题

1. CIF 出口合同规定 9 月份装船，但进口商开来的信用证规定装船时间不得迟于 9 月 20 日。因船源关系，出口商无法在 9 月 20 日以前装船，于是去电要求进口商将装船时间延长至 10 月 20 日，进口商来电表示同意。出口商在 10 月 15 日装船完毕，持全套单据向银行办理议付时却遭银行拒付。这是为什么？

2. 某出口企业收到国外开来的不可撤销信用证，由设在我国境内的某外资银行通知并加保兑。出口企业在货物装运后，正拟将有关单据交银行议付时，忽接该外资银行通知，由于开证银行已宣布破产，该行不承担对该信用证的议付或付款责任，但可接受出口方委托向买方直接收取货款的业务。对此，你认为出口企业应如何处理？陈述理由。

3. 我国 A 化工进出口公司和美国 B 公司订立了进口化肥的合同，依合同规定 A 公司开出以美国 B 公司为受益人的不可撤销跟单信用证，总金额为 280 万美元。货物装船后，美国 B 公司持全套单据在银行议付了货款。货到国内港口后，A 公司发现化肥有严重质量问题，立即请当地商检机构进行了检验，证实该批化肥没有太大实用价值。于是 A 公司持商检证明要求银行追回已付款项，否则将拒绝向银行支付货款。试问：①银行是否应追回已付货款，为什么？②A 公司是否有权拒绝向银行付款？为什么？③A 公司应采取什么救济措施？

4. 我国某银行收到国外开来的信用证，其中有下述条款：①检验证书于货物装运前开立并由开证申请人授权的签字人签字，该签字必须由开证行检验；②货物只能待开证申请人指定的船只并由开证行给通知行加押修改后装运，该加押修改必须随同正本单据提交议付。该证出口商应否接受？为什么？

5. 某企业对外出口产品一批，销售合同中规定商品装于木箱之中(to be packed in wooden cases)，但开来的信用证则显示商品装于标准出口纸箱中(to be packed in standard export cartons)。由于出口商同时拥有两种包装的产品，且船期临近，再加上双方有长期的业务合作，出口商便在信用证中所规定的装运期前将装于标准出口纸箱的产品装运并取得相应的单据。不久出口商收到信用证的修改通知书，对方表示由于工作疏忽将包装条款打错，希望信用证中的相关条款与合同条款保持一致，即以木箱进行包装。出口商由于已经装运，所以拒绝接受修改。待出口商向有关银行结算以后，却收到进口商提出的抗辩："关于第××××号合同，合同中规定采用木箱包装，而贵方所提交的单据显示该批货物系装于出口标准纸箱中，我方已与最终用户联系，其表示不能接受。因此我方也不能接受贵方所提供的货物和单据，希望贵方退还已从银行结算的货款，并承担我方的损失费用……"试评析该案中出口商的做法。

第七章 银行保函

学习要点

通过本章的学习，应在理解银行保函的含义、功能与性质、银行保函的当事人及其关系的基础上，了解银行保函开立的方式、内容及有关银行保函的国际惯例与规则，熟悉银行保函的种类，掌握见索即付保函的概念、特点、单据要求等以及了解其内容、业务流程，通晓银行保函的主要业务环节及要求。

引导案例

大型液化天然气船(LNG)是以高可靠性、高技术、高附加值著称的"三高"船，号称世界造船皇冠上的明珠，价格是普通货船的好几倍，单艘造价在 1.6 亿美元左右，目前世界上只有少数几家船厂能够建造。我国是继韩、日等国之后实现自主研发系列 LNG 船型的国家，设计的船型在安全、节能、环保等方面有明显优势。因此，欧洲某船东公司向我国某船厂订购 LNG 液化天然气船。但由于船舶建造合同的金额大，船厂难以靠自有资金完成船舶建造，希望船东按照船舶建造节点向船厂支付预付款；而船东又担心船厂在收到预付款后挪作他用或不能按照合同要求交付船只，就要求船厂提供其认可的担保。船厂找到中国银行，中行为其向欧洲船东出具了船舶预付款保函，船厂随后顺利取得合同预付款并开始建造船舶。

在国际贸易中，交易双方分处在不同的国家和地区，当事人之间很难对对方的资信状况有充分、全面了解，因而影响到交易的达成及合同的履行。为使双方能顺利达成交易，常常需要由一个第三方作为担保人，以其资信向另一方保证委托人一定会履行合约项下的责任义务。由于银行有雄厚的资金和较强的经营能力，开立保函或备用信用证成为银行的经常性业务。

第一节 银行保函概述

第二次世界大战后，随着国际经贸往来规模的日益扩大，贸易方式也日趋多样化与复杂化。一些大型交易项目，如对外工程承包、机械设备的进出口交易等，履约时间长且金额大，因而涉及的问题也较多，交易的风险程度也比较高。所以，为了保障交易的进行以及当事人各方的权益，保证交易各方履行合同义务，有关当事人会要求对方提供银行担保，以便在对方违约时通过提供担保的银行取得经济赔偿。这种由银行提供的担保，就是银行保函业务。

一、银行保函的含义与性质

(一)含义

保函(Guarantee) 或称保证书(Suretyship Guarantee),是担保人应申请人的请求,向受益人开立的一种书面信用担保凭证,保证在申请人未能按协议履行其责任或义务时,由担保人代其履行一定金额或一定期限范围内的某种支付或经济赔偿责任。保函也可以由非银行机构如担保公司、保险公司或其他机构开立,但这种属于商业信用的商业保函因其本身的局限性很少应用,即使运用也很难为受益人接受,所以目前在国际交易中广泛运用的是银行保函。

银行保函又称银行担保书(函)或保证书(函)(Banker's Letter of Guarantee, L/G),是指银行作为担保人,根据申请人的请求,为其向受益人担保某项义务的履行而开立的一种有条件承担赔偿责任的书面承诺文件。

银行保函

银行保函的主要功能有以下两个。

一是保证申请人按与受益人达成的协议履行其责任或义务,促使交易顺利进行。

二是保证在申请人未能按双方协议履行其责任或义务时,由担保人给予受益人合理的补偿。

(二)性质

1. 银行保函属于保证性质的银行信用

银行保函是一种由银行开立的承担付款责任的担保凭证,其根本目的不是付款,而是担保申请人履行合同义务,是为了促进交易,这是银行保函与信用证的明显区别。银行作为担保人,对保函项下申请人的债务或义务,承担赔偿责任。

2. 银行保函是不可撤销的书面文件

银行保函必须以书面形式出具或签署,包括有效的电信信息或 EDI 信息,且均是不可撤销的文件。即使担保人没有注明是否可以撤销,在实践中,只要银行保函本身具备了必要的项目和条款,受益人就可以认定其不可撤销性。所以,银行保函一旦生效,则不能任意修改其内容。若标书或有关合同的内容发生修改时,申请人应将修改事项通知担保人,取得担保人同意后,再由担保人通知受益人;担保人对担保书内容进行修改,除先经申请人认可外,还必须得到受益人的同意方能进行修改。

3. 银行保函是具有独立法律效力的法律文件

银行保函是依据交易合同开出的,具有独立法律效力的法律文件。银行是保函保证行为的履约者,是属于商务合同以外的只担保申请人履行合同义务的当事人。虽然根据与商务合同的关系,银行保函有从属性保函和独立性保函之分,但国际经贸交往中应用的绝大多数是独立性保函,而且国际上一般认为担保人是独立的第三者,不得对申请人、受益人中的任何方有所偏袒,银行根据银行保函的规定承担绝对付款责任,在申请人未能按照银行保函所规定的条款履行合同义务时,负责向受益人赔偿。

(三)银行保函与信用证的比较

银行保函与信用证都属于银行信用,都是一项不依附于交易合同的独立的法律文件,但两者有着明显的区别,表现在以下几方面。

(1) 就付款责任来讲,信用证中开证行负第一性的付款责任,只要受益人提交符合信用证条款要求的单据,银行就承担首先付款的责任;而银行保函中担保人承担的付款责任有时是第一性的,有时是第二性的。所谓第一性的付款责任,是指只要银行保函中规定的偿付条件成立,担保人就立即偿付受益人的索偿。所谓第二性的付款责任,是指只有在申请人未能履行银行保函所规定的条件时担保人才负责付款,若申请人履行了银行保函规定的条件,担保人的担保责任亦随之免除。

(2) 从使用范围来讲,信用证一般局限于贸易中使用,一般均须提交货运单据和/或凭证后,开证行才能向受益人付款;而银行保函的使用范围比较广,不仅适用于货物的买卖,而且广泛适用于其他国际经济合作的领域,且使用时也较为灵活,不一定要求附有货运单据,有时凭受益人的声明书或其他证明即可进行付款。

(3) 从国际贸易实践来看,信用证的使用远比银行保函方便得多,并且有时也可以替代银行保函的担保作用;但如果进口商已承诺开立以出口商为受益人的跟单信用证,则在一般情况下,就不能用银行保函来替代信用证。当然,在某些业务如技术贸易、补偿贸易、成套设备与大型机械交易、运输工具交易以及投标中,必须使用银行保函而不能用一般信用证来替代。

(4) 从已有的国际惯例来看,《跟单信用证统一惯例》已为世界上绝大多数的国家或地区所承认和运用,成为信用证业务办理和争议处理的依据;银行保函虽然也有《合同保函统一规则》《见索即付保函统一规则》等国际惯例,但因银行保函牵扯到较复杂的法律关系,对同一问题有各种不同的解释,所以出现问题时只能按银行保函的具体条文来解决,这势必容易引起纠纷。

二、银行保函的当事人及其关系

(一)基本当事人

银行保函项下的当事人主要有三个。

1. 申请人

申请人(Applicant)是指向银行提出申请,要求银行开立保函的人,或称委托人(Principal)。申请人与受益人之间订立了基础交易合约,如商品买卖、劳务合作、资金借贷等交易合同,其身份可能是买方、卖方、投标人、供货人、承租人等。

担保行为了减轻自身承担的风险,保证资金的安全,在开立保函时通常要求申请人预交一定金额或一定数量的有价证券、资产等作为抵押,亦即保函保证金,或要求申请人提供反担保。

保函一经开立,申请人就有义务向担保行支付手续费、担保费及其他费用。一旦申请人未能履行交易合同项下的责任义务,导致担保行依据保函条款履行担保责任向受益人赔付时,应立即偿还担保行为此所作的任何支付。

2. 担保人

担保人(Guarantor)是指根据申请人的要求，向受益人出具保函的人，或称保证人。银行保函的担保人是银行，也称担保行(Guarantor Bank)，其责任是：接受申请人的保函申请书后，有责任按申请书的要求开立保函；促使申请人履行交易合同项下的某项义务；在申请人违约时，根据保函的规定向受益人做出赔偿。

担保行有权根据保函的金额和风险责任大小向申请人收取手续费；在向受益人做出赔付后，有权向申请人或反担保人索偿；在申请人不能立即偿还担保行已付款情况下，有权处置押金、抵押品、担保品。

3. 受益人

受益人(Beneficiary)是指接受担保人开立的保函的当事人。受益人与申请人签订了交易合同，要履行合同规定的义务；在保函规定的索偿条件具备时，有权凭保函提出索偿要求，要求担保人偿付货款或还款或赔偿。

(二)基本当事人之间的关系

(1) 申请人与受益人是商品交易或商业合同的当事人，是基于合同而产生的债权债务关系或其他权利义务关系。此合同是申请人与受益人之间权利和义务的依据，相对于保函而言是主合同或基础交易合同，银行在接受担保申请时，一般要求申请人提供与受益人之间签订的交易合同。

(2) 申请人与担保人之间是基于双方签订的保函委托书而产生的委托担保关系。保函委托书是银行开立保函、向委托人收取手续费及履行保证责任后向其追偿的依据，包括担保债务的内容、数额、担保种类、保证金的交存、手续费的收取、银行开立保函的条件、时间、担保期间、双方违约责任、合同的变更、解除等内容，目的是明确申请人与银行的权利义务。

(3) 担保人和受益人之间是基于保函而产生的保证关系。受益人可以凭保函享有要求银行偿付债务的权利。在大多数情况下，保函一经开立，银行就要直接承担保证责任。

上述三者之间，若担保人与申请人之间发生争执，比如担保人向申请人索偿，而申请人未能付款，可按法律上的债权债务关系办理；若担保人与受益人之间出现争执，比如受益人提出赔偿要求，而担保人坚持不予赔偿或赔偿额不足，双方可进行仲裁或诉讼，一般是以担保人所在地的法院进行审判裁定为有效；若受益人与申请人之间发生争议，可依据合同规定处理。

(三)其他当事人

除上述三个主要当事人外，有时根据保函的具体情况或不同开立方式，还可能会产生其他当事人。

1. 转递行

转递行(Transmitting Bank)是指根据担保人的要求，将保函转递给或通知受益人的银行，或称通知行(Advising Bank)。一般情况下，由受益人所在地的担保人的代理行担任保函的转递行。

转递行只负责鉴别保函表面的真实性，按担保行的要求和指示及时地将保函通知给受益人，且收取转递手续费。发生索赔后，转递行除了可代替受益人向担保行转交索赔文件或其他单据外，本身不受理任何索赔。

2. 保兑行

保兑行(Confirming Bank)是指根据担保行的要求对保函加具保兑的银行，保证担保人按规定履行赔偿义务。

保兑行也称第二担保行(人)，一旦加具保兑，当担保行无力赔偿时，就要代其履行付款责任。保兑行付款后，有权凭保函及担保行要求其加具保兑的书面指示向担保行索偿。

3. 转开行

转开行(Reissuing Bank)是指按担保人的要求或委托，在担保人保证的条件下，向受益人开具以原担保行为申请人、以自身为担保行的保函的银行。转开行一般是受益人所在地的银行，是接受国外担保行的委托，根据原担保行开立的反保函中的反担保指示，向受益人出具保函。

转开行成为新的担保人，原担保行成为反担保方或指示方。转开行开出保函后，由转开行直接对受益人负责，担保人对转开行负责，一旦发生赔偿，转开行向受益人做出赔偿后，有权凭反担保函向原担保行索偿。

4. 反担保行

反担保行(Counter Guarantor Bank)即委托担保中开立反担保函的银行，又称反担保人、指示人(Instructing Party)或指示行(Instructing Bank)。在国际业务中，由于对外国银行不了解，以及各国法律差异较大，受益人往往只接受本国银行开立的保函，因而申请人委托其往来银行先给在受益人当地的代理行开立反担保函(Counter-guarantee)，再由该代理行按反担保行的指示向受益人开立保函。该代理行也就成为保函的转开行。实际业务中，反担保人不直接接受受益人提出的任何索赔，仅对担保人承担责任，凭担保人提出的要求予以偿付，并享有对申请人追索的权利。

三、银行保函的开立

(一)开立形式

按国际惯例，保函应以书面形式开立。如同信用证，银行保函的开立也有电开保函(By Telecommunications)和信开保函(In Paper Form)两种形式，前者是指采用有效的电信信息或加密押的电子数据交换(EDI)开立保函；后者是指采用信函格式开立。这里主要介绍有关银行保函的 SWIFT 报文格式。

多数银行通过 SWIFT 系统办理保函的开立、通知、修改等事项。SWIFT 于 2019 年11 月完成保函类相关报文内容升级，保函类报文种类主要有：开立类(MT760，MT761)、修改类(MT767，MT775)、通知类(MT768，MT769，MT785，MT787)、拒付类(MT786)、索偿类(MT765)。其中，MT760 适用于由一家银行向另一家银行开出保函或一家银行要求另一家银行开出保函的通知。

MT760 保函(MT 760 Guarantee)

(二)开立方式

在国际业务中，银行保函的开立一般有以下两种方式。

1. 直接开立

直接开立简称直开法、直接担保，即银行应申请人的要求直接开立保函给受益人，或通过转递行将开立的保函通知给受益人。

(1) 直接开立给受益人。这一方式中间不经过其他当事人环节，是保函开立方式中最简单、最直接的一种，如图 7-1 所示。

图 7-1 直接开立保函给受益人

该方式涉及的当事人少，关系简单，但受益人接到担保行开来的保函后难以辨别保函真伪，且对国外担保行进行索偿有诸多不便，所以受益人的权利不能够得到有效的保证。实际业务中很少用这一方式开立保函。

(2) 通过转递行通知。该方式如图 7-2 所示。

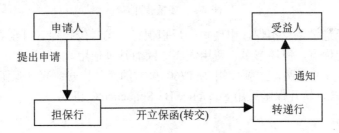

图 7-2 通过转递行通知开立保函

该方式由于受益人接到的保函是经过转递行鉴别真伪后的保函，真假易辨，所以应用较为普遍。但受益人索偿不方便的问题仍然存在，因为转递行只有转达或通知义务，不承担任何责任，受益人只能通过转递行向担保行索赔。

2. 通过受益人当地银行转开

这种方法简称转开法、委托担保，即当受益人只接受本地银行为担保人时，银行应申请人的要求以提供反担保的形式委托国外受益人当地银行开立保函给受益人。在实际业务中会产生以下两种方式。

(1) 通过转开行转开。即银行通过在受益人当地的代理行开立保函给受益人，如

图 7-3 所示。

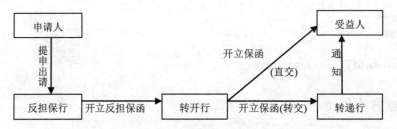

图 7-3　通过转开行转开保函

该方式中，原担保人要求受益人所在地的一家银行为转开行，由转开行开立保函直接交给或通过转递行通知给受益人。原担保人变成了反担保人，而转开行则变成了担保人。由于转开行是受益人所在地银行，能够解决受益人对国外担保行不了解和不信任的问题，而且保函的真伪易辨；再加上受益人与转开行处于同一国家或地区，不存在语言、风俗习惯、制度和法律方面的差异，索赔方便，所以该方式开立的保函对受益人最为有利。

(2) 多重转开。如果银行在受益人当地没有代理行，且受益人只接受本地银行为担保人，则需要通过代理行在当地的往来银行开立保函，即多重转开，如图 7-4 所示。

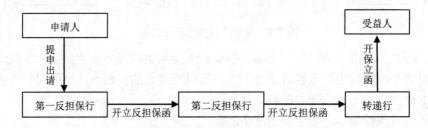

图 7-4　多重转开

该方式可能经过多重反担保，出现第一反担保行、第二反担保行甚至更多反担保行，虽然具有转开法的优点，但环节多、费用太高，因而甚少使用。

通过 SWIFT 开立保函，主要使用 MT760 报文的两种格式：直开保函采用 Sequence A+ Sequence B 格式，转开保函采用 Sequence B+ Sequence C 格式。

(三)保函费用

保函费用主要是开立及转开费用，另外也会产生修改费用、通知费用、注销费用以及其他费用等。

开立及转开费用是保函的主要费用，也是申请人选择担保行及转开行的依据。各国银行开立保函收取的费用高低不等，但一般都是针对不同类型的保函，按保函金额的一定比例按季度收取，不足一季按一个季度计收，或/并规定最低收费额。如中国银行对投标保函每季按保函金额的 0.05%(最低 500 元/季)、对履约保函每季按保函金额的 0.1%(最低 500 元/季)、对预付款保函每季按保函金额的 0.1%(最低 500 元/季)、接受国外分行反担保出具承担第一性付款责任保函每季按保函金额的 0.15%、接受国外代理行反担保转开保函每季按保函金额的 0.2%(最低 500 元/季)、接受国外联行反担保转开保函每季按保函金额的 0.05%(最低 500 元/季)收取开立费用。在选择国外转开行时，除注意其开立费用的高低外，还需注意到当地国是否还有其他费用要求，如印花税等。

银行提供银行保函的修改、通知及注销等服务一般按每笔业务收取费用。如中国银行对提供银行保函修改、通知、注销等每笔分别收取 300 元、300 元、200 元的服务费用；为受益人代理索赔按索赔金额的 0.1%收取，最低为 1000 元/笔，最高为 5000 元/笔。

四、银行保函的内容

银行保函在国际上无统一的法定格式，其内容根据交易的不同而有所不同，但大致包括保函的名称与编号，开立日期，各当事人的名称、地址，有关合同或标书的号码和订约或签发日期，担保标的物即有关交易或项目的名称，担保的货币名称及金额，担保性质，担保的责任范围，担保的迄止日期，索偿办法等。

(一)担保责任

担保责任是银行保函的核心问题，是银行保函的主体，用以表明银行作为担保人在银行保函中承诺担负的责任。以投标保函为例，银行的担保责任主要有以下几种。

(1) 投标人投标后，在招标通知规定的截止有效期内，不得撤回与/或修改其标书。

(2) 投标人如果中标，则必须在收到中标通知书的一定期限内，按标书内容与招标人签订合同。

(3) 签订合同时，或签订合同后的若干天内，中标人作为合约的一方当事人必须提供履约担保。

(4) 如果投标人上述事项中的任何一项未能履行，银行(担保人)将保证向招标人(受益人)支付银行保函中所约定的金额；若投标人没有违反上述约定事项，或者未能中标，则招标人应退回此项投标保函，以解除银行的担保义务。

(二)索偿办法与索偿证明文件

对于在什么条件下，受益人可以依据银行保函向担保人提出索偿，即索偿条件，国际上有两种不同的观点：一种认为银行保函应该是无条件的(Unconditional)，另一种认为银行保函应是附有某些条件的(Accessory)。在开立银行保函时，可以根据实际需要以及银行保函的性质来确定。

一般情况下，绝对无条件的银行保函是不存在的。工程项目投标履约保函，只需要一项索赔说明即保证付款，单据要求很简单，因而可以看作是无条件的。凡是属于贸易项下的银行保函，则一般都是有条件的，即规定必须凭单据或证明文件提出索赔。目前的银行保函大多要求受益人提交符合保函规定的单据和/或证明文件。

(1) 单据。主要是货运单据，包括提单、发票、保险单(CIF 条件下)等。

(2) 证明文件。主要是证明受益人索偿的理由成立，如法院判决书、公证机关证明、仲裁裁决书以及受益人的索偿书等。有时还须有申请人对索赔及应支付金额的同意书等。

(三)担保期限

担保期限是担保人承担赔偿责任的期限，即最迟的索赔日期，或称到期日(Expiry

Date)，也是向申请人计收担保费用的依据之一。可以是一个具体的日期，也可以是在某一行为或某一事件发生后的一个时期到期。例如，在交货后 3 个月或 6 个月、工程结束后 30 天等。

银行保函一般都规定一个明确的有效期限，即何时生效、何时失效。根据性质或用途，银行保函有不同的生效办法，如投标保函一般自开立之日生效，预付款保函则在申请人收到款项日生效。如果银行保函中无明确规定有效期限，根据国际商会的规定，应按以下三种情况分别确定其最后有效期限：一是投标保函，自保函开立之日起 6 个月；二是履约保函，为合同中规定的交付完成期限或延展的期限后 6 个月(若合同中规定有保养期间，且银行保函中明确包括该保养期间，则为保养期满后 1 个月)；三是还款保函，应为合同规定的最后交易日期或完成日期后或经延展的交付或完成日期后 6 个月。

银行保函中止有效时，受益人应立即将银行保函退还担保人。这一方面是例行手续，另一方面也表明自己在该银行保函项下不再提出索偿要求。有些国家法律禁止在契约保函中订有有效到期日，还有的规定若受益人没有退还银行保函，也没有特别解除担保人的义务，则无论到何时，银行保函一直有效。在这种情况下，明确规定失效银行保函的退回对担保人与申请人来说至关重要，因此银行保函中一般规定："Upon expiry, please return this guarantee to us for cancellation"。

五、有关银行保函的国际惯例与规则

在国际商会制定的国际惯例中，和银行保函相关的有三个，即《合同担保统一规则》《见索即付保函统一规则》和《合同保函统一规则》。

(一)《合同担保统一规则》

20 世纪 40 年代以来，国际承建工程业务发展的速度很快，因而世界各国开始广泛地应用银行保函并迅速扩展到支持本国的进出口贸易。银行保函的种类越来越多，应用范围也越来越广。但由于在国际上缺乏统一规则的约束，各国的银行保函业务做法很不一致。为统一各国的银行保函行为，促进银行保函业务的顺利开展，国际商会经过 20 余年的研究，于 1978 年 6 月通过了国际商会第 325 号出版物《合同担保统一规则》(Uniform Rules for Contract Guarantee)，简称为 URCG325。URCG325 是国际商会制定的第一部关于银行保函的统一规则，1982 年 11 月又出版了国际商会第 406 号出版物《开立合同保函模范格式》(Model Forms for Issuing Contract Guarantee)，作为 URCG325 的补充供实际业务参考和使用。

1. 《合同担保统一规则》的内容

URCG325 对银行保函的保证范围和定义、当事人之间的关系以及担保人的责任等作了比较明确的阐述，对如何进行索偿以及索偿期限与条件等也有所规定。

URCG325 共 11 条，内容可分为三个部分。

第一部分为 1～2 条，主要是界定规则的范围和定义。规则强调："本规则适用于任何保证书、保函、赔偿担保书、担保书或其他类似的担保文件，不论其名称和说明如何，只要声明是依据国际商会的 URCG325 开立"。另外，对投标保函、履约保函和还款保函等进行了明确定义。

第二部分为 3～9 条，主要是关于对担保人向受益人承担的责任、受益人提出索款请求的期限、保函的有效期及退还、对基础合同与保函的修改、索款请求的提交、申请人违约证据的提供等的规定。

第三部分为 10～11 条，主要规定了信用担保纠纷解决的方式和法律适用等问题。关于保函的法律适用问题，URCG325 规定，如果保函没有指出担保应受哪一个国家的法律管辖，则以担保人营业所所在地国家的法律为准；如果担保人有两个以上的营业所，则以出具银行保函的分支机构所在地国家的法律为准。

2. URCG325 的应用

URCG325 所规范的是严格的有条件担保模式，目的是试图将国际信用担保规则纳入到从属性担保的框架中。由于该规则规定银行保函根据开立当地法律的解释，也就是担保人营业地的法律并由当地主管法庭裁决，这种做法对受益人十分不利，应用时不易为受益人所接受；有些国家的法律规定，银行保函必须由受益人国家的担保人出具，否则法律上是不接受的；再加上该规则允许当事人通过排除该规则的适用方式以达到选择使用独立保函的目的，所以目前国际上使用注明"根据 'URCG325' 开立"的银行保函并不太多，也就是说《合同担保统一规则》的应用效果不太理想，实践中很少应用。

(二)《见索即付保函统一规则》

20 世纪 70 年代以来，无条件保函(Unconditional Guarantee)主要是见索即付保函(Demand Guarantee)开始在国际经贸中出现并得到广泛应用。采用这种保函索赔时，受益人无须证明申请人违约，只需履行保函上所规定的索赔程序及出示相应文件(通常仅仅是受益人的书面索赔要求)；担保行也无须调查基础合同的履行情况，不必顾虑会因此被卷入到当事人的合同纠纷或诉讼中。鉴于见索即付保函(Demand Guarantee)成为国际担保的主流和趋势，1991 年国际商会对《合同担保统一规则》进行了修订，并于 1992 年 4 月颁布实施了国际商会第 458 号出版物《见索即付保函统一规则》(The Uniform Rules for Demand Guarantees, ICC Publication No.458, 1992 Edition)，简称 URDG458。URDG458 是一项专门适用于独立保函的国际惯例，总计 6 部分，包括导言与适用范围、定义与通则、义务和责任、索款请求、失效、法律适用及管辖权等，共 28 条。

URDG458 生效后，逐渐被金融界、贸易界、法律界及众多国际组织认可和使用，成为见索即付保函业务的国际性权威实务操作标准。为适应见索即付保函业务发展的需要，国际商会银行技术与惯例委员会借鉴银行保函业务的实践经验，对 URDG458 进行了修订，并于 2009 年 11 月通过了重新修订的《见索即付保函统一规则》(URDG)国际商会第 758 号出版物，即 URDG758。

URDG758 于 2009 年 12 月 3 日公布，2010 年 7 月 1 日起正式生效。该规则包括 35 个条款以及保函和反担保函的标准模板，与 URDG458 相比在保函性质、非单据条件的处理、保函的修改、有关交单方面的规定、单据的审核、不可抗力 6 个方面做了重大修改。URDG758 第 1 条界定了 URDG 的适用范围。

(1) URDG 适用于任何明确表明适用本规则的见索即付保函或反担保函。除非见索即付保函或反担保函对本规则的内容进行了修改或排除，本规则对见索即付保函或反担保函的所有当事人均具有约束力。

(2) 如果应反担保人的请求，开立的见索即付保函适用 URDG，则反担保函也应适用 URDG，除非该反担保函明确排除适用 URDG。但是，见索即付保函并不仅因反担保函适用 URDG 而适用 URDG。

(3) 如果应指示方的请求或经其同意，见索即付保函或反担保函根据 URDG 开立，则视为指示方已经接受了本规则明确规定的归属于指示方的权利和义务。

(4) 如果 2010 年 7 月 1 日或该日期之后开立的见索即付保函或反担保函声明其适用 URDG，但未声明是适用 1992 年本还是 2010 年修订本，亦未表明出版物编号，则该见索即付保函或反担保函应适用 URDG 2010 年修订本。

(三)《合同保函统一规则》

URDG458 注重于考虑保证人的利益，但不适合保险公司作为保证人提供的保证业务。因此，国际商会于 1993 年 4 月制定并颁布了国际商会第 524 号出版物《合同保函统一规则》(Uniform Rules for Contract Bonds)，简称 URCB524，并于 1994 年 1 月 1 日起正式生效。

URCB524 共 8 条及 3 个附录，主要内容包括：适用范围；定义；保证人和受益人的责任；保证人的履行和终止；保函文本归还；修订、变更、期限的延长；请求和索赔程序；争议的解决。

URCB524 在总则中明确规定"本规则所调整的保函及其性质是，当事人的债务不仅与当事人依据合同所承担的债务直接相关，而且还依赖于后者"；第 3 条规定"保证人依据保函而对受益人所负的责任从属于主债务人根据合同而对受益人所承担的责任，并且在主债务人发生违约的情况下产生"。由此可以看出，该规则主要是适合于保险业特殊做法的从属性保函统一规则，它将保函的性质确定为从属性，属于有条件担保，即保险人(保证人)承担的责任是第二性的，债务人依据基础交易产生的任何抗辩，保证人均可援引。

另外，银行独立保函可适用的国际规则还有联合国国际贸易法委员会制定的《联合国独立保函和备用信用证公约》，但该公约只能对参加公约的国家生效。本书第九章将对该公约做进一步的介绍。

第二节　银行保函的种类

一、根据担保人所承担义务的性质分类

根据担保人所承担义务的性质，银行保函一般可分为赔付性质保函与付款性质保函。

(一)赔付性质保函

赔付性质保函或称信用类保函，一般是担保人担保申请人按合同的规定对受益人承担

某项义务，如履约、承包工程、投标签约等，若届时申请人不履行该项义务，则由担保人负责赔偿损失。

(二)付款性质保函

付款性质保函或称付款类保函，一般是担保人担保在受益人履行合同义务的前提下，申请人向受益人付款，若届时申请人无力或不进行付款，则由担保人负责偿付。

二、根据保函与基础交易合同的关系分类

根据保函与基础交易合同的关系，银行保函一般可分为从属性保函(Accessory Guarantee)和独立性保函(Independent Guarantee)。

(一)从属性保函

从属性保函，即保函是基础交易合同的一个附属性契约，其法律效力随基础合同而存在、变化或消失，基础合同无效，保函亦无效。传统的保函是从属性的，保函担保人的责任是属于第二性的付款责任，其承担责任是以基础交易合同中申请人违约为前提的，即只有当保函的申请人违约且不承担违约责任时，保证人才承担保函项下的赔偿责任。发生索赔时，担保人要根据基础交易合同的条款以及实际履行情况来确定是否予以支付，可以行使申请人的抗辩权，也可以在申请人放弃抗辩权时独自行使抗辩权。各国国内交易使用的保函或传统的保函基本上都是从属性质的保函。

(二)独立性保函

独立性保函是自足文件，虽是依据基础交易合同开立的，但一经开立便具有独立的效力，担保人对受益人的索赔要求是否支付，只依据保函本身的条款。独立性保函一般都要明确担保人的责任是不可撤销的、无条件的和见索即付的；保函一经开出，只要受益人未表示拒绝即具有约束力，未经受益人同意，不能修改或解除其所承担的保函项下的义务；保函项下的赔付只取决于保函本身，而不取决于保函以外的交易事项；银行收到受益人的索赔要求后应立即予以赔付规定的金额。目前，国际银行界的保函大多数属于独立性保函，而不是传统的从属性保函。见索即付保函是独立性保函的主要形式。

三、根据保函索赔条件的不同分类

根据保函索赔条件的不同，银行保函一般可分为无条件保函(Unconditional L/G)和有条件保函(Conditional L/G)。

(一)无条件保函

无条件保函也称首次要求即付(First Demand)保函，主要是指"见索即付"保函，即担保人对受益人的简单书面索赔承担了无条件的支付义务，当受益人凭保函及有关证件向担保人索偿时，担保人无须取得申请人的同意，立刻付款。在这类保函项下，不论基础交易

合同的执行情况如何，也不论受益人本身是否履行了合同中规定的义务，只要担保人在保函的有效期内收到了受益人所提交的符合保函条款规定的书面索赔，就立即付款。这种保函项下的申请人及担保行所承担的风险很大，有时可能会在受益人的无理索赔面前陷入极其被动的境地。从目前国际银行保函业务来看，无条件保函使用得较多。

(二)有条件保函

有条件保函是指担保人向受益人付款是有条件的，担保人在保函的条文中对索赔的发生与受理设定了若干限制条件，或规定了若干能客观反映某种事件发生的单据提供，只有在符合保函规定的条件下，或所规定的能反映客观事实的单据提交给担保人后，担保人才予以付款。这种保函的特点是赔付必须基于违约责任，即发生索赔时，受益人的索赔要求必须经申请人书面同意，或按照合同约定经过仲裁或法院判决，根据仲裁通知书或法院判决书上的金额执行，保证人无须介入对违约责任的认定。这种保函比较便于银行的操作，也有利于保护申请人的利益，防止受益人的无理索赔和欺诈，但对受益人来说往往是难以接受的，因此现在很少使用。

四、根据保函的用途或担保的内容分类

根据保函的用途或担保的内容，银行保函一般可分为投标保函(Tender Guarantee)、履约保函(Performance Guarantee)与预付款保函(Advance Payment Guarantee)等，这是在国际贸易实践中最常用的银行保函分类方法。

(一)投标保函

投标保函是银行(担保人)应投标人(申请人)的申请开立的以招标人为受益人的保函，保证投标人在开标前不中途撤销投标或片面修改投标条件或中标后不拒绝签约、不拒绝交纳履约保证金，否则银行将保证支付给招标人一定的金额作为赔偿。

投标保函

这类保函主要用于国际投标与招标业务，通常是招标人要求投标人参加投标的条件之一。其目的在于表明投标人的诚意与资格，实质上是代替了投标人随投标文件一同递交给招标人的投标保证金(Bid Security)。招标文件中一般备有要求的保函格式文本，投标商必须按格式文本中的担保条件向银行申请出具保函，不得更改，否则将导致废标。投标保函的金额一般规定为合同金额的 1%～5%，也可以规定某一固定数额如 50 万美元。保函的有效期并不等同于投标文件的有效期，一般规定为自开立之日起生效，至投标截止日后或开标日后的一段时间如 30 天或 28 天为止。若投标人中标，则有效期自动延长到招、投标方签订合同并提交履约保函为止，延长投标有效期无须通知担保人。

(二)履约保函

履约保函是银行(担保人)应交易合同中的一方当事人(申请人)的请求开立的以另一方当事人为受益人的保函，保证一旦申请人未能履行合同中规定的义务，银行将保证支付给受益人一定金额作为赔偿，或者由银行根据保函条款履行合同义务。保函金额一般为合同

金额的 5%～10% 或规定某一固定数额，有效期一般至合同执行完毕日的一段时间如 30 天或半个月。

履约保函的应用范围较为广泛，除用于一般的货物进出口交易外，还可用于"三来一补"贸易、技术贸易、对外承包工程等业务；实际应用时也较为灵活，银行既可为出口商向进口商提供担保，也可为进口商向出口商提供担保。国际招标与投标项下的履约保函，通常是将投标保函进行修改或扩展新条款，也可以重新单独开具。

履约保函

(三)预付款保函

预付款保函(Advance Payment Guarantee/Refund Guarantee/Prepayment Guarantee)也称还款或退款保函(Repayment Guarantee /Down Payment Guarantee)，是指银行(担保人)应交易合同中的一方当事人(申请人)的请求开立的以另一方当事人为受益人的保函，保证一旦申请人在收到预付款后没有履行合同中规定的义务，或未按规定使用预付款项，银行将保证偿还受益人预付或已付给申请人的金额。预付款保函的金额通常就是预付金的金额，其有效期至合同执行完毕之日止，再加上 3～15 天的索偿期。

预付款保函

国际贸易中开立预付款保函一般有以下四种情况。

(1) 进出口贸易中的预付定金保函(Down Payment Guarantee)。担保人担保若出口商不能如期履行合同中的义务(如按期交货装运等)，则银行将保证及时偿还进口商已付款项的本金及利息，或者相当于尚未履行合同部分比例的预付金额。

(2) 劳务合作中的预付款项保函，主要是工程承包中的项目预付款保函。工程承包合同签订后，按规定发包方应向承包方支付一笔工程款项(一般为合同金额的 5%～20%)，以用于购买有关材料、支付开工费等。这种保函中，银行担保若承包人(申请人)不能及时将款项用于项目或出现其他违约问题，发包人可凭此保函向银行索偿预付金本息。

(3) 技术贸易等带有预付性质的分期付款或延期付款支付方式的业务中的保函。这种方式中通常有履约保函与还款保函各一份，如银行担保进口商向卖方开立履约保函，银行担保出口商向进口商开立还款保函，前者保证进口商按合同规定按期汇付款项；后者保证若因为卖方责任(如出口商不能按期交货)应偿还进口商款项时，银行保证及时给予偿还。

(4) 国际融资项目中的保函。

(四)其他形式保函

上述是银行保函中最常见的三种基本形式，因业务实际要求还会产生其他各种形式的保函。

1. 付款保函

付款保函(Payment Guarantee)是指银行(担保人)应买方的申请而向卖方出具的保函，保证买方履行因购买商品、技术或劳务合同项下的付款责任，否则由银行代为支付相应的款项。

付款保函适用于存在付款行为的商品贸易、技术劳务贸易、工程项目等，如商品贸易中作为买方在卖方按照合同约定发货后及时支付货款的付款保证、工程项目中作为工程承包项下业主向承包方按期足额支付工程进度款的付款保证等。保函金额即合同金额,有效期为按合同规定付清货款之日再加半个月。

2. 反担保函

反担保函(Counter Indemnity/Counter Guarantee)是指由申请人在银行出具担保前先出具给银行的保函。其作用是当银行保函项下发生赔偿时,银行(担保行)可凭反担保函及时从申请人处获得相应的补偿。有时在进出口合同中也规定进出口双方对开担保函,这也属于反担保函,是一种有条件的保函,目的在于约束双方必须履行各自的合同义务。

3. 保留款保函

保留款保函(Retention Money Guarantee)也称保留金或留置金保函、尾款保函。在大型设备的进口业务中,买方在支付货款时,一般要保留一定比例的款项,如5%~10%的设备款,这部分款项称为保留金或滞留金,待进口设备安装调试验收合格后,再付给出口商。而如果卖方要求买方将这部分保留金随同大部分货款一起支付给卖方,则需卖方提供银行保函,保证若卖方提供的商品质量达不到规定的标准,卖方需将保留金退还给买方,否则,银行负责赔偿。

保留款保函

保留款保函适用于大额货物出口或工程建设合同中,卖方或承包方欲提前支取尾款的情况。保函金额就是保留金的金额,有效期是合同规定的索赔期再加上 3~15 天的索偿期。

4. 延期付款保函

延期付款保函(Deferred Payment Guarantee)是银行(担保人)应买方的申请向卖方出具的,对延期支付的合同价款及其利息进行担保的保函。在进口大型机械设备、成套设备交易中,可能采取延期付款方式,进口商按合同的规定预付给出口商一定比例的定金(如货款的 5%)后,进口方银行开立保函,担保进口商履约时凭货运单据支付部分货款(如货款的10%),其余部分(货款的85%)本息延期支付,如进口商不能付款,由银行代为付款。

延期付款保函的金额通常为合同金额及利息减预付款,有效期一般为约定的最后一期款项付清日再加半个月。

5. 质量保函

在进出口贸易中,进口商为保证货物品质符合合同的要求,往往要求出口方提交担保,即质量保函(Quality Guarantee)。在保函中,银行(担保人)保证出口商按照合同规定的质量标准交货,若发现货物质量不符合规定,由出口方负责退换或补偿损失,否则,由银行进行赔付。

质量保函

质量保函适用于货物买卖交易,尤其是大型机电产品、成套设备、飞机、船舶等大额进出口交易。保函担保的金额一般为合同金额的 5%~10%,有效期由双方根据交易需要协商确定,一般为合同标的物的质量保证期再加上 3~15 天的索偿期。该类保函有时和产品维修结合在一起,统称为维修/质量保函(Maintenance/Quality Guarantee)。

6. 维修保函

在承包工程合同中，工程所有人(业主)为了保证工程的质量，会要求承包人提供银行保函，由银行保证在工程完工后如承包商不履行合同约定的维修义务，或工程出现质量问题后，施工单位不能依约维修时，银行负责向业主赔付。这就是维修保函(Maintenance Guarantee)。

维修保函适用于大型工程承包，保函金额一般为工程承包合同金额的 5%～10%。

7. 提单保函

提单保函(Bill of Lading Guarantee)也称赔偿保函(Indemnity Guarantee)、提货保函(Shipping Guarantee)，是指银行(担保人)应进口商的请求开给出口商的保函，要求进口商在未收到提单或遗失提单的情况下，可以及时提取货物，并在收到或找到提单后，能及时交回承运代理人，若由此给出口商带来损失，银行将担保赔偿。

五、根据贸易形式分类

根据贸易形式，银行保函可分为出口类保函、进口类保函以及租赁贸易、加工贸易、补偿贸易等类保函。

(一)出口类保函

出口类保函是指银行(担保人)应出口商的申请向进口商出具的保函，是为满足出口货物和劳务的需要而开立的保函。这类保函主要应用于国际承包工程和商品出口中，包括投标保函、履约保函与预付款保函等。

(二)进口类保函

进口类保函是指银行(担保人)应进口商的要求向出口商开立的保函，是为满足进口货物和技术的需要而开立的保函，如付款保函、延期付款保函等。

(三)租赁保函

租赁保函(Leasing Guarantee)是在国际租赁贸易中，银行(担保人)应承租人的申请，向出租人开立的保证承租人按租赁合同的规定交付租金，否则将由银行进行赔付的书面保证文件。

租赁保函

按租赁方式的不同，租赁保函分为融资租赁保函(Financial Leasing)和经营租赁(Operating Leasing)保函。前者是指承租人根据租赁协议的规定，请求银行向出租人所出具的一种旨在保证承租人按期向出租人支付租金的付款保证承诺；后者是指银行保证申请人因购买商品、技术、专利或劳务合同项下的付款责任而出具的保函。国际租赁多是融资租赁，因此租赁保函多是融资租赁保函。

该类保函的金额是承租人应付租金加上利息，一般自承租人收到租赁设备并验收合格后生效，有效期至租赁合同规定的全部租金付清再加 15 天。

(四)加工贸易保函

加工装配贸易保函或称来料加工/来件装配保函(Processing/Assembly Guarantee)，是指在来料加工、来件装配业务中，银行(担保人)应进口商的要求向出口商提供的保证书，保证进口商在收到与合同相符的原料或元件后，以该原料或元件加工装配，并按合同规定将成品交付给出口商或其指定的第三方，或以现汇偿付来料、来件价款及利息，否则银行负责赔付出口商。

该类保函的金额通常为来料、来件价款加利息，有效期为按合同规定进口商以成品来偿付来料、来件价款之日再加 15 天。

(五)补偿贸易保函

补偿贸易保函(Compensation Guarantee)是指在补偿贸易中，银行(担保人)应进口商请求向出口商出具的保函，保证进口商在收到与合同相符的设备后，会以该设备生产的产品，按合同规定返销给供应设备方或其指定的第三者，或以现汇形式偿付设备价款及利息，否则由银行向供应设备方偿付。

补偿贸易保函

该类保函的金额是设备款加利息，有效期为按合同规定的进口方以产品偿还设备款之日再加 15 天。

六、其他种类

(一)直接保函与间接保函

按涉及的当事人不同或开立方式的不同，银行保函可分为直接保函与间接保函。

前者仅涉及委托人、保证人、受益人三方当事人，故称"三方保函"。

后者是指当受益人要求保函由其本地银行出具，而委托人与受益人所在地银行并无往来，委托人委托其往来银行(指示人)安排一家受益人所在地银行(保证人)向受益人出具保函，因其涉及委托人、指示人、保证人、受益人四方当事人，又称"四方保函"。

(二)融资性保函与非融资性保函

按有无融资功能，银行保函可分为融资性保函和非融资性保函两类。

前者是指银行应借款人的申请而向贷款人出具的，保证借款人履行借贷资金偿还义务的书面文件，主要有融资租赁保函、借款保函、透支保函和延期付款保函等。如中国银行应企业国内母公司的申请，为其境外全资附属企业或参股企业向当地金融机构融资或取得授信额度而出具的担保，即为境外投资企业提供的融资性对外担保(Financing Guarantee for Overseas Investment)，以保证境外企业履行贷款本息偿还义务或授信额度协议规定的资金偿还义务。

后者是指银行为申请人的贸易或工程投标等非融资性经营活动所提供的信用担保文件，主要有投标保函、履约保函、预付款保函、进口付款保函和经营租赁保函等。

(三)借款保函

在国际借贷业务中，贷款方会要求借款方提供银行保函，银行(担保人)向其保证如借款人因破产、倒闭、资金困难等原因未能按借款合同的规定按时偿还借款并付给利息，由银行代为偿还应还而未还的本息。这类保函就是借款保函(Loan Guarantee)。

借款保函的金额是借款金额加利息，且随申请人逐步偿还贷款相应递减。有效期自开出之日起生效，至借款合同规定的还清借款及利息的日期再加半个月。

(四)保释金保函

保释金保函(Bail Guarantee)多见用于海事纠纷，故也称海事保函(Marine Accident Guarantee)。承运方在运送货物时，若船只或其他运输工具因碰撞事故致货主或他人蒙受损失，或因承运方的责任发生货物短缺残损等，在确定赔偿责任前，法院会下令扣留有关船只等，只有交纳了保释金才能放行。在这种情况下，船公司等可向银行(保证人)申请一份保函，由银行向法院保证船公司等一定会按法院的判决赔偿损失，否则由银行代其赔偿。法院收到保函后，便可以此保函代替保释金将船只等运输工具放行。

该类保函的金额由法院决定，有效期为法庭判决日后若干天。

(五)关税保付保函

关税保付保函简称关税保函(Customs Guarantee)，是银行(担保人)应申请人要求向海关出具的，保证申请人履行缴纳关税义务的书面文件。该保函的主要目的是提供通关缓税便利，多用于与享受国家减免税、保税政策相关的进出口商品，如暂准进出口的境外工程承包、境外展览、展销等相关的货物及物品，以及加工贸易企业进口料件等。如在国际承包工程或国际展览、展销活动中，须将施工机械或展品运至工程所在国或展览国，所在国的海关要征收一笔关税作为押金，待工程完工或展览会结束将施工机械或展品撤出所在国时，海关再退还该笔税金，这时即可利用关税保函以减少办理退税手续的烦琐。该类保函的金额即海关规定的税金金额，有效期一般为合同规定的运离该国的日期再加半个月。

另外，银行应加工贸易企业的要求，向海关出具的保证加工贸易企业在海关核定的加工贸易合同手册有效期内，履行产品出口或按规定缴纳税款的保函，即加工贸易税款保付保函(Taxation Guarantee for Processing Trade)，还有企业根据《关于货物暂准进口的ATA单证册海关公约》的要求申请办理ATA单证册时，向银行申请出具的以ATA单证册签发机构为受益人，保证支付暂准进口货物应付各种税款的ATA单证册保函；以及为满足纳税义务人在海关办理先放行货物后缴纳海关税费的网上支付业务需求，向海关出具的保证纳税义务人在海关规定的期限内向海关缴纳到期应缴税费的网上支付税费保函(E-Taxation Guarantee)等，都属于关税保函的范畴。

(六)账户透支保函

海外承包工程公司等在国外投资施工企业，或派往国外的分支机构开展业务时，为得到东道国当地银行的资金融通，常在当地银行开立透支账户。开立透支账户通常须提供该承包公司或分支机构的总公司所在地银行出具的担保，由银行保证国外企业能按透支合同的规定及时向银行补足所透支的金额，否则将由担保银行代为补足。这种由银行为国内法人驻外机构向当地银行申请开立透支账户而开具的，保证委托人及时向受益人补足所透支金额的保函，即为透支保函(Overdraft Guarantee)。

该类保函的金额一般是透支合同规定的透支限额，有效期一般为透支合同规定的结束透支账户日期再加半个月。

(七)其他

其他保函还有银行应船东、船公司、船东互保协会或保险公司的申请向海事法院或海事仲裁机构出具的，保证其被扣留的船只或财产被释放后，能够按照法院的判决书或仲裁结果上列明的赔款金额做出赔付的海事保函(Marine Accident Guarantee)；应原告的申请向司法部门出具的，保证原告在败诉的情况下履行损失赔偿义务的诉讼保函(Litigation Guarantee)，等等。

第三节 见索即付保函及其业务流程

一、见索即付保函的概念与特点

(一)概念

URDG458 规定："见索即付保证，不管其如何命名，是指由银行、保险公司或其他组织或个人以书面形式出具的，表示只要凭付款要求声明或符合保证文件规定就可以从他那里获得付款的保证、担保或其他付款承诺。"URDG758 规定："见索即付保函或保函，无论其如何命名或描述，指根据提交的相符索赔进行付款的任何签署的承诺。"因此，一般可以认为，见索即付保函是担保人凭在保函有效期内提交的符合保函条件的要求书(通常是书面形式)及保函规定的任何其他单据支付某一规定的或某一最大限额的付款承诺。

根据 URDG758 的规定，除非另有规定，见索即付保函包括保函、反担保函以及保函和反担保函的任何修改书。见索即付保函常用于建筑工程合同和国际货物销售合同。

(二)特点

根据其定义及有关国际惯例，见索即付保函具有以下特点。

1. 是一种独立的付款保证

尽管该保证是担保人依照基础交易合同一方当事人的申请，向另一方当事人(受益人)做出的见索即付承诺，但它独立于申请人和受益人之间的基础交易合同，担保人与受益人之间的权利义务关系完全以保函条款为准，而不再受基础交易合同的影响。即使基础交易合同的申请人已经履行了合同义务或者基础合同已经因其他原因中止，担保人的责任也不能随之解除，只有在见索即付保函本身的有效期过后，担保人才能解除担保责任。只要受益人按照保函的要求提交了索赔文件，除非有受益人欺诈的确凿证据或适用法律允许的拒付理由，担保人必须付款，不能以基础合同申请人的抗辩理由来对抗受益人。

同时，见索即付保函也独立于申请人和担保人之间的委托合同，担保人无权以申请人违反委托合同，如未交足保证金为由拒付保函项下的索赔。因此，担保人在接受申请人委托时，往往要求申请人提供相应的反担保，以便在向受益人履行了保函下的赔偿义务而申请人不能支付时，可以通过执行反担保来保障自身利益。

另外，在四方保函业务中，反担保函独立于保函、基础合同、委托合同及其他任何反担保函。除非有确凿的欺诈证据或其他适用法律允许的止付理由，只要担保人提交了与反担保函条款相符的索赔单据，即应得到赔款，而无论担保人是否已对其保函项下受益人付款，或是否接到索款要求，或是否有法定支付责任。

2. 单据化

URDG758 规定："担保人处理的是单据，而不是单据可能涉及的货物、服务或履约行为。"这说明了见索即付保函所确立的权利和责任取决于保函条款及保函规定提交的单据。而且 URDG758 对保函中除日期条件之外的非单据条件，即"约定一项条件，却未规定表明满足该条件要求的单据"，解释为"担保人将视该条件未予要求并不予置理"，而不需查明客观事实。因此，见索即付保函强调其单据化特征，表现在其金额、付款期限、付款条件和付款责任的终止均取决于保函本身的条款及索赔书和其他保函所规定单据的提交，担保人并不关心对客观事实的调查，如委托人在履行基础合同中违约的事实，或受益人由此而遭受的实际损失等。

3. 索赔要求必须与保函条款相符

见索即付保函项下的索赔要求是"相符索赔"，即满足"相符交单"要求的索赔。只有交单人交付的单据在与保函条款相符的情况下，受益人才有权得到付款；如未能提交保函规定的单据或所提交的单据与保函的要求不符，或索赔要求未以保函要求的形式出具且未能在保函有效期内提交，受益人就无权获得赔款。

根据 URDG758 的规定，保函项下的相符交单，是指所提交单据及其内容首先与该保函条款和条件相符；其次与该保函条款和条件一致的本规则有关内容相符；最后在保函及本规则均无相关规定的情况下，与见索即付保函的国际标准实务相符。需要注意的是，相符标准由于司法管辖权的不同而存在差异，有些国家的法律要求严格相符，即使轻微不符也会使受益人失去获得付款的权利；而在其他国家，这种要求却是相对宽松的实质性相符。

4. 担保人对单据的审核责任仅限于表面相符

根据 URDG758 的规定，担保人应仅基于交单本身确定其是否表面上构成相符交单。因此，担保人仅负有对保函规定的单据在表面上进行谨慎审查的义务，而不对受益人所提交的单据的正当性、正确性、真实性承担责任。担保人应结合该单据本身、保函和 URDG758 的相关要求审核保函所要求的单据的内容，看单据是否符合保函规定的表面要求，即"表面相符"。担保人不需对单据表面记载之外的事实进行核实，只要经合理、谨慎地审核后，确认单据在表面上构成相符索赔，就应付款；即便单据的内容是虚假的，形式是伪造的，担保人也不承担过错责任，申请人不得以此作为向担保人补偿的抗辩理由。

对于单据构成表面相符，URDG758 有如下要求。

(1) 单据的内容无须与该单据的其他内容、其他要求的单据或保函中的内容等同一致，但不得矛盾。

(2) 如果保函要求提交一项单据，但没有约定该项单据是否需要签署、由谁出具或签署以及其内容，则只要其内容看上去满足保函所要求单据的功能并在其他方面与上述(1)的要求相符，且如果已经签署，任何签字都可接受，也无须表明签字人的名字或者职位。

(3) 如果提交了保函并未要求或者本规则并未提及的单据，则担保人将不予置理该单据，并可退还交单人。

(4) 担保人无须对受益人根据保函中列明或引用的公式进行的计算结果进行重新计算。

(5) 保函对单据有需要履行法定手续、签证、认证或其他类似要求的，则表面上满足该要求的任何签字、标记、印戳或标签等，担保人都应视为已满足。

二、见索即付保函的内容

(一)主要内容

URDG758 认为开立保函的指示以及保函本身都应该清晰、准确，并建议保函需明确以下 11 项内容。

(1) 申请人。完整的名称与地址。

(2) 受益人。完整的名称与地址。

(3) 担保人。完整的名称与地址。

(4) 指明基础关系的编号或其他信息。所谓基础关系即指保函开立所基于的申请人与受益人之间的合同、招标条件或其他关系，通常需要说明合同或协议、标书等的编号与日期以及供应货物的名称、数量或工程项目的名称等信息。

(5) 指明所开立的保函，或者反担保函情况下所开立的反担保函的编号或其他信息。

(6) 赔付金额或最高赔付金额以及币种。

(7) 保函的失效。

(8) 索赔条件。

(9) 索赔书或其他单据是否应以纸质和/或电子形式进行提交。

(10) 保函中规定的单据所使用的语言。

(11) 费用的承担方。

另外，关于见索即付保函适用法律及司法管辖问题，URDG758 规定，除非保函另有约定，保函的适用法律为担保人开立保函的分支机构或营业场所所在地的法律，担保人与受益人之间有关保函的任何争议由担保人开立保函的分支机构或营业场所所在地有管辖权的法院专属管辖；除非反担保函另有约定，反担保函的适用法律为反担保人开立反担保函的分支机构或营业场所所在地的法律，反担保人与担保人之间有关反担保函的任何争议由反担保人开立反担保函的分支机构或营业场所所在地有管辖权的法院专属管辖。

(二)URDG758 标准保函与反担保函模板

考虑到各类保函具有共同本质和相似特点，URDG758 对投标、履约、预付款等保函采用了一体化处理方式，在附录中提供了保函与反担保函的标准模板，以便于统一保函业务操作规程，同时提供了"可加入见索即付保函格式中的选择性条款(Optional Clauses to be Inserted in the Form of Demand Guarantee)"，以供使用保函者选择运用。

1. 适用 URDG758 的见索即付保函的格式

表 7-1 是根据 URDG758 提供的保函格式模板编辑的见索即付保函的英、中文对照格式。

表 7-1 适用 URDG758 的见索即付保函的格式

项 目	释 义
Guarantor Letterhead or SWIFT Identifer Code	担保人的信头或 SWIFT 号码
To: _____(Beneficiary)	受益人的名称和联系信息
Date: _____	保函的开立日期
Type of Guarantee	保函种类，如投标、履约、预付款等保函
Guarantee No.	保函相关编号
The Guarantor	担保人的名称与地址
The Applicant	申请人的名称与地址
The Beneficiary	受益人的名称与地址
The Underlying Relationship: The Applicant's obligation in respect of_____.	基础关系，申请人关于保函所基于的申请人与受益人之间的合同、招标条件或其他关系的义务
Guarantee Amount and Currency	保函的金额与币种，填写最高赔付的大小写金额与币种
Any document required in support of the demand for payment. Apart from the supporting statement that is explicitly required in the text below.	除下文明确要求的支持声明外，还需提交的任何支持索赔的单据。如果不需提交除索赔书和支持声明外的任何附加单据，填写"没有"或留空白
Language of any required documents	需提交单据所使用的语言
Form of presentation	交单形式。以纸质和/或电子形式进行提交
Place for presentation	交单地点。按交单形式填写不同地点，如本栏未填写，则视为保函开立地点
Expiry of Guarantee	失效。失效日期或描述失效事件
The party liable for the payment of any charges	费用的承担方
As the Guarantor, we hereby irrevocably undertake to pay the Beneficiary any amount up to the Guarantee Amount upon presentation of the Beneficiary's complying demand, in the form of presentation indicated above, supported by such other documents as may be listed above and in any event by the Beneficiary's statement. Whether in the demand itself or in a separate signed document accompanying or identifying the demand, indicating in what respect the Applicant is in breach of its obligations under the Underlying Relationship.	作为担保人，我们在此不可撤销地承诺，在收到受益人提交的相符索赔后，向受益人支付最高不超过保函金额的任何款项。索赔应按上述交单形式提交，并随附前文列明的可能需提交的其他支持索赔的单据，并且在任何情况下提交一份受益人声明，声明申请人在哪些方面违反了基础关系项下的义务。受益人声明可以在索赔书中做出，也可以在一份单独签署的随附于该索赔书的单据中做出，或在一份单独签署的指明该索赔书的单据中做出。
Any demand under the Guarantee must be received by us on or before Expiry at the place for presentation indicated above.	该保函项下的任何索赔必须在前文规定的失效当日或之前，于前文指明的交单地点被我们收到。
This Guarantee is subject to the Uniform Rules for Demand Guarantees (URDG) 2010 revision, ICC Publication No. 758.	本保函适用《见索即付保函统一规则(URDG)》2010 年修订版，国际商会第 758 号出版物。
Signature(s)	签字

2. 适用 URDG758 的见索即付反担保函的格式

表 7-2 是根据 URDG758 提供的反担保函格式模板编辑的见索即付保函的英、中文对照格式。

表 7-2　适用 URDG758 的见索即付反担保函的格式

项　目	释　义
Counter-guarantor Letterhead or SWIFT Identifer Code	反担保人的信头或 SWIFT 号码
To: _____(Beneficiary)	受益人的名称和联系信息
Date: _____	保函的开立日期
Please issue under our responsibility in favour of the Beneficiary your guarantee in the following wording:	请按照以下文本向受益人开出你方保函，相关责任由我们承担：
[Quote the following Form of Demand Guarantee under URDG758, provide brief details of the guarantee or use your own guarantee text as appropriate]	[引用以下适用 URDG758 的见索即付保函格式，提供保函的简要信息或采用你方认为适用的保函格式]
Type of Guarantee	保函种类，如投标、履约、预付款等保函
Guarantee No.	保函相关编号
The Guarantor	担保人的名称与地址
The Applicant	申请人的名称与地址
The Beneficiary	受益人的名称与地址
The Underlying Relationship: The Applicant's obligation in respect of_____.	基础关系，申请人关于保函所基于的申请人与受益人之间的合同、招标条件或其他关系的义务
Guarantee Amount and Currency	保函的金额与币种，填写最高赔付的大小写金额与币种
Any document required in support of the demand for payment. Apart from the supporting statement that is explicitly required in the text below.	除下文明确要求的支持声明外，还需提交的任何支持索赔的单据。如果不需提交除索赔书和支持声明外的任何附加单据，填写"没有"或留空白
Language of any required documents	需提交单据所使用的语言
Form of presentation	交单形式。以纸质和/或电子形式进行提交
Place for presentation	交单地点。按交单形式填写不同地点，如本栏未填写，则视为保函开立地点
Expiry of Guarantee	失效。失效日期或描述失效事件

项 目	释 义
The party liable for the payment of any charges	费用的承担方
As the Guarantor, we hereby irrevocably undertake to pay the Beneficiary any amount up to the Guarantee Amount upon presentation of the Beneficiary's complying demand, in the form of presentation indicated above, supported by such other documents as may be listed above and in any event by the Beneficiary's statement. Whether in the demand itself or in a separate signed document accompanying or identifying the demand, indicating in what respect the Applicant is in breach of its obligations under the Underlying Relationship.	作为担保人，我们在此不可撤销地承诺，在收到受益人提交的相符索赔后，向受益人支付最高不超过保函金额的任何款项。索赔应按上述交单形式提交，并随附前文列明的可能需提交的其他支持索赔的单据，并且在任何情况下提交一份受益人声明，声明申请人在哪些方面违反了基础关系项下的义务。受益人声明可以在索赔书中做出，也可以在一份单独签署的随附于该索赔书的单据中做出，或在一份单独签署的指明该索赔书的单据中做出
Any demand under the Guarantee must be received by us on or before Expiry at the place for presentation indicated above.	该保函项下的任何索赔必须在前文规定的失效当日或之前，于前文指明的交单地点被我们收到。
This Guarantee is subject to the Uniform Rules for Demand Guarantees (URDG) 2010 Revision, ICC Publication No. 758.	本保函适用《见索即付保函统一规则(URDG)》2010年修订版，国际商会第758号出版物。
Signature(s)	签字
[Unquote]	[引用结束]
As the Counter-guarantor, we hereby irrevocably undertake to pay the Guarantor any amount up to the Counter-guarantee Amount indicated below upon presentation of the Guarantor's complying demand, in the form of presentation indicated below, supported by the Guarantor's statement. Whether in the demand itself or in a separate signed document accompanying or identifying the demand, indicating that the Guarantor has received a complying demand under the Guarantee.	作为反担保人，我们在此不可撤销地承诺，在收到担保人的相符索赔后，向担保人支付最高不超过下文所述反担保函金额的任何款项。索赔应按后文规定的交单形式提交，并随附担保人的声明，声明担保人在保函项下已收到相符索赔。担保人的声明可以在索赔书中做出，也可以在一份单独签署的随附于该索赔书的单据中做出，或是在一份单独签署的指明该索赔书的单据中做出。
Any demand under this Counter-guarantee must be received by us on or before Expiry of this Counter-guarantee at the place for presentation indicated below.	反担保函项下的任何索赔必须在后文规定的失效当日或之前，于后文指明的交单地点被我们收到。
Counter-guarantee No.	反担保函编号：[填写反担保函相关编号]
The Counter-guarantor	反担保人：[填写名称及保函开立地址，除非在信头已表明]
The Guarantor	担保人：[填写担保人的名称及保函开立地址]
Counter-guarantee Amount and Currency	反担保函的金额与币种：[填写反担保函最高赔付的大小写金额及币种]

续表

项 目	释 义
Form of presentation	交单形式:[填写纸质形式或电子形式。如采用纸质形式,需指明交付方式。如采用电子形式,需指明交单的文件格式、信息提交的系统以及电子地址]
Place for presentation	交单地点:[采用纸质形式交单的情况下,反担保人指明单据提交到其分支机构的地址;采用电子形式交单的情况下,指明电子地址,如反担保人的SWIFT 地址。如果本栏未填写交单地点,则交单地点为前文中反担保人开立保函的地点]
Expiry of Counter-guarantee	反担保函失效:[填写失效日期或描述失效事件。注意反担保函的失效因包含邮递期而通常晚于保函失效]
The party liable for the payment of any charges	费用的承担方:[填写费用承担方的名称,通常由反担保人承担]
The Guarantor is requested to confirm to the Counter-guarantor the issuance of the guarantee.	担保人在开出保函后应向反担保人确认。
This Counter-guarantee is subject to the Uniform Rules for Demand Guarantees (URDG) 2010 Revision, ICC Publication No. 758.	本反担保函适用《见索即付保函统一规则》(URDG) 2010 年修订本,国际商会第 758 号出版物。
Signature(s)	签字

3. 可加入见索即付保函格式中的选择性条款

选择性条款主要包括以下内容。

(1) 可以提交索赔的起始时间不同于保函开立之日。可以约定"本保函项下的索赔可以自(指明日期之日起,或事件)提交"。

——申请人在担保人处所开立账户(指明账户号码)收到(预付款的币种及准确金额)。这些汇款应标明其所对应的保函。

——担保人收到(预付款的币种及准确金额),并将贷记申请人在担保人处所开立的账户(指明账户号码)。这些汇款应标明其所对应的保函。

——向担保人提交一份声明,声明"投标保函已释放"或"满足下列条件的跟单信用证已开出:指明金额、开证方或保兑方及货物或服务的描述"或者"基础合同生效"。

(2) 金额变动条款。该条款主要是对保函金额减少和增加的条件。

保函金额可根据下列一个或多个选项减少的百分比或准确金额和币种。

——向担保人提交下列单据。要明确单据清单。

——在保函中指明的指数导致减额的情况下,要明确导致保函金额减少的指数数值。

——在付款保函的情况下,汇款(金额和币种)至受益人在担保人处所开立的账户(指明账户号码),且这些汇款记录应能够让担保人识别出其所对应的保函(如援引保函相关编号)。

保函金额可根据下列一个或多个选项增加的百分比或准确金额和币种。

——向担保人提交下列单据。要明确单据清单。

——向担保人提交申请人的声明,声明由于基础合同扩大了工程范围或增加了工程价值，并指明新的工程价值的金额及币种。

——在保函中指明的指数导致增额的情况下，要明确导致保函金额增额的指数数值。

——受益人所提交的关于 URDG758 第 15 条 a 款中支持声明的示范条款。

① 在投标保函的情况下，支持声明可声明：申请人"在标期内撤标"或"作为公告的中标人，申请人没有根据投标要约签订合同和/或没有按招标文件提供所要求的保函"。

② 在履约保函的情况下，支持声明可声明：申请人因"晚交付""未按期完成合同履约""合同项下规定提供的货物数量不足""交付的工程有质量缺陷"等违反了基础关系项下的义务。

③ 在付款保函的情况下，支持声明可声明：申请人没有履行合同付款义务。

④ 起草其他类型保函(预付款、留置金、交货、质量、维修等)项下的支持声明，可以使用概括性的表述，而无须受益人证实索赔，或在保函本身没有明确要求的情况下，无须提供违约的技术细节。

三、见索即付保函项下的单据

URDG758 规定，保函项下的单据是指"经签署或未经签署的纸质或电子形式的信息记录，只要能够由接收单据的一方以有形的方式复制。在本规则中，单据包括索赔书和支持声明"。

(一)单据的种类

1. 索赔书

索赔书或称索款要求书(Written Demand for Payment)，即受益人为行使见索即付保函项下的索赔权利，将索款要求做成书面形式提交给担保人。索赔书是见索即付保函要求的基本单据，提交时要随附一份受益人的声明(Beneficiary's Statement)，说明申请人在哪些方面违反了基础关系项下的义务。该声明的内容可以在索赔书中做出，也可以在一份单独签署的随附于该索赔书的单据中做出，或在一份单独签署的指明该索赔书的单据中做出。

2. 违约声明书

违约声明书(Written Statement of Principal's Breach/Default)是受益人以单独单据形式做出的申请人违约声明，以作为索赔书的支持单据。

3. 其他单据

其他单据，即除了保函明确要求的支持声明外，还可能要求提交任何支持索赔的其他单据。这通常是根据保函的种类、性质等要求的，如工程师证明函、仲裁书、判决书等，而非每一个保函都要求的必需文件。

(二)单据的形式及要求

1. 形式要求

单据可以是纸质形式和电子形式。如果保函没有表明交单是采用纸质形式还是电子形式，则应采用纸质形式交单。

2. 语言要求

除非保函另有约定，受益人或申请人出具的，或代表其出具的单据，包括任何索赔书及支持声明，使用的语言都应与该保函的语言一致；其他人出具的单据可以使用任何语言。

3. 出单日期要求

索赔书或支持声明的出单日期不能早于受益人有权提交索赔的日期。其他单据的出单日期可以早于该日期。索赔书或支持声明或其他单据的出单日期均不得迟于其提交日期。

(三)交单及交单要求

广义上的交单是指交单人根据保函向担保人提交单据的行为或依此交付的单据，包括索赔目的之外的交单，如为了保函效期或金额变动的交单。交单人包括作为受益人或代表受益人进行交单的人，或在适用情况下作为申请人或代表申请人进行交单的人。这里主要介绍受益人以索赔为目的进行的交单。

根据 URDG758 的规定，受益人应在保函的开立地点或保函中指明的其他地点，并且在保函失效当日或之前将保函要求的所有单据交给担保人。在此前提下，还应注意如下要求。

(1) 交单时单据必须完整，除非明确表明此后将补充其他单据。如此后将补充其他单据，全部单据应在保函失效当日或之前提交。

(2) 如果保函表明交单应采用电子形式，则保函中应指明交单的文件格式、信息提交的系统以及电子地址；如果保函中没有指明，则单据的提交可采用能够验证的任何电子格式或者纸质形式。所谓能验证的，是指适用于电子单据时，该单据的接收人能够验证发送人的表面身份以及所收到的信息是否完整且未被更改。不能验证的电子单据视为未被提交。

(3) 如果保函表明交单应采用纸质形式，需指明交付方式；规定以特定方式交付，但并未明确排除使用其他交付方式，则交单人使用其他交付方式也应有效。

(4) 每次交单都应指明其所对应的保函，如标明保函编号。

(5) 对交单地点的要求。采用纸质形式交单的情况下，担保人指明单据提交到其分支机构的地址；采用电子形式交单的情况下，指明电子地址，如担保人的 SWIFT 地址。如果未明确交单地点，则为担保人开立保函的地点。

四、见索即付保函的业务流程

见索即付保函至少有申请人、受益人、担保人等三个当事人，即直接保函或三方保函。如果受益人要求保函由其本国银行出具，而申请人与该银行并无往来，则会产生第四个当事人——反担保人，即间接保函或四方保函。

(一)直接保函的业务流程

直接保函通常可能用到转递行通知保函，当然也可以由担保人直接交给受益人。这里以前者为例，说明直接保函的业务流程，如图 7-5 所示。

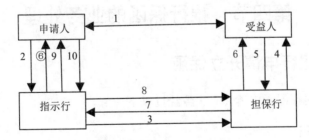

图 7-5　直接保函的业务流程

说明：

1. 申请人与受益人签订交易合同，合同中约定申请人开立见索即付保函给受益人。

2. 申请人向银行提交申请，委托担保行开立见索即付保函。

3. 担保行开立见索即付保函，指示转递行转交受益人。

4. 转递行将保函转交受益人。

5. 受益人按保函要求，提交索赔要求及违约声明等索赔文件。

6. 转递行将受益人的索赔文件转交担保行。

7. 担保行审核索赔文件后确认相符索赔，对受益人赔付，同时毫不延迟地将索赔事项通知申请人。⑦表示通过转递行转交付款。

8. 担保行向申请人索偿并转递单据。

9. 申请人向担保行偿付。

从业务流程中可以看出，直接保函包括三个不同的合同，即申请人与受益人之间订立的基础合同(Underlying Contract)、申请人与担保行之间订立的赔偿担保合同(Counter Indemnity Contract)或偿付合同(Reimbursement Contract)、担保行与受益人之间的见索即付保函(Demand Guarantee)。

(二)间接保函的业务流程

间接保函的反担保人或者指示行需要向受益人当地银行发出反担保函，其业务流程如图 7-6 所示。

图 7-6　间接保函的业务流程

说明：

1. 申请人与受益人签订交易合同，合同中约定申请人委托受益人本国银行开立见索即付保函给受益人。

2. 申请人向银行提交申请，委托银行开立反担保函。

3. 指示行开立反担保函,指示担保行转开见索即付保函给受益人。

4. 担保行开立见索即付保函给受益人。

5. 受益人按保函要求,向担保行提交索赔要求及违约声明等索赔文件。

6. 担保行审核索赔文件后确认相符索赔,对受益人赔付,同时毫不延迟地将索赔事项通知指示行。⑥表示指示行毫不延迟地将索赔事项通知申请人。

7. 担保行向指示行索偿并将索赔文件转交指示行。

8. 指示行审核索赔文件后确认相符索赔,对担保行赔付。

9. 指示行向申请人索偿并转递单据。

10. 申请人向指示行偿付。

从业务流程中可以看出,间接保函包括四个不同的合同,即申请人与受益人之间订立的基础合同(Underlying Contract)、申请人与指示行之间订立的赔偿担保合同(Counter Indemnity Contract)或偿付合同(Reimbursement Contract)、指示行与担保行之间订立的反担保函(Counter-guarantee)、担保行与受益人之间的见索即付保函(Demand Guarantee)。

(三)见索即付保函的失效

除了完成其担保职能,保函文件退还担保人注销之外,URDG758 规定,无论保函文件是否退还担保人,在下列三种情况下保函均应终止。

(1) 保函失效。即满足保函明确规定的失效事件。

(2) 保函项下已没有可付金额。

(3) 受益人签署的解除保函责任的文件提交给担保人。

除非因保函截至失效日,如果担保人知悉保函由于上述三种情况的任一原因而终止,担保人应将该情况毫不延迟地通知指示方,或申请人或反担保人;在反担保函项下,反担保人也应将该情况毫不延迟地通知申请人。

如果保函或反担保函既没有规定失效日,也没有规定失效事件,则保函应自开立之日起 3 年之后终止,反担保函应自保函终止后 30 个日历日后终止。如果保函的失效日不是索赔提交地点的营业日,则失效日将顺延到该地点的下一个营业日。

第四节　银行保函的业务处理

一、申请人向银行申请开立保函

一般情况下,银行保函申请开立大致经过以下环节。

(一)选择担保行

企业申请开立保函,必须按标书或合同中规定的要求选择受益人可接受的当地银行或者选择在我国的银行或其他国际性银行开具保函。担保行要符合标书或合同中规定的银行信誉、支付方式等要求。同时还要注意银行对开立对外保函的有关资格与条件要求及业务范围,如多数银行要求申请人具有对外贸易经营权、申请项目符合国家的规定且确实可行、有足够的保证金或偿还能力或提供反担保或抵押等资格条件，以及不办理无贸易背景的融资类保函等。另外还要了解担保行保函手续费的收费标准、付款方式、保函所需押金的存入、抵押形式及数量、币种等。

(二)填写开立保函申请书

保函申请书(Application for L/G)是担保人开立保函的依据，也是担保人与申请人成立契约关系的法律依据。申请人需根据基础合同的需要填写书面的申请书。各银行一般都有自己的开立保函申请书范本，供申请人索取填写，其主要内容包括：申请人的名称与地址，受益人的名称与地址；保函的类别、金额、币种、有效期，开立方式，开立保函的标的，申请人责任保证，申请人申明以及担保行负责事项等。

保函申请书

(三)提交开立保函申请文件

向银行申请开立保函，除保函申请书外，申请人还需按银行的要求提交其他相关材料，如营业执照、有关批准文件、交易合同副本或标书副本、反担保文件或财产抵押书、保函格式等文件。

二、银行开立保函

(一)担保行审查

银行在收到申请及相关材料后，为保护自身利益，在开立保函前，会对申请人的合法性、财务状况的真实性、交易背景等进行调查，对申请人提交的开立保函的申请书、交易合同副本或招标书副本、反担保文件或财产抵押书、保函格式等逐一进行详尽的核实。审查的重点有以下几方面。

(1) 申请人的资格是否合法，项目手续是否齐全。

(2) 保函申请书的填写是否完整、真实。

(3) 有关交易或项目的真实性、可行性。

(4) 申请人是否拥有到期支付保函项下款项的能力。

(5) 受益人的资信情况。

(6) 反担保人的资金实力与资信情况。

(7) 抵押物品的所有权状况、可转让性、实际价值等。

(8) 其他有关事项。

(二)签订开立担保协议

在收到开立保函的申请，了解申请人的履约能力和偿付能力等情况后，如果不准备或无法开立保函，应毫不延迟地通知申请人。

如果同意开立保函，银行还会与申请人签订《开立担保协议》。虽然各银行的《开立担保协议》的名称与格式不同，但内容大致都包括担保种类、用途、金额、费率、担保有

效期、付款条件、双方的权利与义务、违约责任以及双方认为
需要约定的其他事项，需要提供反担保的，申请人还要按银行要
求办理反担保手续。

出具保函协议(部分)

(三)担保行开立保函

银行对申请人提供的有关资料及申请人的资信审查认可后，便可根据保函申请书与
《开立担保协议》正式对外开立保函，并按规定的收费标准向申请人收取担保费。

开立保函时，如果保函格式是国外受益人提供的，对其中的不利或无理条款应加以限
制。保函拟好后，审查保函本身没有错漏，经申请人、外汇管理部门、开户银行等确认，
确保申请人、受益人、担保人没有异议后，交担保行有权签字人签字。

保函签字后，按申请书或协议的要求采用电开或信开方式开出并送达受益人。保函
一旦脱离担保人的控制即为开立，保函一旦开立即不可撤销，即使保函中并未声明其不可
撤销。

保函开立后，要注意了解保函的传递情况。不管用何种方式递交银行保函，一般应要
求受益人在收到保函后，出具收到保函的证明文件。

三、保函的后期业务

担保行开立保函后，除了根据《担保协议》履行了解申请人的履约或项目进展情况、
督促申请人按计划执行合同、及时收取担保费和手续费等权利与义务外，还有可能处理保
函的修改、索赔等业务。

(一)保函的修改

银行保函可以在有效期内进行修改，一些保函因业务需要往往需要展期。当收到保函
修改的指示后，担保人不准备或无法做出该修改时，应毫不延迟地通知向其发出指示
的一方。

保函的修改必须经过当事人各方一致同意后方可进行，任何一方单独对保函条款进行
修改都视作无效。如保函修改未经受益人同意，对受益人不具有约束力；但除非受益人明
确拒绝接受该修改，担保人自修改书出具之时起即不可撤销地受保函修改内容的约束。

当申请人与受益人就保函修改取得一致后，由申请人向担保行提出书面修改申请书，
并加盖公章，注明原保函的编号、开立日期、金额等内容以及要求修改的详细条款和由此
产生的责任条款，同时应出具受益人要求或同意修改的证明供担保行参考。担保行审查修
改申请并同意修改后以后，向受益人发出修改函电，由有权签字人签字后发出。

保函修改电函的法律效力如同保函，即在开立后生效且不可撤销，在修改书中约定
"除非在指定时间内拒绝否则该修改将生效"的条款无效。在有转递行
的情况下，转递行应将受益人接受或拒绝保函修改书的通知毫不延迟地
通知给向其发送修改书的一方。对同一修改书中的内容不允许部分接
受，受益人部分接受视为拒绝该修改的通知。除根据保函条款做出的修
改外，在受益人表示接受该修改或者做出仅符合修改后保函的交单前，

保函修改申请书

受益人可以在任何时候拒绝保函修改。

(二)保函的转让

可转让的保函是指可以根据现受益人(转让人)的请求而使担保人向新受益人(受让人)承担义务的保函。通常情况下，除非有明确的约定，保函是不得转让或质押的，担保行有权拒绝对保函受让人或质权人做出付款。

URDG758 规定，保函只有特别声明"可转让"方可转让。在此情况下，保函可以就转让时可用的全部金额多次转让。但即使保函特别声明是可转让的，保函开立后担保人没有义务必须执行转让保函的要求，除非是按担保人明确同意的范围和方式进行的转让。反担保函不可转让。

实践中，一些金额较大、性质特殊的保函，如船舶预付定金保函有时会用到可转让的保函。其一般做法是：购船方(船东)与卖方签订购船合同，将合同总价的 60%～80%预付给卖方用于建造船舶；在预付款之前，卖方须委托担保行开立保函保证预付款用于造船，否则船东有权向担保行索赔；船东为了落实购船资金，会以拟购船舶为抵押寻求融资银行，融资银行提供给船东资金支持的条件之一通常是要求将预付定金保函项下船东的权利转让给融资银行。这样，船东、融资银行与卖方达成协议，在预付定金保函开立后，船东发给担保行一份转让通知书通知保函转让事宜，担保行确认后即将预付定金保函项下船东的权利转让给融资银行。

(三)递减担保金额

有的基础合同要求申请人多次履行合同义务。每履行完其中一项义务后，申请人应随时向担保银行提供足以证明合同义务履行的文件、资料(如提单、发票、完工证书、验收证明等)，要求担保人逐步减少担保金额，以拒绝受益人对该项义务的索赔。

另外，保函的可付金额也可因保函项下已经支付的金额、受益人签署的部分解除保函责任的文件所表明的金额或保函中规定减额事件的发生等情况而相应减少。

(四)保函项下的赔付与索偿

受益人有权自保函开立之日或保函约定的开立之后的其他日期或事件之日起提交索赔。

担保行在保函的有效期之内，若收到受益人提交的索赔单据及有关证明文件，应以保函的索赔条款为依据对该项索赔是否成立进行严格审核，同时立即将索赔事项通知申请人。在确定索赔单据及有关证明文件完全与保函索赔条款的规定相符合时，担保人应将相符索赔书及其他任何有关单据的副本毫不延迟地传递给申请人，同时及时对外付款，履行其在该项保函中所承担的责任；如果确定不是相符索赔时，担保人可以拒绝该索赔并立即向受益人发出拒付通知，说明拒付理由，或者自行决定联系申请人放弃不符点。

担保行对外付款后，可立即行使自己的权利，向保函的申请人或反担保人进行索赔，要求其偿还银行所支付的款项。

四、保函的注销

保函在到期后或在担保行赔付保函项下全部款项后失效，至此保函业务的运作程序结束。担保行应立即办理保函的注销手续，并要求受益人按保函的有关规定将保函退回担保行。

注销保函的意义除在于解除担保人的责任外，还在于担保行能尽早退还押金或消除责任，减轻申请人的资金负担或负债。基础合同项下的义务履行完毕后，申请人应尽快向担保行提供证明合同义务履行的文件、资料及保函注销申请书，申请注销担保金额，以防止产生不必要的纠纷和不应当承担的赔偿。有具体有效期的保函到期时，申请人要及时并正式通知受益人注销保函，并要求退还保函原件；对无具体有效期的保函，若项目已完成，应及时要求国外受益人从当地转开保函的银行退回保函正本或声明解除保函(若保函由当地银行转开或传递)，或要求国外受益人向担保行退回保函正本或声明解除保函。

保函注销申请书

保函业务中需要申请人办理保函注销手续，主要有以下几种情形。

(1) 约定明确到期日或失效日的保函，到期日或失效日届满后办理注销。如能收回保函正本原件的，担保行在核实到期日期后将保函正本予以注销；保函已到期而不能收回保函正本原件的，需申请人出具书面申请并附保函的复印件，担保行经办人审核属实并在申请书上签字确认，经担保行有权人签字后予以注销。

(2) 约定明确失效事件的保函，在失效事件发生后并经担保人审查确认办理注销。对于保函中约定的失效事件已发生且收回保函正本原件的，担保行经办人审查核实保函中约定的失效事件已发生的证明材料后，将保函正本予以注销；不能收回保函正本原件的，能够提供受益人出具的解除保函责任声明文件的，担保行经办人按正常流程予以注销，不能够提供受益人出具的解除保函责任声明文件的，由申请人出具书面申请、保函复印件、能够证明保函中约定的失效事件已经发生的证明材料，经担保行经办人审查核实并在申请书上签字确认后，上交担保行有权人签字后予以注销。

(3) 未到期保函，经受益人出具书面解除声明后办理注销。申请人提前办理注销应附保函正本原件、受益人出具的解除保函责任的声明文件，担保行核实后予以注销。

(4) 如保函既未约定失效日又未约定失效事件，视是否约定适用 URDG758 而定。对于约定适用 URDG758 的保函，可在自保函开立之日起 3 年后提交保函正本原件或复印件办理保函注销手续；未约定适用 URDG758 的应提交保函正本原件或复印件、保函受益人出具的解除保函责任的声明文件办理保函注销手续。

思 考 题

一、名词解释

银行保函、投标保函、履约保函、预付款保函、反担保函、账户透支保函、见索即付

二、简答题

1. 简述银行保函的功能与性质。

2. 比较银行保函与信用证的异同。

3. 简介银行保函的当事人。

4. 国际贸易中常见的银行保函有哪些种类？说明其含义及用途。

5. 简述见索即付保函的特点。

6. URDG758 对见索即付保函的失效是怎样规定的？

7. 保函业务中申请人如何办理保函注销手续？

8. 说明间接保函的基本业务流程。

9. 说明直接保函的基本业务流程。

三、分析题

甲银行于 2016 年 4 月为乙公司 2000 万港币借款出具保函，受益人为丙银行，期限为 9 个月，利率为 12%，反担保单位为丁公司。由于乙公司投资房地产失误，导致公司负债累累，在还款期满后未能依约归还丙银行贷款。2017 年 3 月丙银行向当地人民法院起诉乙公司和甲银行，要求归还贷款本金及利息。当地人民法院裁定：乙公司在 2017 年 4 月 30 日之前将其债权 1100 万港币收回用于偿还丙银行，余款在 2017 年 12 月底还清；如乙公司不能履行，由甲银行承担代偿责任。至 2017 年 5 月底，乙公司只归还了 600 万港币，仍欠本金 1400 万港币及相应利息未归还。鉴于此，当地人民法院执行庭多次上门要求甲银行履行担保责任，否则将采取强制措施，查封甲银行资产。而该笔担保的反担保单位丁公司，只剩下一个空壳公司，难以履行反担保责任。为维护银行声誉，经上级行批准后甲银行垫付丙银行本金 1400 万港币及相应利息。试对甲银行的担保做出评析。

第八章 备用信用证

学习要点

通过本章的学习，应在了解备用信用证的产生与发展的基础上，理解备用信用证的性质、特点、内容及涉及的当事人，掌握备用信用证的种类及主要业务要点，熟悉备用信用证的有关国际惯例与规则。

引导案例

在 1994 年《最高人民法院公报》第 2 期上登载着一个判决，内容如下："被告人梅××、李××以非法占有为目的，采用虚构事实和隐瞒真相的方法，骗取中华人民共和国 100 亿美元的巨额财产，其行为构成《中华人民共和国刑法》第一百五十二条规定的诈骗罪。……被告人梅××犯诈骗罪，判处有期徒刑十五年，附加驱逐出境……被告人李××犯诈骗罪，判处有期徒刑十年，附加驱逐出境……"。看完这个判决，您可能会吃惊，梅、李二人在那个年代靠什么能骗取我国 100 亿美元？这就是在当年震惊中外的国内银行某地区分行遭遇的备用信用证诈骗案，该分行当时开出了 200 张不可撤销、可转让的总金额为 100 亿美元的备用信用证，流向涉及加拿大、美国、英国、澳大利亚等国，引起了党和国家领导人的关注，险些在国际金融界引起一场风波。后来通过国际刑警组织和有关国家警方以及国际金融组织的配合，才将 200 张备用信用证全部控制住，为国家挽回了巨额损失。

备用信用证的作用类似于银行保函，但使用范围比银行保函更加广泛。通过对本章的学习，你会知道备用信用证与信用证、银行保函的区别，也会对这起旧案件有更深刻的理解。

第一节 备用信用证概述

美国、日本等国家曾禁止银行开立保函(但不禁止保险公司开立保函)，为适应对外贸易业务的需要，银行采用了开立信用证的方式来争取这方面的业务。这种有担保作用的信用证，就是备用信用证。

一、备用信用证的产生、发展及含义

(一)备用信用证的产生与发展

备用信用证(Standby L/C, SBLC)也称商业票据信用证(Commercial Paper L/C)、担保信用证(Guarantee L/C)或履约信用证(Performance L/C)等，起源于 19 世纪中叶的美国。传统的银行保函有可能使银行卷入申请人和受益人的商业纠纷中，因此美国联邦银行法规定，在联邦或州注册的银行不得开具保函。为了与外国银行竞争，承揽担保业务，美国银行采取了开立商业信用证的派生形式——备用信用证代替保函，变相为客户提供担保服务。

第二次世界大战后，美国银行开始广泛采用备用信用证对国际经济交易行为提供担保。虽然美国限制银行开立保函的法律规定已经取消，但由于备用信用证相比保函具有独立性、单据化和见索即付等特点，实践中更容易为银行和受益人接受，因而备用信用证在世界范围内得到了广泛应用，并迅速演化为一种国际性的金融工具。鉴于此，1984 年 10 月 1 日起施行的国际商会第 400 号出版物《跟单信用证统一惯例》(UCP400)，将备用信用证规定为一种新的信用证，同时明确规定该惯例的条文适用于备用信用证。1995 年 12 月，联合国大会通过了由联合国国际贸易法委员会起草的《独立保函和备用信用证公约》；1998 年 4 月 6 日，国际商会公布了第 590 号出版物《国际备用信用证惯例》(简称 ISP98)，作为专门适用于备用信用证的权威性国际惯例，并于 1999 年 1 月 1 日起正式生效。

备用信用证不以清偿商品交易的价款为目的，是集担保、融资、支付及相关服务于一体的多功能结算方式，因其用途广泛、运作灵活，在国际商务中得到普遍应用。目前，这种信用证除美国、日本等国外，在欧洲也得到了推广应用。在我国，备用信用证的认知度仍远不及银行保函、商业信用证等传统金融工具。

(二)备用信用证的含义

1. 国际上对备用信用证的解释

虽然备用信用证在国际商务中得到普遍应用，但是有关法律和国际惯例对它的定义都不是很明确。1977 年美联邦储备银行管理委员会对备用信用证进行了定义，"不论其名称和描述如何，备用信用证是一种信用证或类似安排，构成开证行对受益人的下列担保：a.偿还债务人的借款或预支给债务人的款项；b.支付由债务人所承担的负债；c.债务人不履行契约而付款"。

备用信用证起初与跟单信用证一样，都受国际商会《跟单信用证统一惯例》的约束。国际商会在《跟单信用证统一惯例》1993 年文本第 500 号出版物中，明确规定备用信用证也是跟单信用证，UCP500 的条文适用于备用信用证，并把商业信用证和备用信用证结合在一起下了一个定义，即跟单商业信用证和备用信用证是指"一项约定，不论其名称或描述如何，凡由银行(开证行)依照客户(申请人)的要求和指示或自己主动，在符合信用证条款的条件下，凭规定单据：a.向第三者(受益人)或其指定人付款，或承兑及支付受益人出具的汇票；b.授权另一家银行进行该项付款，或承兑及支付该汇票；c.授权另一家银行议付"，同时明确规定该惯例的条文适用于备用信用证。

鉴于备用信用证与商业信用证在很多方面是不同的，在国际商会第 515 号出版物《跟单信用证操作指南》中将之定义为"备用信用证是一种跟单信用证或安排，不管其称谓或代表方式如何，代表了开证行对受益人的以下责任：a.偿还申请人的借款，或预付给申请人，或记在申请人账户的款项；b.支付由申请人承担的任何债务；c.支付由申请人违约造成的任何损失"。

ISP98 是独立适用于备用信用证的国际规范，但也没有对备用信用证下一个明确的定义，只是说"备用信用证被用于支持贷款或预付款在到期或债不履行时或某一不确定事件发生或不发生时产生的义务的履行"，"在开立后即是一项不可撤销的、独立的、要求单据的、具有约束力的承诺",其承诺是独立地承担责任。

《联合国独立保函和备用信用证公约》也没给备用信用证单独下一个定义,而是将独立保函与备用信用证结合在一起,使用了担保(Undertaking)这一术语,既可以指独立保函也可以指备用信用证,并专门对担保作了界定,即"一项独立承诺(Independent Commitment),在国际惯例中称之为独立保函或备用信用证,此种承诺系由银行或其他机构或个人(担保人/开证人)做出,保证当提出见索即付要求时,或随同其他单据提出付款要求,表明或示意因发生了履行义务方面的违约事件,或因另一偶发事件,或索还借支或垫付款项,或由于委托人/申请人或另一人的欠款到期而应做出支付时,即根据承保条款和任何跟单条件向受益人支付一笔确定的或可确定数额的款项"。

2. 备用信用证的一般定义

从上述解释可以看出,备用信用证与银行保函的用途基本相同,也属于担保类型的信用工具,是一种保函性质的支付承诺。备用信用证的应用是有一定条件的,即它是在债务人违反约定的义务时才发生作用的,也就是说它在一般情况下并不被使用。因此开证行在开证申请人与受益人的交易中的地位是"Standby",即"站在……一旁",起着必要的补充作用,是"备用"的信用证,但其付款条件与信用证相似,以单证相符为条件。

因此可以将之定义为:备用信用证是一种特殊形式的信用证,是开证行应开证申请人的请求向受益人开立的承诺承担某项义务的凭证。即开证行承诺,在申请人未能履行其应履行义务时,如未能按时偿还贷款或货款、未能履约等,受益人只要凭信用证规定向开证行提交申请人未履行义务的声明或证明文件,即可取得开证行的偿付。

二、备用信用证的当事人

备用信用证的当事人与一般跟单信用证的当事人基本一致,只是由于其保函性质导致一些当事人的责任义务有所变化。根据 ISP98,备用信用证的当事人如下。

(一)开证申请人

开证申请人(Applicant)是指以自己的名义申请开立或代理他人申请开立备用信用证的人,简称申请人。在进出口贸易中,申请人可以是进口商,也可以是出口商,视交易情况而定。在开证行按备用信用证条款对受益人付款后,申请人必须给予偿付。

(二)开证行

开证行(Issuing Bank)是指接受申请人的申请开出备用信用证的银行,亦即担保行。开证行承担向受益人兑付表面上符合备用信用证条款的提示(交单)的义务,并因此享有获得偿付的权利。

ISP98 对开立备用信用证的权力或授权不予界定或规定,将开出备用信用证的当事人称为开证人(Issuer),这里的"人"泛指自然人、合伙组织、股份公司、有限责任公司、政府机构、银行、受托人以及任何其他法律的或商业的社团或实体。因此,备用信用证开证人视各国法律而定,有权开证的即开证人。为区别 ISP98 的这一界定,将开出备用信用证的银行称为开证行。

(三)受益人

受益人(Beneficiary)即有资格根据备用信用证条款获得开证行付款的人,既包括备用信用证项下的直接受款人(指定受益人),也包括指定受益人收款权利的有效转让对象——受让受益人(Transferee Beneficiary)。

(四)保兑人

保兑人(Confirmer)是指经开证行指定,在开证行的承诺上加上其自身保证承付该备用信用证的承诺的人。保兑人是独立的,相当于为开证行开立的一份单独的备用信用证。ISP98 规定的保兑人不包括未经开证人指定,由受益人自己选定的保兑人。

ISP98 规定,除非备用信用证中有不同的要求,开证人包括保兑人,犹如保兑人是一个单独的开证人,其保兑是为开证人开立的一份单独的备用信用证。

(五)通知行

通知行(Advising Bank)是指接受开证行的委托,将备用信用证及/或其修改交给受益人的银行,或称通知人(Advising Party)。通知行的通知行为一般被认为通知行已经鉴定了所通知信息的表面真实性,以及该通知正确反映了通知行收到的内容。

(六)交单人

交单人(Presenter)是指受益人或指定人或其代理人向开证行或其指定人提交单据或做出提示的人,或称提示人。

(七)其他当事人

如同银行保函,备用信用证有时也会出现转开行(Reissuing Bank),即接受国外反担保行的委托,向受益人开出备用信用证的银行。

如同信用证,备用信用证有时也会出现被指定人(Nominated Person),即在备用信用证可以指定一个人进行通知、接受提示、执行转让、保兑、付款、议付、承担延期付款义务,或承兑汇票。这种指定并不使被指定人负有如此行为的义务,除非被指定人承诺做出这种行为。被指定的人并未被授权去约束做出指定的人。

三、备用信用证的性质

银行开立的备用信用证属于银行信用。根据 ISP98 的解释,备用信用证还具有如下法律性质。

(一)不可撤销性

不可撤销性(Irrevocable),是指备用信用证一经开立,除非在证中另有规定,或经有关当事人同意,开证行不得修改或撤销其在该备用信用证项下的义务。

(二)独立性

独立性(Independent)，是指备用信用证一经开立，即作为一种自足文件而独立存在：既独立于赖以开立的申请人与受益人之间的基础交易合约，又独立于申请人和开证行之间的开证契约关系。开证行完全不介入基础交易的履约状况，其义务的履行完全取决于受益人提交的单据是否表面上符合备用信用证条款的规定。

(三)跟单性

跟单性(Documentary)，是指备用信用证的跟单性质和商业信用证一样，也有单据要求，只不过它通常只要求受益人提交汇票(或不开汇票)以及声明申请人违约的证明文件等非货运单据。开证行付款义务的履行依据所要求单据的提示，以及对单据的表面审查。

(四)强制性

强制性(Enforceable)，是指备用信用证在开立后即对开证行具有约束力。无论备用信用证的开立是否由申请人授权，开证行是否收取了费用，或受益人是否收到或因信赖备用证或修改而采取了行动，只要其一经开立，即对开证行具有强制性的约束力。

四、备用信用证与银行保函、跟单信用证的比较

备用信用证的特点可以通过与银行保函、跟单信用证的比较看出来。

(一)备用信用证与银行保函的区别

备用信用证与银行保函都属于银行信用，又均是银行为其保证人提供的保证履行合同义务或偿还债务等的一项承诺。备用信用证等于是见索即付保函，都具有独立性和单据化的特点，但在性质上仍有不同。

(1) 从银行的地位来看，开立银行保函的银行处于次债务人(一般负第二性付款责任)的地位，只有当被保证人(即第一债务人)不履行担保合同的义务时，才承担付款责任。备用信用证的开证行负第一性的付款责任，只要信用证中指定的受益人根据规定提交了声明书或证件，就可以得到银行的赔付。

(2) 从付款依据来看，银行保函的付款依据是有关合同或某项诺言是否被履行；备用信用证的付款依据则是受益人在信用证有效期内提供规定的声明书或证件。

(3) 从银行的风险来看，开立保函的银行因为介入了申请人与受益人的交易，所以在确定是否应该付款时很容易被牵扯到合同纠纷中去。如银行受到受益人的索赔，但审核履约情况的结果是银行认为受益人违约，所以拒绝受益人的付款要求，而会被受益人牵入诉讼；如审核后确认申请人违约后对外赔付，但申请人又提出异议，则银行又会陷入与申请人的纠纷中。备用信用证中，开证行只根据备用信用证条款，不涉及交易双方的合同，所以不会陷入交易双方之间的争议中去。

(4) 从遵循的国际惯例来看，备用信用证可以遵循《国际备用信用证惯例》(ISP98)或《跟单信用证统一惯例》(UCP600)，银行保函可以参照《合同担保统一规则》(URCG325)或《见索即付保函统一规则》(URDG758)，所以备用信用证与银行保函的业务内容或要求

也不一样。相对来说，备用信用证业务较为规范，银行保函业务在国际上的做法则不太一致，容易引起不必要的纠纷。

鉴于上述原因，目前备用信用证已发展成适用于各种用途的融资工具，有着比见索即付保函的用途更广的使用范围。在国际贸易中，许多客户要求银行开立备用信用证以代替银行保函作为保证。

(二)备用信用证与一般跟单信用证的区别

备用信用证也具有一般跟单信用证的特点，其业务流程基本符合信用证运作过程，只要受益人提交了与信用证相符的单据，开证人就必须履行付款义务。但备用信用证是一种担保性质的特殊信用证，其作用及使用过程与一般商业跟单信用证存在显著不同之处。

(1) 备用信用证是有备待用、有可能备而不用的文件。只有当开证申请人不履行其应履行的义务时，备用信用证才被使用；而一般跟单信用证在结算的全过程中处于主要地位，交易双方的发货、付款等行为都要以信用证的规定为中心，只要受益人提交了符合信用证要求的单据，即可向开证行或指定的付款行要求付款。

在实际业务中，备用信用证开证行的付款责任与跟单信用证开证行的付款责任是有区别的，备用信用证是一种银行保证，开证行在形式上承担着见索即付的第一性付款责任，实际上一般处于次债务人的地位，即只有在开证申请人违约时开证行才承担付款责任。

(2) 备用信用证的付款依据一般是仅凭受益人所出具的关于开证申请人不履约的书面声明或证件付款；而跟单信用证则一般是以严格符合信用证要求的货运单据作为付款依据。前者的单据可以由受益人签发，而后者的单据则大都不能由受益人签发。

(3) 从应用的范围来看，备用信用证可以应用于国际货物交易以外的其他交易，如国际工程投标、国际租赁、预付货款、赊销业务以及国际融资等业务，其使用范围比一般跟单信用证更广。

(4) 从遵循的国际惯例来看，按照 ISP98 的规定，备用信用证的开立者并不限于银行，也可以是保险公司等非银行机构；而按照 UCP600 的规定，一般信用证的开立者只能是银行。

五、备用信用证的内容

如同信用证与保函，备用信用证也没有统一的法定格式，应具备的内容与信用证基本相同，包括开证行名称与地址、开证日期、备用信用证编号、受益人名称与地址、申请人名称与地址、金额、有效期、需要提交的单据及有关保证文句等。其开立方式也与信用证、保函一样，可以信开或电开或采用 SWIFT 格式开立。

第二节　备用信用证的种类

备用信用证通常用作履约、投标、还款等担保业务，在实践中运用的种类很多。ISP98 根据备用信用证在基础交易中的作用不同以及其他因素，列举了实践中常见的八种备用信用证。ISP98 对备用信用证的分类仅仅是指导性的，实践中并不局限于这些分类。

一、履约备用信用证

履约备用信用证(Performance Standby L/C)是指开证行开立的担保开证人(或申请人)履行一项除支付金钱以外的义务或责任的备用信用证。这类备用信用证主要用于担保申请人的履约义务而非担保付款，包括对开证人在基础交易中违约所造成的损失进行赔偿的保证。

在履约备用信用证有效期内，如发生申请人违反合同的情况，开证行将根据受益人提交的符合备用信用证的单据，如索款要求书、违约声明等，代申请人赔偿该备用信用证规定的金额。

二、预付款备用信用证

预付款备用信用证(Advance Payment Standby L/C)，是指开证行开立的担保申请人收到受益人预付款后履行合同义务的备用信用证。

这类备用信用证主要用来担保开证人(或申请人)对受益人的预付款所应承担的责任或义务，通常用于国际工程承包项目中，招标方向承包人支付的合同总价10%～25%的工程预付款，以及进出口贸易中进口商向出口商的预付款。如申请人不履约，开证行负责退还受益人预付款和利息。

三、反担保备用信用证

反担保备用信用证又称对开备用信用证(Counter Standby L/C)，是指开证行开立的用于对其受益人开出的另一单独备用信用证或担保书提供担保的备用信用证。

这类备用信用证主要用于支持反担保备用信用证受益人所开立的另外一份备用信用证或其他承诺。有些国家只允许受益人接受本国银行开立的备用信用证，因此申请人所在国的开证银行给其受益人所在国的往来银行出具反担保备用信用证，以便对方凭以向受益人开立单独的备用信用证。

四、直接付款备用信用证

直接付款备用信用证(Direct Payment Standby L/C)，是指开证行开立的用于保证履行一项基本付款义务，特别是与融资契约相关的基础付款义务的到期付款，而不论是否涉及违约的备用信用证。

这类备用信用证主要用于保证开证行或申请人对受益人到期付款，不论是否涉及违约，特别是到期没有任何违约时本金和利息的支付。通常用于商业票据融资，如跨国企业因兼并、收购或其他经营活动而产生的短期资金需求，银行开立备用信用证担保企业发行债券或订立债务契约时的到期支付本息义务。目前，直接付款备用信用证已经突破了备用信用证"备而不用"的传统担保性质，借款到期皆由开证行直接付款给受益人，投资者提供融资主要依据开证银行的资信等级对该项投资的信用风险做出判断，而不必过多考虑实际借款人的信用情况。

五、融资备用信用证

融资备用信用证

融资备用信用证(Financial Standby L/C)，是指开证行开立的担保开证人(或申请人)对受益人履行付款义务的备用信用证，包括保证对借款的偿还义务的任何证明文件。

融资备用信用证目前广泛应用于国际信贷融资安排。境外投资企业可根据所有权安排及其项目运营需要，通过融资备用信用证获得东道国的信贷资金支持，如外商投资企业用以抵押人民币贷款的备用信用证。

账户透支是投资企业一种较好的筹资选择：借贷手续简捷，运作方便、灵活；企业可根据实际资金需求和现金流量把握筹资的规模与期限，从而最大限度地减少闲置资金，降低融资成本，规避利率与市场风险，减少信用额度占用，改善负债结构。银行提供账户透支便利的基本前提是第三方担保的有效性，融资备用信用证可以满足这个要求，其基本做法是：境外投资企业要求本国银行或东道国银行开立一张以融资银行为受益人的融资备用信用证，并凭以向融资银行申请提供账户透支便利。根据融资协议，企业应在规定的额度和期限内循环使用、归还银行信贷资金，如果其正常履约，融资备用信用证则"备而不用"；如果其违约，融资银行作为融资备用信用证的受益人有权凭规定单据向开证人索偿，后者有义务偿付申请人所欠透支信贷资金。由于融资备用信用证的受益人为东道国银行，信用度较高，风险相对较小，加之规范备用信用证运作的国际规则已相当完备，所以银行通常愿意提供账户透支融资支持。

在其他形式的商业信贷以及官方支持的出口信贷融资中，融资备用信用证的应用也相当广泛。一些银行已经把融资备用信用证发展为直接付款备用信用证形式。

六、投标备用信用证

投标备用信用证(Tender Bond Standby L/C)，是开证行开立的担保开证人(或申请人)投标后在开标前不能中途撤标或片面修改标书内容，中标后签约和履约的备用信用证。

这类备用信用证主要用于担保申请人(投标人)中标后执行合同的责任和义务。若投标人未能履行担保事项，开证人必须按备用信用证的规定向受益人履行赔款义务。投标备用信用证的金额一般为投标报价的 1%～5%(具体比例视招标文件规定而定)，其用途与投标保函一样，都是保证投标人在开标前不中途撤标或片面修改标书内容，中标后签约和履约。

七、保险备用信用证

保险备用信用证(Insurance Standby L/C)，是指开证行开立的保证申请人的保险或再保险义务的任何证明文件。

这类备用信用证用来支持申请人的保险或再保险义务，主要用于对其开证人(或申请人)应履行的某一保险或再保险义务进行担保。

八、商业备用信用证

商业备用信用证(Commercial Standby L/C)，是指开证行应开证人的请求，开立给受益人的承诺某些义务的书面文件，如申请人不能按时履约或未按时付款，开证行承担有关责任或负责偿清货款。

商业备用信用证

实践中，这类备用信用证通常与赊销(O/A)、承兑交单(D/A)等商业信用方式相结合。出口商使用 O/A、D/A 方式有利于提高进口商的成交积极性，同时可以通过商业备用信用证获得来自银行的付款保证，较好地防范商业信用风险。

第三节　备用信用证的业务要点及单据要求

一、备用信用证在贸易中的应用

(一)备用信用证的业务流程

备用信用证的业务流程与一般信用证的业务流程相似，如图 8-1 所示。

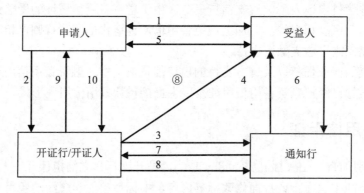

图 8-1　备用信用证的一般业务流程

说明：

1. 交易双方签订基础交易合同，约定申请人开立备用信用证。

2. 申请人填具开证申请书，交纳押金或提供担保，要求开证行开立备用信用证。

3. 开证行审查申请人的资格与条件同意后，根据开证申请书开出备用信用证，并寄送通知行。

4. 通知行核对密押或印鉴无误后，将备用信用证通知给受益人。

5. 受益人审证确认后，接受备用信用证。

如果申请人履行了备用信用证约定的基础合同义务，则开证行不必履行备用信用证中约定的付款义务，其担保责任于信用证有效期满解除；反之，受益人按备用信用证条款索赔。

6. 受益人按备用信用证条款向通知行提交索赔文件及单据。

7. 通知行将索赔文件及单据转递给开证行。

8. 开证行核对单据等无误后，向受益人付款。⑧表示直接向受益人付款。

9. 开证行向申请人交付索赔文件及单据，并索偿垫付款项。

10. 申请人验单无误后，向开证行偿付。

(二)汇付与银行保函或备用信用证结合使用

某些成套设备或大型机械产品的交易履约时间比较长，在采用分期付款或延期付款办法时，可以将汇付、银行保函或备用信用证及/或信用证方式等结合起来运用。基本做法如下。

1. 在分期付款中的应用

合同中约定，在货物出运前，进口商以汇付方式预交部分货款作为定金，出口商在进口商预付定金之前开具以进口商为受益人的银行保函或备用信用证，保证若不履行交货义务，由银行负责退还定金；其余货款按不同阶段分期支付，买方出具银行保函，开立即期信用证。

例 8-1："买方应在收到中国银行出具的保函 30 天内，将首次付款额电汇中国银行上海分行卖方账户，并在签约后 2 个月内开立以卖方为受益人的不可撤销即期信用证，该信用证须在中国有效并直至全部货款最后结清。"(The buyer shall make first payment by T/T to the seller's account with the Bank of China Shanghai Branch within 30 days after receiving the letter of guarantee issued by the Bank of China, and shall provide an irrevocable sight L/C in favor of the seller within 2 months after signing the contract. The L/C shall be valid till full and final settlement of payment in China.)

另外，合同中还须约定货款分为几期付款、每期如何结算等。

2. 在延期付款中的应用

约定方法与分期付款大致相同，区别在于定金以外大部分货款是在交货之后若干期内分摊偿付，买方开立的是远期信用证。

例 8-2："买方须于收到中国银行出具的保函 30 天内，通过××银行电汇价款 10% 计 73 500 美元作为定金存入中国银行上海分行的卖方账户，90%的合同价值计 661 500 美元加利息 231 526 美元共计 893 026 美元延期付款，买方须在签约后 2 个月内开立以卖方为受益人的不可撤销可转让信用证，该信用证须在中国有效直至全部货款最后结清。"(The buyer shall pay 10% of the price amounting to USD 73 500 as the down payment by telegraphic remittance through ×× Bank to the seller's account with the Bank of China Shanghai Branch within 30 days after receiving the letter of guarantee issued by the Bank of China. Against the 90% of the contract value amounting to USD 661 500 plus due interest amounting to USD 231 526 of deferred payment totaling USD 893 026. The buyer shall provide an irrevocable & transferable L/C within 2 months after signing the contract in favor of the seller. The L/C shall be valid till full and final settlement of payment in China.)

同样，合同中还须明确延期办法、分为几期、利率水平等。

(三)托收与备用信用证或银行保函结合使用

跟单托收与备用信用证或银行保函结合使用，由开证行或担保行作保证，可以使出口商的收汇得到更好的保障。其基本做法是：出口商在收到符合合同规定的备用信用证或银行保函后，履行交货义务；在买方违约的情况下，可以根据备用信用证或银行保函向银行收取货款。应注意，备用信用证或银行保函的有效期须晚于托收付款期限，以便发生拒付后能有足够时间进行索偿。通常出口商在托收申请书中明确要求代收行应在发生拒付时，立即以电传或电报等快捷方式通知委托人或托收行，以免耽搁，造成备用信用证或银行保函的失效。在合同中通常应订有相应的支付条款。

例 8-3："即期付款交单，并以卖方为受益人的总金额为 10 000 美元的银行保函担保。银行保函应载有以下条款：若 1203 号合同项下跟单托收的汇票付款人不能在预定日期付款，受益人有权在本银行保函项下凭其汇票连同一份列明×号合同款项已被拒付的声明书支款。"(Payment available by documents against payment at sight with a letter of guarantee issued by a bank of the seller for an amount of USD 10 000. The letter of guarantee should bear the following clause: in case the drawee of the documentary collection under S/C No.1203 fails to honor the payment upon due date, the beneficiary has the right to draw under this letter of guarantee by his draft with a statement stating the payment on S/C No.1203 being dishonored.)

如果使用备用信用证，上述条款可以将银行保函改为备用信用证即可。另外，信用证方式也可以与备用信用证或银行保函结合使用。

二、备用信用证的有效期

备用信用证的有效期(Expiry Date)涉及生效时间、终止、失效时间及展期等。ISP98 规定，备用信用证必须规定一个到期日，否则，规定的付款、承兑或议付的到期日将视为提交单据的到期日。因此，为保护开证人和申请人的利益，以及方便被指定人的业务操作，备用信用证中应当规定一个失效日期。

备用信用证的有效期或到期日(Expiration Date)，是指备用信用证中规定的受益人做出相符提示或交单的最后日期。受益人应确保备用信用证的有效期与该证所担保的基础合同的履约期相衔接，以便受益人能在备用信用证有效期内确知申请人未按约定期限履约的事实和提交备用信用证所要求的申请人违约声明或证明。

(一)备用信用证的生效

1. 规定办法

ISP98 规定，备用信用证一旦脱离开证人控制即为已开立，在开立后即具有约束力。除非证中清楚注明该证那时尚未"开立"或不具有"可执行性"，声明备用信用证不是"可使用的"(Available)、"生效的"(Operative)、"有效的"(Effective)或类似意思，并不影响在它脱离开证人控制后的不可撤销性和约束力。

为确保只有在申请人违约时，受益人才可使用备用信用证，开证行经常在证中规定受益人在某日期前不得支款(Drawings prior to ×× are prohibited)条款，从而将受益人可支款的确定日期界定为备用信用证所担保的基础合同中规定的申请人应履约或应付款日之后的某一天。

2. 备用信用证修改的生效

如果备用信用证明确表明该证可因使用金额的增减、有效期的展延等而"自动修改"，则该修改自动生效，并对各当事人自动产生约束力，不需要另外的通知或表示同意。这种自动修改可被称为"未经修改"即生效。

如果备用信用证无自动修改的规定，当修改书脱离开证人或保兑人(除非该保兑人表示它不保兑该修改)控制后产生约束力。受益人必须同意该修改后才受其约束，且其同意必须明确地通知给通知该修改的人(如通知行)；否则，除非受益人提示的单据与修改后的备用信用证一致，而不是与修改前的备用信用证一致。只同意部分修改视为拒绝整个修改。一份修改无须申请人的同意就能对开证人、保兑人或受益人产生约束力。

(二)备用信用证的失效

1. 备用信用证的终止

在有合理的事先通知或付款的前提下，允许开证人终止备用信用证，但开证人何时可终止备用信用证视不同情况而定。

(1) 如果备用信用证不是自动生效，开证人关于终止备用信用证的通知必须提前发出，且必须在受益人同意的情况下方可终止备用信用证。

(2) 如果备用信用证是自动生效，开证人关于终止备用信用证的通知必须提前发出，且在受益人尚未使用当期备用信用证的前提下方可终止备用信用证；如果受益人已经按到期自动生效的备用信用证条款提示单据，则终止备用信用证的通知自下期起生效。

ISP98 还规定，备用信用证下受益人的权利未经其同意不可撤销，受益人可以以书面形式或通过一个行为证明同意撤销，如通过归还备用信用证正本暗示受益人同意撤销。受益人对撤销的同意一经传达给开证人即不可撤销。在要求付款的权利终止以后，保留备用信用证正本并不使该备用信用证项下的任何权利得以保留。

2. 备用信用证的到期

与一般信用证不同，备用信用证的到期分为自动(Voluntary)和非自动(Involuntary)到期两种，其含义如下。

(1) 除非受益人先期放弃备用信用证，一份备用信用证将于证中规定的到期日自动到期，该日期通常约定为一个确定的日期。

(2) 备用信用证的非自动到期则指备用信用证特有的先期放弃信用证的做法，通过受益人先期放弃备用信用证，提前解除开证人在备用信用证项下承担的责任。

这类备用信用证可规定，如备用信用证到期前开证申请人已按合同履约(如付款)，则受益人应(或申请人可)自动向开证人提交一份单据以免除开证人的责任。

例 8-4：受益人向开证行发出的先期放弃备用信用证通知。

"我方确认已从申请人处收到你行×××号备用信用证所担保之全部款项。因此，我方现退还你行所开立的×××号备用信用证，以便达到撤销该信用证之目的。"(We hereby acknowledge receipt of payment from the applicant secured by your standby letter of credit No. ×××. Accordingly, we hereby release the referenced standby letter of credit to you for cancellation.)

(三)备用信用证的先期放弃或自动削减可用金额条款

这是申请人及开证人在备用信用证中订立的一条特别条款，规定如申请人已在备用信用证外向受益人付款时，受益人必须先期放弃备用信用证或相应削减备用信用证可用金额。这样当申请人已按合同规定在备用信用证外向受益人支付款项时，该条款可使开证申请人及开证人不必再依靠受益人出具备用信用证先期放弃通知，即可起到备用信用证可用金额自动缩减的目的。开证申请人最好通过开证人向受益人进行证外付款，以便于开证人控制其在备用信用证下的责任。

例 8-5：备用信用证规定受益人先期放弃备用信用证或相应削减备用信用证可用金额的特别条款。

"当_____(申请人)已通过我行(开证行)向_____(受益人)支付提及该备用信用证号码的款项时，该证可支取的金额应相应削减。"(The amount available for drawing under this standby credit will be reduced by the amount of any payment(s) for the account of _____from _____made by us that reference this standby credit number.)

例 8-2 中，如果申请人已按合同规定通过开证行向受益人电汇了声明为某一份备用信用证之证外付款的全部金额，意味着载有上述条款的备用信用证金额全部用完。如受益人以后还在该备用信用证项下向开证行交单支款，则开证行将极容易地确定受益人属欺诈性交单，予以拒付。

备用信用证先期放弃或自动削减可用金额条款可以使申请人能最大限度地利用开证行对其的授信额度。开证行对申请人向受益人所开备用信用证的授信额度一般均限定为一个最大累计数，如授信额度已全部用完，备用信用证到期日前先期放弃信用证或自动削减可用金额的做法使申请人得以再向开证行申请开出新证。假定某申请人从开证行得到的最大授信额度为 1000 万美元，其申请开出的所有备用信用证金额总和已达授信额度，此时，只有在一份或多份备用信用证可用金额自动削减或授信额度再进一步增加的情况下，申请人才可向开证行申请再开新证。

另外，此做法还可以节省申请人对有效期较长的备用信用证的开证费用。开证行一般根据信用证有效期的长短对证中可用金额征收一定百分比的开证费。例如，一份备用信用证的有效期为 18 个月，申请人每季度向开证行支付开证费用。如申请人已于 12 个月前按合同履约完毕，此时，受益人对该备用信用证的先期放弃就可节省申请人的开证费用。

三、备用信用证项下的单据及要求

(一)备用信用证项下的单据

受益人提交的单据是根据备用信用证要求和 ISP98 来确定的。

1. 索款要求

索款要求(Demand for Payment)是指受益人提出的要求承付备用信用证的请求，或者是提出这种请求的单据。根据 ISP98 的规定，即使备用信用证未明确要求任何单据，应视为在索偿时必须提交单据化的索款要求。索款要求无须与受益人声明(Beneficiary's Statement)或其他要求的单据分离开来，可以在另一份声明单据中暗指即可。

索款要求可以是汇票或其他指示、命令或付款请求。如果备用信用证要求提示汇票，该汇票不一定是可流通的形式，除非备用信用证加以要求；如果备用信用证没有明确要求提示汇票还是单独的索款要求书，则可将两者合并，但必须在满足汇票要求的同时加注受益人在某备用信用证项下向开证行或其指定人索偿的文句。

根据 ISP98 的规定，如果备用信用证要求受益人出具单独的索款要求，即基于备用信用证条款的单据——索偿书，则"索款要求"必须包含四项内容，即受益人向开证行或指定人的索款要求、提出该要求的日期、索款金额以及受益人的签名。

2. 违约或其他提款事由的声明

受益人提出索赔时通常需要提交相应内容的声明书(Statement of Default or Other Drawing Event)，声明书(包括其他单据中的声明)是备用信用证业务的核心单据。如果备用信用证附件中提供了声明书的空白格式，受益人只需提交根据该空白格式填制的内容完整的声明书即可。

根据 ISP98 的规定，如果备用信用证要求受益人出具一份关于申请人违约或其他提款事由的声明、证明或其他陈述，但没有指明内容，则"声明"单据中必须包含三项内容：陈述，即说明备用证中规定的提款事由已经发生，开证行应该付款；单据出具日期；受益人的签名。

3. 可流通的单据

可流通的单据(Negotiable Documents)是指备用信用证中要求受益人提示的一份通过背书和交付即可转让的单据，如汇票、本票等可流通的金融单据。

一般情况下，备用信用证会明确该单据是否背书及如何背书。如果备用信用证中未注明是否、如何或必须向谁做出背书，则该单据可以不加背书；或如果作了背书，可以是空白背书，也可以根据与申请人的事先约定进行其他背书，如指示性背书。该单据的开立或流通，可有追索权，也可没有追索权。

4. 法律或司法文件

法律或司法文件(Legal or Judicial Documents)是指备用信用证要求受益人提示的由政府出具的文件，或法院命令、仲裁裁决书或类似的文件。如果备用信用证中要求这类文件，则该类文件或其副本必须具备以下特征：由政府机构、法院、仲裁庭或类似机构出具；有适当的称号或名称；经过签署的；注明日期；经政府机构、法院、仲裁庭或类似机构的官员对该单据做出原始证明或证实。

5. 其他单据

其他单据，如商业发票、运输单据、保险单据或类似的单据等都是 ISP98 未规定的单据。如果备用信用证中有这些单据的提交要求，但没有指明出单人、内容或措辞，则只要该单据有合适的名称，或起到了 ISP98 下该种单据的功能即可，而不必如同 UCP600 下的单证严格相符。

(二)单据的载体

备用信用证项下的单据必须以备用信用证中要求的载体制作,如纸质单据或电子单据。

(1) 如果备用信用证中没有注明采用何种载体制单,除只要求提交索款要求外,按照惯例必须以纸质单据的形式做出。

(2) 如果备用信用证中只要求提交索款要求,且没有注明采用何种格式或方式制单,属于 SWIFT 成员的受益人或银行,可以通过 SWIFT、加押电传或其他类似的能经证实的方式提出索款要求;但对非 SWIFT 成员的受益人或银行,必须以纸质单据的形式提交索款要求,除非开证人自主决定允许使用非纸质形式单据。

(3) 如果单据是通过电子方式传送的,尽管开证人或指定人从中可以产生一份纸质化单据,也不能被视为是以纸质单据的形式提示。

(4) 如果注明以电子载体的方式提示,单据必须以电子记录的方式提示,且能为接收单据的开证人或指定人证实。

(三)交单要求

根据 ISP98 的规定,受益人必须在备用信用证规定的时间和地点向指定的接受单据的人交单。在提交单据时必须注意以下事项或要求。

(1) 必须标明该单据系根据某备用信用证提交。确认方法包括注明备用信用证的完整号码和开证人名称或附上正本或副本备用信用证,否则受益人的交单视为无效。

(2) 如果备用信用证中没有注明交单地点,则必须在备用信用证开立的营业处所交单;如果备用信用证是保兑的,但保兑书中没有注明交单地点,则向保兑人(和开证人)的索款提示必须在保兑人开出保兑书的营业处所或向开证人交单。

(3) 在备用信用证有效期内的交单均属及时交单。如果备用信用证规定的有效期的最后一天为交单地开证人或被指定人的非营业日,则最后交单日可推延至下一个营业日。

(4) 受益人每次交单具有独立性。ISP98 明确规定,无论备用信用证是否禁止部分或多次提款或交单,做出一次不符交单、收回一次交单或未完成预定的或允许的多次交单中的任何一次,都不影响或损害受益人做出另一次及时交单或再交单的权利。也就是说,受益人未能按期交单,并不影响下次交单;开证人或其指定人对某一不符点交单的付款,无论是否已通知不符点的存在,不构成其放弃该备用信用证项下其他次不符点交单的拒付权力;开证人或其指定人对一次相符提示的错误拒付,不构成对该备用信用证下其他次交单的拒付或对该备用信用证的否定。

四、开证行审核单据的原则

根据 ISP98 的规定,备用信用证项下开证行或其指定人审核单据的原则有以下几点。

(1) 索款要求与提示必须和备用信用证的条款相符。如果备用信用证中没有注明任何要求提交的单据,应视作对索款单据的默示要求,受益人需要提交一份做成单据的索款要求。

提示(Presentation)是指提交单据以备审核的行为,或者是指交付的单据。对于提示或交单是否相符，开证行根据 ISP98 的解释和备用信用证中的条款，审核其是否表面上符合备用信用证而确定。

(2) 非备用信用证要求提示的单据不审核。如果受益人提交了非备用信用证要求的单据，开证行无须审核，并在审核提示是否相符时不予考虑。这类单据可以退还交单人或随其他单据一起转交，开证行不负任何责任。

(3) 开证行或指定人只在备用信用证的规定范围内审核单据之间是否一致。

(4) 对单据使用语言的审核。受益人出具的所有单据的文字应当是备用信用证中使用的语言。

(5) 对出单人的审核。所有备用信用证中要求的单据必须由受益人出具，除非备用信用证中注明单据由第三方出具，或按 ISP98 的规定属于应由第三方出具的单据类型。

(6) 对出单日期的审核。所要求单据的出具日期可以早于但不得迟于提示日期。

(7) 对单据上签名的审核。除非备用信用证注明该单据必须签名，或按 ISP98 的规定属需要签名的单据类型，其他要求的单据无须签名；所要求的签名可用任何方式，只要适合用于该单据；除非备用信用证中规定必须签名的人的姓名，否则任何签名或证实都将被认为相符；除非备用信用证中规定必须签名的人的身份，否则不一定注明签名人的身份。

如果备用信用证中指明必须由一个具名的自然人签名，但不要求指明签名人的身份，则一个看起来是具名人的签名即为相符；如果备用信用证中指明必须由一个具名的法人或政府机构签名，但没有指明由谁代表其签署或该人身份，则任何看来是代表具名的法人或政府机构的签名都是相符的；如果备用信用证中指明必须由一位具名的自然人、法人或政府机构签名，并要求注明签名人的身份，则一个注明身份并看起来是该具名的自然人、法人或政府机构的签名是相符的。

(8) 对单据中的措辞、标点符号等格式内容是否与备用信用证同一的审核。如果备用信用证中要求一份没有指定精确措辞的声明，那么提示的单据中使用的措辞必须看起来与备用证中要求的措辞表达的是同一意思；如果备用信用证中要求使用通过引号、大写(即特别画出的段落)、附样或格式指定的措辞，对在拼写、标点、空格或其他在上下文中读起来明显的打印错误不要求重复，为数据而留的空行和空格，可以通过不与备用信用证矛盾的任何形式加以完整；如果备用信用证中要求使用通过引号、大写、附样或格式指定的措辞，并规定单据应包含"完全一样"(Exact)或"同一"(Identical)的措辞，则提示的单据必须重复指定的措辞，包括上述的打印错误，以及为数据而留的空行和空格。

(9) 对由申请人出具、签署或会签的单据的审核。备用信用证中不应该规定要求的单据必须由申请人出具、签署或会签。但如果在备用信用证中包含了这种规定，开证行不能放弃这种要求，也不对申请人扣留单据或拒不签署负责。

(10) 对非单据条款要求不审核。如果备用信用证条款不要求提示单据证明其条款被履行，且开证行根据自己的记录或在其正常业务范围内不能确定该条款被履行，则该条款为非单据条款，开证行对此必须不予考虑。

(11) 对单据中的声明应履行的手续的审核。所要求的声明无须采用庄重式、正式或任何其他专门形式做出；如果备用信用证中规定由声明人以某种形式做出，但没有指明何种形式或内容，则如果注明该声明是经证实的、经宣誓的、经保证的、经证明的或类似情况，该声明即为相符；如果备用信用证中要求一份由另外一个人作见证的声明，但没有指定形式或内容，则若该份被见证的声明看起来含有一个不是受益人的签名，并注明该人系作为见证人行事，该声明即为相符；如果备用信用证中要求一个受益人之外的第三人以政府、司法、公司或其他的代表身份对声明给予会签、履行法律手续、签证或类似的行为，但没有规定形式和内容，则若该声明含有一个非受益人的签名，并且注明该人的代表身份及所代表的组织，该声明即为相符。

(12) 开证行不承担验明受益人身份的责任。

(13) 如果开证行或保兑人被重组、合并，或更换名称，在提示的单据中要求提到开证行或保兑人名称时，可以援引其原名或承继人的名称。

(14) 对正本、副本及一式多份的单据的审核。提示的单据必须是正本(Original)；在允许或要求电子提示的情况下，提示的电子记录即被认为是"正本"；只要在表面上看起来不是从正本复制的，则被提示的单据被认为是"正本"；但如果签名或证实在表面上看是原始的，则看起来是从正本复制的单据也被认为是"正本"。另外，除非在备用信用证中注明只提示副本或注明了全部正本的其他去向，备用信用证中要求提示一"份(Copy)"单据时，可以或提示正本或提示副本。如果要求多份的同一单据，其中一份必须是正本，除非备用信用证中规定要求"两份正本"或"多份正本"，则全部都必须是正本；或要求"两份(two copies)""两张 (two fold)"或类似的情况下，可以根据要求或都提示正本或都提示副本。

ISP98 规定，开证人或其指定人必须于收单后 7 个营业日内发出拒付通知，其中应列明所有的不符点。

第四节　有关备用信用证的国际规则与惯例

国际商会早在 1984 年施行的《跟单信用证统一惯例》(国际商会第 400 号出版物)中，就将备用信用证纳入 UCP400 的调整范围。国际社会参与备用信用证规则的制定活动集中于 20 世纪 90 年代。1995 年 12 月，联合国大会通过了由联合国国际贸易法委员会起草的《独立担保和备用信用证公约》；1998 年 4 月 6 日，国际商会公布了第 590 号出版物《国际备用信用证惯例》(ISP98)，作为专门适用于备用信用证的权威性国际惯例，并于1999 年 1 月 1 日起正式生效，但备用信用证仍然继续适用《跟单信用证统一惯例》的部分条款。这里简单介绍《联合国独立担保和备用信用证公约》与《国际备用信用证惯例》。

一、《联合国独立保函和备用信用证公约》

自 20 世纪 70 年代以来，独立保函(见索即付保函)和备用信用证已经成为国际商务活动中广泛应用的多功能金融产品。为了规范独立保函和备用信用证在国际经贸中的使用，改善不同的法律制度和国际惯例存在的不明确和缺乏统一的状况，在 1991 年国际商会《见索即付保函统一规则》(URDG458)生效后，联合国国际贸易法委员会开始了拟定独立保函和备用信用证统一法的工作。1995 年 12 月 11 日，联合国大会通过了《联合国独立保函和备用信用证公约》(United Nations Convention on Independent Guarantees and Standby Letters of Credit)(简称《公约》)，并于 2000 年 1 月 1 日起生效。该公约确认了独立保函和备用信用证的共同基本原则，强化了二者的共有特点，旨在便利独立保函和备用信用证的使用。

(一)《公约》的主要内容

《公约》借鉴了国际商会 URDG458 的框架结构，全文分为 7 章共 29 条。

第 1 章，适用范围。这部分包括第 1～4 条，主要界定了《公约》的适用范围，解释了"保证"的含义，说明了保函的独立性与国际性。

第 2 章，解释。这部分包括第 5～6 条，对反担保及反担保人、保证的保兑及保兑人、单据等相关术语进行了定义。

第 3 章，保函的形式与内容。这部分由第 7～12 条组成，内容包括保函的签发、形式及其不可撤销，修改，受益人请求付款权的转让，收益之转让，付款请求权之终止，保函的有效期限等。

第 4 章，权利、义务及抗辩。这部分由第 13～19 条组成，内容包括权利、义务的确定，保证人责任及其行动准则，付款请求，付款请求及附随文件之审查，付款，抵销，付款义务的抗辩等。

第 5 章，临时性法院措施，即第 20 条，主要说明了主债务人/申请人或指示人的救济措施，包括申请临时性法院措施的条件及法院实施的临时性措施等内容。

第 6 章，冲突法。这部分包括第 21～22 条，对独立保函和备用信用证的适用法律做了说明，强调如果保函未能选择法律，应受保证人签发保函的营业地所在国的法律调整。

第 7 章，最后条款。这部分包括第 23～29 条，对《公约》的签字、批准、接受、加入、保留、生效、退出等事项做出说明。

(二)《公约》的应用

在有关国际担保的国际规则中，《公约》是唯一具有立法性质的文件。《公约》规定其适用范围是独立保函或备用信用证，适用于营业地在缔约国的独立担保人的保证行为以及由冲突法规则导致适用的情况。《公约》为独立保函和备用信用确立了一套统一的规则，构筑了国际担保的统一的法律基础，对当事人提供了更大的法律确定性。

尽管公约的法律效力要高于国际商会制定的其他有关规则，但由于该公约的适用是任意性的，不具有强制性，因此当事人可以在保函中排除或改变《公约》的适用，而选用其他国际惯例，如国际商会的《国际备用信用证惯例》。

二、《国际备用信用证惯例》

(一)《国际备用信用证惯例》的制定

鉴于备用信用证在国际经贸交往中被广泛运用，国际商会在 1993 年修订的《跟单信用证统一惯例》(UCP400)中，明确将其纳入到《跟单信用证统一惯例》的管理范围。但《跟单信用证统一惯例》毕竟主要是为商业信用证制定的规则，备用信用证的许多特点在该惯例中无法得到充分体现，涉及备用信用证的期限较长、自动展期、要求转让，请求受益人为另一受益人做出其自身承诺等许多内容没有规定。国际商会在第 511 号出版物

《UCP500 与 UCP400 之比较》中指出，无论对于商业信用证还是备用信用证来说，并非UCP500 的所有条文均适用，而对一张备用信用证来说，UCP 的大部分条文均不适用。如备用信用证的当事人欲排除 UCP 某些条文的适用，他们就应在备用信用证的条款中明确规定排除 UCP 中特定条文对该备用信用证的适用，这就造成备用信用证解释上的不确定性与不统一性。

由于用途的广泛性和运用的灵活性，备用信用证的业务量迅速超过了商业信用证。1998 年全球备用信用证与商业信用证的业务量之比高达 7∶1，这就需要更专门的行为规则来填补备用信用证在国际规范方面的空白。1998 年 4 月，在美国国际金融服务协会、国际银行法律与实务学会和国际商会银行技术与实务委员会的共同努力下，组织起草了《国际备用证惯例》；1998 年 12 月国际商会公布了第 590 号出版物《国际备用证惯例》(International Standby Practices 1998，International Chamber of Commerce Publication No.590)，简称 ISP98，于 1999 年 1 月 1 日起正式生效，在全世界推广使用。

(二)《国际备用信用证惯例》的内容

ISP98 是根据《联合国独立保函和备用证公约》，在参照国际商会《跟单信用证统一惯例》(UCP500)和《见索即付保函统一规则》(URDG458)的基础上根据备用信用证的特点制定的。包括序言与 10 条正文，共 89 款。

第一条，总则(General Provisions)，共 11 款，主要包括"范围、适用、定义和解释""一般原则""术语"等三部分内容。

第二条，义务(Obligations)，共 7 款，主要包括"开证人和保兑人对受益人的承付承诺""不同的分支机构、代理机构或其他办事处的义务""开证条件""指定""备用证或修改的通知""授权修改和产生约束力的时间""修改的传递"等内容。

第三条，提示/交单(Presentation)，共 14 款，主要包括"相符提示""提示的构成""备用证的标明""做出相符提示的地点和对象""何为及时提示""相符的提示载体""每次提示的独立性""部分提款和多次提示及提款金额""展期或付款""无须通知收到提示""开证人放弃和申请人同意放弃提示规则""备用证正本丢失、遭窃、受损或毁坏""到期不营业(到期日是非营业日，在营业日的停业及授权在另一个合理地点做出提示)"等内容。

第四条，审核(Examination)，共 21 款，主要包括"对相符的审核""多余单据的不审核""是否一致的审核""单据的语言""单据的出单人""单据日期""单据上要求的签名""默示要求的索款单据""非单据条件""单据中的声明应履行的手续""正本、副本及一式多份的单据""备用证单据类型"等内容。

第五条，通知拒付、放弃拒付及单据处理(Notice, Preclusion, and Disposition of Documents)，共 9 款，主要包括"及时的拒付通知""拒付理由的声明""没有及时发出拒付通知""逾期的通知""开证人未经提示人要求而请求申请人放弃不符点""经提示人要求，开证人请求申请人放弃不符点""单据的处置""申请人的异议通知"等内容。

第六条，转让、让渡及依法转让(Transfer, Assignment, and Transfer by Operation of Law)，共 14 款，主要包括"提款权利的转让""款项让渡的确认""因法律规定而转让"等三部分内容，规定了受益人之外第三方的索偿办法。

第七条，撤销(Cancellation)，共 2 款，主要包括"不可撤销的备用证被撤销或终止的时间"与"开证人有关撤销决定的自主权"两部分内容，规定了对受益人同意撤销备用证的相关要求。

第八条，偿付义务(Reimbursement Obligations)，共 4 款，主要包括"获得偿付的权利""费用和成本的支付""偿付的退还""银行间偿付"等内容，对款项的偿付及费用的支付进行了规定，并明确银行间偿付适用国际商会银行间偿付的标准规则。

第九条，时间规定(Timing)，共 5 款，主要包括"备用证的时限""到期日对被指定人的影响""时间的计算""到期日的计算""备用证的保留"等内容，对备用证涉及的时间问题做了明确规定。

第十条，联合/参与开证(Syndication/Participation)，共 2 款，主要是规范多人参与开证和分享开证人权益的做法，以及对开证人的义务或在受益人和任何购买权利人之间权利和义务的影响。

(三)《国际备用信用证惯例》的应用

按照 ISP98 的规定，该规则的应用有以下原则。

(1) ISP98 不仅适用于国际备用信用证，而且还可适用于国内备用信用证。

(2) ISP98 不仅适用于由银行开立的备用信用证，还可适用于由非银行机构开立的备用信用证。

(3) 只有在明确注明依据 ISP98 开立时，备用信用证方受 ISP98 的管辖。

(4) 一份备用信用证可同时注明依据 ISP98 和 UCP600 开立，此时 ISP98 优先于 UCP600，且只有在 ISP98 未涉及或另有明确规定的情况下，才可依据 UCP600 原则解释和处理备用信用证的有关条款。

思 考 题

一、名词解释

备用信用证、履约备用信用证、预付款备用信用证、反担保备用信用证、直接付款备用信用证、融资备用信用证、保险备用信用证、商业备用信用证

二、简答题

1. 简述备用信用证的性质。

2. 简述备用信用证的当事人及其权责。

3. 简述备用信用证与一般跟单信用证、银行保函的区别。

4. 有关备用信用证的国际规则与惯例有哪些？应用时有何要求？

5. 如何约定备用信用证的到期日？

6. 根据 ISP98，简单介绍备用信用证项下的单据种类及出具要求。

7. 根据 ISP98，备用信用证项下开证行或其指定人审核单据的原则有哪些？

三、分析题

备用信用证中规定受益人支款时须提交一份有关申请人未能在 2016 年 9—12 月间交货的违约声明，但该备用信用证的有效期为 2016 年 10 月 31 日，受益人于 2017 年 1 月 1 日向银行提交违约声明时遭开证行拒付。请分析受益人在该案中应吸取的教训。

第九章 国际保理

学习要点

通过本章的学习，应在了解国际保理的产生与发展的基础上，理解国际保理的定义、特点、当事人及其关系，掌握保理服务的内容、有关保理行为以及保理业务费用的组成，熟悉国际保理业务的种类及业务内容，了解国际保理业务的利弊及有关国际惯例与规则。

引导案例

S 公司是一家民营企业，20 世纪 80 年代末开始生产家用炊具。2002 年起，S 公司考虑拓展海外市场，但当时公司品牌在海外的知名度不高，美欧等地的进口商均拒绝信用证方式，要求 O/A 90 天，使 S 公司陷入既要对进口商提供优惠的付款条件，又担心进口商的信用风险，同时面临资金周转问题的困境。因此公司向中国银行寻求解决方案。中国银行向 S 公司推荐了出口保理业务，并成功地帮助 S 公司打开了美国市场。2003 年 S 公司的业务量即超过 1500 万美元；之后，中国银行又为 S 公司对欧洲和中国香港的出口提供了保理业务。在中国银行出口保理业务的帮助下，S 公司成功地开拓了海外市场，销售额和利润率节节上升，至 2004 年，该公司的国际销售额已上升至 2200 万美元以上，为公司于 2004 年成功上市奠定了基础。

第一节 国际保理业务概述

国际保理业务是 20 世纪 60 年代发展起来的一种新型国际贸易结算方式，主要是为赊销方式服务的，属于融资性质的逆汇方式。

一、国际保理的产生与发展

(一)从佣金代理到现代保理制度

保理(Factoring)全称保付代理，可以溯源到 5000 年前的巴比伦时代，但当时只是一种限于国内范围的将贸易赊销产生的欠款来换取保理商融资的业务活动。现代意义的国际保理可以追溯到 18 世纪中期英国的商业代理制。工业革命使英国的纺织工业得到了长足的发展，开拓纺织品海外市场成为资本家的迫切需要。但由于英国出口商对海外进口商的资信及当地市场的情况不甚了解，因而多采用寄售(Consignment)方式向海外出口，委托国外代销人(代理人)在进口商所在地负责代理货物的仓储和销售等事宜，在货物出售后，由代销人向货主结算货款，并在某些情况下向委托人(出口商)提供买方付款的担保(坏账担保)和应收账款预付款融资服务。由于出口商在代理人完成代理事务后再付给佣金，因此早期的保理业务又被称为佣金代理(Commission-agency)。

现代保理制度是在代理商代理收款和融资业务的基础上，融合银行的贴现业务演变而来的。为了解决寄售方式造成的出口商资金积压，促进扩大再生产，这种以寄售方式为特征的商务代理制逐渐演变为以提供短期贸易融资服务为特征的保理制。出口商把商业代理商转变为经营保付代理业务的保理商，将出口货物的有关单据售予保理商以及时取得现金。这样，出口商从保理商的委托人变成了保理商的客户，保理商从负责销售商品的代理人变成了接受卖方转让应收账款的债权人。19 世纪后半叶，随着欧洲国家纺织品的大规模出口，这种保理业务在欧洲大陆获得了广泛的发展。20 世纪 50 年代，英国一些银行开始从事商业发票贴现业务，这就是英国或欧洲现代保理制度的雏形，其一般做法是：卖方将货物直接发给买方，然后将全部应收账款发票到银行贴现，同时将债权转让给银行的事情通知买方，买方到期再把货款直接付给银行。

(二)国际保理业务的发展

到了 20 世纪，保理制度在欧洲大陆以外的美国、日本等国家也开始迅速发展。在美国，从 20 世纪 40 年代开始，保理业务从适用于一般的国内贸易扩展至国际贸易和金融等领域，且有专门的法律制度(如美国纽约州、新英格兰州颁布的《保理商法》)来规范保理业务中债权转让人与受让人之间的关系；50 年代以后，随着美国《统一商法典》在美国绝大多数州的颁布实施，保理业务尤其是"应收账款融资"(Accounts Receivable Financing)业务增长迅猛。美国现代保理制度的突出特点是：银行(保理公司)对企业的"应收账款"进行保证、处理和承购，并为企业提供客户信用调查、风险承担、催收账款和销售会计等服务项目；应收账款融资时，发票贴现无须通知债务人，远期债权的转让通过登记即具有法律效力，即隐蔽保理。20 世纪 60 年代初，美国现代保理制度传到英国，与英国的公开保理方式相结合，使保理业务进一步完善。从此，国际保理业务的市场需求急剧扩张，一些国家的国际保理机构在海外不断扩张，保理业务开始成为西方国家较为常用的一种结算方式。1963 年，第一家国际性保理公司协会——国际保理商协会(International Factors Group, IFG)成立，总部设在布鲁塞尔，主要致力于帮助全球保理商之间更好地发展业务。1968 年，国际保理商联合会(Factors Chain International, FCI)成立，总部设在荷兰的阿姆斯特丹，旨在促进保理业务在全球范围内的竞争与发展，促进国际贸易的发展。

从 20 世纪中期以后，国际保理在全球范围内获得了迅速发展，世界其他国家或地区也开始重视发展保理业务，以提高本国出口商在国际市场上的竞争能力，促进本国对外贸易的发展。在亚洲，20 世纪 70 年代，日本、新加坡等一些国家也成立了保理机构，以适应本国对外贸易发展的需要。随着国际市场竞争的日益激烈，国际贸易买方市场逐渐形成。出口商为扩大出口，多为买方提供优惠的结算方式如记账赊销(Open Account, O/A)、承兑交单(D/A)等，由于保理业务可以很好地解决赊销中出口商所面临的资金占用和进口商的信用风险等问题，从而被广泛应用，发展成一种全球性的金融业务。1988 年 5 月，国际统一私法协会在加拿大渥太华通过了《国际保付代理公约》(The Convention on International Factoring)，简称《国际保理公约》，为国际保理业务提供了统一的法律框架。1994 年，国际保理商联合会(FCI)启用了 EDI Factoring 系统，实现了成员间的电子数据交换，使各成员间的信息传递完全通过计算机网络进行，大大提高了保理业务的处理速度。

(三)我国国际保理业务的发展状况

保理业务在中国的发展时间不长。1987 年 10 月，中国银行与德国贴现与贷款公司签订了国际保理业务协议，标志着中国正式涉足国际保理业务。1992 年，中国银行在国内率先开办国际保理业务，并加入了国际保理商联合会，成为该组织的首家中国会员。1999 年，中国银行推出国内保理业务。此后，交通银行、中国工商银行、中国农业银行、中国建设银行、中信实业银行等商业银行也开始从事保理业务。世界各国的保理机构通常是银行的专门机构或专业的保理公司，中国从事保理业务的机构主要是银行等金融机构。中国也曾尝试建立专业性的商业保理公司，如 1993 年成立的东方国际保理咨询服务中心，但在保理业务领域的发展并不理想。2009 年 3 月 10 日，中国银行业协会保理业务专业委员会在北京成立，旨在引导商业银行建立保理业务理念，规范操作流程，防范业务风险，促进中国商业银行保理业务健康发展。截至 2011 年年底，全国银行保理商约 30 余家，商业保理机构 25 家，有 23 家银行加入了国际保理商联合会，保理业务遍及全球。2012 年 6 月，商务部颁布了《关于商业保理试点有关工作的通知》，非金融机构(商业保理企业)开始经营商业保理业务。

二、国际保理业务的含义

(一)国际保理的定义

保理(Factoring)因其业务内容较多，又称代理融通、销售保管、应收账款融资、应收账款管理服务或承购应收账款、托收保付等，现在一般统称保理。根据《国际保理公约》，保理合同是指在一方当事人(供应商)与另一方当事人(保理商)之间所订立的合同，根据该合同，供应商可以或将要向保理商转让供应商与其客户(债务人)订立的货物销售合同产生的应收账款，同时保理商应履行至少两项下述职能：为供应商融通资金，包括贷款和预付款；保持与应收账款有关的账目(总账)；托收应收账款；防止债务人拖欠付款。我国保理业对保理的定义是：指保理商受让应收账款，并向卖方提供应收账款融资、应收账款管理、应收账款催收、还款保证中全部或部分服务的经营活动。可见，保理实际上是一种集结算、管理、担保、融资等为一体的综合性服务业务，本质上是一种债权的转让。保理可分为国内保理(Domestic Factoring)和国外保理(Foreign Factoring)两类业务，国际商业界一般更多地使用国际保理业务这一术语。

国际保理(International Factoring)或称国际账款保理，全称为国际保付代理业务，根据《国际保理公约》对保理的定义，以及国际保理商联合会《国际保理通则》的相关规定，结合实践，一般可以认为，国际保理是指出口商在采用赊销(O/A)、承兑交单(D/A)等信用方式向进口商销售货物时，保理商接受出口商的委托，向出口商提供进口商的信用额度调查、信用风险担保、应收账款管理和贸易融资等综合性服务项目，是集融资、结算、财务管理和信用担保等多功能于一体的融资结算方式。根据有关国际公约和国际惯例，国际保理具有以下特点。

(1) 国际保理是一种集多种服务为一体的综合性的国际结算方式，是保理商提供的集贸易融资、结算、代办会计处理、资信调查、账务管理和风险担保等为一体的一项综合性金融服务业务。

(2) 保理业务的应用前提是 O/A、D/A 信用结算方式,是商业信用和银行信用的结合与转换。

(3) 保理的对象必须是企业之间因货物销售或提供服务产生的应收账款,而非个人或家庭消费或者类似使用性质。

(4) 出口商在货物出口后必须将应收账款的权利转让给保理商。

(5) 应收账款的转让通知必须送交债务人。

(二)国际保理业务的当事人及其关系

1. 国际保理业务的基本当事人

根据《国际保理业务通则》,国际保理业务的基本当事人主要有四个。

(1) 出口商(Exporter)。出口商是指对提供的货物或劳务出具发票的当事人,也称销售商(Seller)或供货商(Supplier),是转移应收账款叙做出口保理业务的当事人。

(2) 进口商(Importer)。进口商是指对提供货物或劳务所产生的应收账款负有付款责任的当事人,也称买方(Buyer)或债务人(Debtor)。

(3) 出口保理商(Export Factor)。出口保理商是指根据保理协议接受出口商转让账款的当事人,亦即对出口商的应收账款叙做保理业务的当事人,其主要义务是向进口保理商传递信用额度申请表等有关文件和购买、转让应收账款,并进行销售账务管理等。

(4) 进口保理商(Import Factor)。进口保理商或称代理保理商(Correspondent Factor),是依保理规则向出口保理商提供进口商的信用额度以及坏账担保,接受出口保理商转让账款,按规定的期限向进口商索偿并向出口保理商付款的当事人。

2. 国际保理业务当事人之间的关系

(1) 出口保理商与进口保理商之间相互保理的代理关系。进出口保理商之间通常签订相互保理协议(Inter-Factoring Agreement),且都是 FCI 组织成员,双方的关系具有债权转让人与受让人间的法律关系,即出口保理商将从出口商处购买的应收账款再转让给进口保理商而形成法律关系。出口保理商要负责向进口保理商传递信用额度申请表等有关文件和转让应收账款,保证所转让的应收账款的真实有效性,以及债权本身的有效性;进口保理商要负责按出口保理商的要求调查进口商的资信情况与进口商品信用额度,负责督促进口商到期履行付款,承担到期催收账款并向出口保理商付款的责任。

(2) 出口商与出口保理商之间的保收代理关系。两者的权利与义务依据双方签订的出口保理协议(Export Factoring Services Agreement)。依据协议,保理商一般负责对进口商进行资信调查与评估以确定信用额度,受让应收账款债权并进行销售账务管理,担保付款的责任;出口商应将协议项下的全部应收账款转让给出口保理商,使出口保理商对这些应收账款获得真实有效而且完整的权利。

(3) 出口商与进口商之间的买卖合同关系。他们交易商品的数量或金额是进口保理商事先对进口商核定的信用额度,两者的权利和义务依据买卖合同确定。

(4) 进口保理商与进口商之间的债权债务关系。由于进口保理商收购了出口商对进口商的应收账款，其实质是债权的转让，进口商要向进口保理商付款，以清偿进口商品产生的债务。但若是进口商委托保理商办理进口商品的有关业务，则两者之间属于代理承购关系。不过从总的交易过程来看，两者最终的关系还是债权债务关系。

(三)保理商为出口商提供的服务

国际保理业务的发展，主要与国际商品交易中赊销(O/A) 或承兑交单(D/A)等商业信用形式的发展有关。其一般做法是：在赊销或承兑交单等结算方式下，出口商将商品赊销给进口商，然后将应收账款售予保理商，保理商根据保理协议为出口商提供融通资金、销售分户账管理、货款回收和坏账担保等服务。如图 9-1 所示是保理当事人之间的业务关系及保理商提供的服务项目。

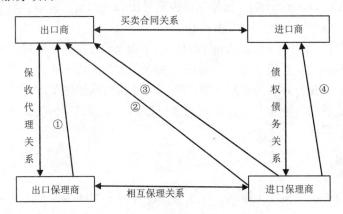

图 9-1　保理业务关系及服务项目图

注：①出口贸易融资；②销售账务处理；③买方信用担保；④收取应收账款。

具体来讲，保理商为出口商提供的服务主要有以下几种。

1. 出口贸易融资

出口贸易融资(Export Trade Finance)是指保理商向出口商提供的，出口商在出售货物后可以获得预付款融资(一般为发票金额的 80%)或贴现融资的资金融通服务。这种融资的突出特点是出口商以应收账款为抵押，而无须提供担保或押金等，就能及时获得资金；保理商对债权或物权拥有充分的权利，融资风险小、时间短。

2. 销售分户账管理

销售分户账管理(Maintenance of Sales Ledger)是指在出口商叙做保理业务，保理商收到出口商的销售发票后，保理商提供的设立有关分户账与承担账务管理工作等服务。保理商对承办的账款负责结算，并定期或不定期地向出口商提供关于应收账款的回收情况、逾期账款的情况、信用额度变化及对账单等各种财务报表，分析账户动态，协助出口商进行销售管理。

3. 收取应收账款

收取应收账款(Collection of Receivables)是指保理业务中在出口商的账款到期时，保理商通过国外的合作机构提醒进口商支付货款或对未收账款继续催收的一种服务。保理商一般都有专业人员和专职律师处理账款的追收。

4. 买方信用担保

保理商提供的买方信用担保(Protection for Buyer's Credit)服务主要体现在以下两个方面。

(1) 信用风险控制(Credit Control)。在出口商与保理商签订保理协议后,保理商会对进口商进行全面详细的资信调查,并结合市场调查,预先评估信用额度(Preliminary Credit Assessment),作为提供融资服务的重要参考。在保理协议执行的过程中,保理商会根据进口商资信状况的变化、收款考核实绩和出口商的业务需要,定期或经常为每个进口商核准或调整信用额度(Credit Approval)。另外,保理商对出口商的资信及其经营和生产能力也会进行调查和了解,以便决定是否接受其申请。

(2) 坏账担保(Full Protection Against Bad Credit)。保理商一旦接受出口商的账款保理,对出口商在核准信用额度内的应收账款,提供 100%的坏账担保。如果到规定时间收不到款,只要是正常业务并且在信用额度之内,保理商将承担这笔坏账损失。

对于保理商提供的各种服务,出口商可以根据本公司的实际情况选择要求保理商提供全套服务或者部分服务。

(四)保理行为

国际保理业务中,经常发生核准、让渡等保理行为。如图 9-2 所示说明了保理当事人之间的保理行为。

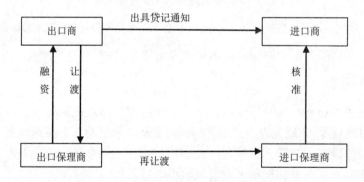

图 9-2　保理当事人之间的保理行为

有关保理行为的含义简单介绍如下。

(1) 核准(Approval)。即进口保理商根据对进口商资信状况的评估,向出口保理商承诺对受让应收账款承担一定限额坏账风险的行为。凡在核定信用额度内的销售债权,称为已核准应收账款(Approved Receivables),超出信用额度的销售债权称为未核准应收账款(Unapproved Receivables)。保理商只对已核准应收账款提供信用担保。

(2) 让渡(Assignment)。即出口商将应收账款的权利(销售债权)转让给出口保理商的行为。出口保理商属于应收账款的受让人。

(3) 融资(Finance)。即出口保理商在出口商的申请下,根据出口商让渡的应收账款权利,给予一定比例融资的行为。

(4) 再让渡(Subsequent Assignment)。即应收账款的受让人将受让的应收账款让渡给另一人的行为。如出口保理商将出口商让渡的应收账款再让渡给进口保理商,进口保理商也可以再让渡给其他人。

(5) 出具贷记通知(Issuing Credit Note)。即出口商出于某种原因为表示同意减少应收款的金额,向进口商出具贷记通知的行为。

另外,在某些情况下,可能会产生应收账款的反转让(Reassignment of Receivables),即保理业务中受让应收账款的一方在一定条件下将应收账款债权再转让回转让方的一种行为,简称反转让(Reassignment)。反转让是保理商保障自身权利的重要手段,进口保理商反转让的对象是出口保理商,出口保理商反转让的对象是出口商。在国际保理业务中,反转让多是由进口保理商发起的,反转让意味着保理商解除了对反转让账款的所有义务,并可向原转让方索回原先已就该账款支付的款项。鉴于反转让的严重后果,国际保理商联合会在《国际保理业务通则》中明确规定了进口保理商反转让的实施条件。

 延伸阅读 9-1

进口保理商应收账款的反转让

如出口保理商在收到进口保理商请求后 30 天内未向进口保理商提供有关文件或进行确认,或出口保理商在规定的时间内未能提供进口保理商要求的账款催收所需单据,则进口保理商有权反转让有关账款,但必须在其首次要求提供相关单据后的 60 天内做出,如迟于 60 天则在其同意延展的期限到期日后的 30 天内做出。

如债务人拒绝接受货物或发票或提出抗辩、反索或抵销(即争议发生),而出口保理商未履行争议发生时应尽的义务且对进口保理商的风险产生了实质性影响,则进口保理商有权将争议账款反转让给出口保理商,其对反转让账款的所有义务被一并解除,并可从出口保理商处索回原先已就该账款支付的款项及利息。

(五)国际保理业务的费用

保理商收取的保理费用一般由以下四部分组成。

1. 服务佣金

进、出口保理商的服务佣金一般取决于交易性质、买方资信、应收账款数额、收款期限等,分别约占承担服务的发票金额的 0.1%～2%。2012 年版的《中国银行服务收费业务价格表》中规定,出口保理商佣金为按发票金额的 0.1%～2%收取(不含代扣进口保理商佣金),进口保理商佣金为按发票金额的 0.2%～2%收取(由国外出口保理商承担)。

2. 进口商的资信调查费

对每次信用额度申请,无论批准与否、批准多少,保理商都收取一定的资信评估费用(一般为 50 美元)。中国银行规定,通过进口保理商对进口商进行资信调查的收费标准为800～2000 元人民币/笔。

3. 单据处理费用

对每单发票的处理收取 0～10 美元的固定费用。发票金额越大，收取的费用越低。中国银行进、出口保理业务中对审核处理合同、发票、提单、报关单、介绍信等的单据处理费收费标准分别为每笔 10 美元或等值货币。

4. 融资利息

如果保理商向出口商提供融资，还要收取一定的融资利息。利率水平根据预支额的大小参照市场利率水平确定，一般比优惠利率高。

三、国际保理的分类

依据不同的标准，可以把保理业务分为不同的类型。

(一)依据保理商是否对出口商提供预付款或融资分类

根据保理商是否对出口商提供预付款或融资，可以将保理业务分为以下两种。

1. 到期保理

到期保理(Maturity Factoring)是指出口商将有关单据出售给保理商后，保理商并不立即向出口商支付现款，而是确认并同意在票据到期时无追索权地向出口商支付票据金额。到期保理是较为原始的保理方式。

2. 预支保理

预支保理(Advance Factoring)也称融资保理(Financial Factoring)，是指出口商将有关单据出售给保理商后，保理商立即以预付款方式向出口商提供不超过应收账款 80%的融资，剩余 20%的应收账款待保理商向进口商收妥货款后再行清算。这是比较典型的保理方式，因其较为常见，所以又被称为标准保理(Standard Factoring)。

(二)依据是否将保理商向进口商公开分类

依据是否将保理商向进口商公开，或者货款是否直接付给保理商，可以将保理业务分为以下两种。

1. 公开保理

公开保理(Disclosed Factoring)也称明保理，是指出口商必须以书面形式将保理商的参与通知进口商，并指示他们将货款直接付给保理商。当出口商将单据出售给保理商后，由保理商出面向进口商收款。目前的国际保理业务多是公开保理。

2. 隐蔽保理

隐蔽保理(Undisclosed Factoring)也称幕后保理或暗保理，是指保理商的参与对外保密，进口商并不知晓，货款仍由进口商直接付给出口商。这种保理方式一般是因为出口商不愿让进口商得知其缺乏流动资金而需要保理，因此在把单据出售给保理商后，仍然由自己向进口商收款，然后再转交给保理商，融资与有关费用的清算在保理商与出口商之间直接进行。

(三)依据是否涉及进出口两地的保理商分类

这种类型区分在实践中意义最大,直接影响到保理业务的流程和当事人的权利义务。在国际保理业务中,可以把保理商分为出口方所在地的出口保理商(Export Factor)和进口方所在地的进口保理商(Import Factor)。根据是否涉及进出口两地的保理商,可以将保理业务分为以下两种。

1. 双保理商模式

双保理商模式简称双保理(Two-factor System),是指涉及进出口双方保理商的保理业务模式。在这种模式下,出口商和出口保理商签订保理协议,将其在国外的应收账款转让给出口保理商,由出口保理商与进口保理商签订代理协议,向进口保理商转让有关的应收账款,并且委托进口保理商直接与进口商联系收款,同时由进口保理商提供坏账担保、债款催收和销售额度核定等服务。需要注意的是,如果出口保理商是国际保理商联合会的会员,则进口保理商也必须是该会的会员,两者按国际保理商协会颁布的有关国际惯例签订代理协议。

在双保理商模式下,无论是出口商还是进口商,都只需要与其本国的保理商进行联系即可,这样就避免了法律、商业习惯和语言等方面可能存在的差异,有利于降低成本,提高工作效率。目前,在欧洲和北美开展的国际保理业务中,大多数采用双保理商模式。

2. 单保理商模式

单保理商模式简称单保理(Single-factor System),即只涉及一方保理商的国际保理业务模式,通常适用于进出口双方中有一方没有保理商的情况。该模式又可以分为直接进口保理(Direct Import Factor System)和间接出口保理(Indirect Export Factor System)两种形式。直接进口保理是由出口商与进口保理商进行业务往来,这种形式多用于出口商的客户集中在某一个国家或地区的情况;间接出口保理则由出口商与本国的出口保理商进行业务往来,这种形式较为常见。

单保理商模式是国际贸易运用保理业务比较早期时的产物,现在主要适用于国内保理业务。随着国际保理业务的发展和保理商业务水平的提高,单保理商模式已逐渐为双保理商模式所取代。

(四)依据保理商是否保留追索权分类

依据保理商是否保留追索权,亦即当进口商未能如期付款时保理商能否对出口商享有追索权,可以将保理业务分为以下两种。

1. 无追索权保理

无追索权保理,即保理商凭债权转让向出口商融通资金后,即在信用额度内放弃对出口商追索的权利,保理商在信用额度内承担买方拒绝付款或无力付款的风险的保理方式。

在无追索权保理(Non-recourse Factoring)中,保理商对出口商提供的进口商进行资信调查,为其核定相应的信用额度,在已核定的信用额度内为出口商提供坏账担保。国际保

理业务大多是这类无追索权保理，体现了保理业务坏账担保的特色。

2. 有追索权保理

有追索权保理，即保理商凭债权转让向出口商融通资金后，如果进口商未能如期付款，则保理商有权向供应商要求偿还资金的保理方式。

在有追索权保理(Recourse Factoring)中，保理商不负责审核进口商的资信，不确定信用额度，不提供坏账担保，只提供包括贸易融资在内的其他服务，债务人因清偿能力不足而形成呆账、坏账的风险由出口商承担。

(五)依据保理商提供的服务范围分类

依据在具体业务中保理商向出口商提供的服务范围，可以将保理业务分为以下两种。

1. 完全保理

完全保理是指保理商向出口商提供四个方面的全面服务，即保理融资、账务管理、催收账款及坏账担保。这是一种典型的保理形式，包括了保理业务最基本的四项功能。

2. 不完全保理

不完全保理是指保理商根据出口商的需要或其他具体情况，只提供上述服务中的两项或者三项的保理方式。

(六)依据保理商是否向出口商逐笔提供保理服务分类

依据在具体业务中保理商是否向出口商逐笔提供保理服务，可以将保理业务分为以下两种。

1. 逐笔保理

逐笔保理是指保理商依据与出口商签订的保理合同，逐笔向出口商提供保理服务的保理方式。保理商核准的信用额度只能使用一次(单笔额度或不可循环额度)，发货后不能再次使用，出口商如需再次发货并叙做保理业务，必须重新申请。

2. 批量保理

批量保理是指保理商依据与出口商签订的保理合同，向出口商提供关于全部销售或某一系列销售活动的保理服务的保理方式。最常见的批量保理是循环保理作业方式，即保理商批准给出口商一个最高信用额度(可循环额度)，在这个信用额度内，出口商不必每次出口发货逐笔申请叙做保理业务，可循环使用额度，直到保理商通知撤销核准的额度为止。

四、国际保理业务的利弊

国际保理业务具有与信用证或托收等方式不同的特点(见表 9-1)，对当事人利益产生的影响也有很大的区别。

表 9-1　保理与其他支付方式的比较

项目 方式	D/P	D/A	O/A	信用证	保理
进口商费用	有	有	无	有	无
出口商费用	有	有	有	有	有
进口商资金负担	一般	较低	较低	较高	较低
出口商资金负担	一般	较高	较高	较低	较低
信用风险保障	无	无	无	有	有
单据要求	一般	一般	较低	较高	一般
出口商竞争力	一般	较高	较高	较低	较高

(一)国际保理的利益

开展国际保理业务，对出口商和进口商等各当事人都有益处。对国际贸易的交易双方而言，保理业务能够提供许多便利。

(1) 从交易风险来讲，由于有保理商事先以资信调查和核准的信用额度为保证，出口商可以避免因进口商的资信不佳、破产或者无理拒付而遭受损失，保障出口收汇；进口商可以保证款不落空，又可以保证进口商品的质量和数量。实际上是由保理商承担了交易的主要风险。

(2) 从信用方面来讲，对出口商来说，利用保理业务，将应收账款交给保理商，可以得到大部分甚至全部货款的融通，有利于资金周转；对进口商来讲，赊销方式可以使其获得商业信用，取得资金融通，减少资金占用。实际上是商业信用与银行信用的结合与转换。

(3) 从结算费用看，对出口商来说，与信用证业务相比，保理业务的收费偏高，但是保理机构提供的是一整套围绕保障收汇安全的服务，包括调查、咨询、融资、委托账款处理等，实际是承担了出口商围绕交易开展的各种业务，出口商可以将更多的时间、人力、物力投入到业务扩展中去，还可以避免汇价风险。对进口商来说，可以不必办理开立信用证手续，也可以不预交开证保证金，能够降低费用成本。

(4) 从交易与结算过程来讲，保理业务对单据的要求不苛刻，避免了信用证项下烦琐的单证手续与严格的单证条款要求，简化了进出口手续，节省时间，有利于进出口双方能够适时适销地抓住成交机会，扩大双方贸易额与贸易利益。

(5) 对保理商来讲，承办账款保理，既可以收取保理费，又可以扩展存放款业务与国际业务范围，因此是一种较为安全的金融业务，可以使银行享受到国际贸易带来的商业利润。

(二)国际保理的不足

(1) 国际保理商的风险较大。虽然在国际保理业务中，保理商需事先对进口商的资信进行调查和评估，以核定信用额度，但其所承担的风险远远大于信用证业务中开证行的风险。这也就是国际保理并非适合各类企业所有商品交易的主要原因，它通常适用于中小企业的中小额交易，因为保理商批准的信用额度一般都不大。

(2) 出口商承担的保理费用偏高。国际保理的费用比信用证或托收的费用要高，如有融资服务，则费用更高一些。这些费用一般由出口商承担，从而会增加出口商的成本，迫使出口商提高出口商品的价格，可能会影响出口商的竞争力，对交易的达成会造成一定的影响。

不过，采用国际保理业务，出口商虽然可能会增加一定的费用，但因此而获得的信用风险担保、资金融通以及管理费用的降低等带来的收益也能抵销保理费用，进口商也可以免除开信用证等的费用，因而有利于促成交易。

第二节　国际保理的业务内容

一、国际保理的一般业务流程

以国际上常用的双保理为例，国际保理业务的基本做法是：出口商与出口保理商签订保理协议，并向出口保理商提出对有关进口商进行资信调查与信用额度要求。出口保理商通过进口保理商对进口商的资信情况进行调查与评估，确定进口商品的信用额度(即进口多少金额或数量的商品)。出口商根据这个信用额度与进口商签订合同，约定以承兑交单或赊账方式结算货款。出口商根据合同发运货物后，立即将应收账款单据转让给出口保理商，出口保理商按出口商的要求将货款(约发票金额的 80%)付给出口商。进口保理商将发票记入应收账，进行账务处理，负责督促进口商到期付款，并将有关销售细节、应收账款和客户付款情况定期反馈给出口保理商，出口保理商将有关销售细节、应收账款和客户付款情况报告定期提交给出口商。进口商取得货运单据提货，并于到期日向进口保理商付款。进口保理商将款项转交出口保理商，出口保理商扣除垫款、佣金或手续费、融资的利息以及银行转账费用等款项后，将余额付给出口商。

如果不是因为商品本身的问题，如质量、数量问题，到期时如果进口商因为破产或资金周转不灵等而不能及时付款，则进口保理商应承担起付款的责任。

国际保理的一般业务流程如图 9-3 所示。

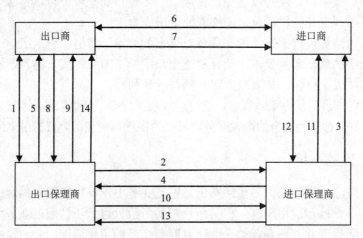

图 9-3　双保理的一般业务流程

说明:

1. 出口商与出口保理商签订保理协议。

2. 出口保理商指示进口保理商调查进口商的资信情况。

3. 进口保理商调查进口商的资信情况,确定进口商的信用额度。

4. 信息反馈。

5. 信息反馈。

6. 出口商与进口商签订交易合同。

7. 出口商按合同规定装运货物。

8. 出口商将应收账款单据转让给出口保理商。

9. 出口保理商按协议规定向出口商垫付款项(一般为发票金额的 80%左右)。

10. 出口保理商将应收账款单据转让给进口保理商。

11. 进口保理商通知进口商,并关注其业务动态。

12. 进口商于发票到期后向进口保理商付款。

13. 资金国际转账。

14. 出口保理商扣除应扣款项后,将货款余额付给出口商。

二、国际保理的业务要点

国际保理业务一般采用双保理方式,该方式主要涉及四方当事人,即出口商、进口商、出口保理商及进口保理商。出口保理商与进口保理商签订保理代理合约后,双方属于委托代理关系和应收账款转让、受让关系。国际保理商联合会(FCI)开发了保理电子数据交换系统(EDI Factoring),如果出口保理商和进口保理商都是其会员,可以通过 EDI Factoring 相互传输对进口商的资信调查、应收账款转让、进口保理商收款信息等有关业务文件或资料。

(一)国际保理业务的选择

作为出口商,在国际贸易中如果遇到以下情况时,可以选用国际保理业务。

(1) 进口商不愿采用信用证结算货款而要求采用赊销方式。因部分进口商不能或不愿开立信用证,致使出口交易不能达成;或部分现有进口商因出口商不愿提供信用付款方式而欲转往其他供应商,致使出口商失去订单甚至客户。

(2) 出口商对进口商的资信情况不太了解,准备采用信用付款方式,但对进口商的财务信用存有疑虑。

(3) 为了更有效地拓展市场,决定在有关海外市场聘任销售代理,因此必须提供信用付款方式。

(4) 希望解除账务管理和应收账款追收的麻烦,避免坏账损失,降低业务管理成本。

(5) 迫切需要营运资金,又不能向银行提供有效的担保或抵押。

(6) 考虑商品特点。理论上凡是得到进口保理商核准信用额度的商品都可以做保理,但最适合做保理的商品是消费性货物,且主要是小批量、多批出运的货物;产品质量稳定,进出口双方对产品质量易取得共识的货物;可直接进入进口地商店销售的货物。

(二)出口商与出口保理商签订出口保理协议

1. 出口保理业务申请书

出口商填写《出口保理申请书》(Export Factoring Application)向出口保理商申请办理出口保理业务。出口商需符合保理商提出的申请条件，如具有进出口经营权、无不良银行信用记录和商业信用记录、经营状况良好、产品质量有保证等，并提供保理商要求的资料。

《出口保理申请书》通常包括对进口商的信用额度申请，也可称为《信用额度申请书》(Application for a Credit Approval)。不同保理商的申请书格式不一样，但一般都包括出口商业务情况、交易背景资料、申请的额度情况等内容。

招商银行出口保理申请书

2. 出口保理协议

出口保理商审核《出口保理申请书》及出口商的条件，同意后与出口商签订出口保理协议(Export Factoring Agreement)。出口保理协议是保理业务的基本文件，各保理商一般都有印就的格式文本(见本章后的"出口保理协议"示样)。实践中有时是在与进口商达成贸易合同后，出口商再与出口保理商签订出口保理协议。

(三)保理商核准信用额度

出口商将进口商的有关情况及交易资料提交给出口保理商后，出口保理商通知进口保理商对进口商进行信用评估以确定信用额度(或授信额度)。

1. 出口保理商预申请信用额度

出口保理商将出口商提交的出口商资料(分为已签署出口保理协议和尚未签署出口保理协议两类)和有关进口商的资料整理后，连同《信用额度申请表》通过 EDI 系统传送给经选定的进口商所在国的进口保理商，要求对进口商进行信用评估及预确定信用额度。

2. 进口保理商初步核准信用额度

进口保理商根据出口保理商所提供的情况，对进口商的资信以及市场行情进行调查和评估，以初步确定或核准进口商的信用额度，然后通过 EDI 系统向出口保理商发出初步额度回复和初步保理价格回复。按照 FCI 的国际惯例规定，进口保理商应最迟在 14 个工作日内答复出口保理商。保理价格包括手续费、单据处理费等，进口商的资信优良且交易金额越大，手续费越低；发票数目越少，单据处理费也越少。如申请的信用额度全部被进口保理商拒绝，则此出口属于无信用额度担保的出口，进口保理商不承担应收账款到期付款的担保责任。

3. 出口保理商确认进出口双方间的交易

出口保理商向出口商送达《出口保理信用额度核准通知书》，将对进口商核准的信用额度或确定的信用风险担保比例转通知出口商，并在进口保理商报价的基础上加价报给出口商(如有贸易融资，报价里还应包括保理预付款的利率报价)。如果出口商接受报价和信用额度，则出口保理商对进出口双方间的交易加以确认，或与出口商正式签署出口保理协议；如出口商有贸易融资需求，出口保理商还需为出口商核准保理预付款的信用额度。

信用额度有单笔额度(或不可循环额度)和可循环额度之分，具体见本章后的"出口保理协议"示样。保理商核准信用额度后，在保理协议期内，大多属于可循环额度，即出口商与进口商之后的额度内交易可免于重复提供申请信用额度的相关材料和信息，但保理商有权视情况对额度予以变更，包括扩大、缩减或撤销额度，延长或缩短额度届满日等。

4. 出口保理商与进口保理商正式确认信用额度

出口保理商向进口保理商发出正式的信用额度申请，请求进口保理商建立进口商账户等并提供有关进口商资料；进口保理商向出口保理商发出正式的信用额度回复，建立保理专用账户。

(四)出口商转让应收账款及融资

1. 签订与履行贸易合同

出口商根据保理商核准的信用额度，与进口商正式签订以 O/A、D/A 或类似支付方式的交易合同，并按合同规定的装运日期向进口商发货。收汇方式视支付条件不同：O/A 项下货款通过汇入汇款收汇；D/A 项下货款通过托收收汇。

2. 转让应收账款

发货后，出口商缮制发票等单据及《应收账款转让通知书》(Notification and Transfer of Receivables)，亦即债权转让单据，并说明所附发票副本所代表的债权转让给出口保理商，向出口保理商转让应收账款。转让通知书一般应写明"按照我们之间的协议，我公司通知你们(出口保理商)：所附发票副本代表我公司与债务人之间的交易，我公司所附发票说明一切债务的全部权利、物权和利益转让给你们"(Pursuant to the agreement between us, we hereby notify you of transactions entered into by us with our debtors as represented by the attached copies of invoice. We hereby also transfer to you all right, title and interest in and to all the debits as specified on the copy attached.)。

出口商还需向进口商发出转让通知。转让通知文句通常记载在发票各联上，即在发票上附有转让通知文句，向进口商说明应收账款已经转让并要求对方仅付给进口保理商。某些情况下也可能另外出具通知信函。

对提单、发票等单据的处理，一般有以下两种办法。

一种是 O/A 付款条件下，由出口商将应收账款的全套单据的正本直接寄给进口商，同时将发票及其他有关文件(如合同)的副本及债权转让单据送交出口保理商。

另一种是将债权转让单据和全套商业单据及副本(正、副本发票、提单、保单等以及合同副本)提交出口保理商。保理商审核无误后，对于 D/A 付款条件，根据进口保理商的指示寄单；对于 O/A 付款条件，可通知出口商自行寄单或由保理商转寄进口商。

3. 保理融资

出口商将已核准的应收账款转让给出口保理商时，如有融资需求，填写《出口保理融资申请书》，提交保理业务相关的资料及/或信贷业务要求的基础资料，与出口保理商签订《出口保理融资协议》。保理商一般预付给出口商不超过 80%的货款或采用买断票据的形式，即按票面金额扣除利息等各项费用后，将货款余额无追索权地付给出口商。

对于未核准的应收账款，出口保理商不提供融资。

(五)出口保理商向进口保理商转让应收账款

出口保理商签署应收账款转让通知书，在发票副本上加盖"再让渡"印戳，连同其他单据(如果有)传递给进口保理商，将出口商转让的应收账款再转让给进口保理商。如"此项应收账款已经再让渡给(进口保理商的名称)为其所有，按照面额付给×××(进口保理商的名称)"(This receivable has been subsequently assigned to, is owned by and is payable in par funds only to ×××)。

出口保理商寄送单据给进口保理商，一般有以下三种办法。

一是将应收账款转让通知书和全套单据寄给进口保理商。少数东南亚国家采取此办法寄单。

二是将应收账款转让通知书和发票副本寄给进口保理商。欧美多数国家采取此办法寄单。

三是如果双方建立了 EDI 信息传输系统，出口保理商将发票副本和应收账款转让通知书传输给进口保理商。

(六)货款的管理与催收

进口保理商收到出口保理商寄来的应收账款转让通知书和发票副本及/或其他单据后，将应收账款入账，开始进行财务管理及负责催收货款。其主要工作包括：将发票副本及/或其他单据传送给进口商，以示双方债权债务关系的存在；密切关注发票到期日之前进口商的业务动态；发票到期日(即付款到期日)前若干天开始向进口商催收；于发票到期日向进口商收取应收账款；进口商照付至保理专用账户后，将收款信息通知出口保理商，并将货款余额及对账单等寄送给出口保理商。

如果出口保理商查明任何一笔应收账款已到期，但尚未收到进口保理商的付款，则有义务向进口保理商查询和催收，进口保理商收到查询后，应立即向进口商催收货款。进口保理商向进口商催收货款通常分为 3 次，每次间隔 10 天，一般采用书面通知方式，也可采用电话或传真方式。经 3 次催收无效，征得出口商同意后，进口保理商可采取法律步骤向进口商追讨欠款。

如果在发票到期日后 90 天内进口商仍未付款，进口保理商应于第 90 天对出口保理商付款，即进口保理商做担保项下付款，进口保理商承担进口商丧失清偿能力的全部财务风险；如在发票到期日后 90 天内收到债务人提出的争议通知，则进口保理商不应被要求对债务人由于这种争议而拒付的款项进行付款；如在担保付款后但在发票到期日后 180 天内收到由债务人提出的争议通知，进口保理商应有权索回由于争议而被债务人拒付的金额。

(七)出口保理商向出口商支付货款余额

出口保理商收到款项后，扣除融资金额本息(如有)及相关费用，将余额支付给出口商或贷记出口商的账户，并向出口商转交对账单等资料。

(八)争议的处理

进口商由于出口商发货不符合销售合同规定而拒付货款时，进口保理商不承担因此争议而拒付的风险。当进口商提出争议后，进口保理商应立即向出口保理商发出《争议通知书》(Dispute Notice)，同时中止原先核定的买方信用额度。出口保理商收到《争议通知书》后，应立即通知出口商，出口商应根据《争议通知书》的内容与进口商协商解决办法，并将协商进展情况随时通报给出口保理商。出口保理商收到通报后，应立即将协商进展情况通知给进口保理商。

三、保理协议

保理协议(Factoring Agreement)是指出口商与出口保理商之间签订的一种合约，根据该合约，出口商可能或将要将应收账款转让给保理商，以获得保理商提供的融资、分户账管理、账款催收、坏账担保等服务。

出口保理协议

国际保理协议通常是保理公司事先印就的格式合同，我国银行如中国银行等作为 FCI 的成员，以《国际保理业务通用规则》为范本制定了的"出口保理协议"样本，供各分行在保理业务中使用。其内容通常包括协议双方；总则；协议适用范围；信用额度的申请、通知及生效；信用额度的变更及取消；单据的提交与寄送；账户、账务及核对；融资；付款；争议；保理费用；协议的生效及期限；协议条款的更改；协议的失效及终止；仲裁；其他事项；协议双方签字盖章。

保理协议明确了保理商与出口商之间的权利义务关系，主要是体现了国际保理关系的实质——债权让与，也间接影响着进出口商之间的销售合同。协议中通常通过以下条款来保障应收账款的安全性。

(一)出口商保证条款

出口商保证条款是保理协议的重要内容，关系到保理商能否取得完整、合法、有效的无瑕疵的应收账款所有权或受让债权。这也是保理商在法律方面最重要的要求。保理商一般应要求出口商保证以下内容。

(1) 所有应收账款在让与给保理商时是有效的，债务额同发票额一致，进口商将接受货物和发票，对此不存在任何争议、扣减、抗辩、抵销。

(2) 出口商对此应收账款具有绝对权利，不存在任何第三者担保权益及阻碍。

(3) 未经保理商同意，出口商不得变更销售合同的任何条款。

(4) 出口商必须披露其所知晓的有关债权的全部事实。

(5) 销售合同中的支付条件、折扣幅度、法律适用和法院选择等条款，须符合保理合同的有关规定。

中国银行对出口商保证条款的规定为："卖方对应收账款及其转让的保证与陈述。

卖方保证自正式信用额度获得核准的通知收到之日起，将把随后产生的对债务人的所有应收账款全部交由出口保理商处理，即使在这些应收账款仅获部分核准或根本未核准的情况下也是如此。

卖方保证向出口保理商提交的每笔应收账款均代表一笔在正常业务过程中产生的真实、善意的货物销售，据以向进口保理商转让的应收账款所涉及的货物销售符合凭以核准应收账款的相关信息中所述及的卖方的经营范围和付款条件。

卖方保证无条件地享有向进口保理商转让的每笔应收账款的全部，包括与该应收账款有关并可向债务人收取的利息和其他费用的权利。该笔应收账款不能用来抵销、反诉、赔偿损失、对销账目、留置或做其他扣减等。但发票上列明的卖方给予债务人的一定百分比的佣金或折扣除外。"

(二)通知条款

多数国家的民法规定，通知债务人是债权让与生效的要件之一。在国际保理实践中，对进口商的让与通知具有重要的意义，可以防止进口商向出口商支付，同时具有划分进口商抗辩对象的效力，并关系到保理商能否及时、有效地获得支付。保理协议中通常都会对通知的方式做出详细规定，一般要求出口商转让给保理商的债权要以书面形式通知债务人。

如规定"卖方保证对每笔发货出具的正本发票均附有说明，表明该发票涉及的应收账款已经转让并仅付给作为该应收账款所有人的进口保理商"。

(三)附属权利转让条款

与债权有关的附属权利也应当随债权让与转让给受让人。因此，在保理协议中通常需规定，一些附属权利随着保理商对债权的购买自动转让给保理商。这些权利主要有从属于应收账款所有权的起诉权、对货物的留置权等救济权、汇票背书代理权、能够证明受让债权的文件的所有权以及其他从属权利。

如规定"卖方同意作为应收账款受让人的进口保理商对每笔应收账款均享有与卖方同等的一切权利，包括强制收款权、起诉权、留置权、停运权、对流通票据的背书权和对该应收账款的再转让权，以及未收货款的卖方对可能拒收或退回的货物所拥有的所有其他权利"；"卖方同意进口保理商有权在其认为适当的时候，要求卖方与自己联名采取诉讼和其他强行收款措施，并有权以卖方名义对债务人的汇票背书托收"。

(四)追索条款和保障追索条款

出口商在保理协议中做出的保证，并不意味着实际业务中不会发生违反保证。一旦买方对卖方的履约行为有异议而对已保理的应收账款发生争议时，就会影响到其对应收账款的付款。由于保理商承担的是买方的信用风险，而非卖方的履约风险，所以产生争议后保理商可向卖方行使追索权，追回先前的融资。因此保理协议中须规定保理商对出口商享有追索权。但追索可能因出口商丧失清偿能力而落空，为此保理协议中还应规定，出口商就其所享有的债权的保障，保理商有权向出口商行使抵销，有权合并出口商名下的任何账户。

如规定"如果债务人提出抗辩、反索或抵销并且出口保理商于发生争议的应收账款所涉及的发票的到期日后180天内收到该争议通知，则该应收账款立即变为不受核准的应收账款，无论其先前是否为已受核准的应收账款"；"如争议的提出在进口保理商担保付款之后但在发票到期日后 180 天内，则出口保理商有权从卖方账户中主动扣款或采取其他办法强行收回卖方已收到的担保付款款项(及相关利息、费用)，并将收回的款项退还进口保理商"。

四、国际保理业务风险管理

(一)国际保理业务的风险

由于进口商完全凭着自身的信用表现来获得保理商对其债务的担保，所以国际保理业务的风险集中在保理商和出口商身上。

1. 出口保理商的风险

对出口保理商而言，买断出口商的应收账款，便成为货款的债权人，也承担了原先由出口商承担的应收账款难以收回的风险。具体表现在以下几方面。

(1) 进口保理商的信用风险。如进口保理商发生财务、信用危机，丧失担保能力；进口保理商作风恶劣，拒绝履行担保付款义务等。

(2) 出口商的履约风险。进口保理商承担的是进口商的信用风险，如由于出口商未能履约导致进口商拒绝付款，则进口保理商可以提出争议，而暂时解除其担保付款的责任，导致保理商的融资存在因出口商破产而无法追偿融资款的风险。

(3) 欺诈风险。出口商或与进口商串通，出具虚假发票或高开发票金额，骗取出口双保理融资。

(4) 操作风险。出口保理商对相关国际惯例规则不熟悉，未遵循国际惯例作业，造成风险。

2. 进口保理商的风险

(1) 进口商的信用风险。进口商如发生财务、信用危机，无力支付到期应收账款，则进口保理商追账未果，须担保付款。

(2) 出口保理商的作业风险。出口保理商的作业水平不高，不按国际惯例行事，不能及时发现并制止欺诈等风险，可能给进口保理商带来风险和损失。

(3) 欺诈风险。进出口商串通，虚开发票，骗取保理融资及担保付款，造成风险。

(4) 操作风险。进口保理商对相关国际惯例规则不熟悉，未遵循国际惯例作业，如对进口商的审查缺乏客观性和全面性，高估了进口商的资信程度，对进口商的履约情况做出错误判断，或者对进口商履约过程中的监督不得力等，造成风险。

3. 出口商的风险

(1) 合同争议风险。保理业务不同于信用证以单证相符为付款依据，而是在商品和合同相符的前提下保理商才承担付款责任。如果由于货物品质、数量、交货期等履约方面发生纠纷而导致进口商不付款，保理商不承担付款。

(2) 欺诈风险。尽管保理商对其授信额度要付 100%的责任，但进口商可能会联合保理商对出口商进行欺诈，如果保理商夸大进口商的信用度，又在没有融资的条件下，容易导致出口商货、款两空。

(二)国际保理业务的风险控制

1. 出口保理商的风险控制

(1) 重视对进口保理商的选择及信用核定。目前，选择进口保理商大多基于 FCI 提供的会员名录(Member Catalogue)、进口保理操作说明(IFIS)、进口保理商年报、FCI 进口保理商年度排名以及 EDI Factoring.com 等资料信息。这些资料能部分反映进口保理商的基本信息、公司实力、经营能力及作业水平等，要尽量选择进口商所在国家或地区的进口保理商开展合作，重视对进口保理商的额度核准速度、核准比例、催收时间、付汇速度、纠纷处理能力等的考查，合理核定并视情况及时调整进口保理商信用额度。

(2) 控制出口商的履约风险。保理商应对出口商申请保理业务进行条件限制，如要考虑出口商品的可保理性，资本性货物不适合做保理，应当是无须提供售后服务的消费性商品；要考查出口商的年销售额达到一定规模(国际上通常要求年销售额在 10 万英镑以上，并且有会计师事务所审定的年度财务报告)，对专业外贸公司的业务要谨慎处理，等等。要仔细考查进出口双方的历史交易记录，认真审核出口合同，尤其是其中的质量检验条款和纠纷解决条款等。对出口商叙做保理业务提交的相关商业单据如发票、提单等，也要注意审核，以确定其履约质量。

(3) 防范欺诈风险。保理商要调查进、出口商之间的关系，避免为关联公司叙做保理业务；要认真审核相关商业单据，注意其一致性；对经常出现发票冲销或贷项清单或间接付款的出口商，要了解其原因，严加防范。

(4) 规范操作规则。根据国际惯例制定内部作业规则，加强对操作人员的培训，严格遵照内部作业规则与国际惯例进行操作。

2. 进口保理商的风险控制

(1) 重视对进口商的信用监督。保理商要全方位、深层次、多渠道地对进口商的综合经济情况和综合商业形象进行调查，分析其财务报表以及未来现金流状况，考查进出口商的历史交易记录，了解专业信用评估机构对该公司的信用等级评估，尽可能采取信用授信模式为进口商核准保理额度，同时对进口商要进行动态监控，注意及时根据其信用状况的变化调整保理额度。

(2) 尽可能选择作业水平较高的出口保理商合作。要仔细考查出口保理商的作业水平，可以针对出口保理商的不同作业水平给予不同的风险报价。

(3) 防范欺诈风险。保理商要调查进、出口商之间的关系，避免为关联公司叙做保理业务；要认真审核相关商业单据，注意其一致性；对经常出现发票冲销或贷项清单或间接付款的出口商，要了解其原因，严加防范。

(4) 规范操作规则。根据国际惯例制定内部作业规则，加强对操作人员的培训，严格遵照内部作业规则与国际惯例进行操作。

3. 出口商的风险控制

要降低国际保理业务的风险，出口商叙做保理业务时应注意以下几个问题。

(1) 保理的限度或进口商品的信用额度。保理商承担的是信用额度内的风险担保，在限额以内，按规定时间负责付款给出口商，超额度发货的发票金额不予以担保。因此出口商要协调好出口计划。

(2) 有选择地叙做保理业务。一般 3 个月后才收款的出口项目适合保理融资。

(3) 慎重选择保理商。注意了解其资信状况、经营能力、工作作风等。

(4) 防范履约争议。保理业务中，保理商承担付款责任的前提是商品与交易合同的要求相符，凡因商品的质量、数量、交货期等方面的纠纷而导致进口商拒绝付款，则保理商不承担付款的责任，出口保理商有权向出口商追索融资款项。所以要求出口商应在销售合同中列明质量认证条款以及争议解决机制等条款，并必须按合同履行交货义务。遵守合同是出口商保障收汇的前提。

第三节　国际保理组织与保理的国际规则

一、国际保理商联合会

目前，协调世界各国或地区保理公司国际保理业务的国际性保理服务组织主要有三个，即国际保理商联合会(Factors Chain International, FCI)、国际保理商协会或国际保理商组织(International Factors, IF/International Factors Group，IFG 或 IF-Group)和哈拉尔海外公司(Heller Oversea Corporation, HOC)。这三个国际机构中，国际保理商协会和哈拉尔海外公司是封闭式的，每个国家只允许一个公司参加，其影响和业务规模远远不如国际保理商联合会。

20 世纪 60 年代，北美和欧洲国家的国内保理业务开始向国际领域发展。为维护保理公司开展国际保理业务的权益，促进国际保理业务的发展，有必要为国际保理建立一个框架以利于增进出口商和进口商之间的保理业务。1968 年，35 个国家的保理机构成立了国际保理商联合会(FCI)，总部设在荷兰的阿姆斯特丹，这是一个由世界各国保理公司参与的开放性的跨国民间会员组织。其宗旨是：为会员提供国际保理业务的统一标准、程序、法律依据和规章制度，负责会员间的组织协调及业务培训，以提高保理业务的服务水准，促进保理业务在全球范围内的竞争与发展。

FCI 制定了《国际保理业务惯例规则》(后易名为《国际保理业务通用规则》)和《仲裁规则》，为会员提供了开展国际保理业务的法则和标准，以及争端解决依据；同时，FCI 统一为其会员公司提供业务资信服务，并成功地开发出了保理公司之间账务通信系统(IFAC)及计算机和通信辅助保理服务系统(FACTS)，使跨国保理业务更加便利、快捷，极大地提高了其会员公司的工作效率。

目前，FCI 已经成为国际上最大和最具影响力的国际保理组织。FCI 会员公司大多是资金雄厚的大型金融机构，在 FCI 的协调下，这些公司相互委托业务，相互提供信息资料，为保理业务的扩张开辟了新的空间。我国是 FCI 拥有会员最多的国家。

二、国际保付代理公约

为实现国际保理规则统一化，促进保理业务在国际贸易中的广泛应用，国际统一私法协会于 1988 年渥太华会议上通过了《国际保付代理公约》(Convention on International Factoring)，简称《国际保理公约》，并于 1995 年 5 月 1 日起正式生效。

《国际保理公约》(简称《公约》)共 4 章 23 条，基本内容如下。

第一章，适用范围和总则。包括第 1～4 条，主要界定了公约的适用范围及要求。《公约》定义了保理合同，并进一步说明《公约》适用于根据保理合同转让的应收账款产生于营业地位于不同国家的供应商和债务人订立的货物销售合同，且这些国家和保理人营业地所在国均为缔约国，或者货物销售合同与保理合同均受某一缔约国法律管辖。《公约》允许保理合同双方当事人排除，或在向保理人送交此种排除的书面通知之时或之后产生的应收账款方面，由货物销售合同双方当事人予以排除适用公约。

第二章，当事人各方的权利与义务。包括第 5～10 条，主要规定了保理合同双方当事人之间、供应商和债务人之间在转让应收账款问题上的权利与义务。《公约》第 8 条至第 10 条规定，如果债务人得到关于债权转让的通知，那么他就有义务向保理商付款。同时，为平衡保理商与债务人之间的利益关系，《公约》赋予债务人以抗辩权、抵销权以及在销售合同不履行、部分履行或履行延误时对保理商已付账款的收回权等。

第三章，再转让。包括第 11～12 条，主要规定应收账款由供应商根据保理合同转让给保理商后，对保理商或后手受让人所作的任何应收账款再转让适用于第 5 条至第 10 条的规定。

第四章，最后条款。包括第 12～23 条，主要阐明了《公约》的批准、接受、核准或加入、生效、缔约国在签字时声明本公约不适用情形的要求和声明的撤回以及退出《公约》的方式等。

《国际保理公约》是目前规范国际保理活动的唯一一部国际法律规范，其目标是为便利保理的广泛使用创建一个国际法律制度框架，同时为处于不同发展水平和具有不同保理法律制度的国家提供示范法。我国参与了该公约的审议，并通过签署其最后文件的方式接受了该公约。但《国际保理公约》主要限于调整保理业务中出口商与保理商之间的合同关系，内容不尽全面，同时它还允许当事人按照意思自治原则在合同中约定排除该公约的适用，因而在国际贸易与金融领域的作用有限。

另外，鉴于国际社会适用于应收款转让的法律制度的内容和选择并不确定，2001 年 12 月，联合国第 56 届大会第 85 次全体会议上通过了《联合国国际贸易中应收账款转让公约》(United Nations Convention on the Assignment of Receivables in the International Trade)，并将其开放给各国签署。该公约共 6 章 47 条和 1 个附件，旨在通过制定应收账款的转让原则，促进各国关于应收账款转让立法的确定性和透明度，促进国际贸易的发展。尽管该公约尚未生效，但对国际保理业务的发展，对各国国内应收账款的立法工作，有着重要意义。

三、国际保理业务通用规则

国际保理商联合会成立后，为规范其会员间开展国际双保理业务合作，于 1969 年制定了《国际保理业务惯例规则》(Code of International Factoring Customs, IFC)。IFC 后来经过多次修订，2002 年易名为《国际保理业务通用规则》(General Rules for International Factoring, GRIF)，简称《国际保理通则》。随着 FCI 会员的日益增加，GRIF 在全球保理界的影响越来越广泛，被称为国际保理业的 UCP。GRIF 也经过了多次修改，最新版的是 2010 年 6 月颁布的 FCI General Rules for International Factoring(Printed June 2010)，全文共八节 32 条。

第一节，总则(第 1 条至第 11 条)。该节主要界定国际双保理业务有关当事方、涵盖的账款、通用的语言(英语)、规则的适用、当事方之间产生分歧应采取的措施等。根据规则，如果出口保理商与进口保理商均为国际保理商联合会的成员，彼此间产生的与国际保理业务有关的一切争议均应按照《国际保理商联合会仲裁规则》进行解决，该仲裁结果是终局性的并具有约束力。

第二节，应收账款的转让(第 12 条至第 15 条)。该节界定转让、转让有效性、应收账款的有效性及反转让。根据规则，账款转让与反转让必须通过书面形式；如进口保理商按规则规定反转让有关账款，则其对反转让账款的所有义务被一并解除，并可从出口保理商处索回原先已就该账款支付的款项。

第三节，信用风险(第 16 条至第 19 条)。该节定义信用风险，界定申请与核准信用额度、缩减与取消信用额度的程序，阐明出口保理商转让的义务。根据规则，信用风险是指债务人出于争议以外的原因在账款到期日后 90 天内未能全额付款的风险；进口保理商对受让账款承担信用风险是以其书面核准该账款为前提；在收到出口保理商请求进口保理商承担信用风险的申请后，进口保理商必须毫无延误地且最迟不超过收到申请后 10 天内书面通知出口保理商其决定；进口保理商有权视情况缩减或撤销信用额度，收到撤销通知后，出口保理商应立即通知供应商，并配合及确保供应商配合进口保理商停运任何在途货物，以最大限度地减小进口保理商的损失；出口保理商必须将供应商转让给自己的位于进口保理商所在国的债务人所欠的所有账款提供给进口保理商。

第四节，应收账款的催收(第 20 条至第 22 条)。该节界定进口保理商的权利、进口保理商催收的义务及对未核准应收账款处理程序。规则规定：进口保理商有权以自己的名义或与出口保理商和/或供应商联名采取诉讼和其他强行收款措施，并有权以出口保理商或供应商的名义对债务人的汇款背书托收，进口保理商还享有留置权、停运权和未收到货款的供应商对债务人可能拒收或退回的货物所拥有的所有其他权益；无论账款得到核准与否，进口保理商对转让给他的所有账款负有催收的责任。

第五节，资金的划拨(第 23 条至第 26 条)。该节包含资金划拨方式及划拨时间的规则、对担保付款的处理规则、对迟付的处罚规则及对禁止转让的处理规则。规则规定：当债务人就已转让给进口保理商的账款向进口保理商付款时，进口保理商应于起息日或其收到银行款项入账通知之日(两者以晚者为限)后立即向出口保理商支付相当于其银行所收到付款净额的以发票币种表示的金额；所有付款，不论金额大小，必须通过 SWIFT 进行日常划拨；发票到期日后 90 天内仍未由债务人或其代理人偿付时，进口保理商应于第 90 天对出口保理商付款(担保付款)；如进口保理商或出口保理商未能及时向对方支付任何应付款项，则应向对方支付利息。

第六节，争议(第 27 条)。该节包含争议的处理程序与处理规则。根据规则，一旦债务人拒绝接受货物或发票或提出抗辩、反索或抵销，视为争议发生，进口保理商或出口保理商应立即向对方发送争议通知，出口保理商应在收到或发出争议通知后 60 天内向进口保理商提供有关争议的进一步信息；在收到争议通知后，已核准账款将被暂时视为未受核准；如争议由债务人提出，且在争议涉及的发票到期日后 90 天内收到争议通知，则进口保理商不应被要求对债务人由于这种争议而拒付的款项进行付款；如争议由债务人提出，且在担保付款后但在发票到期日后 180 天内收到争议通知，进口保理商应有权索回由于争议而被债务人拒付的金额；出口保理商将负责解决争议，进口保理商应配合并帮助出口保理商解决争议；在规定的期限内(自收到争议通知书后开始起算，协商解决为 180 天，诉诸法律为 3 年) 争议得到了有利于供应商的解决结果，进口保理商应视争议涉及的账款为受核准账款。

第七节，陈述、保证与承诺(第 28 条)。该节是对出口保理商代表自己及其供应商的有关保证与承诺的规定。如出口保理商代表自己及其供应商保证并陈述，每笔应收账款均代表一笔在正常业务过程中产生的真实善意的销售和发货或服务的提供，且这种销售、发货或服务的提供符合凭以核准该应收账款的相关信息中所述及的卖方的经营范围和付款条件；根据付款条件债务人有责任支付每笔发票所列金额，并且不得提出抗辩或反索；正本发票带有说明，表示与该发票有关的账款已经转让并应仅付给作为该账款所有人的进口保理商或者这种说明已于发票到期日前以书面形式另行通知；出口保理商和供应商均无条件地拥有向进口保理商转让和过户每笔应收账款的全部权利、权益及所有权的权利，以上权利、权益及所有权不受第三方的反索影响，等等。

第八节，杂项(第 19 至第 32 条)。该节包含保理商间通信及电子数据交换的规则、账务与报告规则、对违犯 GRIF 的处罚规则等。规则规定：如果进口保理商能够于发票到期日后 365 天之内宣布，证明出口保理商严重违反了本规则的任何条款，严重影响了进口保理商对信用风险的评估及/或其收取账款的能力，进口保理商不应被要求进行担保付款，或有权索回已担保付款的金额。

《国际保理通则》是当前国际保理领域最具影响力的一部国际惯例，所有 FCI 会员办理国际双保理业务时必须遵循该规则。

另外，国际保理商联合会还制定了国际保理《仲裁规则》(Rules of Arbitration)，规定 FCI 会员必须将相互委办保理业务而引起的，不能通过友好协商解决的争端提交 FCI，由 FCI 的执行委员会指定仲裁员进行仲裁。

思 考 题

一、名词解释

国际保理、应收账款的反转让、预支保理、公开保理、双保理、完全保理

二、简答题

1. 国际保理有何特点？保理商给出口商能提供哪些服务？

2. 简述国际保理业务的当事人及其关系。

3. 国际保理有哪些类型？

4. 试分析保理方式的利弊。

5. 出口商在哪些情况下可以选用国际保理业务？

6. 为保障应收账款的安全性，保理商在保理协议中一般应要求出口商保证哪些内容？

7. 国际保理业务的风险都表现在哪些方面？

8. 介绍国际保理界的"两规一约"(《国际保理业务通用规则》、国际保理商联合会《仲裁规则》《国际保理公约》)。

9. 说明国际双保理的基本业务流程。

三、分析题

某 A 纺织公司近期试图打开 B 国的市场，但 B 国纺织品市场的竞争比较激烈，A 公司与正在商谈中的 C 进口公司又是第一次交易。为既有利于打开市场，又能减少收汇风险，A 公司决定选择 D/A 与保理结合方式结算货款。接下来 A 公司应如何做呢？

第十章　福　费　廷

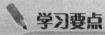

　　通过本章的学习，应在了解福费廷业务产生与发展历史以及作用的基础上，理解其含义、特点、当事人及其权利与义务，熟悉其业务流程，掌握其业务要点，学会福费廷业务的费用计算方法，了解福费廷业务对各当事人的利弊及所遵循的国际惯例。

引导案例

　　某机械设备制造企业拟向中东某国出口机械设备，该设备在国际市场上的竞争十分激烈。进口商因资金紧张，国内融资成本又很高，因此希望出口商能给予 1 年期限的远期付款便利。但出口企业正处于业务快速发展期，对资金的需求较大，在各银行的授信额度也已基本用满。经过协商，中东客商同意采用信用证方式结算，但提供的开证行的规模较小，出口商对该银行的资信情况也不了解，再加上近几年人民币升值趋势明显，一年后再收回货款，有可能面临较大汇率风险，所以出口商与开户行中国银行某分行联系，希望能提供解决方案。中国银行某分行仔细研究了进出口商双方的资信状况及需求，对开证行也作了详细的调查，为客户提供了一套融资方案。该方案实施过程是：将融资成本计入商品价格，与进口商达成远期信用证合同；开证行开立见票 360 天远期承兑信用证；出口商备货发运后，缮制单据交往中国银行分行；中国银行分行审单无误后寄单至开证行；开证行发来承兑电，确认到期付款责任；中国银行分行占用开证行授信额度，为出口商进行无追索权贴现融资，并结汇入账。通过这一方案，出口企业不但用远期付款条件赢得了客户，而且在无须占用授信额度的情况下，获得无追索权融资，解决了资金紧张的难题，有效规避了各项远期收汇项下风险，成功地将应收账款转化为现金，美化了企业财务报表。

　　中国银行的这种融资方案，就是本章所要介绍的一种在二战后发展起来的国际结算与融资手段——福费廷(或包买票据)。

第一节　福费廷概述

一、福费廷的产生与发展

(一)福费廷的含义

　　福费廷又称买断票据、无追索权的融资等，英文名称为 Forfeiting 或 Forfaiting。Forfeiting 一词源自法语 à forfait，含有放弃权利的意思，中文音译为"福费廷"，我国银行业习惯称之为包买票据(现在也多称之为福费廷，如 2019 年中国银行业协会发布的 156 号文《中国银行业协会商业银行福费廷业务指引》)。福费廷是基于信用证等基础结算工具产生的贸易金融业务，具有贸易结算和融资的特点，实际上就是银行或金融公司以票据贴现方式买断出口商的远期债权，提供融资的银行或金融公司称为包买商或福费廷商。鉴于福费廷市场存在二级交易市场，国际福费廷协会和国际商会在《福费廷统一规则》中(URF)提出了"付款索偿权"(Payment Claim)的概念，并将福费廷交易定义为"福费廷交易意指根据本规则条款，在无追索权的条件下，卖方出售付款索偿权，买方购买该索偿权"(Forfaiting transaction means the sale by the seller and the purchase by the buyer of the payment claim on a without recourse basis on the terms of these rules)，同时将融资工具扩展到信用证、汇票、本票、发票融资以及其他经当事方同意的代表债权债务关系的工具。

福费廷一级市场业务指包买商直接从出口商无追索地买入未到期债权；二级市场业务是未到期债权在包买商之间买卖。本章研究的主要是福费廷一级市场交易，即基于国际贸易的基础结算工具所发生的福费廷交易：福费廷是银行的一种专项中长期融资产品，是指在延期付款类交易中，银行无追索权地买断出口商手中经过承兑或担保的远期票据的一种贸易融资方式。如在延期付款信用证的贸易中，开证行开立远期信用证，出口商发运货物和交单后，为回笼资金或规避远期收汇风险，把经过进口商承兑的，通常由进口国银行担保的，或经开证行承兑的远期票据，无追索权地售给出口商所在地银行或金融公司。实际上，无论是延期付款承诺还是远期承兑汇票，在福费廷业务中，都完全从生成付款请求的基础贸易中脱离出来，成为一种独立的债务工具，转化为票据买卖关系。

(二)福费廷的产生与发展

20世纪40年代中后期，东欧国家因遭受战祸需要从美国购买大量谷物，但又缺少外汇资金，使美国谷物商对出口收款顾虑重重。瑞士苏黎世银行协会(Zurich Banking Community)凭其长期贸易融资经验成立了苏黎世融资公司(Franz AG Zurich)，开创了福费廷业务，在美国向东欧国家的粮食出口贸易中，通过无追索权地买断美国出口商持有的由进口商开出的延期付款的票据，使出口商立刻获得了货款，从而保证了贸易的正常进行。

20世纪50年代后，国际资本性货物市场逐步由卖方市场转为买方市场，进口商不再满足于不超过180天的短期融资，要求延长付款期限。西方工业国家的出口商为了赢得订单，在对苏联、东欧和其他发展中国家出口大型机械设备等资本性货物交易中只得选择延期付款的赊销方式，但赊销又会给出口商带来巨大的风险和资金压力；再加上刚独立的发展中国家由于面临外汇短缺的压力，对贸易方式和融资都有限制，福费廷业务正好能够解决进、出口商控制风险和中长期融资的矛盾，因而得以在资本性货物市场蓬勃发展。

1965年瑞士的第一个福费廷公司——苏黎世融资公司开始营业，标志着福费廷业务作为一种融资新产品正式走上国际金融舞台。随着欧洲国家经济实力的恢复，1965年以后，西欧国家开始广泛推行出口信贷业务以扩大机器设备的出口，福费廷业务成为出口信贷的主要形式之一。此后，几乎所有国际性大银行都成立了专门的福费廷公司或福费廷业务部介入福费廷业务，如美国的花旗银行(Citibank, N.A.)、大通曼哈顿银行(Chase Manhattan Bank)、欧文信托公司(Irving Trust Co.)，英国的巴克莱银行(Barclays Bank)、国民西敏寺银行(National Westminster Bank)、劳合银行(Lloyds Bank)等，形成了一个全球性的福费廷二级市场，部分福费廷业务甚至出现包买辛迪加。瑞士在这方面仍然保持着领先地位，并一直被视为福费廷市场发展的中心。

到了 20 世纪 80 年代，由于经济危机的影响，发展中国家大多受到债务危机的困扰，正常的银行信贷业务受到限制，使得福费廷业务进一步发展起来，并逐渐由欧洲向拉美、亚洲及向全世界扩展，成为国际经贸中一种流行的结算手段和融资工具。目前欧洲主要有伦敦、苏黎世和法兰克福三大福费廷市场，其中苏黎世市场的历史最长，伦敦市场的交易量最大。据估计，全世界年均福费廷交易量约占世界贸易额的 2%。

20 世纪 90 年代初，中国银行的一些海外分行陆续开办了福费廷业务；从 2001 年起，中国银行境内分行全面推出了福费廷业务。目前，这种贸易融资品种已成为以中国银行为代表的各商业银行，如中国工商银行、中国农业银行以及中国民生银行等为出口商提供的融资服务产品之一。

二、福费廷业务的当事人

福费廷业务可分为信用证项下的福费廷与托收项下的福费廷、有担保的福费廷和无担保的福费廷等，各类型福费廷业务中的当事人及其权利与义务有所不同，如信用证项下的福费廷业务涉及开证行的权利义务，而托收项下的则不涉及。概括来说，福费廷业务通常包括四个当事人，即出口商、进口商、包买商和担保人。

(一)出口商

出口商(Exporter)是福费廷业务的卖方，将出口票据向包买商贴现融资。《福费廷统一规则》(以下简称 URF)称之为初始卖方，指最先向初始福费廷商出售付款请求的卖方，或创建一项付款请求并将其转让给初始福费廷商的主债务人。

1. 出口商的权利

(1) 叙做福费廷业务后，出口商与以后的票据交易无关，不再对票据承担保证付款的责任。

(2) 获得票据的全额融资并不被追索。

(3) 可以要求包买商为其保守商业秘密。

2. 出口商的义务

(1) 保证交易票据的债权是合法、有效、真实的，未设立任何抵押或质押。即出口商要保证交易的合法、有效和真实，否则不能免责，不能以无追索权逃避自己的担保付款责任。URF 规定：如果在结算日之前或之后，因债权或者基础交易出现欺诈而影响到付款索偿权的实现或者其他义务履行的，福费廷初始卖方要对初始福费廷商负责。

(2) 按福费廷业务规定的流程叙做交易，交纳福费廷业务的各项费用。

(3) 出口商转移票据后即丧失原有的一切票据权利。

(二)进口商

进口商(Importer)是福费廷业务的债务人，享有获得出口商提供的中长期贸易融资的权利，但需要承担以下义务。

(1) 按出口商和包买商的要求如实地提供自己的资信情况。

(2) 提供符合包买商和出口商要求的担保。

(3) 向担保人支付担保费用。

(4) 承兑票据，并于票据到期时无条件支付款项。

(三)包买商

包买商又称福费廷商(Forfaiter)，是福费廷业务的融资者，即提供融资业务的商业银行或其他金融机构，亦即票据贴现机构。因为福费廷存在二级市场，这里是指在一级市场上向初始卖方购买付款请求的当事人，URF 称之为初始福费廷商。一般金额超过 5000 万美元的大额福费廷业务，可以由几个包买商组成包买商辛迪加或联合包买辛迪加(Forfaiting Syndicate)共同承做，联合包买辛迪加与银团贷款的不同之处在于其具有保密性。

1. 包买商的权利

(1) 要求交易各方提供真实的资信材料和交易单据。

(2) 要求交易方提供进口国有关票据和保函的法律规定。

(3) 买入的票据必须代表着有效、清洁的债权。

(4) 买入票据后，成为票据的合法持票人，享有票据法上规定的各项权利，享有票据到期向承兑行或担保行索偿的权利。

2. 包买商的义务

(1) 在扣除相关费用后贴现票据全额款项。

(2) 做出为出口商保守商业秘密的保证并遵守承诺。

(3) 叙做福费廷业务后，放弃对贴现票据款项的追索权，由自己承担风险。

(4) 在规定的时间内向承兑行和担保行请求付款。

(四)担保人

担保人(Guarantor)是指为进口商的按期支付提供担保的银行，又称担保行，多为进口地银行。担保人可以从进口商处获得担保费收入，但是必须对到期票据承担第一性的无条件付款责任，付款后可以向进口商追索款项。担保人的担保方式主要有两种：一种是保付签字，即在已承兑的汇票或本票上加注"Per Aval"字样，并签上担保人的名字；另一种是由担保人出具保函或备用信用证。

由于包买商通常会将一套单据中的一部分转卖到二级市场，而保函担保着所有单据的到期付款，包买商不能将保函随转卖的部分单据一同交付二级包买商，所以包买票据业务中保函的应用并不多。

(五)其他当事人

1. 初级包买商与二级包买商

这是包买商在福费廷二级市场(The Secondary Market)转售持有的票据时产生的两个当事人：转卖票据的包买商称为初级包买商或初始福费廷商(Primary Forfaiter)，买入票据的包买商称为二级包买商(Secondary Forfaiter)。二级市场是指买方向初始福费廷商或另一卖方购买付款请求的市场。

2. 风险参与银行

包买商为消除业务风险，会邀请当地一家或几家一流银行对自己将要叙做或已经叙做的福费廷业务提供风险担保，这种做法称为风险参与，接受邀请并提供风险担保的银行即风险参与银行(Participating Bank)。对包买商来说，邀请提供风险担保实质上等于投保出口信用保险。风险参与银行是否接受提供担保取决于信用额度和费率。

风险参与银行所提供的担保是独立于担保人担保之外的，是承担第二性的付款责任，对由任何信用风险造成的票据迟付或拒付负有不可撤销的和无条件的赔付责任；风险参与银行没有审核单据的责任和义务，也不要求包买商提供任何抵押或保证金。

福费廷业务中存在多重法律关系：一是进出口商之间的合同买卖关系；二是进口商与担保人之间的担保关系；三是出口商与包买商之间、初级包买商与二级包买商的票据权利义务关系及债权转让关系。所以与福费廷业务联系最密切的法律通常是票据法和担保法。

三、福费廷业务的特点

(一)福费廷的主要特点

福费廷业务的突出特点在于交易中的远期票据是一种无追索权的转让(Transfer Without Recourse)，实现这种转让的前提条件是正当交易、有效票据、有效担保。

(1) 福费廷业务中的远期票据应产生于销售货物或提供技术服务的正当贸易。福费廷业务必须以国际正常贸易为背景，业务对象一般限于成套设备、船舶、基建物资等资本货物交易以及技术贸易或其他大型项目交易，不涉及军事产品及其他武器贸易。

(2) 对合格或有效票据的购买无追索权。在叙做福费廷业务后，出口商必须放弃对所出售债权凭证的一切权益，包买商也必须放弃对出口商的追索权。出口商在背书转让债权凭证的票据时需加注"无追索权"字样(Without Recourse)，以将收取债款的权利、风险和责任转移给包买商，并获得融资。

(3) 必须有银行担保。除非进口商是信誉卓著的政府机构或跨国公司或征得包买商的同意，福费廷业务必须由包买商接受的进口地银行或其他机构进行无条件的、不可撤销的保付或提供独立的担保。

(4) 融资金额较大。福费廷业务属批发性融资业务，适合于100万美元以上的大中型出口合同，对金额小的项目而言，其优越性不明显。实力强的包买商通常只愿意做500万美元以上的业务。

(5) 主要提供中长期贸易融资。福费廷业务期限一般在1~5年，最长的可达10年，属于中期融资业务，通常采用每半年还款一次的分期付款方式。

(6) 融资工具较多地使用进口商出具的远期本票，以及出口商出具的远期汇票等债权凭证。由于汇票在出售给包买商时，一定要背书注明"免受追索"才能达到出口商彻底转移风险的目的，而本票不存在这个问题，因此实务中常用的是本票。此外，发票和其他形式的应收账款也可以作为债权凭证，但甚少使用。

(7) 较多地使用美元、瑞士法郎、欧元等有效货币(Effective Currency)，使用其他货币(软币)贴现时需支付较高的费用。如果票据中使用的货币与付款地的货币不同，应在票据上加列有效条款(Effective Clause)，说明使用哪种有效货币。

(8) 出口商对出口货物的数量、质量、装运、交货期等担负全部合同责任。

(9) 融资成本高。福费廷是一项高风险、高收益的融资业务，除了贴现息外，银行还收取选择费、承担费、手续费等，有时还有罚款。

(10) 通常按固定利率融资。福费廷业务的融资利率采用基础利率加利率浮点的形式，所以其贴现率高于一般融资业务，包买商是根据保付银行及其所在国家或地区(而非出口商)的情况确定贴现率。

(11) 福费廷市场存在二级市场。福费廷市场有三种活动：一是投资，即包买商将票据保留至到期日后获得款项；二是交易，即包买商随时准备将所购票据在市场上出手获利；三是经纪，即包买商买卖票据同时进行。福费廷二级市场业务是指在二级市场上，包买商同业之间将未到期的国际贸易应收账款进行互相转让，债权买入行(二级包买商)向卖出行(初级包买商)进行无追索权的票据贴现。

(12) 为票据卖方保密。福费廷融资者的业务原则之一是维护各方当事人的利益，不把出口商的名字转告给第三者。也正是因为福费廷业务的保密性，导致无法准确统计国际福费廷的业务量。

(二)福费廷与国际保理业务的比较

福费廷与国际保理业务都是由出口商向银行卖断应收账款，并获得融资，银行一般都不能对出口商行使追索权，但是两者之间是有区别的。

(1) 福费廷用于大型成套设备等资本性货物的交易，金额大，付款期限长，多在较大的企业之间进行；国际保理用于消费性货物的交易，金额不大，付款期限短，通常在中小企业之间进行。

(2) 福费廷的票据要求进口商所在地的银行担保；而国际保理业务中的票据不要求担保。

(3) 福费廷业务是经进出口双方协商确定的；而出口商叙做国际保理业务不必事先与进口商协商。

(4) 福费廷业务内容单一，主要体现了融资和结算服务；而国际保理业务内容比较综合，包括多种金融服务项目。

福费廷与国际保理业务的异同见表 10-1。

表 10-1 福费廷与国际保理业务的比较

特 点	比较项目	福 费 廷	国际保理
相同点	服务性质	综合性结算方式	
	服务内容	风险担保、贸易融资	
	服务手段	购买应收账款	
不同点	购买对象	资本品出口应收账款	消费品出口应收账款
	融资比例	票面金额的 100%	发票金额的 80%
	银行担保	进口地银行担保	无
	融资性质	无追索权	无追索权或有追索权
	融资期限	6 个月以上 10 年以下	6 个月内

续表

特　点	比较项目	福　费　廷	国际保理
不	其他服务	无	有
同	适合支付方式	信用证或托收	O/A 或 D/A
点	风险控制方式	二级市场转让、辛迪加购买	核准信用额度

(三)福费廷与一般票据贴现业务的比较

福费廷与一般贴现业务都是将尚未到期的远期票据从票面金额中扣减按一定贴现率计算的贴现息后，将余款付给持票人，但两者有着明显的区别。

(1) 福费廷业务中包买商对贴现的票据无追索权；一般贴现业务中的贴现机构对贴现的票据享有追索权。

(2) 福费廷业务中贴现的通常是与大型设备出口有关的票据，涉及多次分期付款，通常是数张等值成套的票据；贴现业务中的票据可以是国内贸易或国际贸易往来中的任何票据。

(3) 福费廷业务中的票据必须要求进口方银行担保，有时还可能邀请一流银行进行风险参与；贴现业务中的票据只需要经过银行或特别著名的大公司承兑或多人背书，一般不需要其他银行担保。

(4) 福费廷对票据的贴现手续比较复杂，包买商承担的风险较大；贴现业务的手续比较简单，贴现机构承担的风险较小。

(5) 福费廷的贴现率水平要高于一般贴现业务的票据贴现率。

四、福费廷业务的费用

(一)进口商承担的费用

在福费廷业务中，进口商主要是负担银行承兑费和担保人的保证费，但实质上出口商承担的费用通常也隐含在货价中转移给进口商。

(二)出口商承担的费用

福费廷业务的费用主要是指出口商承担的费用，也就是出口商向包买商提出融资要求后包买商的报价，通常包括贴现费(Discount Charges)、选择费(Option Fee)、承担费(Commitment Fee)和宽限期贴息(Discount for Days of Grace)等，具体各项收费通过包买合同约定。

1. 贴现费

福费廷的贴现息是以票面金额按一定贴现率计算的。贴现率由两部分组成：一是基本利率，一般以报价时(或签约时)相关货币的伦敦同业拆借利率(LIBOR)为基准，亦即包买商融资货币的筹资成本；二是利差，或称利率浮点、风险溢价，其高低取决于进口国的综合风险数、融资期限长短、融资金额、担保银行信用评级等多种因素，亦即包买商期望的收益。

2. 选择费

选择费是包买商针对选择期向出口商收取的费用。选择期(Option Period)是指从包买商提出报价到与出口商签订包买协议之间的天数。包买商可能承担选择期内的利率或汇率变动的风险,因此要收取一定的费用作为风险补偿,该费用即为选择费。如果利率或汇率变动剧烈,风险太大,包买商往往不给予选择期。

选择期最长不超过 1 个月,一般只有几天,2 天之内免收选择费。出口商如迟于该免费期回复,无论接受报价与否,都得支付选择费。选择费的费率通常为 1‰~5‰。

3. 承担费

承担费又称承诺费,这是包买商针对承担期或承诺期向出口商收取的补偿费用。承担期(Commitment Period)是指包买协议签订日到票据实际贴现日之间的天数,在此期间包买商必须按约定的贴现率买入票据,客户也必须将票据交给银行贴现。由于包买商要筹集资金,形成实际资金成本和机会成本,因此要向出口商收取承担费。承担费的费率通常为0.5%~1.5%。承担费的计算公式为

$$承担费=票面金额×年承诺费率×承诺期天数/360$$

承诺天数通常是 1 至 6 个月,最长可达 18 个月,若在两周内可免收承担费。包买商一般每月收取一次承担费,如果承诺期少于一个月,也可同贴现息一并收取。

4. 宽限期贴息

宽限期(Grace Days)也称多收期,是指票据到期日到实际收款日的期限,即包买商预估的实际收款延期天数。包买商通常允许担保人在票据到期日延长 2~7 天再支付票款,亦即付款宽限期,并将宽限期计算在贴现期中向出口商收取贴息。

5. 罚金

如果出口商未能按期向包买商交出汇票,按规定需要支付给包买商一定金额的罚金,以弥补包买商为准备包买而发生的各项费用。

另外,包买商办理福费廷业务还要向出口商收取手续费及其他费用,手续费每笔最低为 100 美元,其他还有审单费、邮寄费等。

第二节 福费廷的业务内容

一、福费廷业务的适用范围

URF 将福费廷买卖中产生付款索偿权的索偿款项归结为五类:卖方为受益人的跟单信用证(Documentary credits in which the seller is the beneficiary);担保付款或保函担保的汇票或本票(Bills of exchange or promissory notes, avalized or secured by guarantees);信贷协议(Loan and Facility Agreements);有担保或无担保的应收账款(Book receivables with or without guarantees);由当事人决定的其他票据或协议(Any other instruments or agreements decided upon by the parties)。在国际贸易中,福费廷经常与延期付款信用证、承兑信用证

和托收等结合使用。

1. 福费廷与远期信用证相结合

这主要是包买商应出口商的申请，在远期议付、远期承兑或延期付款信用证项下，无追索权买入经开证行承兑/承付的远期应收款项。其要点如下。

(1) 进口商必须通过经过包买商同意的进口地银行开立信用证。通常，包买商对开证行(保兑行)或承兑行核有包买额度。

(2) 信用证为远期承兑、议付或延期付款信用证。有的包买商要求信用证的付款期限在 1 年(360 天)以内。

(3) 出口商发货后，应通过正常渠道寄单至开证行，以尽快得到开证行承兑的汇票或本票。

(4) 包买商买入的是经开证行承兑的承兑信用证项下的远期汇票或延期付款信用证项下经开证行承兑的出口单据。

(5) 包买商买断远期信用证项下票据/债权后，对出口商无追索权，如发生逾期，由包买商向开证行或保兑行或承兑行追收信用证项下款项及相关利息、费用等。但是，如果由于发生基础交易欺诈等情形导致开证行或保兑行或承兑行无法履行付款义务，包买商将依照包买协议向出口商追索。

2. 福费廷与托收相结合

这主要是包买商应出口商的申请，在托收项下(一般是 D/A)无追索权买入经进口地银行加签保付或提供担保的远期应收款项。其要点如下。

(1) 远期汇票由进口商承兑，由进口地银行进行担保。

(2) 进口地银行担保可以采取票面保证或出具保函的形式。

(3) 票面保证须注明"Per Aval"字样，并有担保人的签名；保函应是见索即付保函或备用信用证。

3. 福费廷中的远期商业本票

福费廷业务中经常会用到进口商出具的远期商业本票，尤其是大型贸易中的分期付款。远期商业本票的出现主要是因为出口商出具的远期汇票在法律上发生拒付时可能被追索，因此交单时要求进口商出具本票或汇票来替换出口商出具的单据。远期商业本票必须要有包买商接受的进口地银行做票面担保(Per Aval)或出具见索即付保函或备用信用证。

福费廷业务中的票据多是结合远期或分期付款，由数张等值的远期汇票或本票组成一套票据，每张票据的到期时间一般间隔 6 个月。如一笔进口商要求两年融资、分四期付款、总金额为 100 万美元的交易中，由四张单独开立的、经过有效担保或银行保兑、票面金额均为 25 万美元的一套汇票，每张的到期日分别为：装船后 6 个月、装船后 12 个月、装船后 18 个月、装船后 24 个月。

延伸阅读 10-1

中国银行的福费廷业务与银行保单福费廷

自 20 世纪 90 年代初，中国银行的一些海外分行陆续开办福费廷业务；2001 年，中国银行境内分行全面推出了福费廷业务。2003 年，国际福费廷协会(IFA)批准中国银行为正式成员，标志着中国银行正式打入了福费廷国际交易市场。2011 年，中国银行首个境外福费廷业务中心及首个境外大宗商品融资中心在新加坡挂牌，进一步增强了中国银行在亚太地区的贸易融资服务。

通过办理福费廷业务，中国银行可以提供 1 年期以下的短期融资，以及 3～5 年甚至更长期限的中长期融资。福费廷业务中有关债权应是合法、真实、有效的，未设立任何抵押、质押，该债权已由金融机构承兑/承付/保付，如在 D/A 托收项下，须由有关银行在汇票上加签保付或提供担保。可接受的债权种类包括：远期信用证、即期信用证；国内信用证；D/A 托收项下银行保付汇票；投保出口信用险的债权；有付款保函/备用信用证担保的债权；IFC(国际金融公司)、ADB (亚洲开发银行等)等国际组织担保的债权；其他可接受的债权形式。

为推动企业开拓新兴市场国家业务，中国银行推出了各种福费廷业务产品，如国际金融公司担保项下福费廷业务、银行保单福费廷等。银行保单福费廷是指包买商(中国银行)作为被保险人向中国出口信用保险公司投保出口信用保险的基础上，无追索权地买入根据《跟单信用证统一惯例》开立的远期承兑/远期议付/延期付款信用证项下已承兑/承付的远期汇票或远期付款责任对应债权的福费廷业务。银行保单福费廷业务是对传统福费廷业务的重要补充，在包买商无授信额度、开证行授信额度不足或包买商采取主动措施缓释开证行风险和国别风险等情况下，都可以在开证行(含保兑行和承兑行)办理该业务。

(资料来源：根据网络资料整理)

二、福费廷的一般业务流程

福费廷的一般业务流程如图 10-1 所示。

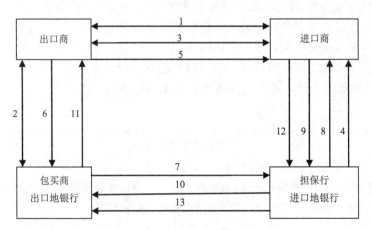

图 10-1　福费廷的一般业务流程图

说明：

1. 出口商与进口商进行交易磋商，确定采用福费廷的办法提供融资。
2. 出口商与包买商商定福费廷协议。
3. 出口商与进口商签订交易合同，约定采用远期信用证或承兑交单等方式支付货款。
4. 进口商与担保行签订担保协议，进行票据担保(信用证方式下即申请开证)。
5. 出口商按合同的规定备货、发货、制单。
6. 出口商向出口地银行(通知行或托收行)交单。

7. 包买商出口地银行向进口地银行(开证行或代收行)寄单。

8. 担保行进口地银行通知进口商出具本票或汇票交换提单。

9. 进口商出具经过担保行担保的本票或汇票向进口地银行交换提单。

10. 进口地银行将经过担保的远期票据提交出口地银行。

注：第6、7、8、9、10等5个环节统称为票据互换。

11. 出口地银行将票据交出口商，包买商无追索权地买入出口商的票据。

12. 进口商于票据到期后向担保人付款或分期付款。

13. 担保人向包买商付款或分期付款。

三、福费廷业务的操作程序

(一)询价

出口商在与进口商签订合同之前就应做好叙做福费廷业务的准备。如果出口商同意向进口商提供远期信用融资，为确保能按时得到融资，并不承担利息损失，出口商应尽早与包买商联系询价，得到银行的正式答复及报价后再核算成本，与进口商谈判并签约。

出口商可以向多个包买商询价。不同包买商对不同国家、地区的业务介入深度不同，其相应的风险评估和控制程度也不同，因而对同一福费廷业务的报价也不同。询价时出口商需将交易的有关情况，如进口商的详细情况、财务状况、支付能力等；合同金额、延付期限、币种、支付方式、结算票据种类、担保条件；出口商品的名称、数量；有关进口国的进口许可和支付许可；预计订立合同的时间、预计交货时间等内容书面提交给包买商。

URF 将包买商(初始福费廷商)和出口商(初始卖方)签署的载有福费廷交易条件的书面协议称为福费廷协议，将票据卖方(初始福费廷商)和买方(二级包买商)签署的或即将签署的载有二级市场交易条件的二级市场文件称为福费廷确认书。我国出口商叙做福费廷业务，一般先和银行签署《福费廷业务总协议》或《福费廷总合同》，对银行和出口商在包买票据业务中的权力与义务关系进行总体约定。以后在总协议下办理单笔或多笔福费廷业务时，只需提交《福费廷业务申请书》或《福费廷业务询价申请书》并附有关交易材料等即可开始福费廷业务的办理。福费廷业务申请书见示样10-1。

示样 10-1　福费廷业务申请书

福费廷业务申请书
致：　　　　　银行　　　　分(支)行
我公司申请对_____号信用证项下金额为_____的已承兑/承诺付款的(应收账款)办理福费廷业务，并同意按照"福费廷业务协议"和"款项让渡函"承担义务。
申请单位：
(联系人：_____　　　　　电话：_____　)
年　　月　　日

(二)报价

1. 包买商初步报价

包买商接到出口商的询价后，首先要分析进口商所在国的政治风险、商业风险和外汇汇出风险，核定对该国的信用额度，然后审核担保人的资信情况、偿付能力，以及出口的货物是否属正常的国际贸易，合同金额期限是否能够接受等。

如包买商审查上述资料后认为可行，便根据国际福费廷市场情况做出无约束力的初步报价。初步报价的内容主要是参考的贴现率，以便出口商测算出口报价，抵付福费廷的贴现费。包买商的初步报价虽无约束力，但贴现率一般不会在最终报价中改变。

2. 包买商明确报价

经过与出口商的磋商，包买商明确报价条件，包括贴现率、承诺费、宽限期等条件，供出口商选择是否接受，这就是选择期。24 小时内接受的，属于免费选择期；1～3 个月内接受的，属于支付选择费的选择期。在选择期内，包买商的报价属包买合同关系成立之前的要约，构成包买商明确的责任，如经出口商承诺，则双方的合同成立。如果包买商未给予选择期，则要求出口商立即承诺。

在这个阶段，出口商通常是根据包买商的初步报价或明确报价条件对进口商发盘，明确交易合同的总金额、付款方式(使用福费廷)以及担保条件等。发盘经进口商接受后，出口商应在选择期内尽早将利用福费廷融资的决定通知包买商，选择期至此结束。

(三)签约

出口商在接受了包买商的报价后，与包买商正式签订福费廷协议。协议的内容通常包括：项目概况及债务凭证；贴现金额、货币、期限；贴现率及承担费率；有关当事人的责任义务；违约事件及其处理；其他。URF 第 5 条"一级市场福费廷协议"指出初始福费廷商和初始卖方必须在交易日达成一项出售付款请求的协议，并推荐了该协议中应包含的内容：付款请求及任何信用支持文件的详细内容，包括金额、货币、到期日和债务人；截至福费廷协议日交易各方所知的必要文件清单；交付日；购买价款；结算日或预期的结算日；协议的适用法律和司法管辖条款。

拓展阅读

福费廷融资协议

如果出口商与包买商签订了《福费廷业务合同》，则出口商接受报价后，与包买商签署《福费廷业务确认书》，其一般流程是：银行确定福费廷业务报价后，填写《福费廷业务确认书》通知客户，客户接受后填妥回执，交与银行，双方福费廷业务合同成立。

从包买协议签订日到实际贴现日的一段时间就是承担期或承诺期，通常包买商要按时间长短向出口商收取或不收承担费。在承担期内，如果出口商或包买商有违约行为或单方中止交易，责任方须承担违约责任，表现在以下两方面。

(1) 因某种原因出口商不能正常交货并出售作为债权凭证的有关票据时，包买商为提供融资而发生的筹资费用以及为消除业务风险而在金融市场上采取防范措施发生的业务费用应全部由出口商承担。

(2) 因某种原因包买商无法正常提供融资或被迫中止交易时，出口商由于要重新安排融资，并且通常是成本更高的融资而发生的费用和利息损失要由包买商承担。

(四)交单

出口商在发货之后应立即取得福费廷业务所需的票据，并根据福费廷协议规定的交付日，向包买商申请贴现。URF 规定，交付日是指卖方必须向买方交付合格文件及满足任何其他交易条件的最后一天；若交付日在福费廷确认书或福费廷协议中表述为"立即交付"或类似表述，则交付日应为交易日(一级市场指福费廷协议的日期，二级市场指卖方和买方达成二级市场交易条件的日期)之后的第 10 个营业日。

1. 提交的单据

在不同的支付方式下，要求提交的单据不同，如远期信用证项下一般要求出口商提交：信用证及其修改通知书正本；开证行/指定银行的 SWIFT 承兑或承付电文；汇票、发票；提单或其他运输单据；其他信用证要求的单据，等等。托收及其他方式下通常要求提交经出口商背书转让的已担保本票。需要注意：如承兑行为发生在我国境内，则只接受经出口商背书转让的银行已承兑的纸质汇票，且应符合我国票据法的规定。

出口商提交的单据，大致分为融资单据、相关贸易单据和证明文件等三类。

(1) 融资单据。主要包括：经银行作票面担保(Per Aval)或附有银行见索即付保函/备用信用证的由进口商签发的本票(见示样 10-2)或经进口商承兑的汇票(见示样 10-3)，经开证行/承兑行承兑的远期汇票(承兑信用证)或出口单据(延期付款信用证)，等等。

示样 10-2 本票

Per Aval	____(Place and Date of Issue)____ Amount _____ At/On _____ for value received, I/We promise to pay against this Promissory Note to the order of _____ the sum of _____ Effective payment to be made in _____ without deductions for and free of any taxes, duties or imposts of any nature. This Promissory Note is payable at _____ Issuer: _____ _____

示样 10-3 汇票

Per Aval for Account of the Drawee For Acceptance	_____(Place and Date of Issue)_____ Amount _____ At/On _____ for value received, pay against this Bill of Exchange to the order of _____ the sum of _____ Effective payment to be made in _____ without deductions for and free of any taxes, duties or imposts of any nature. This Bill of Exchange is payable at _____ Drawn on: Drawer: _____ _____ _____

在示样 10-2 及示样 10-3 中，"for value received"条款表明与基础交易相关联；"effective"条款表明债务人只有按照确定的金额与币种付款才是有效付款；"without deductions"条款表明必须按票面金额全额付款；"payable at(付款地)"条款表明在到期日票据将于何地向何人提示要求付款。

票面担保(Per Aval)是银行在票据上做出的为进口商无条件付款的承诺。担保银行在票据上注明"Per Aval"字样并签字盖章后，就承担了票据项下的第一性付款责任。

远期信用证必须由包买商可接受的银行开立，且汇票须经开证行承兑或有开证行加押的承兑电，如"A/M BILL FOR USD 100 000, ACCEPTED TO MATURE ON 20130102.WE WILL EFFECT PAYMENT LESS CHGS. AS PER YR INSTRUCTION AT MATURITY"。

(2) 相关贸易单据。如提单、商业发票及其复印件。

(3) 证明文件。如许可证、外汇批准文件等。

2. 债权转让

出口商向包买商交单时，需背书票据或签署债权转让书，以及确认所提供的文件及签字是真实有效的书面证明，将债权转让给包买商。出口商背书汇票或本票时，一定要注明"无追索权"(Without Recourse)字样。

(五)买断债权凭证

出口商向包买商提交票据后，包买商必须无追索权地对票据进行贴现，即买断债权凭证。在收到出口商交来的单据后，包买商主要有审单与付款两项业务。

1. 审单

包买商在收到出口商提交的单据后须认真审核，尤其对出口商签字的真伪要核实，其基本要求就是准确无误。因此在信用证、托收业务中，包买商通常支付费用请经手单据的银行如通知行、托收行，代为核实签字并出具签字确认书。如果签字确认书写明"We hereby confirm the authenticity of the signature of _____ and that the persons signing are authorized to commit the company."(我们确认_____签字的真实性，该签字人被授权负责该公司事务)，则该授权验证银行(follows authorized signature of verifying institution)对签字的真实性和有效性负全部责任；如果签字确认书写明"The signature of _____ compares favorably with the specimen on file."(_____的签字与预留签字比较相符)，则该授权验证银行不承担全部责任，包买商需另寻有效验证途径。

2. 付款

审核单据无误后，包买商扣除贴现息、承诺费、承兑行费用、审单费和邮电费等费用，将贴现金额付给出口商；同时通知承兑行/担保行已买断债权情况，到期向包买商付款。

付款后，包买商一般向出口商提供一份贴现清单或福费廷融资确认书，列明贴现票据面值、贴现率、期限、承担费以及贴现后的净额，同时抄送进口方银行作为一份存档文件，以便在到期日索偿时参考。

(六)索偿

在票据到期日，包买商向票据的承兑/承付/保付行提示，或经过承兑/承付/保付行向进口商提示，请求付款。承兑/承付行或者保付行按包买商的指示将款项汇到指定的账户。

如属分期付款，每期付款完毕后进口商收回该期票据予以注销；如用保函，则保函金额相应扣减，直至付款完毕扣减完毕后自动失效。

一般来讲，包买商与出口商之间的福费廷关系在贴现付款后就结束了。但如果进口商或付款银行未能在到期日正常付款，包买商向担保人要求付款，或委托律师对进口商或付款银行进行起诉，同时向出口商通报拒付事实，出口商这时应当给予必要的协助。

四、福费廷业务的形式

福费廷业务的市场运作分为一级市场和二级市场，业务包括一级市场、二级市场买入及转卖业务：买入业务是指某银行无追索权地买断开证行/保兑行确认到期付款且未到期债权的业务；转卖业务是指某银行将已买断的未到期债权转让给其他包买商的业务。福费廷项下的债权转让业务在一些国际性银行间较为普遍，形成了一个非常活跃的二级市场。这些银行通过二级市场上的业务运作，调整对特定国家、特定债务人承担的风险额度，以及自身资产负债规模，并通过低买高卖获得利差及手续费收入。根据参与福费廷市场活动的目的，包买商的福费廷业务形式主要有以下几种。

(一)自营业务

自营业务，即包买商直接向出口商无追索地买断未到期债权后，自己保留票据，在到期后向承兑/承付/保付行进行索偿的业务方式。这也是包买商的一级市场投资业务。自营业务中，包买商应事先得到进口方银行的付款承诺及进口国有关政府和法律的许可文件，审核单据无误后再向出口商办理贴现。

(二)代理业务

代理业务，即包买商代理另一包买商经营福费廷业务。这也是包买商的二级市场经纪或代理业务。其基本做法是：出口商交单后，初级包买商审核单据无误并经背书后提交给二级包买商，同时通知债务人或承兑/承付/保付行已将款项让渡给二级包买商的事实。在收到二级包买商的款项后，初级包买商扣除自己应得的代理费收入、相关手续费及其他费用，将余额支付给出口商。如果票据到期日承兑/承付/保付行向初级包买商付款，初级包买商应及时将款项付给二级包买商。

(三)转卖业务

转卖业务，即包买商在向出口商无追索权地买入未到期债权的同时，或在持有一段时间后，将未到期的债权无追索权地转卖给另一包买商的业务方式。这也是包买商的二级市场交易业务。在转卖未到期债权时，初级包买商和二级包买商通常分别将转卖事实告知债务人或承兑/承付/保付行，二级包买商向初级包买商无追索权地全额支付贴现款项，并在债权到期时向债务人或承兑/承付/保付行索款。初级包买商转卖票据的原因一般有信用额度有限、调整投资组合结构、投机转售、增强清偿能力。

(四)转买业务

转买业务，即包买商在二级市场上无追索权地买入未到期债权的业务方式。这也是包买商的二级市场投资活动，其目的主要是为了调整投资组合结构和获得贴息收入。

(五)风险参与

风险参与(Risk Participation)是包买商(风险出让人)按照约定的比例和条件，将持有的全部或部分到期债权的风险出让给其他银行或包买商(风险参与人)。与转卖票据不同，风险参与的份额可为债权金额的 0～100%，风险参与人不直接与债务人或承兑/承付/保付行打交道，凡事均由风险出让人负责，风险参与事宜也无须通知债务人或承兑/承付/保付行。根据风险参与人是否融资，风险参与分为两种形式。

一种是融资性风险参与(Funded Risk Participation)。它是指风险参与人将其参与份额的贴现款项支付给风险出让人，风险出让人在债权到期日收回款项后，按照风险参与人参与的比例支付给参与人应得份额。如债权到期后，债务人或承兑/承付/保付行不付款，风险参与人对风险出让人无追索权，但是风险出让人应将未收汇事宜及时通知风险参与人。通常根据协议，风险出让人需根据风险参与人的要求，配合风险参与人向债务人或承兑/承付/保付行追索货款或进行法律诉讼。

另一种是非融资性风险参与(Unfunded Risk Participation)。它是指风险参与人不向风险出让人提前支付任何贴现款项，而是承诺如债务人或承兑/承付/保付行到期不履行付款义务，风险参与人将向风险出让人按照其参与风险的比例支付债权款项。风险出让人应将到期未收汇事宜及时通知风险参与人。非融资性风险参与类似于向风险出让人提供了一种付款担保。

第三节　福费廷业务的利弊及国际惯例

从福费廷业务的特点可以看出，该业务对其有关当事人各有利弊。

一、福费廷业务与出口商

(一)利益

出口商叙做福费廷业务的好处主要表现在以下几方面。

1. 增加贸易机会，保障预期利益

福费廷业务主要提供中长期贸易融资，出口商为买方提供了期限为 6 个月至 5 年，甚至更长期限的延期付款的信贷条件，能够帮助进口商解除因资金紧缺而无法开展贸易的困境，有利于促成与进口商的交易。同时，出口商还可以提前了解包买商的报价，并将相应的融资成本转移到销售价格中去，保障了预期利益。

2. 改善现金流量，提高经济效益

福费廷业务属于票据融资，出口商利用这一融资方式，将远期债权卖断给包买商，等于将远期收款变为当期现金流入，从而避免资金占压，有利于改善财务状况和增强清偿能力，加速资金周转，提高筹资能力及经济效益。

3. 融资便利，节约费用

包买商提供的是一种无追索权的贸易融资，出口商在交货或提供服务后，马上就能获得融资款项，而且不占用银行授信额度。获得融资后，出口商不必再对债务人偿债与否负责，不再承担资产管理和应收账款回收的工作及费用，从而降低了管理费用。

4. 提前结汇，规避风险

叙做福费廷业务后，出口商在获得出口融资的同时，可以立即办理外汇核销及出口退税，提前结汇，也因此不再承担远期收汇可能产生的利率、汇率、信用以及政治等各种风险。

其他好处还有手续简便易行，便于保护出口商的商业秘密等。

(二)不利

1. 叙做福费廷业务有一定的难度

出口商必须保证汇票、本票或其他债权凭证是清洁有效的，且必须由包买商接受的银行或其他机构无条件地、不可撤销地进行保付或提供独立担保。实际业务中，出口商如果不能提交作为债权凭证的有关票据，或不能保证进口商能够找到被包买商接受的担保人，就不能获得包买商无追索权的贸易融资。

2. 费用高

福费廷业务的费用较高，虽然可以将贴现费等融资成本转移到货价中去，但其他如承诺费、承兑行费用、审单费和邮电费等费用通常由出口商承担，相对于其他结算方式的费用要高一些。因此，出口商选择福费廷方式出口货物，要分析其预期收益是否高于银行业务收费。

二、福费廷业务与进口商

(一)利益

对进口商而言，采取福费廷业务的利益主要表现在赎单手续简便，还可以获得出口商提供的中长期贸易融资的便利。

(二)不利

1. 进口成本较高

按惯例，进口商必须支付银行的开证或担保费用，再加上出口商转嫁的融资费用，提高基础交易合同价格，因而使进口成本进一步增加。

2. 占用授信额度

进口商申请开立信用证，或寻求银行保付或担保，会在付清货款之前，长时间占用授信额度，影响自身的筹资能力。

3. 必须付款

由于汇票、本票或其他债权凭证所具有的性质，进口商不能因为货物或服务的贸易纠纷而拒绝或拖延付款。

三、福费廷业务与包买商

(一)利益

对包买商而言，采取福费廷业务的利益主要表现在以下几方面。

1. 手续简便，办理迅速

福费廷业务是包买商为出口商贴现已经承兑的，通常由进口商方面的银行承兑或担保的远期票据服务，手续相对简便，办理迅速，只要票据经过进口商方面的银行承兑或担保，即可买入票据及或其他有关单据。

2. 资金融通便利

福费廷作为一种灵活简便、有效的融资方式，在国际市场上发展非常迅速，形成了十分完善的福费廷二级市场。买断票据后，包买商可以根据自身负债或信用状况，决定是否将票据在二级市场上流通转让。

3. 收费较高，收益颇丰

福费廷实际上是由包买商承担了出口商远期收汇的所有风险，所以其报价含有风险溢价，贴现率高于一般业务。因此对包买商来说，这一业务可带来可观的收益。

另外，包买商还可以自由选择任何可自由兑换的货币买入票据。

(二)不利

1. 风险大

福费廷业务给进、出口商带来许多益处，但对包买商来说由于是一种无追索权的大额远期票据贴现，因此付款后就由包买商独自承担该笔债权的全部风险。福费廷业务的风险主要包括以下几种。

(1) 国家风险。即指由于债务人或担保行所在国家或地区实行外汇管制、禁止或限制汇兑、颁布延期付款令、发生战争暴乱等，导致包买商可能承担延期或到期债权无法收回的风险。

(2) 商业信用风险。即指由于债务人或担保行本身无力付款，或破产、倒闭，而给包买商造成的收汇风险。

(3) 贸易纠纷风险。即指信用证项下的开证行可能因单证不符或信用证欺诈等原因行使拒付权利，从而导致包买商承担的拒付风险。

(4) 适用法律风险。即指在签订包买协议时对法律的选择，可能会因为难以预见与票据相关的商品交易的法律适用而给包买商造成的风险。如果商品交易所适用的法律发生改变，可能导致进口商无法履行付款责任，因而损害包买商的合法权益。

(5) 汇率和利率风险。国际金融市场情况复杂、变化多端，其远期汇率和利率的变化，往往使包买商承担着巨大的业务风险。

(6) 其他风险。包买协议成立后，如果包买商违约，要按照合同法和民法的规定承担对方的利益损失。如果包买商因某种原因而无法提供正常融资或被迫中止交易，出口商要重新安排融资，并且通常是成本更高的融资，因此而发生的费用和利息也要由包买商承担。

2. 需花费精力进行资信及法律方面的调查

为了保护自身的利益，规避与防范风险，包买商必须对进出口商、贸易背景、担保人或开证行的资信情况进行调查。另外由于银行的担保和承兑一定要符合该国法律，以保证票据的清洁性和票据转让的合法有效，而各国法律对担保的规定存在很大的差异，因此还必须谨慎了解进口商所在国有关担保的法律规定。

四、国际福费廷协会与《福费廷统一规则》

国际福费廷协会(International Forfaiting Association，IFA)成立于 1999 年 8 月，总部位于瑞士的苏黎世，其宗旨是促进福费廷业务在全球的发展，制定福费廷业务的惯例规则，便利成员之间的业务合作。IFA 是目前福费廷业务领域最大的国际组织，在 27 个国家和地区拥有 140 多家成员，其会员主要是国际性银行和专业福费廷公司，中国银行、中国工商银行、中国建设银行、中国农业银行等都是其会员。为规范福费廷业务市场，促进福费廷业务的发展，IFA 市场惯例委员会于 2004 通过和出版了《IFA 国际福费廷规则》(IFA Guidelines)和《IFA 国际福费廷规则用户指南》(User's Guide to the IFA Guidelines)。《国际福费廷规则》旨在由 IFA 成员选择适用于全球范围的福费廷交易，但实践中并没成为福费廷市场广泛接受的福费廷惯例，对福费廷市场参与者没有多大的效力，只是作为福费廷从业人员的参考。

2009 年 6 月，国际商会宣布和 IFA 联合制定福费廷业务规则。经过四年多的努力，国际商会银行技术与惯例委员会于 2012 年 11 月通过了《福费廷统一规则》(ICC-IFA Uniform Rules for Forfaiting, URF)，于 2013 年 1 月 1 日正式实施，开始在全球范围内推广应用。《福费廷统一规则》共 14 条，分别为：URF 的适用范围、定义、解释、无追索权、一级市场的福费廷协议、一级市场的交易条件、一级市场的合格文件、二级市场的福费廷确认书、二级市场的交易条件、二级市场的合格文件、付款、有保留付款、当事方的责任、通知；另外有 4 个附件(模板协议)，分别是：福费廷总协议，单笔福费廷协议，福费廷协议的 SWIFT 格式，二级市场交易的福费廷确认书。URF 适用于当事人在协议中明确表明受该规则约束的福费廷交易。

URF 规范了福费廷一级市场和二级市场规则，明确了卖方对付款请求及其转让有效性的责任范围，为当事各方提供了清晰简便的业务流程和操作实务，有利于福费廷业务中争议的解决，将促进福费廷业务的规范发展。

思 考 题

一、名词解释

福费廷、风险参与、选择期、承担期、宽限期

二、简答题

1. 福费廷业务有何特点？
2. 简介福费廷的当事人及其权利与义务。
3. 福费廷与一般的票据贴现业务有何异同？
4. 出口商承担的福费廷的费用有哪几部分？
5. 简述福费廷业务的基本流程。
6. 福费廷市场上，包买商福费廷业务的形式主要有哪几种？
7. 分析福费廷业务对其有关当事人的利弊。
8. 说明福费廷的基本业务流程。

三、分析题

经营日用纺织品的英国 T 公司主要从我国进口有关商品。该公司早期从我国进口商品时，主要采用信用证结算方式，随着进口量的增长，T 公司开始谋求至少 60 天的赊销付款方式。虽然我国出口商与 T 公司已建立起良好的合作关系，但是考虑到赊销的收汇风险过大，因此希望寻求一种合适的国际贸易结算融资方式。他们考虑的方式有福费廷和国际保理。请比较福费廷和国际保理的区别，并结合本案例提出你的建议。

第十一章 国际非贸易结算

学习要点

国际非贸易结算主要表现为建立在非有形贸易基础上的债权债务关系的清偿活动。通过本章的学习，应在了解国际非贸易结算的特点与内容的基础上，熟悉我国侨汇的作用及业务要求，通晓外币兑换业务，掌握旅行支票和旅行信用证的特点与运用，明白信用卡的特点、种类及业务操作要求以及其他非贸易结算方式，了解个人外汇买卖的内容与要求。

引导案例

我国有大量海外侨民，每年汇回国内数目巨大的外汇，侨汇曾对新中国的社会主义经济建设发挥了重要作用，您知道我国的侨汇政策吗？随着我国经济发展水平的提高，越来越多的人开始走出国门，领略异国风情。俗话说穷家富路，到国外去更不能不带足钱，不过您总不能把人民币带到欧洲、美国、澳大利亚去花吧，那怎么在国外消费呢？小王要到澳大利亚留学，要带生活费还要交学费，亲朋好友出的主意倒不少，澳元现钞、信用卡、旅行信用证等，反倒让小王不知该怎么选了，你能帮他出个主意吗？

以上所说的，都是国际结算的另外一个方面，即非贸易结算。

第一节 非贸易结算概述

国家间的经济活动，既包括有形贸易，也包括由金融、保险、运输、旅游等其他劳务和服务项目构成的无形贸易。无形贸易所引起的债权债务关系清偿活动也是一国国际结算业务的主要内容，即无形贸易结算。另外，国际政治、文化等交流活动也会引起外汇收付活动。这些建立在非有形贸易基础上的债权债务关系清偿活动统称为国际非贸易结算（International Non-trade Settlement）。

在我国，非贸易外汇收支是指除贸易外汇收支以外的各项外汇收支，主要是由国际交往的各方相互提供服务引起的，包括国际收支平衡表经常项目中的服务贸易、收益和单方面转移。

一、非贸易结算的特点

相对于贸易结算，非贸易结算的突出特点有两个方面。

一是不涉及商品的进出口，范围广泛、内容庞杂，金额通常较低。既包括贸易活动发生的各项从属费用，如运输、保险、银行手续费等，也包括与贸易无关的非货物性贸易收支，以及其他诸如侨民汇款、外币收兑、驻外使领馆和其他机构经费、国际馈赠、国际公私事务旅行等项目的外汇收支。

二是结算方式简单且灵活多样。非贸易结算主要是通过非贸易汇款、外币兑换、非贸易信用证、旅行支票、非贸易票据的买入与托收和信用卡等方式进行。

二、非贸易结算项目

非贸易结算项目主要是指一国国际收支平衡表中的非贸易外汇收支项目。根据国际惯例以及我国传统的分类方法(如 2002 年国家外汇管理局发布的《非贸易售付汇及境内居民个人外汇收支管理操作规程》),我国非贸易结算项目主要包括以下。

(一)私人汇款

(1) 私人汇入汇款,是指华侨、港澳台同胞、中国血统外籍人及外国人等汇入、携带或邮寄入境的外币与外币票据,主要包括以电汇、票汇、信汇形式汇给中国居民和外国侨民的赡家汇款。

(2) 私人汇出汇款,包括国家外汇管理局批给我国公民及外国侨民的旅杂费、退休金、赡家费、移居出境汇款,外商或侨商企业红利及资产汇出,各国驻华的领事馆在我国收入的签证费、认证费的汇出,以及其他一切私人外汇的汇出。

(二)运输及邮电业的外汇收支

(1) 海洋运输外汇收支,包括我国自有船只(包括远洋轮船公司)经营对外运输业务所收入的客、货运费及出售物料等的外汇收入;我国自有和租赁的船只(不包括外运公司租轮)所支付的租金、修理费用;在外国港口的使用费和在我国港澳地区所支出的外汇费用;在国外向外轮供应公司和船舶燃料供应公司购买食品、物料、燃料所支出的外汇;以及与船舶有关的奖罚金、保证金、押金等。

(2) 铁路运输外汇收支,包括我国铁路客、货运输的国际营业收入;广州九龙线上的运输收入;以及我国列车在境外的开支等。

(3) 航空运输外汇收支,是指我国民航的国际客、货运营业收支,包括运杂费收入、国外飞机在我国机场的使用费以及我国民航在国外机场的费用支出等。

(4) 邮电结算外汇收支,是指我国邮电部门和外国邮电部门之间相互结算邮电费用,包括应收的外汇收入和应付的外汇支出。

(三)银行等金融业的外汇收支

(1) 银行外汇业务收支,是指我国银行经营外汇业务的收支,主要包括手续费、邮电费、利息、驻港澳地区及国外的分支机构上缴的利润和经费等外汇收入;我国银行委托国外业务支付的手续费、邮电费;以及向国外借款应支付的利息等外汇支出。

(2) 银行外币收兑收入,是指我国边境和内地银行收兑入境旅客(如外宾、华侨、港澳台同胞、外籍华人、在华外国人等)的外币、外钞、旅行支票、旅行信用证和汇票等的兑换收入。

(3) 银行兑换国内居民外汇收入,是指兑换国内居民,包括归侨、侨眷、港澳同胞家属委托银行在海外收取遗产,出售房地产、股票,收取股息、红利,调回国外存款、利息等的外汇收入。

(4) 保险业外汇收支,是指我国保险公司进行国际经营的外汇收支,主要包括保费、分保费、佣金等,以及我国港澳地区分支机构上缴的利润和经费等外汇收入;向国外支付的分保费、应付的保险佣金和所支付的保险赔款等外汇支出。

(四)旅游业外汇收支

旅游业外汇收支是指我国各类旅行社和其他旅游经营部门服务业务的外汇收支。

(五)其他外汇收支

(1) 文化交流活动的外汇收支,是指中国图书进出口公司、影片公司和集邮公司,进出口图书、影片、邮票的外汇收支。

(2) 外轮代理与服务收入,主要包括外国轮船在我国港口所支付的一切外汇费用收入,我国外轮供应公司对远洋货轮、外国轮船及其海员供应物资和提供服务的外汇收入,以及国外海员在港口银行兑换的外币现钞收入。

(3) 机关、团体、企业的外汇收支,主要包括机关、企业、团体经费外汇支出,驻外企业汇回款项收入、外资企业汇入经费收入、外国使领馆团体费用收入以及其他外汇收入。

三、非贸易结算方式

如同国际贸易结算,最初的非贸易结算也是采取现金结算方式,后来发展成以光票的收据进行结算。现在国际非贸易收支采取非现金结算方式,可用即期或远期票据方式,最后主要是通过银行对票据进行清算。非贸易结算方式主要有非贸易汇款、非贸易信用证、旅行支票、非贸易票据的买入与托收、信用卡等,小额非贸易外汇经常采取携带自由兑换的货币到国外兑成当地货币的办法。

(一)汇款结算方式

汇款是银行国际业务的重要内容,是债务人或汇款人委托银行将款项汇交给境外债权人或收款人的一种委托银行付款结算方式。

汇款也是非贸易项下的主要结算方式之一,即非贸易汇款,主要用于资本借贷、清偿债务、划拨资金、无偿赠送和私人汇款等。可以采取信汇、电汇和票汇三种汇款方式,各种汇款方式的汇出、汇入与贸易汇款的业务做法基本相同。

(二)信用证结算方式

非贸易信用证,是相对于贸易项下信用证而言的,是银行应开证申请人的请求开立的用于结算非贸易款项的光票信用证。这类信用证主要有外事机构使用的光票信用证、旅游者使用的旅行信用证及环球旅行信用证等。

(三)旅行支票结算方式

旅行支票(Traveler's Cheque)是由银行或旅行社为使旅行者减少和避免携带现金的麻烦

而发行的一种专供旅行者使用的一种支付工具，主要用于旅行者支付旅行中在饭店、商店等发生的费用和在国外向银行取现。

(四)信用卡结算方式

信用卡(Credit Card)是银行或其他金融机构向消费者提供消费信贷的一种信用凭证。作为一种结算工具，信用卡在国际非贸易结算中具有广泛的应用，持卡人可以凭卡到约定的银行或部门支取现金，或购买货物或支付劳务费等。

第二节　侨汇和外币兑换业务

一、侨汇与侨汇政策

侨汇(Overseas Remittance)是非贸易外汇收支的主要内容之一。广义的侨汇是指侨居在国外的本国公民或侨居在本国的外国公民汇回其祖国的款项，包括侨居本国的外国公民汇出的款项。按其用途，侨汇可分为赡家侨汇、建筑侨汇、捐赠侨汇和投资侨汇。侨汇是发展中国家稳定的外汇来源，对改善发展中国家的国际收支状况有着重要意义。

狭义的侨汇是华侨汇款(Overseas Chinese Remittance)的简称，亦即海外私人汇款，是指居住在国外的华侨、外籍华人、港澳台同胞从国外或港澳地区寄回用以赡养国内亲属的汇款。侨汇既是国内侨眷的一项经济来源，又是国家的一项重要的外汇收入。

侨汇一直是我国非贸易外汇收入的主要来源之一。我国政府长期以来一直实行"便利侨汇、服务侨胞"的侨汇政策，1955 年曾专门发布《国务院关于贯彻保护侨汇政策的命令》。改革开放后，根据《中华人民共和国归侨侨眷权益保护法》(1991 年 1 月 1 日起施行，2000 年 10 月 31 日重新修正施行)的规定，又于 1993 年制定和实施了《中华人民共和国归侨侨眷权益保护法实施办法》(2004 年重新修订)。根据我国的侨汇政策，侨汇是归侨、侨眷的合法收入，永远归个人所有，并由个人支配使用，其所有权和使用权受法律保护，任何个人或团体不得向侨眷强迫借贷，不得积压侨汇，不得以任何借口变相侵犯侨汇；对海外侨汇进行免税规定，鼓励侨胞、侨眷在自愿的原则下，把侨汇投入生产，兴办公益事业，为祖国和家乡贡献力量。

拓展阅读

国务院关于贯彻保护侨汇政策的命令

二、侨汇解付工作

(一)侨汇解付工作的原则

为了确保侨眷安全收汇，侨汇解付工作坚持的原则是：保护侨汇，优惠侨汇；为侨户保送、保密；谁款谁收，存款自愿，取款自由；解付侨汇付给现金，不得以任何方式强迫侨眷、归侨存款；随到随解，不迟解，不错解，不漏解。

(二)侨汇方式

海外侨民通过境外银行汇入款项，以境内银行为收款行或解付行，主要采用电汇、信汇、票汇和约期汇款等汇款方式。

1. 电汇

电汇是采用电传或 SWIFT 等电信方式由国外银行或港澳地区银行汇入的侨汇。这类汇款多是急需款项，需从速解付。汇入方式主要有两种：一是国外或港澳地区银行直接发至解付行的电汇；二是由国外联行发电转委的电汇，在电报顶端注有"侨转"字样。

2. 信汇

信汇是指国外或港澳银行办理侨汇业务时，采用包括一整套信汇总清单、信汇委托书、正收条、副收条、侨汇证明书及信汇通知书等在内的套写格式，邮寄给境内解付行的侨汇。解付行要逐一核对信汇总清单的内容，无误后逐笔抽销信汇委托书，办理解付或转汇手续。

3. 票汇

票汇是指海外华侨、港澳同胞从国外或港澳联行购买汇票，自行携带或邮寄给国内的亲属，凭以向国内指定的付款行兑付的一种汇款方式。

4. 约期汇款

约期汇款是指华侨和港澳同胞与汇出行约定，在指定的日期(如每个月一次或每两个月一次)汇给国内侨眷一定金额的汇款。由汇出行通知国内解付行按指定的日期通知收款人取款。

(三)侨汇解付业务

1. 汇款的解付

侨汇使用的货币有原币汇款和人民币汇款两种，原币汇款解付时可付原币或按外汇买入价折人民币付给侨眷或由侨眷自愿以汇转存；人民币汇款则以人民币支付或自愿转存。

当汇入行收到侨汇后，如收款人在外地需要办理转汇，可委托收款人所在地银行办理解付，即侨汇的转汇，汇入行成为转汇行。解付行收到转汇行寄来的侨汇转汇委托书及附件，应先核对印鉴、密押，再根据转汇委托书逐笔与附件核对，按照规定的手续办理解付。转汇行在收到解付行的联行报单及所附的解讫侨汇正收条及通知书，经核对无误后，逐笔抽销信汇委托书办理转账。

2. 侨汇收条的处理

电汇、信汇全套汇款收条一般包括正收条、副收条、汇款证明书和汇款通知书一式四联。

正收条(Original Receipt)应在解讫侨汇后，及时寄还汇出行，等候汇款人领取，清结汇款手续。正收条上要有收款人签章、现金付讫章和解付日期章。

副收条(Duplicate Receipt)是解付侨汇后，银行留存的主要凭证。副收条上同样要有收款人签章、现金付讫章和解付日期章，并要有收款人身份证件号码的详细记录。如果个别汇款须加盖公章，应盖在副收条上，以备日后查考。

汇款证明书是解付侨汇时，交给收款人持有的一联，凭以查对收款金额。

汇款通知书上有收款人的详细地址，以便通知收款人取款，是解付侨汇的依据。

3. 侨汇的查询

侨汇中如遇到问题，汇出行与汇入行应及时通电/函进行查询。如解付行在收到汇出行或转汇行寄来的侨汇总清单、侨汇转汇委托书及附件后，发现收款人的姓名有误、地址不详、密押或报单签章不符，应及时向汇出行或转汇行查询，查复后才能解付。

4. 侨汇的退汇

汇入的侨汇，一般不应随便退回，但在下列情况发生时，可以办理退汇。

(1) 收款人姓名有误、地址不详，查询后仍无法解付的，可以退汇。

(2) 收款人死亡且无合法继承人，经联系汇出行，在收到其《退汇通知书》时，可以退汇。

(3) 收款人拒收侨汇，要求退汇，解付行应与汇出行联系，在征得汇款人的同意后，再办理退汇。

(4) 汇款人主动要求退汇，汇出行应来电或寄来《退汇通知书》，通知解付行办理退汇。解付行查明该笔汇款确未解付，可予以退汇。

三、外币兑换业务

外币(Foreign Currency)通常是指本货币体系之外的流通货币，外币兑换(Exchange of Foreign Currency)是经营外汇业务的银行的一项经常性业务，也是国家非贸易外汇收支项目之一。根据《携带外币现钞出入境管理暂行办法》(汇发〔2003〕102号)的定义，"外币"是指中国境内银行对外挂牌收兑的可自由兑换货币；"现钞"是指外币的纸币及铸币；"银行"是指经中国人民银行批准或备案，经营结售汇业务或外币兑换、外币储蓄业务的中资银行及分支机构和外资银行及分支机构。

(一)外币兑换的概念

外币兑换有三种情况：外币兑换成人民币(买入外币)、人民币兑换成外币(卖出外币)、一种外币兑换成另一种外币。狭义的外币兑换是指外币现钞的兑换，银行办理的外币现钞兑出、兑入业务，称为银行外币兑换业务；从广义的概念上讲，外币兑换还包括收兑旅行支票、旅行信用证、兑付信用卡及买入票据等业务。这里主要介绍狭义概念的外币兑换业务。

根据《中华人民共和国外汇管理条例》的规定，中国境内的一切中外机构或个人所持有的外国货币不得在我国境内自由流通使用，所有汇入或携入的外币或外币票据，除另有规定外，均须结售给或存入经营外汇业务的银行。银行对凡属外汇收兑牌价表内的各种外国货币均予以收兑。国家因公或因私对个人或单位批准供给的外汇，均应按外汇牌价将等值的人民币，交外汇指定银行兑换成外汇。外国人、华侨入境后凭护照或身份证将其外币兑换成人民币在境内使用，离境时，未用完的人民币，凭护照或身份证及原外币兑换水单，交指定的外汇银行兑成外币携出国境。

国家确定某种外币现钞能否兑换，一般要考虑两个因素：一是货币发行国对本国货币出入境是否有限制，二是该货币在国际金融市场上是否可自由兑换。目前我国外汇银行兑换的外国和我国港澳地区的外币，有美元(USD)、英镑(GBP)、日元(JPY)、澳大利亚元(AUD)、加拿大元(CAD)、港元(HKD)、瑞士法郎(CHF)、丹麦克朗(DKK)、挪威克朗(NOK)、新加坡元(SGD)、澳门元(MOP)、瑞典克朗(SEK)、欧元(EUR)、新台币(NTD)、韩国元(KRW)、菲律宾比索(PHP)、泰国铢(THB)等。办理外币兑换业务需符合我国外汇管理政策的相关规定，对于没有牌价和已经停止流通的货币或旧版钞票，我国银行一律不予收兑。

拓展阅读

携带货币现钞出入境相关法律规定

(二)外钞兑换的基本程序

1. 鉴别外钞

每一种货币都有纸币和铸币，每一种货币又有多种面额和版式。由于铸币解钞出运不便，外汇银行基本不受理铸币。对多种面额和版式的外钞，除了解其流通情况外，还需鉴别其真伪以防止收兑伪钞。

鉴别外钞真伪的方法通常有：一是从各国钞票的主要内容，包括钞票上的发行机构名称、面值、币别、印刷年份、编号、装饰图案和花纹等内容鉴别真伪；二是从各国钞票的纸张特征、印刷方法和油墨质量等方面鉴别真伪；三是利用现代化设备和仪器鉴别伪钞。

另外，任何钞票经过一段时间的流通后都会出现不同程度的污损，包括涂污、污渍、断裂、磨损、霉烂、残缺等情况。收兑外钞时一定要了解各国对收兑污损钞票的标准。

如发现伪钞、污损钞和已经停止流通的钞票，银行应予以没收，以避免被国内其他银行误兑。

2. 兑入外币

凡属国家外汇管理局"外币收兑牌价表"内所列的各种外币，经营外汇业务的外汇银行均可凭持兑人的有效身份证件办理收兑业务。收兑时，要坚持"先收后兑"的原则。

当顾客交来外钞要求兑换时，首先应鉴别真伪，清点并与顾客进行核对，经鉴别合格的外钞即可按当日现钞买入价办理收兑。经办人员根据买入的金额填制《外币兑换水单》(Exchange Memo)，连同外钞交出纳员，出纳员复核后收进外钞、配款并支付给顾客。

兑换水单一式四联。第一联为兑入外币水单，由兑入行加盖业务公章交给持兑人收执；第二联为外汇买卖科目外币贷方传票；第三联为外汇买卖科目借方传票；第四联为外汇买卖统计卡，留存作备查之用。

3. 兑出外币

银行一般是对入境后准备离境的外国人和批准出国的中国人办理兑出外币。

向批准出国的中国人办理兑出外币时，必须根据外汇管理部门在《非贸易外汇申请书》上批准的金额办理，申请人需填制《外币兑换申请书》一式两份。办理兑出手续时，经办人员要填制《兑出外汇兑换水单》，根据申请人交付的人民币金额按当日的现钞卖出价折算为外币金额，填写在水单栏目内，再交出纳员复核、配款后并支付外钞给申请人。

《兑出外汇兑换水单》一式四联，第一联为兑出外币水单，交申请人收执；第二联为外汇买卖科目人民币贷方传票；第三联为外汇买卖科目借方传票；第四联为外汇买卖统计卡，留存作备查之用。

外国旅客离境前要求将入境时兑换的未用完的剩余的人民币兑回外币时，可凭本人护照和有效期内(从开单起 6 个月内)的外币兑换水单及离境机票或车票到原兑换银行兑回外币。兑换的金额只限在我国境内花费的剩余部分(最多不超过原兑换数的 50%)，兑换汇率使用卖出价。银行兑换后收回原兑换水单，加盖"已兑换"戳记，作为外汇买卖传票的附件，同时在顾客的海关申报单上注明，以便检查。

第三节　旅行支票与旅行信用证

一、旅行支票

旅行支票(Traveler's Cheque)是由大银行或大旅行社签发的，专供旅游者或其他目的的出国者旅行使用的定额支票。目前最大的旅行支票发行者是美国运通公司(American Express)，运通公司于 19 世纪 90 年代率先建立了庞大的旅行支票系统，相继发行了多币种的旅行支票。随着旅游事业的发展，旅行支票逐渐被其他银行推广采用，成为国际旅行者常用的支付工具之一。目前，全球通行的旅行支票品种有美国运通、VISA 以及通济隆、MasterCard、花旗等品牌；其中美国运通旅行支票在中国大陆 2000 多家银行营业网点可以买到，合作银行包括农业银行、工商银行、中国银行、建设银行、光大银行、中信银行、交通银行。

(一)旅行支票的性质

1. 旅行支票的关系人

旅行支票的基本关系人有两个：发票人与购票人。旅行支票的出售、购买、兑付与转让，又会出现售票人、持票人、兑付人和受让人等关系人。

发票人或称出票人，即发行人，是旅行支票的发行机构，在支票正面印的发行机构名称、地址及负责人的签名。目前，全球通行的旅行支票品种发行机构主要有美国运通、花旗、日本住友银行、英国通济隆、巴克莱银行等。由于旅行支票通常是由发行机构负责付款的，所以其发行人即债务人。

购票人即向旅行支票的发行机构或代售机构付足金额和一定的手续费，购买旅行支票的消费者。购票人在旅行支票上签名，即成为持票人。旅行支票上有两个签名空位。购票时第一次签名是初签(Initial Signature)，第二次以持票人的身份签名是复签(Counter Signature)。

售票人即出售旅行支票的机构。旅行支票一般由代售人出售，即发行旅行支票的银行或旅行社的代理机构，代替出售旅行支票；如发行人自己售出旅行支票，则无代售人。代售人不承担付款责任，付款责任仍由发行机构负责。

兑付人即根据与发行人签订的代付协议凭初签和复签相符的旅行支票向持票人兑付现金的人。旅行支票没有指定付款人和付款地点，发行人采取和消费国的银行等机构签署代付协议的方法保障其发行的旅行支票的流通。中国农业银行、工商银行、中国银行、建设银行、交通银行、中信银行等都是美国运通的合作银行，代售、代兑运通发行的旅行支票。

受让人即接受旅行支票的商店、酒店、宾馆等服务部门。持票人支付消费金额时在旅行支票的抬头栏写上服务部门的名称，则该部门就成为受让人，受让人在旅行支票上背书后即可送交兑付人/行兑现。

2. 旅行支票的必要项目

(1) "旅行支票"字样；

(2) 固定金额；

(3) 购票人的初签；

(4) 兑付时的复签；

(5) 记名抬头人，即受让人。多是填上发行人的代付机构，但也有的旅行支票印明"不可流通"或没有抬头人一栏，亦即没有受让人。

3. 旅行支票的性质

从概念及其关系人等可以看出，旅行支票具有以下性质。

(1) 旅行支票是一种有价证券，也是一种汇款凭证，是一种类似票汇汇款的凭证。汇款人是旅行支票的购买人，收款人一般是汇款人自己。

(2) 旅行支票是一种属于支票性质的票据。旅行支票的付款保证人是银行，一般是以银行名义签发，但其功能与支票相同，具有见票"即期"付款的特点，只能用作替代现金进行支付。由于旅行支票的兑付需由持票人当面复签，并经核对与初签相符后才能予以付款，所以它不是一项无条件的支付命令书。

(3) 旅行支票实质上是一种银行汇票。因为客户只有付清了款项才能获得票据，等同于向银行购买票据。所以票据法中有关支票的规定，除划线、出票和背书(有抬头的)以外，其他多不适用旅行支票。

(4) 旅行支票具有本票性质。旅行支票的发行机构与付款机构为同一个当事人，即出票人与付款人为同一人。

(二)旅行支票的特点

1. 面额固定

各种旅行支票均有不同的固定币种和面额，形似现钞。如 5 英镑、10 英镑、20 英镑、50 英镑、100 英镑；10 美元、20 美元、50 美元、100 美元、500 美元、1000 美元的旅行支票，便于旅行者随时零星支取和花费，比银行汇票方便。美国运通旅行支票目前在中国内地发行有美元、欧元、加元、澳元、日元等 7 种币别及 20 多种面额。

2. 兑取方便

发行机构为了扩大旅行支票的流通范围，在国外大城市和游览地特约许多代兑机构。持票人既可在发行机构或国外的代理行兑取票款，也可在旅行社、旅馆、机场、商场、酒店、车站等处兑取。

3. 携带安全

旅行者在购买旅行支票时，要在柜台上当场在旅行支票初签位置上签字，取款时，必须在旅行支票复签位置上第二次签字。兑付行核对两次签字后，才可办理付款。因此旅行支票一旦遗失或被盗，也不易被冒领，比携带现钞安全。

4. 挂失补偿

如果旅行支票不慎遗失或被盗，可提出挂失退款申请。只要符合发行机构的有关规定，挂失人就可得到退款或补发新的旅行支票。

5. 流通期限长

旅行支票多不规定流通期限，可以长期使用，且具有"见票即付"的特点，持票人可以在发行机构的国外代兑机构凭票立即取款。

6. 发行机构能获得利益

对发票人来说，发行旅行支票不仅可以收取手续费，并且旅行支票的期限一般都较长(少数规定为一年)，还可以无息占用从发票到付款的一段时间的资金。

随着国际旅游业的发展及国际交流规模的扩大，旅行支票已成为银行国际业务中的一种常见的票据，但多用于非商业贸易结算。

(三)旅行支票的出售与代售

1. 申请代售

在我国，在总行与发行机构有业务协议的条件下，各分、支行如需开办旅行支票代售业务，需向总行申请，审批后由总行与发行机构联系，要求发行机构直接通知批准的各代办行，将订购旅行支票的申请表、宣传品等送往各代办行，以后，就由代办行直接向发行机构订购旅行支票，并代理出售。

发行机构收到订购旅行支票的申请后，将所订购的旅行支票连同旅行支票信托凭证或收据送往各代办行。各代办行收到后，经认真审核旅行支票信托凭证或收据上记载的货币、面额、张数、号码等内容与实物相符后，由有权人在凭证或收据上签字确认或加盖银行戳记，然后将旅行支票信托凭证或收据原件寄回发行机构，副本留存代办行。

2. 保管旅行支票

旅行支票和有关凭证应视同现金入库保管，并设置"未发行各种面额证券"登记簿登记实物明细账，记录每次收入、付出的旅行支票的币种、面额、张数、号码、金额等，结出余额。

3. 出售

我国境内居民个人可以用外汇存款账户内资金或外币现钞购买外币旅行支票，也可以用人民币账户内资金或人民币现钞购买外币旅行支票。购买时凭本人有效身份证件、前往国家或地区有效签证的护照或我国港澳地区的通行证，在代办行用外汇现汇账户内资金购买等值 5 万美元以下的旅行支票，或按套算方式购买其他币种货币。如果用外币现钞购买，则按现钞买入价/现汇卖出价套算购买外币旅行支票所需现钞数额；如果没有外币，可在因私出境换汇的额度内，根据《境内居民个人购汇管理实施细则》等有关规定，办理用人民币购买旅行支票的手续。

代办行的经办人员在出售旅行支票时，应指导购买人按各个发行机构规定的格式填写购买合约。购买合约一式四联：第一联是合约正本，第二、三联代售行留存，第四联交购票人保管留作挂失之用。代办行按出售旅行支票面值的 1%向购买人收取手续费。结算完毕后，经办人员应要求购买人在旅行支票的初签栏当场逐张签字，并向其说明兑取现钞、转让以及挂失等注意事项。

4. 头寸偿付

出售旅行支票的当天，代办行应将售出的旅行支票汇总填写《总计单》，与购买人填写的购买合约正本和《借记报单》或《贷记报单》或汇票一并寄送发行机构。发行机构收到后将款项划交总行账户。

(四)旅行支票的兑付

消费者用旅行支票进行消费或兑换现金时，持本人身份证件及旅行支票，在承兑受理点当面复签后，即可进行小金额(等值 5000 美元以下)的付款或取现；等值 5000 美元至等值 10 000 美元以下者，还需提供购买合约或购物发票，并填写《支付理由填报表》，代办行直接办理付款；等值 10 000 美元及以上者，客户需办理托收手续，由代办行向旅行支票发行机构托收，收妥后通知客户支取。

兑付旅行支票的机构很多，如银行、宾馆、机场、商场等，其中银行居多。兑付旅行支票属于兑付银行垫款买入票据业务，代办行办理此项业务时，应注意以下问题。

1. 识别旅行支票真伪

兑付行的经办人员要非常熟悉各种常见的旅行支票的票样，兑付时要认真审视旅行支票的记载内容、版面及纸质等。对不熟悉的或有疑问的，应查看原票样。对没有票样的旅行支票，原则上不买入。

另外，要特别注意识别旅行支票中的挂失支票和伪造支票，一旦发现，应立即没收，并报告国外发行机构和有关部门。

2. 检视兑付范围

兑付行应对发行机构名单内的旅行支票予以兑付，不在名单内的或有疑点的，可用托收方式处理。对不同币种的旅行支票要检视其是否有地区限制，若属不允许在我国兑付的，就不能受理。此外，对规定有效期的旅行支票，还应检视其是否逾期，逾期则不能接受。

3. 查验持票人身份

兑付时，要请持票人出示购买协议和护照，以验明持票人的身份。

4. 核对初签与复签

核对初签与复签是否一致，是兑付旅行支票的重要环节，也是发行机构检验兑付行是否正确履行了付款手续的唯一依据。兑付时，持票人须在经办人员面前复签，以便经办人员确定持票人的身份，完成安全兑付。若事先已复签，或复签走样，经办人员可要求持票人在旅行支票背面当场再复签一次，相符后方可办理。如果支票上没有初签，导致无法核对复签的真实性、正确性，一般不予办理兑付。

5. 兑付手续

兑付行填制兑换水单一式两联，抬头人姓名要按护照上的全名写清楚，留底一联要注明支票号码、护照号码，以便发生疑问时查验。另请持票人填写《购买外钞申请书》一式两份，注明旅行支票的行名、号码和面额。兑付时，兑付行自行垫付资金，按当日人民币对该货币的买入价折算，按收票面额的一定比例(如 7.5‰)扣除外币贴息后对外支付。

6. 索偿

兑付旅行支票后，兑付行在票面上加盖兑付行名的特别划线章，并在背面作兑付行的背书，迅速寄往国外发行机构索偿票款以补回垫款。

7. 可转让的旅行支票

旅行支票分为不可转让旅行支票和可转让旅行支票两种。

不可转让旅行支票上注有"Not Negotiable"(不可流通转让)字样，或没有印上"Pay to the order of____"(付给某人的指定人)或虽印上但没有写抬头人名称，这种旅行支票由持票人在兑付行当面复签，与初签相符即予以兑付。

可转让的旅行支票上印有"Pay to the order of____"的文句，通常把这类旅行支票转让给提供服务的单位或部门，如旅馆、航空公司等进行费用支付。持票人复签后，在"指定人"一栏填写受让人的名称，再由受让人到兑付行进行票款兑现。由于兑付行没有见到持票人当面复签，对复签的真实性没有确切把握，因此，兑付行要区别对待：如果受让人为国内服务机构，则可在保留追索权的条件下融通兑付；如果受让人在国外，则银行不宜买入该种旅行支票，而应按托收处理。

(五)旅行支票的挂失与补偿

消费者如果发现旅行支票遗失或被盗窃，可直接与发行机构联系，并按要求到指定的银行办理旅行支票的申请挂失和补偿手续，代办行可按协议要求受理挂失和补偿。其基本步骤如下。

(1) 客户申请。消费者持本人身份证件和提供原旅行支票购买合约，按发行机构的要求填写《旅行支票补偿申请表》，说明丢失的时间、地点、面额、数量以及初签与复签等有关情况。

(2) 代办行审核。代办行要按照发行机构的要求逐项审核客户所填写的内容。如旅行支票无初签或已复签，均不能办理挂失和补偿；对丢失已初签而没有复签的旅行支票，应审核申请人原购买合约上的签字与补偿申请书上的签字是否一致，无误后将客户身份证件或护照号码抄录在申请书上，并由有权签字人在申请表上签字，受理挂失和补偿。如果消费者无法提供购买合同或对挂失与补偿有疑问的，应先电询发行机构，获得授权后方可办理。

(3) 补偿。代办行重新填写购买合约，并在合约上注明"补偿"，将最后一联购买合约连同当面初签的支票交给客户，然后将新的购买合约，连同收回的客户原购买合约及补偿申请书一并寄送发行机构。如客户要求补领现金或补领的金额超过发行机构规定的限额，应电询发行机构获得授权后方可办理。如发行机构要求在办妥补偿后电传通知至发行机构，应在办妥后立即发电传。办理补偿不收客户手续费，一切费用由发行机构按协议规定给付代办行。

二、旅行信用证

(一)旅行信用证的概念与特点

旅行信用证(Traveler's Letter of Credit)是银行为了方便旅行者在国外旅行时支取款项而开立的，以旅行者为受益人的一种信用证，准许受益人在一定金额和有效期内，向开证行指定的银行支取款项。

1. 旅行信用证的特点

与信用证一样，旅行信用证也属于银行信用，开证行一经开出此种信用证，就承担了付款责任，且具有不可撤销性质，索偿和偿付手续也同信用证一样。另外，旅行信用证具有以下特点。

(1) 旅行信用证是一种光票信用证。旅行信用证只供旅行者使用，不附带任何单据，不能用于贸易结算，只能用于旅游业等非贸易活动。

(2) 申请人即是受益人。在旅行信用证的关系人中，申请人为旅行者，其申请开证的目的是在国外旅行时能从指定银行支取所需款项，故又为受益人。

(3) 不可转让性。旅行信用证不能转让，只能由受益人本人使用。开证时，银行要求受益人当面在"印鉴核对卡"签名作为预留印鉴，或规定凭护照签名核对，并在证上加注护照号码，以免他人冒领。

(4) 有兑付限制。开证行在信用证上列明其联行或代理行名单，只有名单内指定的银行才能兑付。

(5) 支款金额由受益人自定。在旅行信用证的有效期内和不超过信用证总金额的限额内，受益人可一次或多次按自己的需要支取款项。

(6) 不必加具保兑。旅行者在申请开证时，一般都预付十足的押金，所以不必请外国银行加具保兑。

2. 旅行信用证与旅行支票的比较

旅行信用证与旅行支票的目的都是为了方便旅行者在国外旅行支取款项，使旅行者免受携带大量现金外出的不便和风险，都只有旅行者本人才可以支取，其他人难以冒领，但二者的区别也很明显。

第一，旅行信用证未用完的金额可以凭原证领回，比定额的旅行支票方便。

第二，从遗失和被盗的角度来看，旅行信用证比旅行支票更安全，因为它只能由旅行者本人支取，别人无法代领、冒领。

第三，旅行信用证不能转让，只可由受益人使用；而旅行支票可以转让他人。

第四，旅行信用证的兑付手续比较麻烦，只能在指定银行的营业时间内到银行取款；而旅行支票可以在旅馆、机场、兑付行等随时随地得到兑付。

也正是因为使用旅行支票兑付灵便，旅行信用证比旅行支票在实践中使用得要少。

(二)旅行信用证的内容

旅行信用证由于开证行不同，内容也有所不同，但基本上包括开证行名称、"旅行信用证"字样、信用证编号、受益人姓名和护照号码、金额、开证日期、信用证效期、预留印鉴、指定付款行(议付行)名称、开证行有权签字人签章。

旅行信用证的正本由受益人自行携带，副本由银行径寄付款行，凭此核对印鉴，留底由开证行保留。

(三)旅行信用证的业务程序

1. 开立旅行信用证

由于旅行信用证属于没有物资保证的光票信用证，因此银行在接受开证申请书开证之前一般要求申请人缴足押金，信誉好且在开证行有存款的可免缴押金。在申请人确定了旅行目的地后，银行据此开立信用证，可以开给一家或几家旅行目的地的联行或代理行，要求这些银行兑付该信用证项下的支款要求。申请人在信用证上或单独的印鉴卡上当场签字和/或预留印鉴，然后开证行将信用证副本及申请人的签名样本寄送证中指定的银行，供兑付申请人的支款要求时核对用，同时把旅行信用证、一份兑付银行的名单交给申请人。如申请人事先没有明确目的地，银行开证后同时签发一份申请人身份证明，将信用证及附有本人签字样式的印鉴核对书(Letter of Identification)交给申请人，申请人可凭信用证后附的世界各主要地区兑付点的名称与地址，到其中任一地点兑款。

受益人如丢失旅行信用证，可直接向开证行挂失或通过当地的兑付行转通知，由开证行告知证中所有指定的兑付行止付。

2. 兑付旅行信用证

旅行信用证的受益人持证到该证指定的兑付行进行兑付时，兑付行应按如下程序操作。

(1) 审核。兑付行应将受益人提交的信用证和自己所持有的旅行信用证样本进行核对，审查旅行信用证的各项内容，如指定的兑付行是否为本行、有无涂改、信用证上的签字与签字样本相符与否、信用证是否过期、取款金额是否超过限额等。

(2) 填单。经兑付行审核确认可以兑付后,受益人在柜台当面填写取款收据一式两联。第一联是正收条,随报单寄开证行;第二联是副收条,由兑付行作借方传票附件备查。

(3) 兑付。兑付行将支款日期、金额及本次支付后的余额、行名等内容在信用证上背批并加盖兑付行行章,按兑付金额的一定比例(如 7.5‰)收取贴息后,将信用证及应付外汇折成等值人民币一并交还受益人。旅行信用证的支取金额一般不得超过信用证金额,否则作为透支加收罚息。

(4) 注销。如果信用证金额已全部用完,在最后一次付款后,兑付行在信用证上加盖"用完"或"注销"戳记,不再退回受益人,而是将其连同取款收据一并寄开证行注销原证。如信用证金额未用完,旅行者回国后即应交还信用证给开证行予以注销,并收回余额。

3. 索偿

每日营业结束,兑付行按开证行、币别、金额填写报单,报单正本连同正收条或者如果注销连同信用证一并寄开证行索偿垫款。报单副本借记开证行在兑付行的账户,如无账户可向有账户的银行划账。

第四节　信用卡及其他非贸易结算业务

一、信用卡业务

(一)信用卡的概念与功能

信用卡(Credit Card)是发卡机构向个人和单位发行的给予短期消费信贷的一种信用凭证。其形式是一张卡片,正面印有发卡机构的名称或标识、有效期、号码、持卡人姓名等,背面有磁条、签名条等内容。信用卡主要用于非贸易结算,持卡人凭此卡可到约定的银行或部门支取现金,或在指定的商店、旅馆等服务性机构购买货物或支付劳务费等。

1. 信用卡的关系人

信用卡业务通常涉及四个关系人。

(1) 发卡人。即发卡机构,发行信用卡的银行或专业机构。如维萨国际组织(VISA International)、万事达卡国际组织(MasterCard International)、美国运通国际股份有限公司(American Express)、大莱信用卡有限公司(Diners Club)、日本三和银行(JCB)等专业信用卡公司或金融机构,以及中国银联(China UnionPay)和中国银行等。

(2) 持卡人。即持有信用卡的客户,可以是个人或单位。

(3) 特约单位或商户。即与发卡机构签订协议,受理持卡人使用指定的信用卡进行消费的服务性机构。VISA 卡在全世界的特约商户超过 2000 万个。

(4) 代办行。受发卡机构的委托,负责某一地区内特约商户的结算工作的银行。

2. 信用卡的功能

(1) 信用功能。这是信用卡的基础功能。信用卡具有"先消费后付款"的特征，允许持卡人在一定的限额内透支。这是发卡机构向客户提供的一种短期信贷形式，从而使信用卡具有消费信贷的功能。

(2) 支付功能。这是信用卡的主要功能。发卡机构为普及信用卡的使用，与众多的特约单位或商户签署协议，持卡人在特约单位或商户购物或消费可凭卡支付，等同于直接支付现金。

(3) 支取现金。这是信用卡的辅助功能。为方便持卡人提取现金以应付急需，发卡机构拥有众多的分支机构或会员，或与其他银行或金融机构签署委托协议，或广设自动取款机(ATM)，以便利持卡人随时随地提取现金。

除上述主要功能外，信用卡还具有异地汇兑、转账结算、储蓄吸存、代发工资等功能。这些功能再加上计算机的广泛应用，使信用卡具有通用性、安全性、便利性和快捷性的特点，成为当前十分盛行的一种消费信贷方式和支付手段，成为跨地区、跨国境使用的一种常用信用工具。

(二)信用卡的种类

信用卡的种类甚多，可按照不同标准分成若干种类，以下简单介绍几种分类。

1. 金融卡和非金融卡

根据发卡机构的不同，信用卡分为金融卡和非金融卡。

(1) 金融卡是银行等金融机构发行的信用卡，持卡人可在发卡行的特约商户购物消费，也可以在发卡行所有的分支机构或设有自动取款机的地方随时提取现金。

(2) 非金融卡可以具体地分为零售信用卡和旅游娱乐卡。前者是指商业机构所发行的信用卡，如百货公司、石油公司等，专用于在指定商店购物或在汽油站加油等，并定期结账；后者是指旅游娱乐业发行的信用卡，如航空公司、旅游公司等，用于购票、用餐、住宿、娱乐等。

2. 公司卡和个人卡

根据发卡对象的不同，信用卡可分为公司卡和个人卡。

(1) 公司卡的发行对象为各类工商企业、科研教育等事业单位、国家党政机关、部队、团体等法人组织，亦称商务卡，是从某个单位的账户内付款的信用卡。

(2) 个人卡的发行对象为城乡居民个人，包括工人、干部、教师、科技工作者、个体经营户以及其他成年的、有稳定收入来源的城乡居民。个人卡是以个人的名义申领并由其承担用卡的一切责任，是持卡者个人付账的信用卡。

3. 普通卡、金卡和白金卡

根据持卡人的信誉、收入、财产、社会地位等资信情况的不同，可将信用卡分为普通卡、金卡和白金卡等，各种卡的颜色不同，持卡人的资格要求和享受的服务也不同。

(1) 普通卡是对经济实力和信誉、地位一般的持卡人发行的，对其各种要求并不高。

(2) 金卡是一种缴纳高额会费、享受特别待遇的高级信用卡，发卡对象为信用度较高、偿还能力及信用较强或有一定社会地位者。金卡的授权限额起点较高，附加服务项目及范围也宽得多，因而对有关服务费用和担保金的要求也比较高。

(3) 白金卡是比金卡对有关服务费用和担保金的要求更高、享受更高级待遇的高级信用卡。各发卡机构对金卡和白金卡的发卡标准规定不一。

4. 贷记卡和借记卡

根据资金清偿方式的不同，信用卡可分为贷记卡和借记卡。

(1) 贷记卡的清偿方式为"先消费，后存款"，是发卡金融机构提供信用，允许持卡人在给予的信用额度内先使用，然后再还款或分期付款。国际上流通使用的大部分卡都属于这类。

(2) 借记卡也称为记账卡，是一种"先存款后消费"的信用卡，没有信用额度。持卡人在申领信用卡时，需要事先在发卡机构存有一定的款项以备用，持卡人在用卡时需以存款余额为依据，一般不允许透支。

目前中国银联以及国内各银行发行的信用卡基本上属于借记卡，主要品种有转账卡、提款卡等，但是允许持卡人消费时进行善意、短期、小额的透支，并在规定的期限内还款，同时支付利息。因此这类信用卡实质上是具有一定透支功能的借记卡。

5. 国际卡和地区卡

根据流通范围的不同，信用卡可分为国际卡和地区卡。

(1) 国际卡是一种可以在国际上流通使用的信用卡，卡上印有"International"字样。如中国银行发行的外汇长城万事达。我国可以兑付的国际信用卡主要有中国香港东亚银行与中国香港汇丰银行发行的万事达卡(MasterCard)、维萨卡(Visa Card)，美国运通公司发行的运通卡(American Express Card)，日本三和银行发行的 JCB 卡(JCB Card)，美国花旗银行发行的大莱卡(Diners Club Card)，中国香港南洋商业银行发行的发达卡(Federal Card)以及日本东海银行发行的百万卡(Million Card)等。

(2) 地区卡是一种只能在发行国国内或一定区域内使用的信用卡。我国商业银行所发行的各类信用卡如长城卡、牡丹卡等大多数属于地区卡。

6. 主卡和附属卡

根据持卡人所处的地位和清偿责任的不同，信用卡可分为主卡和附属卡。主卡与附属卡都是以主卡持卡人的名义申领，共用一个资金账户和信用额度，但主卡是持卡人本身对自己所持有的信用卡(包括附属卡)的所有支付款项承担清偿责任，而附属卡的持卡人一般并不对自己所持有的信用卡承担清偿责任，主卡持卡人有权终止附属卡持卡人的信用卡使用权。

7. 双币卡和单币卡

根据信用卡币种的多少，信用卡可分为双币卡和单币卡，从国内角度来看可以更精确地分为双币卡和人民币卡。双币卡是指同时具有人民币账户和外币账户的银行卡，双币一般是指美元/人民币或欧元/人民币或其他外币/人民币等两种货币。以美元/人民币双币卡为例，目前国内很多银行，与维萨国际组织、万事达卡国际组织等国际银行卡组织合作，推出了具有人民币和美元结算功能的银行卡，在国内通过银联可以实现人民币结算，在国外可以消费和取现以美元结算。双币卡在一定金额内让人民币与外币可以自由兑换，便利了出境消费结算。

(三)信用卡的业务操作

1. 信用卡的申领

由于信用卡具有信贷功能，但申领人通常不需要在银行开立存款账户或预交保证金等，所以发卡行必须对申领人进行资信调查。单位或个人向银行申请办理信用卡时，需填写《信用卡申请表》，详细说明本人的个人信息资料、教育水平、经济收入、财产等以及担保人的详细信息，交发卡行审核。发卡行要核实申请人的收入、信誉、职业、财产、担保人等情况，决定是否批准发卡以及卡种、有效期、信贷额度等。发卡后，申领人应在经办人员面前预签信用卡背面的签名条，以备今后持卡消费时由特约商户或经办行核对。

2. 发卡行授权特约商户与代办行

授权是发卡行控制持卡人超额交易的信用风险，及时了解持卡人消费状况的重要手段。在与特约商户签约时规定一个限额，限额以下的交易由代办行和特约商户直接办理，超出限额必须经发卡行授权方可办理。各发卡行均设立授权中心，24 小时提供服务。代办行或特约商户索要授权时，需提供卡号、有效期、持卡人姓名、证件号码、交易类型及金额等，发卡行同意后告知授权密码。

3. 代办行的业务处理

代办行代办信用卡业务，可以获得特约单位付给的佣金及与发卡机构分享持卡人的取现手续费，还可以无息使用发卡机构拨付的信用卡兑付保证金。其代办的信用卡结算业务主要有三个方面。

一是兑付现金业务。持卡人凭卡支取现金，可去指定的代办行(或代付行)办理。办理时需填写一式三联的取现单，连同信用卡一起交代办行审查。代办行要审核：信用卡是否属于委托代办受理范围；是否在信用卡有效期内；有无区域限制；卡号有无被发卡行列入"黑名单"；持卡人护照或身份证件是否与信用卡预签的名称一致；取现单上的签字是否与信用卡预签的相符；取现有无透支；所取金额是否在该卡规定取现的最高限额内等。核对无误后，将信用卡的卡号、持卡人姓名、有效期等压印在取现单上，由经办人员把持卡人所取金额加上按协议规定的附加手续费，分别填写在取现单的有关栏目内，交与持卡人签字确认。经核对其签字与信用卡的预签相符，即可兑付资金。然后将取现单的"顾客联"和信用卡交还持卡人，另将一联取现单连同一联总计单寄发卡行索偿。

如果所取金额超出该卡规定的取现限额，代办行须先电传发卡行的授权中心取得授权后，将授权号码填入取现单，方可办理兑付。

二是购物消费结算。特约商户将持卡人购物消费情况按一定程序(如同代办行兑付现金业务程序)进行处理后缮制总计单，同时根据总计单上的余额缮制银行送款单或转账进账单，并附总计单和购货人的签购单送交代办行。代办行应审核各项单据的金额及有关内容是否完整与正确，无误后根据持卡购货金额扣除 4%的手续费给付。具体扣费及分成情况视代办行与发卡行的协议而定，不是固定不变，各卡情况也不尽相同。

三是资金索偿业务。每日营业结束，代办行把当日兑付的信用卡分门别类加计总额，计算出代办手续费，在发卡行的信用卡兑付保证金账户扣付。另根据取现单及签购单作成一式两份的总计单，一份随借记报单、取现单及签购单寄发卡行信用卡中心，另一份总计单、取现单及签购单复印件作传票附件。

发卡行收到单据后，即将已支付款项记入信用卡兑付保证金账户。如该账户发生透支，代办行应电传通知发卡行在其规定的工作日内以电汇补足，否则发卡行须从透支日起承担透支利息。

(四)信用卡的挂失止付

持卡人对信用卡提出挂失或止付要求时，应直接与发卡机构联系。若代办行受理《信用卡挂失申请书》，应立即将持卡人的姓名、卡号等以电传或电报通知发卡机构办理挂失止付，并以最快的方式通知各代办行和特约单位停止受理挂失的信用卡，同时将信用卡《挂失申请书》寄往发卡机构。在办理业务过程中，若发现有被注销或止付的信用卡要求兑付，应立即予以扣留收回，并寄往发卡机构。

二、外事机构使用的光票信用证

光票信用证(Clean Credit)是不附单据、受益人可以凭开立收据或汇票分批或一次在银行领取款项的信用证。光票信用证中常见的文句是"Payment in advance against clean draft is allowed"。

光票信用证在国际贸易中的运用比较少，常见于非贸易性费用的支付，如外事机构使用的光票信用证。

在外事机构的日常活动中，光票信用证是专供常驻国外机构，如使馆、商务处、各大公司代办处领取日常经费使用的一种支付凭证。其主要特点是：光票信用证限制在一个国家、一个城市、一家银行兑取证款；有效期一般为1年，期满可继续使用；一般为可撤销或循环信用证。通常在新的一年开始时，由开证行向兑付行发出延期使用的通知，开证行在信用证中列明每月取款的最高限额，注明可分次领取或不分次领取，上月该证未用余额可否继续使用等。兑付行兑付时，必须严格按照开证行列明的条款办理，不能超越开证行条款规定的范围。

三、光票托收

在非贸易结算中，光票托收(Clean Collection)是指不附有其他商业单据的资金单据的托收，是银行接受委托人的委托，将境外开来的不能在境内办理贴现的票据及其他金融单据，通过境外代收行向付款人收回款项的一种结算方式。光票的种类包括外汇汇票、本票、支票、旅行支票、债券、存单、存折、在国内不能兑换的外币现钞(含残币)等凭证。

光票托收的委托人可以是单位或个人，其托收程序及要求等类似跟单托收，时间相对较长，费用较低。

四、托收海外私人资产业务

托收海外私人资产业务属于"兑换国内居民外汇"项下的业务。即银行接受客户委托，把私人存放在国外的资产(含动产和不动产)经过继承、转售、索取等过程转变成外汇，调回国内。这一业务往往牵涉到对方国家法律问题，如遗产继承法等，且政策性较强。

第五节 个人外汇买卖业务

一、个人外汇买卖概述

(一)个人外汇买卖的概念

个人外汇买卖(Personal Foreign Exchange Trading)是外汇交易的主要类型之一。外汇交易是指一国或地区的货币与另一国或地区的货币进行交换的活动，表现为同时买入一对货币组合中的一种货币而卖出另外一种货币。外汇交易市场是世界上最大的金融市场，但与其他金融市场不同，外汇市场没有具体地点，也没有中央交易所，而是通过银行、企业和个人间的通信或电子网络进行交易，且是一个即时的 24 小时交易市场。从交易的目的来看，外汇交易可以分为两大类：一类是为满足客户真实的贸易、资本交易需求而进行的基础外汇交易，主要是即期外汇交易；另一类是在基础外汇交易之上，为规避和防范汇率风险或出于外汇投资、投机需求而进行的外汇衍生工具交易，包括远期外汇交易、外汇择期交易和掉期交易等。从外汇交易的数量来看，由国际贸易而产生的外汇交易占整个外汇交易的比重不断减少，以在外汇汇价波动中赢利为目的的投资性外汇交易所占的比重较大。

个人外汇买卖是指银行参照国际外汇市场汇率，为境内居民将一种外汇直接兑换成另外一种外汇的业务，即个人客户通过银行进行的可自由兑换外汇(或外币)间的交易。通过外汇买卖，个人可以卖出手中持有的外币，买入存款利率较高或处于升值中的另一种外币，从而获取更高的利息收益或者获得外汇升值的好处，以及避免汇率风险；通过外汇买卖，个人还可以调整手中所持外汇的币种结构，既方便使用，也有利于保值。在我国，自1993 年 12 月上海工商银行开始代理个人外汇买卖业务以来，个人外汇买卖业务迅速发展，已成为我国除股票以外最大的投资市场，中国农业银行、中国银行、建设银行、交通银行、招商银行等都推出了个人外汇买卖业务。

(二)个人外汇买卖的特点

与股票、债券、期货等投资品种相比，个人外汇买卖有其自身特点。

1. 交易时间长

由于国际外汇市场连续 24 小时(除周六、日、休市和其他非交易日)运作，因此，只要银行能够提供服务，居民个人可以进行 24 小时的外汇买卖。我国银行提供的个人外汇买卖交易时间通常是：柜台交易为周一至周五 9:00—18:00，电话银行、网银、手机银行交易时间为周一早 7:00 至周六凌晨 5:00。

2. 交易方式多样、灵活

目前，个人外汇买卖业务可以通过银行柜面服务人员、电话、自助终端和网上交易等方式进行，既可进行实时交易，也可进行委托交易。

实时交易又称即时交易、市价交易或时价交易，是指投资者按银行交易系统公布的个人外汇买卖牌价(报价)当即完成买卖的交易方式。

委托交易又称挂篮子交易、挂盘交易或挂单委托交易，是指投资者根据自身判断决定合理的买卖成交价格，通过银行交易系统把买卖币种、交易金额及期望成交价格等(挂单)委托给银行，银行视市场情况及按时间优先原则决定是否受理投资者的指令完成买卖的交易方式。如某一时刻外汇牌价符合成交条件，则挂单自动成交，否则该笔挂单在投资者指定的挂单有效时间内或周末交易结束时自动失效。止盈挂单按投资者指定的交易价格成交，止损挂单按银行买入/卖出牌价成交。投资者在委托交易未成交时，可以撤单，取消该笔委托。

3. 汇率波动大

银行是在国际外汇市场即时汇率基础上形成个人外汇买卖价，并随着国际外汇市场行情而变动。目前全球汇率体制主要是浮动汇率制，国际外汇市场经常受到国际上各种政治、经济因素以及各种突发事件的影响，汇率波动成为一种经常性现象，再加上国际外汇市场汇率涨跌幅没有限制，且每天 24 小时不同时段的行情都会发生变化，因此汇率波动大。汇价波动既给个人外汇买卖业务带来了机遇，可以利用国际外汇市场上外汇汇率的频繁波动性，在不同的存款货币间转换赚取一定的汇差，但也产生了风险。

4. 买卖的货币均为可自由兑换的货币

个人外汇买卖通常交易的主要货币包括美元、日元、欧元、英镑、瑞士法郎、加拿大元和澳大利亚元等可自由兑换的货币。由于美元是国际外汇市场交易的媒介货币，多数外汇买卖都涉及美元，如美元/日元、欧元/美元、英镑/美元、美元/瑞士法郎等。我国各银行目前提供的交易币种大多包括美元、日元、港币、英镑、欧元、加拿大元、瑞士法郎、澳大利亚元、新加坡元 9 个币种，共 36 个货币对。

5. 资金结算时间短

个人外汇买卖可当日进行多次反向交易，起息日采取 T+0 方式，即居民个人可以把当天买入(卖出)的货币当天卖出(买入)，交易次数没有限制。

二、个人外汇买卖的业务类型

围绕个人外汇买卖业务，国内各商业银行设计和推出了相关的外汇交易类产品，如中国银行和中国农业银行等银行的"外汇宝"、中国工商银行的"汇市通"、广发银行的"智汇新世纪"等。从总体来讲，个人外汇买卖一般有实盘和虚盘(外汇保证金)之分。

1. 个人实盘外汇买卖(外汇宝)

在我国,个人实盘外汇买卖业务俗称外汇宝,是指具有外汇经营权的银行接受个人客户的委托,为其办理两种可自由兑换货币之间买卖的一种业务。客户可以利用国际外汇市场上外汇汇率的频繁波动性,在不同的存款货币间转换并赚取一定的汇差,以达到保值、盈利的目的。个人实盘外汇买卖中,客户账户不能透支。采取委托交易时,若客户账户资金不足,且客户选择按最大可成交金额成交,则按照客户账户中卖出币种的实际余额进行成交,否则不成交。外汇实盘交易每笔最低的交易金额一般为 100 美元或等值外币,无最高限额。

 延伸阅读 11-1

中国工商银行"汇市通"外汇买卖简介

☆产品简介

"汇市通"是中国工商银行面向个人客户推出的外汇买卖业务,是指客户在规定的交易时间内,通过我行个人外汇买卖交易系统(包括柜台、电话银行、网上银行、手机银行、自助终端等)进行不同币种之间的即期外汇交易。

通过"汇市通"交易,您可以实现以下基本目的。

1. 外汇币种转换:将手中持有的外币直接换成另一种所需的外币。

2. 赚取汇率收益:根据外汇市场上的每日汇率变动进行买卖操作,从而赚取汇差收益。

3. 资产保值增值:将一种利率较低的外汇转换成另外一种利率较高的外汇,从而可以获得利差收益。

☆ 产品特色

1. 交易方式多样:客户既可进行即时交易,也可进行获利、止损以及双向委托交易,事先锁定收益或损失,适宜不同客户的不同投资策略。

2. 委托时限宽泛:最长时限 120 小时,且有 24 小时、48 小时、72 小时、96 小时以及 120 小时五种时间范围可供选择,便于客户短期脱离市场、长期关注市场。

3. 优惠幅度分档:实行多档分级优惠,交易金额只要满足相应档次起点,即可享有对应档次优惠报价,为单笔大额交易客户提供更大获利空间(具体优惠方式以当地工行公布为准)。

4. 交易时间和币种:我行"汇市通"业务可提供从周一早上 7 点至周六凌晨 4 点每日 24 小时外汇交易服务,报价与国际外汇市场即时汇率同步。交易币种包括美元、日元、港币、英镑、欧元、加拿大元、瑞士法郎、澳大利亚元、新加坡元 9 个币种,共 36 个货币对。因各分行情况差异,我行"汇市通"交易的具体时间、币种以及交易方式以当地工行公布为准。

5. 交易起点金额低:通常只需 100 美元便可在我行进行"汇市通"个人外汇买卖交易。

6. T+0 交易,每日交易次数不限,投资更为灵活。

☆ 服务渠道

1. 营业网点。您可凭外币存款凭证或现钞，通过银行柜面办理"汇市通"个人外汇买卖即时交易或委托交易。

2. 电话银行。您申请开通电话银行交易后，可凭在我行开立的账户及密码，直接拨通95588，按照语音提示进行"汇市通"个人外汇买卖即时或委托交易。

3. 网上银行。您申请开通网上银行交易后，可凭账户和密码，登录我行网站www.icbc.com.cn或当地工行的网站进行"汇市通"个人外汇买卖即时或委托交易。

4. 自助终端。您可使用活期一本通存折，通过我行提供的自助终端机进行交易及有关查询。

(资料来源：根据网络资源整理)

2. 个人虚盘外汇买卖

个人虚盘外汇买卖又称外汇保证金交易、合约现货外汇交易(俗称炒外汇)，是指客户通过与银行签约，开立信托投资账户，存入一笔资金作为保证金，由银行(或经纪商)设定信用操作额度(即 20～400 倍的杠杆效应)，投资者可在额度内自由买卖同等价值的即期外汇，交易产生的损益自动从投资账户内扣除或存入，即投资者以银行或经纪商提供的融资来进行外汇交易的一种业务。外汇保证金交易是金融市场上具有较高风险的投资方式之一，其特有的放大机制，既可能使投资者获得较高收益，也使得投资者所面临的风险同比例放大。投资者可以双向操作，既可以看涨也可以看跌，可以在低价买入高价卖出中获利，也可以在高价先卖出然后在低价买入而获利。当然，投资者首先要在保证金账户上有足额的资金，否则当资金额度不够时会面临强行平仓的风险。对于被放大的潜在投资风险，中国银行设定了警告和强制平仓机制，当保证金充足率降至 50%以下时，银行将通过交易客户端提醒客户追加保证金；当降至 20%以下时，银行有权按"先开先平"原则进行逐笔强制平仓，直至保证金充足率重新达到20%。

实盘交易和保证金交易的区别主要表现为：一是所需要的本金不同，实盘交易需要的本金相对较大，而外汇保证金交易一般只需要少量资金即可；二是收益风险比不一样，相比较保证金交易，实盘交易风险较小，适合大部分投资者。保证金交易因杠杆机制，潜在收益大的同时也存在着巨大风险，因此需要交易者具有专业的交易能力，特别是技术分析和交易能力；三是交易途径不同，外汇实盘交易主要通过银行系统来完成，而保证金交易需要作市商为中介，有一定的系统风险。

三、个人外汇买卖示例

中国银行目前有两款个人外汇买卖业务产品：外汇宝(个人实盘外汇买卖)与双向宝(个人保证金外汇买卖业务) 。凡持有个人有效身份证件，拥有完全民事行为能力的境内、外个人，并持有中国银行外汇宝支持交易的货币，均可进行个人实盘外汇交易；凡具有完全民事行为能力的自然人均可申请在中国银行叙做双向宝业务。个人保证金外汇买卖业务中，具体货币对每份合约对应金额和起点保证金要求见表11-1。

表 11-1　中国银行双向外汇宝业务的货币对每份合约对应金额和起点保证金

货币对	每手合约大小	起点合约大小	起点保证金要求(等值美元)
欧元/美元	1000 欧元	5000 欧元	500 欧元
英镑/美元	1000 英镑	5000 英镑	500 英镑
美元/日元	1000 美元	5000 美元	500 美元
美元/瑞士法郎	1000 美元	5000 美元	500 美元
美元/加元	1000 美元	5000 美元	500 美元
澳元/美元	1000 澳元	5000 澳元	500 澳元
欧元/英镑	1000 欧元	5000 欧元	500 欧元
英镑/日元	1000 英镑	5000 英镑	500 英镑
澳元/日元	1000 澳元	5000 澳元	500 澳元
欧元/日元	1000 欧元	5000 欧元	500 欧元

示例一：

李先生在中国银行开立外汇宝交易账户，资金为 17 457 美元。某日下午 16:30，李先生用外汇宝交易平台满仓操作，在 1.7457 价位做多英镑，将 17 457 美元等价兑换成 10 000 英镑；至下午 17:49 在 1.7557 价位平仓英镑，将 10 000 英镑等价兑换成 17 557 美元。交易结算，李先生赢利 100 美元。

示例一中，如果采用委托挂单交易，李先生在 1.7457 价位买入英镑，且建仓时传给银行的交易指令为：盈利挂盘 1.7557 价位卖出英镑，止损挂盘 1.7357 价位卖出英镑。当银行报价到达 1.7557 价位时，银行电脑系统就马上根据李先生的指令成交；当银行报价到达 1.7557 价位时，银行电脑系统就马上根据李先生的指令成交；当汇率下滑到 1.7357 价位时，银行系统会自动平仓英镑。

示例二：

赵先生在中国银行开立外汇保证金交易账户，在交易保证金专户中存入 1000 美元，放大倍数为 10 倍。赵先生预计美元/日元的汇价将在短期内出现下跌，于某日下午 16:30，在 120 价位动用 1000 美元作为保证金以卖出 10 手美元/日元合约，交易量为 1 万美元。至晚上，美元/日元的汇价出现下跌，20:50 王先生在 118 价位买入 10 手美元/日元合约进行平仓。交易结算，赵先生实现获利为 10 000×(120-118)=20 000 日元，按照获利时美元/日元的汇价折算，实际获利为 20 000÷118=169.49 美元，本次交易的盈利率为 (169.49÷1000)×100%=16.949%。

示例二中，若赵先生以 1000 美元进行外汇宝实盘交易，在同样的市况下可获利：1000×(120-118)=2000 日元，折合 16.949 美元，交易盈利率为(16.949÷1000)×100%=1.6949%。可以看出，因为赵先生对美元/日元的汇价走势分析正确，通过外汇保证金交易后的盈利率为外汇宝实盘的 10 倍。

假定赵先生在 120 价位时卖出 10 手美元/日元，之后美国发布有利于美元的经济数据和政策，美元/日元的汇价持续大幅上涨，但赵先生坚持看跌美元、看涨日元，继续持有卖出 10 手美元/日元的合约。当美元/日元上涨至 130.44 时，赵先生交易专户中的浮动盈亏为(120-130.44)×10000÷130.44=-800.37 美元，保证金充足率为(1000-800.37)÷1000×100%=19.963%。如果赵先生在保证金充足率降低到 20％前追加了 100 美元的保证金，那么在美元／日元上涨至 130.44 时，其保证金充足率为(1100-800.37)÷1000×100%=29.963%，不会被银行强制平仓。但如果美元继续上涨，美元/日元汇价达到 131.87 时，其浮动盈亏为(120-131.87)×10000÷131.87=-900.13 美元，保证金充足率为(1100-900.13)÷1000×100%=19.987%，赵先生决定不再追加保证金，该合约才可能会被银行强制平仓，此时赵先生亏损 900.13 美元。

思 考 题

一、名词解释

侨汇、外币兑换、旅行支票、旅行信用证、信用卡、光票托收、个人实盘外汇买卖、个人虚盘外汇买卖

二、简答题

1. 非贸易结算主要包括哪些内容？有哪些结算方式？
2. 简单介绍我国的侨汇政策与侨汇解付工作。
3. 如何进行外币的兑出、兑入？
4. 旅行支票与旅行信用证有何区别？
5. 介绍信用卡的功能与种类。
6. 简述个人外汇买卖业务的特点。

参 考 文 献

[1] 苏宗祥，徐捷. 国际结算[M]. 6 版. 北京：中国金融出版社，2015.

[2] 潘天芹，杨加琤，潘冬青. 新编国际结算教程[M]. 杭州：浙江大学出版社，2010.

[3] 庞红，尹继红，沈瑞年. 国际结算[M]. 4 版. 北京：中国人民大学出版社，2012.

[4] 华坚，侯方淼. 国际结算[M]. 3 版. 北京：电子工业出版社，2018.

[5] 《跟单信用证项下银行间偿付统一规则》，国际商会出版物第 525 号、725 号

[6] 《跟单信用证统一惯例(UCP600)关于电子交单的附则(eUCP)1.1 版本》

[7] 《跟单信用证统一惯例》，国际商会出版物第 400 号、500 号、600 号

[8] 《审核跟单信用证项下单据国际标准银行实务》，国际商会出版物第 681 号

[9] 《跟单信用证业务指南》，国际商会出版物第 515 号

[10] 《合同担保统一规则》，国际商会出版物第 325 号

[11] 《见索即付保函统一规则》，国际商会出版物第 458 号、758 号

[12] 《合同保函统一规则》，国际商会出版物第 524 号

[13] 《国际备用信用证惯例》，国际商会出版物第 590 号

[14] 联合国《独立保函和备用信用证公约》，1995

[15] 《托收统一规则》，国际商会出版物第 322 号、522 号

[16] 国际保理商联合会.《国际保理业务通用规则》，2010

[17] 国际福费廷协会.《IFA 国际福费廷规则》，2004

[18] 国际商会.《福费廷统一规则》，2012

[19] 《中华人民共和国票据法》，2004

[20] 《UCP600 下信用证审单国际标准银行实务》，国际商会出版物第 745 号